KB187365

『철학』 제69집의 별책

현대 철학과 언어

『철학』 제69집의 별책

현대 철학과 언어

「한국철학회 엮음」

철학과현실사

언어, 인간 그리고 세계
─ 새로운 철학적 기획을 전망하며

1

오늘 우리가 사는 세상을 사람들은 "정보화 사회" 혹은 "지식 사회"라고 부르고 있습니다. 정보화는 소위 소프트웨어와 하드웨어 두 부분으로 구성되어 있습니다. 소프트웨어는 운영 프로그램이라는 논리의 그릇과 그 그릇 속에 담을 내용을 말하는 것인데, 모두가 언어 덩어리입니다. 그리고 하드웨어는 이러한 언어 덩어리를 전기의 신호 장치로 전환하여 저장하고 계산하며 전달하는 물리적 장치라 할 수 있습니다. 이렇게 볼 때 오늘날 정보화를 가능케 한 것은 언어에 대한 논리적 탐구와 전기·전자 현상에 대한 물리적 탐구의 결실이 한데 어우러져 나타난 기적적 현상이라 할 수 있습니다.

오늘 우리는 21세기의 첫 관문에 서 있습니다. 소용돌이의 한복판에 서 있음을 강하게 느끼고 있습니다. 그래서 현기증을 느끼고 있습니다. 이제까지 판을 잡던 것들이 맥없이 주저앉고 있는 것을 감지하고 있습니다. 어제의 판이 오늘에도 그대로 세를 유지할 수 없는 상황이 펼쳐지고 있음을 느끼고 있습니다.

그러나 무(無)에서 갑자기 무언가 튀어나올 수는 없습니다. 에너지 보존 법칙은 에너지의 총량은 불변한다는 것을 밀힙니다. 변한다는 것은 무엇에서 무엇으로의 변화입니다. 앞으로 무엇이 나타날 것인가를 알려면 무엇이 있었는가를 잘 들여다보아야 할 것입니다.

이 책은 지난 20세기에 걸쳐 철학의 광장에서 무엇이 이루어졌는가를 살펴보려는 것입니다. 지난 20세기에서 철학적 관심의 전면에 떠올라왔던 화두는 무엇보다도 "언어"라고 해야 할 것입니다. 분석철학의 경우는 두말할 필요도 없습니다. "철학은 언어의 명료화"라고 비트겐슈타인은 그것을 한마디로 압축해 표현했습니다.

현대 철학의 또 하나의 큰 줄기인 현상학의 경우에도 언어는 그 핵심적인 관심거리가 되었다고 볼 수 있습니다. "본질 직관(Wesensanschaung)"을 현상학이라고 한다면, 언어가 철학적 관심의 중심으로 부상하게 됩니다. 여기서 본질은 의미(Bedeutung)이기 때문입니다. 현상학이 의식 안에 나타나는 본질을 규명하는 작업이라 한다면, 그 규명의 대상은 언어의 의미임이 드러납니다. 의식 작용은 본질적으로 이러한 의미를 지향하는 작용이기 때문입니다. 정신의 작용이 있으면 거기에는 반드시 의미가 나타난다는 것이 현상학이 말하는 의식의 지향성(Intentionalität)이 말하는 바입니다. 해석학의 해석의 대상은 본질적으로 언어의 의미론적 성격을 지닌 것입니다. 그리고 구조주의와 후기구조주의가 겨냥하는 것도 바로 이러한 의미론적 대상들입니다.

이렇게 넓은 시각에서 볼 때 "20세기 현대 철학의 공통 분모는 바로 언어"라는 말을 우리는 과장 없이 내뱉을 수 있을 것입니다.

2

오늘날 소프트웨어와 하드웨어가 서로 만나 엮어내는 이른바 "사이버 세계"는 다름아닌 "육화된 언어의 세계"인 것입니다. 인간은 "살아 있는 정보 처리 체계"라고 나는 생각합니다. 좀더 쉽게 표현하면 "살아 있는 멀티미디어 시스템"이 바로 사람인 셈입니다. 이 살아 있는 멀티미디어 시스템을 모방하여 인공적인 모형을 만든 것이 오늘의 첨단 멀티미디어 시스템이라고 볼 수 있을 것입니다.

이렇게 본다면 오늘의 정보화 기술은 인간의 기계화를 향한 하나의 시도라 볼 수 있습니다. 물론 그 인간의 기계화 시도는 아직은 인간으로부터 멀리 떨어져 있는 게 사실이며, 앞으로도 인간의 완전한 기계화는 원리적으로 불가능하리라는 것이 저의 개인적인 판단입니다. 그러나 인간의 기계화를 향한 정보화 기술은 앞으로 인류의 삶의 방식에 엄청난 혁명적 변화를 가져올 것이 틀림없습니다.

정보화 기술은 삶의 물리적 조건을 크게 바꾸어놓음으로써 사회적 조건들을 엄청나게 변화시켜놓을 것입니다. 결국 이러한 물리적·사회적 변화는 인간 삶의 모습을 지금까지와는 크게 다른 방식으로 변화시키는 데 이르게 할 것이라는 추측을 가능케 합니다. 이러한 일련의 변화를 총체적으로 표현하는 말이 "문명적 전환"입니다.

이렇게 볼 때, 지난 20세기에서 언어가 철학자들의 관심의 전면에 떠올라 있었다는 사실은 매우 심장한 뜻이 담겨져 있는 것 같습니다. 주지하다시피 프레게와 러셀을 필두로 한 기호논리학의 개발은 오늘의 정보화 산업의 핵심인 소프트웨어의 출현에 결정적인 계기를 마련해준 20세기의 획기적인 지적 공적이 아닐 수 없습니다. 한마디로 말해서 20세기 철학자들의 언어에 대한 철학적 관심은 새로운 역사와 새로운 문명을 향한 지성적 잉태 작업이었다는 것을 오늘 우리는 분명히 읽을 수 있습니다. 다가오는 역사와 문명을 예견하고 새로운 원대한 지적 기획을 그려보는 것이 바로 철학 본래의 역할이라는 것을 새삼스럽게 우리가 여기서 재확인할 수 있습니다.

헤겔은 일찍이 철학자의 역할을 미네르바의 올빼미에 비유한 바 있음을 우리는 기억하고 있습니다. 역사의 황혼이 깃들은 후에야 하늘을 높이 날며 세상을 조감하는 "사후적 성찰"을 철학자의 역할로 헤겔은 묘사했습니다. 그러나 우리는 새 역사의 여명을 알리는 "새벽의 수탉소리"가 철학자의 목소리가 되어야 하며 또 그럴 수 있음을 우리는 알고 있습니다.

한때 일부의 사람들은 언어가 철학자의 중심 과제라는 사실에 대하여 매우 냉소적인 눈길을 보내기도 했습니다. 그 심오한 문제들은 어디에다 두고 언어와 같은 문제를 붙들고 철학자들이 씨름을 하다니, 한심하기 짝이 없다고 말입니다. 그러나 언어의 깊은 세계를 들여다본 사람이라면, 거기에 모든 심오한 문제들이 얽혀 있음을 깨닫게 될 것입니다.

3

진리의 문제는 모든 지적 탐색의 중심의 문제며, 모든 지적 탐색의 근원을 추적하는 철학적 탐색의 중심 문제가 되어왔습니다. 언어는 바로 이 중대한 진리의 문제를 둘러싸고 벌어지는 온갖 철학적 논의들과 입장들(주의들)이 만나는 넓은 광장입니다. 그리고 그 진리의 문제는 인간과 자연(세계, 실재)에 대한 여러 가지의 해석의 틀과 설명 모형의 다양한 이론들의 각축장으로 우리를 끌고 갑니다. 인간은 어떤 존재인가에 대한 다양한 생각들이 여기서 펼쳐지게 되며, 자연 혹은 실재 세계에 대한 서로 다른 이론들이 여기서 마주서게 됩니다. 이렇게 보면, 언어의 관문을 통해서 진리의 문제가 등장하며, 진리의 문제에 대한 세부적 논의는 인간과 실재에 대한 험난한 지적 모험의 세계로 우리를 끌고 가게 되는 셈입니다.

지금까지 전개된 이러한 복잡한 논의들을 정리해보기 쉽도록 우리는 다음과 같은 이론의 맥락도를 그려볼 수 있을 것입니다. 우선 언어를 그 자체로만 놓고 바라보는 접근법을 들 수 있습니다. 그 다음으로는 언어를 그 언어가 대상으로 삼는 실재 세계와 연관해서 바라보는 접근법이 있습니다. 그 다음은 언어를 사용하는 인간과 관련해서 바라보는 접근법입니다.

첫 번째 접근법은 자율적 체계로의 언어에 대한 접근법이라 말할 수 있으며, 두 번째 접근법은 실재에다 무게를 두고서 언어를 바라보는 실재론적 접근법이라 할 수 있습니다. 세 번째 접근법은 인간에다 초점을 두면서 언어의 본성을 밝혀보려는 인간적인 접근법이라 할 수 있습니다.

그리고 두 번째와 세 번째 접근법은 실재와 인간을 어떻게 보느냐에 따라 여러 갈래로 나눠집니다. 실재를 감각 기관으로 확인할 수 있는 것으로 보는 입장과, 이성과 같은 고차적인 인식 능력에 의해서 포착될 수 있는 이데아와 같은 보편자들의 세계로 보느냐에 따라 실재론적 접근법은 나눠지게 되는 것입니다. 또 인간에 대해서는 인간의 핵심을 자연과 구별되는 정신에 있다고 보는 입장과 인간을 자연의 일부로 보는 입장으로 또 나눠집니다. 또한 인간의 어떤 측면과 언어를 연관지어 보느냐에 따라 입장이 차이가 납니다. 인간의 실천(practice) 혹은 행동(action)과의 연관 속에서 언어를 해명하고자 하는 입장은 표상(representation)과 같은 지향적 성격과 관련지어 보려는 입장과 구별됩니다. 그리고 언어를 자연 언어와 인공 언어 그리고 관찰 언어와 이론 언어 사이의 관계를 어떻게 설정하고 어디에다 중점을 두느냐에 따라 여러 갈래로 입장이 나눠지기도 합니다.

지금까지 말한 것은 20세기 철학의 세계에 나타났던 다양한 언어철학적 논의들의 복잡한 판도를 읽기 쉽게 하려는 목적으로 작성한 하나의 간편한 맥락도에 불과합니다. 이러한 사상의 맥락을 추적하는 데에서 두드러지게 드러나는 특색은 언어를 그 사용자인 인간과 연관지어 보느냐 아니면 언어가 겨냥하는 실재와 연관지어 보느냐의 입장 대립이 그 하나며, 또 다른 하나는 인간을 자연의 일부로 보느냐 아니면 그렇지 않은 별도의 존재로 보느냐의 입장 대립입니다. 그리고 또 다른 하나는 실재를 물리적 실재인 자연으로 보느냐 아니면 보편자와 같은 이념 혹은 이데아의 세계로 보느냐의 입장 차이를 들 수 있습니다.

이러한 두드러진 입장의 대립은 20세기 철학에서 다음과 같은 주의(ism)의 형태로 자리를 잡기에 이르렀습니다. 실재론(realism)과 반실재론(antirealism) 혹은 관념론(idealism)이 바로 그 대표적인 경우라 할 수 있습니다. 실재론은 언어를 바라보는 데에서 실재의 역할을 극대화하는 반면에 인간의 역할을 극소화하며, 그 반대인 반실재론과 관념론은 인간의 역할을 극대화하는 반면에 실재의 역할을 극소화하는 경향을 나타내고 있다고 볼 수 있습니다. 이러한 극단적인 대립적 사고의 경향은 비단 현대 철학에 국한된 것은 아니라고 저는 봅니다. 어쩌면 이것은 서양철학사에 줄기차게 계속되어온 커다란 사상의 두 줄기라고 볼 수 있습니다. 물론 이 두 극단에 서기를 거부하는 중도 노선은 과거에도 있었으며 20세기에도 있습니다.

그리고 한 가지 더 지적되어야 할 것은, 첫 번째 접근법인 자율적 언어관은 하나의 명목적 주장일 뿐, 그 속을 들여다보면 위장된 관념론 내지 반실재론임이 드러날 수밖에 없다는 점입니다.

여기에 제시된 사상의 맥락도를 통해서 우리가 가늠할 수 있는 게 있다면 현대 철학에서의 언어에 대한 논의가 지나간 서구의 철학적 전통의 연속선상에서 이루어지고 있다는 점이라 할 수 있습니다. 그러나 그러한 전통과의 연속 속에 있는 현대 철학이 언어를 그 철학적 논의의 전면에 부각시켰다는 것은, 현대 철학이 20세기라는 역사적 현실에 부응하면서 새 역사의 잉태를 준비하는 인간 문명의 예지적 선도자로서의 철학자의 역할을 충실하게 수행해왔음을 보여주고 있다고 생각합니다.

4

20세기 언어에 대한 철학적 탐구가 성취해놓은 매우 중요한 문명사적 공헌은 정보화의 논리적 토대를 마련해놓았다는 점이라고 보입니다. 정보화는 앞에서 지적한 바와 같이 소프트웨어적 작업과 하드웨어적 작업이 결합함으로써 가능하게 되었습니다. 그리고 정보화 기술이 불러일으킨 매우 중요한 변화의 하나는 시간과 장소의 벽을 넘어서서 정보의 유통을 가능케 했다는 점입니다. 그것은 기존의 사회 조직의 해체와 더불어 새로운 인간 관계의 그물망을 형성해가고 있다는 사실입니다.

그런데 요즘 인류가 당면한 심각한 문제 중의 하나는 환경 재앙의 문제입니다. 이 환경 재앙의 문제는 본질적으로 자연의 정상적인 변화의 운동과 어울리지 않는, 자연에 대한 인간의 역천적(逆天的) 개입에 의해 출현된 것입니다. 말하자면 자연에 대한 총체적 이해가 결여된 상태에서 인간의 탐욕만을 일방적으로 충족시키려는 목적에 맞추어 자연에 변형을 가함으로써 산출된 이물질이 일으키는 반란이 곧 환경 재앙입니다. 여기서 문제의 핵심은 자연과 어울리지 않는 인위적인 조성물입니다. 그런데 자연과 어울리지 않는 현상의 출현은 인간의 의도의 산물이라기보다는 전체성에 대한 인식 결여의 산물이라고 볼 수 있습니다.

여기서 제가 지적하고자 하는 점은 정보화가 초래할 미래 문명에 대해서 철학자들이 관심을 가져야 할 문제가 바로 전체성의 관점에서 정보화의 문제들을 비판적으로 검토하는 일이라는 것입니다. 여기서 제가 전체성의 관점이라고 말하는 것은 인간의 의도적인 조작적 행위의 산물들이 자연의 체계와 얼마나 잘 어울리며, 인간의 삶에 궁극적으로 기여하는 것이 무엇인가에 관하여 깊고 넓게 성찰하는 것을 말합니다. 병 주고 약 주는 식도 문제지만 마약의 환각 파티는 더더욱 문제이기 때문입니다.

지금부터 인류가 풀어야 할 최대의 문제는 자연의 체계와 어울리지 않는 이물질을 산출하는 과학 기술을 자연 체계와 더불어 살 수 있는 기술로 어떻게 전환하는가 하는 문제입니다. 우리가 이 문제를 풀지 못하면 인류의 문명은 머지않아 종말을 맞이하게 될지 모릅니다.

정보화 기술의 발달은 시간과 공간의 장벽을 약화시킴으로써 인간 관계의 조직을 재편하는 데 결정적인 역할을 하게 될 것입니다. 그것은 지금까지의 정치와 경제 조직을 비롯한 온갖 사회 조직을 해체하고 새로운 모습으로 인간의 온갖 삶의 틀들을 재편하게 될 것이라고 전망합니다. 현재 진행되고 있는 세계화는 이러한 변화의 한 가닥에 불과합니다.

이러한 거대한 인간 관계망의 재편을 전망하면서 우리가 깊은 관심을 가져야 할 문제는 그러한 변화의 새 틀이 과연 인간 존재에게 얼마나 적합한 것인가, 인간은 과연 그 새로운 관계의 틀을 감당해낼 수 있는가 하는 문제입니다. 인간이 기획하는 새로운 것들이 자연의 체계와 인간 존재에 어울리지 않는 것이라면, 그것은 한갓 인간의 불장난에 지나지 않을 것이기 때문입니다. 지금 우리가 당면한 문명의 대전환은 새로운 가능성의 세계를 향한 새로운 사유의 기획을 오늘의 철학자의 철학적 과제로 제시해주고 있습니다.

이 책이 그러한 새로운 철학적 기획을 향한 깊은 성찰의 계기가 되길 바랍니다.

한국철학회 (2000/2001년) 회장 이 명 현

차 례

제1부

영미철학에서의 언어

비트겐슈타인의 철학과 언어론*
― 크립키의 의미회의론을 중심으로

남 기 창

　이 논문에서 필자는 비트겐슈타인의 철학과 언어론 사이의 관계에 대해서 논하려고 한다. 특히 비트겐슈타인을 의미회의론자로 보는 크립키의 해석을 분석할 것이다. 크립키가 비트겐슈타인의 철학 안에서 발견했다고 생각한 철학 사상 가운데 가장 독창적이며 급진적인 회의주의인(K, p.60)[1] 의미회의론은 의미는 있지만 그것은 보다 기초적인 다른 것으로 환원될 수 없다는 반환원론도 아니요, 의미는 있지만 그것이 있음을 정당화할 수 없다는 인식론적 회의론이 아닌, 아예 의미란 것은 없다는 존재론적 회의론이다(K, pp.21, 38, 39).

　필자는 먼저 의미회의론을 도출하는 크립키의 논증을 살펴

---

* 졸고를 읽고 자세한 논평을 해주신 서울대의 윤보석 박사께 감사드린다. 윤 박사가 논평에서 제기한 질문들 중 일부에 대한 답변을 이 논문에 포함시켰다.
1) Saul Kripke, Wittgenstein : *On Rules and Private Language,* (Cambridge, Massachusetts : Harvard University Press, 1982). 지금부터는 K로 표시하겠음.

본 후, 그의 비트겐슈타인 해석이 그 자체로 여러 가지 통찰을 담은 탁월한 철학적 성취임에도 불구하고, 비트겐슈타인을 은밀한 회의주의자로 봄으로써 비트겐슈타인의 철학을 가장 근본적인 점에서 왜곡하는 잘못을 범했다는 주장을 할 것이다. 하지만 그의 이른바 회의적 해결책 안에서 우리는 오히려 비트겐슈타인의 미묘한 입장을 다른 해석가들보다 더 잘 드러내는 주장들을 발견할 수도 있음을 보여줄 것이다.

I

크립키의 의미회의론에서 다루어지는 문제는 기본적으로 의미론과 화용론 사이의 관계에 대한 문제라고 할 수 있다. 비트겐슈타인의 언어철학에서 우리가 배운 것들 중의 하나는 의미론보다 화용론이 더 기초적이라는 생각이라 할 수 있는데, 이것은 그의 잘 알려진 주장인 "대부분의 경우에서 한 낱말의 의미는 그것의 쓰임"(PI, §43)[2]이라는 말에 요약되어 있다.

이런 생각에 반대하는 사람, 즉 의미와 쓰임을 구분하고 의미가 쓰임보다 우선이라고 주장하는 사람은 다음과 같이 생각하는 사람이라고 비트겐슈타인은 본다. "우리는 어떤 낱말을 듣거나 말할 경우 그 의미를 이해한다. 우리는 그것을 단숨에 파악하며, 우리가 이런 방식으로 파악하는 것은 시간 속에 펼쳐지는 그 낱말의 쓰임과는 분명히 다른 것이다"(PI, §138). 이런 사람은 모든 쓰임을 한번에 결정하는 의미가 있다고 생각하는

---

2) Ludwig Wittgenstein, *Philosophical Investigation*, (New York : Macmillan 1953). 지금부터는 PI로 표시하겠음.

사람이다. "일단 당신이 그 말이 지칭하는 바를 안다면, 당신은 그것을 이해하며, 그것의 모든 쓰임을 안다"(PI, §264).

비트겐슈타인은 따라서 모든 쓰임을 한번에 결정하는 의미란 있을 수 없다고 생각했음에 틀림없는데, 바로 이 생각, 즉 모든 쓰임을 한번에 결정하는 의미란 없다는 것이 바로 "내가 어떤 단어이건 그 단어에 의해 어느 때이건 무엇을 의미했다는 것에 관한 사실은 전혀 없다"(K, p.21)는 크립키의 의미회의론의 가장 근본적인 근거로 사용된다.

한편, 비트겐슈타인에게 언어의 쓰임이란 일종의 주어진 것으로서 도저히 그 존재를 부인할 수 없기 때문에, 의미회의론에 의해 흔들리는 인간의 언어를 불완전하게나마 뒷받침해주는 기둥 역할을 한다고 크립키는 생각하는 듯하다. 이것이 이른바 의미회의론에 대한 회의적 해결책의 골자다. 이것은 의미론을 만족스럽게 구성할 수 없다는 사실이 화용론도 불만족스럽게 만들지 않는다는 생각을 담고 있는 것으로 화용론을 이용해서 의미론의 문제를 해결하려는 시도라고 말할 수 있다.[3] 이것 역시 의미론보다 화용론이 우선적임을 보여준다. 이처럼 크립키의 의미회의론은 화용론과 의미론 사이의 관계에 대한 함축을 담고 있는 이론이라고 볼 수 있다.

비트겐슈타인 철학의 가장 기본적인 입장에 대한 크립키의 왜곡은 여기서 발견된다. 비트겐슈타인은 모든 쓰임을 한번에 결정하는 의미가 없다는 주장을 "의미가 쓰임을 초월할 수 없으며"[4] 쓰임이 오히려 의미를 결정하는 것을 보여주기 위해 사

---

3) Paul Boghossian, "The Rule-Following Considerations", *Mind*, vol. 98, Oct. 1989, p.518.
4) John McDowell, "Anti-Realism and the Epistemology of Understanding", in his *Meaning, Knowledge, Reality*, (Harvard University Press : Cambridge, Massachusetts, 1998), p.314

용한다. 또 그는 의미가 쓰임을 초월할 수 없다는 생각이 불만족스럽다는 생각을 하지도 않았으며, 그가 불만족스럽게 생각한 것은 오히려 모든 쓰임을 단숨에 결정하고, 시간 속에 펼쳐지는 쓰임과 다른 의미 같은 것이 있다는 생각이었다.

비트겐슈타인은 모든 쓰임을 단숨에 결정하는 의미에 대응하는 사실을 찾으려는 사람은 단순히 사실이 아니라 초사실(superlative fact)을 찾으려는 사람이라고 하면서, 그런 유혹에 빠지지 말라고 경고한다. "당신은 이 초사실에 대한 모델을 가지고 있지 않으면서도 초표현을 사용하려는 유혹에 빠진다(그것은 철학적 초개념이라 불릴 수 있다)"(PI, §192).

크립키는 그런데 비트겐슈타인을 바로 그런 초사실을 찾는 사람으로, 초사실을 이해의 조건으로 내놓은 사람으로 가정하는 것이다. 이것은 비트겐슈타인의 적을 비트겐슈타인으로 만들어버린 큰 실수다. 하지만, 일단 이런 잘못된 가정을 받아들이면, 크립키와 비트겐슈타인은 동일한 결론에 도달한다. 왜냐하면 비트겐슈타인은 초사실이 없다는 점에서 크립키에게 동의할 것이기 때문이다.[5]

이 글에서는 그 가정이 잘못된 것이긴 하지만, 일단 그것을 받아들이기로 하고, 그러한 초사실(비트겐슈타인에 따르면) 혹은 사실(크립키에 따르면)이 없다는 결론이 어떻게 도출되는지 크립키의 논증을 계속 조사해보겠다.

의미가 쓰임을 결정한다는 생각은 크립키에 의해 '의미의 규

---

5) 그래서 필자가 보기엔 비트겐슈타인이 크립키가 의미한 대로의 사실이 있다고 말할 것으로 생각하는 사람들은 크립키를 오해하고 있다. 비트겐슈타인은 크립키가 의미한 대로의 사실, 즉 앞으로 무한한 경우에서 내가 단어를 쓰는 방법을 한 번에 정해주는 의미함에 대응하는 사실이 있다는 것을 절대로 받아들이지 않을 것이다. 단 비트겐슈타인은 이보다 완화된 의미로서 사실이 있다는 것은 인정할 것이다.

범성 조건'으로 불리는 조건으로 발전된다. 의미란 것은 쓰임과 무관하게 독자적으로 그저 있는 것이 아니라, 쓰임을 결정해야 한다. 내가 한 단어로 어떤 것을 의미한다는 것은 내가 어떤 규칙을 파악한다는 것을 뜻하며, 이것은 다시 내가 "무한한 경우에"(K, p.8) 그 규칙에 따라 그 단어를 사용하는 방식을 안다는 것을 함축해야 한다. 내가 '소'란 단어로 소를 의미한다는 것은 내가 소를 볼 때마다 '소'라는 단어를 이용하여 소를 가리키도록 사용하며, 소가 아닌 것을 가리키기 위해 그것을 사용하지 않는다는 것을 뜻한다. 즉, 내가 '소'란 단어로 소를 의미한다는 것은 '소'란 단어를 정확하게 사용하기 위한 조건을 알고 있다는 말이다. '소'란 단어를 정확하게 사용하는 조건을 알지 못한다면, 나는 '소'란 단어에 의해 아무것도 의미할 수 없다. 그런 조건을 알고 있다고 해서 내가 '소'란 단어를 잘못 사용할 가능성이 없다는 뜻은 아니다. 그것이 함축하는 것은 나는 '소'를 소에 적용해야 한다는 것이다. 즉, 내가 '소'란 단어를 이해한다는 것은, 내가 '소'를 염소에 적용하는 실수를 실제로 할 경우에도 나는 '소'를 소에 적용해야 했음을 함축한다.

정확하게 표현하면, 크립키가 다루는 문제는 한 단어의 의미에 관한 문제가 아니라 내가 그 단어를 이용하여 특정한 것을 의미함 혹은 내가 그 단어로 특정한 것을 이해함이란 무엇인지에 관한 문제다. 의미와 의미함은 구분할 필요가 있다. 왜냐 하면 '소'의 의미가 있다는 말이 반드시 내가 그 말로 무엇을 의미할 수 있다든지 혹은 그 말을 이해할 수 있다는 것을 함축하지 않기 때문이다. 내게 어떤 문제가 있어서, 가령 "미친 듯이 광분한 상태에서, 혹은 환각제를 먹어서"(K, p.9) 그 말을 이해하지 못할 수도 있다. 이것이 같은 단어를 이해하는 사람이 있고 이해하지 못하는 사람이 있는 이유다. 양자는 다르지만, 물론 밀접하게 연관되어 있다. 왜냐 하면 내가 '소'를 이용하여 소를 의미할 때와 내가 '말'을 이용하여 말을 의미할 때의 상태가 의미함이라는 상태라는 점에서는 같지만, 하나는 말을 의미하는 상태요 다른 하나는 소를 의미하는 상태라는 점에서 구분되어야 하는데, 이를 구분하기 위해서는 '소'나 '말'의 의미의 차이, 즉 '소'의 사용 규칙과 '말'의 사용 규칙의 차이를 이용할 것이기 때문이다.

크립키가 의미에 대응하는 사실이 없다고 할 때, 그는 먼저 '의미함'에 대응하는 사실이 없다고 하는 것이다. 그는 의미함과 구분되는 것으로서의 의미에 대한 사실이 없다고 하지는 않는 것 같다. 곧 보겠지만, 그가 '+'를 이용해서 내가 '+'를 이해함에 대응하는 사실이 없음을 보여주기 위한 논증을 만드는 단계에서, 그는 수학에 대해 회의하는 것은 아님을, 수학적 사실이 없다는 것을 부인하지는 않음을 말하고 있다(K, p.13). 보고시안 같은 철학자도 "크립키가 반복해서 강조하듯이 회의적 논증은 수학적 사실의 존재를 위협하지 않는다"고 말한다.6) 그의 회의주의는 수학적 사실이 있더라도, 우리가 수학적 사실에 관한 문장을 이해할 수 없다고 주장한다. 따라서 크립키의 우선적인 분석 대상은 의미가 아니라 의미함이나 이해함이라고 해야 한다.

내가 '소'에 의해 소를 의미한다고 할 때, 혹은 내가 '소'라는 단어를 이해한다고 할 때, 나의 의미함이나 이해함이 '소'를 내가 앞으로 어떻게 사용해야 할지를 알려준다고(K, pp.7-8) 하는데, 그것이 어떻게 가능한가? 크립키는 이런 질문에 답하기 위해 의미함을 다른 어떤 것으로 환원시켜 본다. 가령, 그것은 고통과 비슷한 현상적 상태로 환원될 수 있는가? 아니면 믿음

---

6) Paul Boghossian, "The Rule-Following Considerations", p.521.

과 비슷한 지향적 상태로 환원될 수 있는가? 아니면 그것은 어떤 행동의 성향으로 환원되는가? 그것도 아니면 뇌나 기계의 속성으로 환원되는가 등.

그래서 이 문제는 우선 심적인 것에 대한 탐구가 된다. 언어론적인 문제들 가령, "명제의 의미는 진리 조건에 의해서 이루어지는가 아니면 주장 가능성 조건에 의해 이루어지는가?"와 같은 문제, 또는 의미함이 고통과 같은 현상적 상태로 환원된다면, 그것은 언어의 규범성 조건, 쓰임의 정확성 조건을 알려주는지에 관한 탐구는 오히려 이차적 문제라고 할 수 있을 정도다.[7]

II

이제 크립키가 회의적 문제를 어떻게 제기하는지 보자. 그는 '+'와 '아픔'을 주로 이용하는데, 그 이유는 이 기호나 단어들이 확정적인 의미를 갖고 있는 듯이 보이며, 내가 그것들을 이해할 때, 모든 쓰임을 한번에 결정해주는 규칙과 같은 것이 내 마음에 떠오르는 것 같은 경험을 하는 것 같기 때문이다. 다른 말로 하면, "덧셈 규칙과 같은 수학적 규칙 개념과 …… 내적인 경험 …… 에 관한 우리의 화법"이 크립키가 제시하는 "역설과 그에 대한 해결책", 즉 공동체에 의존하는 해결책이 "갖고 있는 강점이 쉽게 무시"되고 독자적으로 의미가 결정될 수 있는 영

---

7) 비트겐슈타인은 이 점에서 의미함이나 이해함에 관해 탐구할 때 행동이나 행동 성향과 구분되는 것으로서의 심적인 것을 아예 고려조차 하지 않으려는 콰인과는 다름을 크립키는 지적한다. 이것이 비트겐슈타인의 의미에 관한 단평들 중 상당수가 심리철학적인 이유라고 크립키는 본다(K, pp.14-15).

역처럼 보이기 때문이다(K, p.4).

내가 '+'에 의해 덧셈을 의미한다고 하자. 이 말은 내가 '+'를 덧셈으로 이해한다는 말과 같은 뜻이며, 이 말은 다시 내가 '+'를 사용하는 방법을 안다는 뜻이다.

> 이 규칙을 내가 '파악'했다는 것에 결정적으로 중요한 것이 하나 있다. 비록 내가 과거에 덧셈 계산을 한 것이 오직 유한한 경우였지만, 그 규칙은 내가 전에는 한번도 고려해보지 않았던 무한하게 많은 새로운 덧셈에 대한 나의 답을 결정한다(K, pp.7-8).

나는 지금까지 많은 덧셈 문제를 풀어보았지만, 크립키는 내가 지금까지 한 번도 계산해본 적이 없는 큰 숫자의 덧셈 계산 문제를 받았다고 가정해보자고 한다. 가령, "68 + 57"이란 문제가 그런 문제라고 하자. 내가 과거에 덧셈 공부를 하다가, 어느 순간 덧셈을 이해한다고 생각하게 되었을 때, 그때 미래에 내가 덧셈을 어떤 방식으로 사용해야 하는지가 결정되었다면, 이 새로운 경우에도 나는 그 문제에 대해 어떻게 답해야 할지를 알고 있는 셈이다. 그래서 나는 앞의 문제에 대해 "125"라고 답하고, 그것이 내가 과거에 의도했던 덧셈 기호를 사용하는 방식을 지배하는 규칙을 따르는 것이라고 생각한다.

여기서 크립키는 내가 과거에 나에게 주었던 규칙은 겹셈일지도 모른다고 생각해본다. 그것의 규칙은 57보다 작은 수를 포함한 경우에는 덧셈의 규칙을 따르다가, 57보다 큰 수의 경우에는 5라는 답을 주라는 규칙을 갖고 있다. 그렇다면 나는 이 경우에 "5"라고 답하는 것이 규칙을 제대로 따르는 것이 된다. 두 가능한 규칙들 중에서 어느 규칙이 맞는 규칙인가? 의미함이나 이해함을 분석해서, 이 두 가지 가설 중에서 어느 것이 맞는지를 알아내어 회의주의자를 물리치는 방법이 있는가?

크립키는 회의주의를 물리치기 위해 제시된 답은 두 가지 조건을 만족시켜야 한다고 말한다. "첫째, 그 답은 내가 겹셈이 아니라 덧셈을 의미한다는 것을 구성하는(나의 심적 상태에 관한)8) 사실이 무엇인지 설명해야 한다. 그러나 또 그런 사실의 후보로서 제시될 수 있는 어떤 것도 만족시켜야 할 조건이 하나 더 있다. 어떤 의미에서 그것은 내가 '68+57'에 '125'라고 답하는 것이 어떻게 정당화되는지를 보여주어야 한다" (K, p.11).

그러니까, 우선 회의주의에 응답하고 싶은 사람은 먼저 사실의 후보로서 아무것이나 제안할 수 없다. 가령, 심적인 것이 아닌 플라톤적인 대상을 그런 사실의 후보로 제시하는 사람은 그것이 어떻게 나의 심적 상태에 관한 사실이 될 수 있는지를 보여주는 부담을 안게 될 것이다. 크립키는 다음과 같이 말한다.

수학적 실재론자들 혹은 '플라톤주의자들'은 수학적 존재들의 비-심적인 본성을 강조했다. 덧셈 함수는 어느 특정한 마음에 있지 않으며, 또 모든 마음들의 공통적인 속성도 아니다. 그렇다면, 현재 고려 사항들과 관련해서, 덧셈 함수가 …… (68, 57, 125)를 어떻게 포함하는지는 문제가 안 된다. 그것은 그저 관련된 수학적 대상의

---

8) 크립키는 괄호 안에 '나의 심적 상태'라고 적고 있다. 그의 회의적 논증은 한 개인을 대상으로 하여 전개되기 때문에, 그는 '방법론적 유아론'을 택하는 것처럼 보인다. 그는 15쪽에서 이렇게 말한다. "비트겐슈타인의 도전은 나 자신에 관한 질문으로 내게 제시될 수 있다 : 내가 지금 무엇을 해야 하는지를 지시하는 나에 관한 과거의 어떤 사실 — 내가 '덧셈'으로 의미했던 것 — 이 있는가?" 그의 회의적 해결책에서는 방법론적 유아론은 사용 안 된다. 아마 그 방법을 버리는 것이 해결책의 한 부분일 것이라고 해야 할 것이다.

본성에 있을 뿐이며, 그것이 무한한 대상이란 것은 당연하다. 덧셈 함수는 (68, 57, 125)와 같은 트리플(triple)을 포함하고 있다는 증명은 수학에 속하며 의미나 의도와는 아무 관계도 없다(K, pp.53-54).

여기서 크립키가 주장하는 것은 플라톤주의자들과는 달리 덧셈은 의미나 의도와 관계가 있다는 것이다.

사실, 크립키가 회의적 논증에서 플라톤적인 의미에 대한 비판을 하고 있다는 식의 해석이 있지만, 필자가 보기에 마음과 독립된 것으로서의 플라톤적인 의미는 크립키의 주요 관심사는 아니다. 그것은 사실이 되기 위한 두 조건들 중 첫째 조건을 만족시키지 못하기 때문이다. 라이트는 다음과 같이 말할 때 이 점을 놓치고 있다.

"플라톤주의자들처럼 우리가 실행하는 것들 중 많은 것들의 — 특히 논리학과 수학의 — 객관성이 우리가 레일 같은 규칙 — 우리 앞에 미리 놓여 있으며 모든 현실적이고 반사실적인 사용법을 스스로 결정하는 규칙 — 을 따르는 것에 있는 것으로 생각하는 것은 자연스러운 일이다.[9]

물론 레일 같은 규칙이 있다면 그것은 사실이 되기 위한 두 번째 조건을 만족시켜주겠지만, 문제는 플라톤적인 대상이 무엇이며 그것이 나의 마음에 어떻게 관련되느냐가 분명치 않다는 것이다.[10]

다음, 제안된 사실의 후보가 어떤 것인지 분명하게 알 수 있

---

9) Crispin Wright, "Critical Notice : Colin McGinn, *Wittgenstein on Meaning*", *Mind*, 98, pp.289-305.
10) 라이트는 방금 나온 인용문 다음에 "우리는 (레일 같은 규칙들을) 어떤 식으로건 '마음 안에' 넣을 수 있어야 한다"고 말한다. 이렇게 생각하면, 그 규칙들은 다음에 나오는 관념과 비슷해진다. C. Wright, p.302.

다 하더라도, 그것이 두 번째 조건을 만족시키는지를 입증해야 한다. 즉, 내가 무한한 경우에서 지금까지 접해보지 않았던 상황에서 특정 단어를 어떻게 사용해야 하는 것이 맞는지를 보여주어야 한다.

예를 들어보자. 고전적 경험주의자들이 하는 것처럼, 관념을 사실의 후보로 제안해보자. 관념이 나의 심적 상태에 관한 사실이 될 수 있는지는 비교적 쉽게 설명할 수 있을 것이다(최소한 플라톤적 대상보다는 쉬울 것이다). 그런데 그것은 두 번째 조건도 만족시킬 것인가? 그럴지 모른다. 관념에는 가령, 소의 관념과 함께 '소'를 사용하는 방법까지도 들어 있을지 모른다. "입방체의 그림뿐 아니라 투사의 방법까지도 우리의 마음에 떠오른다고 생각해보자. ─ 나는 이것을 어떻게 상상해야 할까? ─ 나는 아마 투사의 방법을 보여주는 도식을 내 앞에 보게 될 것이다. 가령 투사선에 의해 연결된 두 입방체의 그림을 ……" (PI, §141) (K, p.42). 이것이 맞는다면, 관념이 바로 회의주의자를 물리치기 위한 사실이 될 것이다.

크립키가 의미함에 대응하는 그런 사실의 후보로 고려하는 것들 중 하나가 감각적 경험으로서 그는 의미함을 일종의 고통과 같은 특유의 감각질을 가진 경험으로 환원시키려 한다.

'덧셈'에 의해 덧셈을 의미한다는 것은 환원 불가능한 경험, 내성에 의해 우리 각각에게 직접 알려지는 그 경험, 특유의 감각질(quale)을 가진, 환원 불가능한 경험 ─ 두통, 가려움, 구역질 등이 그런 감각질을 가진 내적인 상태들의 예들이다 ─ 을 가리킨다고 주장하지 않는가?(K, 41)

이 주장엔 두 문제가 있다. 언뜻 보아서 이것은 사실이 되기 위한 첫 번째 조건은 쉽게 만족시킬 수 있는 것처럼 보인다. 왜냐 하면 두통과 같은 것이야말로 나의 심적 상태에 관한 것이요 그 존재나 본성에 대해서 잘 알고 있는 것처럼 보이기 때문이다. 그러나 자세히 조사해보면, 의미함을 두통과 같은 것으로 생각하기에는 양자에는 많은 차이점들이 발견되기 때문에(K, pp.49-51), 그것은 사실 첫째 조건도 만족시키기 어렵다는 것을 알게 된다. 설혹 이해함이 그런 감각질을 가진 내적인 상태라고 하더라도, 그것은 둘째 조건을 만족시키지 못한다. 감각질을 가진 경험 중 어떤 것도 그 자체로는 "새 경우에 무엇을 하라고 나에게 말해주기 않을 것"이기 때문이다(K, p.43).

의미함이란 것은 "감각들 혹은 두통들 혹은 어떤 '질적인' 상태들과도 동화될 수 없고, 성향들과도 동화될 수 없는 원초적 상태며 그 자체로 특유한 종류의 상태"라고 보는 것은 어떤가? (K, p.51) 이 제안은 "원초적 상태의 본성을 완전히 신비롭게 내버려두기" 때문에, 그래서 첫째 조건을 만족시키기 못하기 때문에, 의미나 이해를 신비롭게 만들어버리는 문제가 있다(K, p.51).

의미함을 두통이나 관념과 같은 내적인 상태로 간주하는 것이 회의적 도전을 물리치는데 아무런 힘이 없음을 보여준 크립키는 이제 의미함이나 이해함을 행동의 성향으로 환원해서 분석해보려고 한다. 가령, 그는 "나는 '+'로 덧셈을 의미한다"는 말을 "나는 '+'를 이러 이러한 상황에서 저러저러하게 사용할 성향이 있다"로 분석한다.

나는 지금까지 '68 + 57'이란 문제에 접해본 적이 없어서 그 문제에 대해 '125'라고 답해본 적도 없지만, 만일 내가 '68 + 57'에 관한 질문을 받았다면, 나는 '125'라고 답했을 것이다(K, p.23).

한 표현의 의미를 안다는 것은 지금까지 한 번도 접해보지 못했던 환경에서도 그 표현을 정확히 사용할 수 있어야 한다는 것을 포함한다고 말한다. '소'의 의미를 내가 안다면, 나는 내가 화성에 가서 소를 보더라도 그것을 '소'로 가리킬 수 있어야 함을 포함한다. 이것을, 앞서 인용했듯이, 크립키는 한 표현의 의미를 안다는 것은 "무한히 많은 새로운 경우에" 그것을 사용하는 방법을 아는 것이라고 말한다(K, p.8). 회의주의자는 사실 이것을 이용해서 회의를 전개했다. 왜냐 하면 내가 어떤 단어나 기호를 사용하는 경우는 반드시 유한할 것이어서 항상 과거에 접하지 못했던 새로운 상황 — 덧셈의 경우에는 지금까지 한 번도 계산해보지 못했던 큰 수의 덧셈을 하는 상황 — 에 직면할 것임을 회의주의자는 알기 때문이다. 이것은 회의주의에 답하기 위해 만족시켜야 할 조건들 중 두 번째 조건이 만족되었는지를 묻는 것이기도 하다.

성향론자들이 성향을 이용하는 이유는 바로 이런 상황을 탈출하기 위해서다. 내가 어떤 단어를 실제로 이용한 것은 유한하지만, 성향적으로 이용한 것은 유한하다고 할 수 없을 듯하기 때문이다. 나는 실제로 화성에서 '소'란 단어를 사용해본 적이 없을지라도, 내가 거기에 있다면, '소'를 소를 가리키기 위해 사용할 성향을 과거에 가진 적이 있었기 때문에, 화성에서 '소'를 사용하는 경우도 전혀 새로운 상황이라고 할 수 없지 않느냐는 것이다. 하지만 크립키는 내가 어떤 단어를 갖고 실제로 사용하는 경우뿐 아니라 그것을 사용할 성향들을 모두 합치더라도 역시 유한하다고 주장한다(K, p.26).

아무리 큰 수이건, 임의의 두 수들의 합에 관해서 질문을 받는다면, 나는 그것들의 실제 합을 갖고 응답하리라는 말은 맞지 않다.

왜냐 하면 어떤 쌍들의 수는 너무 커서 나의 마음 ― 혹은 나의 두 뇌 ― 이 이해할 수 없기 때문이다. 그런 합을 묻는 질문들이 주어지면, 나는 이해를 못하기 때문에 어깨를 움씰할시 모른다 ; 관련된 수들이 너무 커서 질문을 하는 사람이 질문을 완성하기 전에 내가 늙어서 죽을지도 모른다(K, pp.26-27).

그렇다면, 나는 여전히 예측하지 못했던 새로운 상황을 맞게 될 것이고, 그때 내가 어떻게 행동하는 것이 맞는지를 성향도 알려줄 수 없다. 성향론도 회의주의에 대한 답이 만족시켜야 할 두 번째 조건을 만족시킬 수 없다.

하지만 우리는 성향에 무한한 경우를 다 포함한 것으로 생각할 수 없을까? 만일 나의 뇌가 컴퓨터처럼 돼서 큰 수를 계산할 수 있다면, 내가 불로장생의 약을 얻어서 영생을 얻어 아무리 큰 수로 이루어진 문제이건 그 문제를 다 들을 수 있다면 등으로 말이다(K, p.27).

크립키는 이런 것을 공상 과학에서나 나올 실험으로 간주하며 무시해버리는데, 어쨌든 이런 방법 역시 회의주의자를 물리치기에는 역부족이다. 왜냐 하면 공상 과학에서 나오는 실험적 이야기들은 어떤 결론을 끌어낼지 모르기 때문이다. 그런 방법에 의존하는 것은 비회의주의자나 회의주의자에게 모두 중립적이라고 크립키는 보는 것 같다(K, p.27). 다른 말로 하면, 이런 종류의 사실 후보들은 회의주의에 대한 응답이 만족시켜야 할 두 조건들 모두를 만족시키지 못한다. 우선 나의 뇌가 컴퓨터처럼 된다는 것이 무엇인지가 분명치 않기 때문에, 그것은 첫 번째 조건을 만족시키지 못한다. 설혹, 튜링 기계 혹은 튜링 프로그램이란 것을 이용하여 첫 번째 조건을 만족시킬 수 있을지 몰라도(크립키는 이 역시 쉽지 않으리라고 본다), 그것은 여전히 두 번째 조건을 만족시킬 수 없을 것이다(K, p.33). 의미함을 튜링 기계나 튜링 프로그램처럼 프로그램에 의해 실현될 수 있는 상태로 설명하려는 시도도 근본적으로는 성향론이 겪는 것과 같은 종류의 난점을 갖게 된다고 크립키는 주장한다(K, pp.34-35).

또 성향론은 내가 한 표현을 어떻게 사용하는 것이 정확한지를 내가 그것을 어떻게 사용할 성향이 있는지와 동일시하는데, 이것은 실수할 가능성을 제외해버림으로써, 맞고 틀림의 차이를 없애버린다. 상식적으로 우리는 어떤 사람이 '소'라는 단어를 이해하지만, 특정한 상황 하에서는, 가령 주위가 어두운 경우에는, '소'를 소가 아니라 염소에 적용하는 성향을 가진 경우를 상상할 수 있다. 우리는 이 경우에 그가 실수를 했다고 말하지만, 의미함이 성향으로 환원된다면, 우리는 그가 실수를 했다고 말할 수 없게 되는 것 같다. "왜냐 하면 어떤 사람이 의미하는 함수는 그의 성향으로부터만 읽혀져야 하며, 무슨 함수가 의미되는지는 미리 전제될 수 없기" 때문이다(K, pp.29-30).

이것이 사실 크립키가 성향적 환원이 성공할 수 없다고 보는 더 근본적인 이유다. 규범적 관계인 의미와 쓰임의 관계를 성향론자들은 기술적으로 본다는 것이다.

요점은 만일 내가 '+'에 의해 덧셈을 의미한다면, 나는 '125'라고 대답할 *것*이라는 것이 아니라, 만일 내가 '+'에 의해 내가 과거에 의미했던 것을 따를 의도가 있다면, 나는 '124'라고 답*해야 한다*는 것이다. 계산상의 실수, 내 능력의 유한성 그리고 다른 방해 요소들 때문에 나는 내가 해야 하는 대로 반응할 성향을 갖지 못할지도 모른다. 그러나 그렇다면 나는 나의 의도에 따라서 행동하지 않았다. 의미와 의도의 미래의 행동에 대한 관계는 *기술적*이 아니라 *규범적*이다(K, p.37).

성향적 사실은 기술적(descriptive) 사실로서 규범적(normative) 사실인 의미적 사실(semantic fact)과 다른 종류다. 왜냐 하면, "'소'는 소를 의미한다는 말은 화자가 그 표현을 소에게만 사용해야 한다는 것을 함축하지만, 화자가 그 표현을 소에게만 사용하도록 성향되어 있다는 말은 화자가 그 표현을 소에게만 사용해야 한다는 것을 함축하는 것 같지 않기 때문이다."11)

이처럼 의미함에 대응하는 사실을 위한 후보로 간주될 수 있는 것을 모두 조사한 후에, 그것들이 모두 사실이 되기 위한 조건을 만족시키지 못함을 입증했다고 생각하는 크립키는 결국 의미함이 무엇인지에 관한 사실은 없다고 결론을 내린다.

그렇다면 회의적 논증은 해결되지 않은 채 남게 된다. 어떤 단어에 의해 무엇이건 의미하는 것과 같은 것은 전혀 있을 수 없다. 우리가 새로 사용하는 방법은 매번 무모한 짓과 같다 ; 현재 갖고 있는 의도는 무엇이건 우리가 하려고 선택할 수 있는 그 어느 것과도 일치하도록 해석될 수 있다. 따라서 일치도 충돌도 있을 수 없다. 이것이 비트겐슈타인이 §201에서 말했던 것이다(K, p.55).

---

11) Paul Boghossian, "The Rule-Following Considerations", p.533.
윤보석 박사는 의미의 규범성을 포착하는 자연주의적 분석의 가능성을 제시한다. 윤 박사는 밀리칸이나 드레츠기의 목적론적 분석을 예로 들면서, 이들의 분석은 의미회의주의에 대한 비회의적인 해결책이 될 수 있다고 말한다. 윤 박사는 크립키의 비트겐슈타인 해결책을 내적 상태나 행동의 성향에만 제한했다고 보며, 진화나 학습의 역사 등과 같은 사실들을 의미적 사실에 대한 후보로서 조사하지 않음으로써 크립키의 비트겐슈타인이 내리는 결론은 약한 증거에 기초해 있다고 비판한다(윤보석 「'비트겐슈타인과 철학'에 대한 논평」, 2001 한국철학회 춘계학술발표대회 대회보, pp.29-32. 이 중 특히 p.31 참조할 것). 드레츠케와 밀리컨 류의 목적론적 제안에 대해서는 보고시 안이 분석하고 있는데, 보고시안이 보기에 드레츠케의 제안도 성향론의 일종으로서 다른 종류의 성향론처럼 의미적 사실을 제시하는 데 실패한다. Boghossian, "The Rule-Following Consideration" p.537f, 그리고 주 50 참조.

이는 존재론적 주장으로서 크립키는 이것을 의미함이 무엇인지에 관한 사실이 있다는 것을 정당화시킬 수 없다는 인식론적 주장과 구분한다. 존재론적 주장은 인식론적 주장보다 더 강한 것으로서 이 때문에 철학사상 가장 급진적인 회의주의라는 이름이 붙여진 것이다. 그는 심지어 신이 있다 하더라도 의미함에 관한 사실은 발견할 수 없다고까지 말하면서(K, pp. 14, 21, 38-40, 50, PI, II, p.217), 자신의 입장이 단순히 인식론적 입장이 아니라 존재론적 입장임을 강조한다.

III

의미에 대응하는 사실이 없으면 의미란 것은 없다. 그런데 의미에 대응하는 사실은 없다. 그러므로 의미란 것은 없다. 그런데 의미는 쓰임을 결정한다. 그러므로 쓰임도 없다. 그러나 쓰임이 없다란 것은 말도 안 되는 주장이다. 이런 엉뚱한 결론이 나오게 된 이유는 의미에 대응하는 사실이 없으면 의미란 것은 없다는 주장 때문이다. 크립키는 의미에 대응하는 사실이 없으면, 의미가 없다는 전제를 부인하는 것이 회의주의에서 벗어나는 유일한 길이라고 생각한다. 비록 그것이 회의주의에 대한 직접적인 해결책은 아니지만 말이다. 크립키는 전기 비트겐슈타인은 유의미한 문장은 그에 대응하는 사실이 있다고 생각했지만, 후기 비트겐슈타인은 이를 포기했다고 본다. 그것만이 회의주의로부터 벗어나는 길이었기 때문이다(K, pp.72-73).

여기서 크립키는 의미함이 아니라 의미에 대한 분석을 한다. 문장의 의미를 진리 조건이 아니라 주장 가능성 조건으로 분석하는 것이 의미함이나 이해함을 살리는 길이라고 본다.[12) 즉, 회의주의로부터 벗어나기 위해 크립키가 택한 방법은 먼저 문장의 진리 조건을 찾지 않고 주장 가능성 조건을 찾는 것이요, 둘째로는 그 조건들 아래에서 우리가 하는 주장들이 우리의 삶에서 차지하는 역할과 유용성이 무엇인지를 보는 것이다. 이제 이해함이란 이런 뜻이 된다. 내가 어떤 문장의 주장 가능성 조건들을 알고, 그런 조건들 하에서 그런 주장을 하는 것이 어떤 유용성을 갖고 있는지를 안다면 나는 그 문장의 의미를 이해한다고 말할 수 있다는 것이다(K, p.73).

이것이 크립키의 이른바 회의적 해결책인데, 이 안에서 우리는 첫 번째의 주장 가능성 조건 분석 방법뿐 아니라 두 번째 방법에 주목해야 한다. 크립키가 두 번째 방법을 추가했다는 것은 필자가 보기에 그로 하여금 비트겐슈타인의 원래 입장을 제대로 대변해주게 만드는 중요한 조건이다.

이에 대해 더 논의하기 전에 주목해야 할 것이 하나 더 있다. 크립키는 회의적 논증의 결론이 주장하는 것과 다른 주장 혹은 그것보다 더 확장된 주장을 하는 것 같다. 회의적 논증의 결론은 의미함에 대한 주장(meaning-talk)에 대한 사실이 없다는

---

12) 이것은 더밋과 비슷하다. 더밋은 의미론은 이해함의 인식론이 되어야 한다고 하면서, 내가 어떤 문장을 이해할 수 있는지를 명백하게 보여줄 수 없게 만드는 의미론은 버려야 한다고 주장한다. 내가 어떤 문장을 이해할 수 있는지를 명백하게 보여주려면 문장은 진리 조건이 아니라 주장 가능성 조건으로 분석되어야 한다. 이것을 더밋은 다른 마음의 문제와 관련시켜서 논증한다. 더밋은 다른 사람에게 심성을 귀속시키는 문장이 반실재론을 지지해주는 가장 명백하고 좋은 문장 예라고 말한다. Akeel Bilgrami, "Dummett, Realism and Other Minds", *The Philosophy of Michael Dummett*, (Kluwer : Dordrecht, 1994), p.207. Michael Dummett, *Truth and Other Enigmas*, (Harvard University Press : Cambridge, Massachusetts, 1980) pp.xxxii-xxxviii.

일종의 부분적(local) 회의주의적 주장이었다. 그러나 여기서 그는 전체적(global) 회의적 주장을 하는 것 같다. 그의 비사실주의는 단순히 의미함에 대한 비사실주의가 아니라 의미에 대한 비사실주의로 넘어간다.[13] 그는 덧셈에 관한 주장을 내가 이해한다는 말에 대응하는 진리 조건이 없으므로, 그것은 주장 가능성 조건으로 분석해야 한다고 할 뿐 아니라, 덧셈에 관한 주장들 자체도 주장 가능성 조건에 의해 분석해야 한다고 말하는 것 같기 때문이다.

그래서 덧셈에 관한 의미론을 만들기 위해 크립키는 플라톤 식으로 이름과 대상 사이의 관계에 대해 생각하지 말고, "(덧셈에) 관한 주장들이 실제로 발언되는 상황들과 그런 주장들이 우리의 삶들에서 어떤 역할을 하는지 — 어떤 유용성을 가졌는지 — 를 보라고("생각하지 말고, 보라!")고 요청한다(K, p.75).

이런 요청을 따르면, 우리는 덧셈에 관한 주장들이 만들어지는 많은 조건들을 찾을 수 있을 것이다. 그리고 그런 주장들이 발언될 때 그것들이 우리의 삶에서 유용한 일을 하고 있음을 발견하게 될 것이다. 하지만 겹셈에 관한 주장들이 만들어지는 조건을 우리는 철학 책 안이 아니고서는 찾을 수 없을 것이며, 더욱이 겹셈에 관한 그런 주장들이 우리의 삶에서 아무런 역할을 하지 않는다는 것을 쉽게 알게 될 것이다. 따라서 우리는 덧셈을 이해한다는 말은 할 수 있어도, 겹셈을 이해한다는 말은 할 수 없다.

크립키의 회의적 해결책에 있는 문제들 중 하나는 그것이 공동체에 의존하는 데에서 생기는 문제다. 공동체는 다음 질문,

---

13) Paul Boghossian, p.523 보고시안은 비사실주의를 이리얼리즘(irrealism)으로 부르기도 하는 것 같다.

"회의적 해결책 안의 어떤 것이 내가 '소'를 정확하게 혹은 부정확하게 사용할 때마다 그렇다는 것을 점검해주는가?"에 대한 답을 하는 과정에서 도입된다. 가령, 내가 한 번도 해보지 못했던 덧셈 문제를 풀게 되었을 때, 내가 주는 답이 맞는지 틀리는지를 무엇에 근거해서 점검할 수 있는가? 이 경우에도 그는 "생각하지 말고 보라"는 비트겐슈타인의 요청을 따르는 듯하다. 선험적으로 그런 점검이 어떻게 이루어지는지에 대한 이론을 만들려고 하지 말고, 실제로 그런 점검이 어떤 상황에서 일어나는지를 살펴보라는 것이다. 관찰의 결과는 그런 점검은 실제로 화자가 속한 공동체의 다른 구성원들이 해준다는 것이다 (K, p.79).

이런 점검은 공동체의 다른 구성원들이 그저 내가 특정 단어를 잘못 사용할 때 틀렸다고 지적해준다는 뜻이 아니다. 그렇게 지적한다 하더라도 나는 계속 잘못 사용할 수 있다. 내가 공동체의 다른 구성원들의 지적을 받았을 때, 나를 교정시켜서 정확하게 사용하게 하게 만드는 것은, 그렇게 하지 않으면 나는 그것과 관련된 언어 게임과 삶의 형식에 참여할 수 없다는 것이다. 회의적 논증에서 나온 덧셈의 경우에, 내가 지금까지 한 번도 못해보았던 덧셈 문제를 받았을 때, 가령, '68 + 57 = ?'란 문제에 대해서 내가 '125'가 아니라 '5'라고 답하면, 그리고 내가 틀렸다는 지적을 받고도 계속 '5'라고 답하면, 나는 덧셈과 관련한 공동체의 언어 게임에 참여할 수 없게 된다. 언어 게임에 참여할 수 없다는 것은 덧셈과 관련한 유용한 기능을 내가 이용할 수 없다는 것이다(K, p.75).

여기서 우리는 크립키가 공동체 성향론과 같은 주장을 하는 것이 아님을 알아야 한다. 그는 공동체 성향론은 일반적인 성향론과 같은 문제를 갖고 있다고 말한다(K, p.111). 그는 의미를 공동체의 성향으로 환원시키려 하지 않는다.

IV

크립키는 자신의 회의적 해결책이 태어나면서 무인도에서 혼자 산 사람, 크루소가 규칙 따르기를 하지 못하리라는 것을 함축하지 않는다고 말한다(K, p.110). 이것은 크립키를 비판했던 사람들이 자주 놓치는 주장이다. 보통, 사람들은 크립키의 회의적 해결책은 공동체에 의존하기 때문에 크루소의 규칙 따르기가 불가능하다는 것을 함축한다고 생각한다. 그래서 그들은 크루소의 규칙 따르기가 가능하다는 점을 보여줌으로써, 크립키가 틀렸음을 입증하는 방법을 사용한다.

가령, 보고시안은 다음과 같이 논증한다. 수학적 사실의 존재를 인정한다면, 화자가 혼자서 덧셈 문제에 정확하게 반응하는 것을 상상할 수 있고, 이것은 개인적인 성향에 의존하는 규칙 따르기가 가능함을 인정하는 셈이다.[14]

그런데 이것은 자동적으로 크립키에 대한 비판이 될 수 없다고 필자는 본다. 왜냐 하면 그는 공동체의 성향들에 의존하지 않는 규칙 따르기가 가능함을 배제하지 않는다고 명백하게 말하기 때문이다.

필자가 크립키의 회의적 해결책에 있다고 주장하는 진짜 심각한 문제는 내적인 것으로, 그가 비일관적인 주장을 한다는 것이다. 왜냐 하면 그는 한 곳에서는 크루소의 규칙 따르기가 가능한 듯이 말하고, 다른 곳에서는 크루소의 규칙 따르기가 불가능하다는 주장을 함축할 수밖에 없는 주장을 하기 때문이

---

14) Paul Boghossian, p.521.

다. 회의적 해결책은 사적 규칙 따르기가 불가능함을 함축하는 결과를 낳을 목적으로 만들어졌다는 주장(K, 106)이 그것이다.15)

---

15) 필자는 한 논문에서 크립키의 두 주장을 양립 가능하게 만들려면, 크루소의 규칙 따르기와 사적인 규칙 따르기를 구분해야 한다고 주장했다. 필자는 거기에서 사적인 규칙 따르기와 개인적인 규칙 따르기의 차이를 설명하면서, 크립키는 이 차이를 무시하고 있다고 주장했다. 사적 언어 논증에서 대조되는 것은 언어 공동체와 언어적 고립체 사이의 대조가 아니라, "내적 사건"이 본질적으로 육체적 표현에 연결되는 일상적 상황과 그 연결이 사라진 상상 속의 (데카르트적인) 상황 사이의 대조다. 그런데 크립키는 양자를 구분하지 않는 것 같다. 그는 사적인 규칙 따르기를 개인적인 규칙 따르기와 같은 것으로 보기 때문에, 개인적인 규칙 따르기가 불가능하다면, 크루소의 규칙 따르기도 불가능하다고 해야 할 것이다. 따라서 그는 여전히 비일관적이다.

이승종 교수는 필자의 논문에 대한 비판에서 크립키가 비일관적이라는 필자의 주장에 대해서는 언급하지 않고 있다. 그는 거기에서 페어스의 제안을 따라서 슈퍼 크루소란 개념을 이용하여 슈퍼 크루소는 상상할 수도 없는 존재며, 필자가 상정하는 크루소는 우리의 언어 모델을 투사시켜 만든 존재이기 때문에 그가 언어를 사용하는 것을 상상하는 것이 가능하다고 주장한다. 필자가 '크루소'에 의해 슈퍼 크루소를 의미했다면, 그것이 언어를 사용할 수 있다고 생각하는 것은 틀렸지만 너무나 당연한 주장이고, 또 필자가 '크루소'에 의해 우리를 투사시킨 존재를 의미한다면 그가 언어를 사용한다고 생각하는 것은 맞지만, 이것 역시 너무나 당연한 주장이 아니냐고 묻는 것 같다. 어느 경우이건 철학적으로 중요한 함축을 갖고 있지 않다고 그는 주장하는 것 같다.

통상적으로 이 논쟁에 참여하는 사람들이 '크루소'를 정의할 때엔 크루소가, 소설 속의 주인공처럼 우리 사회에 살다가 어느 날 무인도에 혼자 살게 된 사람이 아니라, 처음부터 무인도에서 혼자 산 사람이라는 점을 지적한다(이 교수는 이 사람을 '슈퍼 크루소'라 부른다). 이 점은 러시 리와 에이어의 논문에서 명백하게 만들어졌다. 그래서 이 논쟁에 참여하는 사람들이 모두 암묵적으로 받아들이는 것이라고 필자는 생각한다. 크립키 자신 그의 책 110쪽에 있는 주 84에서 에이어와 리 사이의 논쟁에 대해서 언급하고 있다. 이는 크립키가 크루소의 언어와 사적 언어 사이의 관계에 대한 그간의 논쟁들에 대해 잘 알고 있음을 보여준다. 하지만, 그는 또 자신의 입장은 이 모든 의견들과 다르다고 하는데, 어떻게 다른지 사실 알기 힘들다.

크루소를 더 자세하게 나누는 이승종 교수의 시도는 논쟁을 더 어렵게 만

비일관적인 주장들을 한다는 비판에 대해 크립키가 할 수 있는 한 가지 응답은 그가 공동체가 없이는 언어가 불가능하다는 말, 즉 공동체가 언어의 필요 조건이라는 말을 안 했다는 것이다. 그는 우리 언어가 실제로 작동하는 상황을 관찰한 후, 그저 현재 우리가 사용하는 언어가 공동체에 의존하고 있다는 사실과, 현재 우리 언어에서 개인적인 규칙 따르기가 발견되지 않음을 그저 보고했을 뿐이라고 말할지 모른다. 그렇다면, 그는 공동체의 점검이 가능하지 않기 때문에, 개인적인 규칙 따르기가 불가능하다는 식의 말은 하지 않았다. 그는 그저 우리 언어에서는 공동체의 점검이 이루어지고, 개인적인 규칙 따르기는 존재하지 않는다는 두 사실을 독립적으로 보고하고 있을 뿐이라고 말할지 모른다. 그렇다면, 이것은 우리의 언어와는 달리 공동체에 의존하지 않은 채 작동하는 언어가 있을 가능성을 배제하지 않을 것이다. 필자가 생각하기에 크립키를 이렇게 해석하는 것이 그로 하여금 비일관성에 빠졌다는 비판으로부터 벗어날 수 있게 해줄 뿐 아니라, 자신은 "철학에서 설명이 아니라 기술을 할 뿐"(PI, §109)이라는 비트겐슈타인의 입장과도 조화를 이루게 해준다.

들겠지만 중요한 것이라고 본다. 우선 크루소를 여러 의미로 나누어 생각하면, 크립키를 비일관성에서부터 빠져나오게 할 수 있을지 모른다. 가령, 크립키가 불가능하다고 말한 개인적인 규칙 따르기를 슈퍼 크루소의 규칙 따르기로 보고, 크립키가 가능하다고 말하는 크루소의 규칙 따르기를 우리가 투사된 존재의 규칙 따르기로 보자고 제안하면, 크립키는 일관성을 회복할 수 있는 듯이 보인다. 다음 논문들 참조. 남기창, 「크루소의 언어는 사적 언어인가?」 박영식, 『언어철학연구 I』, 서울 : 현암사, 1995, 이승종, 「투사적 존재로서의 타자」, 『철학연구』 제40집, 1997년 봄호.

V

은밀하건 명백하건 비트겐슈타인을 회의주의자로 보는 크립키의 해석은 비트겐슈타인의 철학을 잘못 해석하는 것임은 많이 지적되었다. 뿐만 아니라, 그의 회의적 논증 자체가 아주 이상한 것임에 틀림없기 때문에, 그의 논증을 수용하기는 여러 종류의 회의적 논증에 익숙한 철학자들에게도 힘든 일일 것이다.

그런데 크립키는 이렇게 생각할 대다수의 사람들을 위해, 그의 회의적 논증과 회의적 해결책을 다른 방식으로 제시하려 하는 것 같다. 이것은 그의 책 부록에 있는데, 이 부분을 읽으면, 그의 회의적 논증은 훨씬 더 설득력 있게 다가올 뿐 아니라, 특히 그의 회의적 해결책은 비트겐슈타인의 입장을 어느 주석가보다 더 정확히 반영하고 있지 않은가 하는 생각이 들 정도다. 이제부터는 크립키의 이런 측면을 보여주려 시도하겠다.

크립키는 책의 부록에서 다른 마음의 문제를 따로 다룬다. 그는 비트겐슈타인이 다루는 다른 마음의 문제는 전통적인 인식론적 문제로서의 다른 마음의 문제가 아니라, 의미론적인 것으로서 실로 회의적 문제의 한 사례일 뿐이라고 한다. 이 부록은 크립키의 의미회의론을 논하는 사람들에 의해 거의 언급되지 않고 있는데, 필자가 보기에 크립키가 의도하는 주장은, 덧셈이나 오리(K, p.117), 탁자(K, p.19)와 같은 단어를 이용하여 만든 의미회의적 논증들보다 '아픔'을 이용해서 만든 의미회의적 논증에서 더 잘 설득력 있게 다가온다.

크립키는 전통적인 인식론적 문제로서의 다른 마음의 문제는 문제를 제기하는 것조차 불가능하다고 본다(그는 이것을 지적한 것이 비트겐슈타인의 통찰이라고 생각한다). 우선 나는 나의 아픔이 무엇인지를 직접적으로 아픔과 관련된 행동이나 외적 환경과 독립적으로 알 수 있다. 아픔이 무엇인지를 알기 위해서는 아픔을 직접적인 내적인 관찰로 발견해야 한다. 그러나 다른 사람의 아픔을 그런 방식으로 알 수는 없다. 따라서 내가 다른 사람이 아픔을 느끼는지를 알 수 없다는 인식론적 회의론이 나온다. 이것이 전통적인 인식론적 다른 마음의 문제인데, 비트겐슈타인은 이런 문제가 정당하게 제기되려면, 실체로서의 내가 있는지를 정당화할 수 있어야 하는데, 그럴 수 없기 때문에 이런 식의 다른 마음의 문제는 사실 제기될 수도 없다고 본다는 것이다(K, p.121f).[16]

'아픔'이란 단어를 이용하여 크립키의 방식대로 회의적 논증을 구성해보자. 내가 '아픔'에 의해서 아픔을 의미한다는 것 혹은 내가 '아픔'이란 말을 이해했다는 것은, 내가 그것을 사용할 규칙을 알게 되었다는 뜻이다. 그래서 나는 앞으로 그 말을 정확하게 사용할 수 있으리라고 자신한다. 실제로 나는 많은 경우에 그 말을 정확하게 사용해왔다고 믿는다. 특정한 감각질을 수반하는 아픔을 느껴서 얼굴을 찡그리거나 신음을 내거나 할 때마다 '아픔'이란 말을 사용해왔다. '아픔'이란 말을 정확하게 사용하는 조건은 이런 내적이고 외적인 성질들을 확인하는 것으로 이루어졌다. 하지만 나는 지금까지 전혀 접해보지 못했던 새로운 상황에 직면할지도 모른다. 나 아닌 다른 사람이 내가 아플 때 하는 것과 비슷한 신체적 반응을 보일 때, 나는 '그가 아프다'고 말할 수 있는가? 나는 머뭇거릴지 모른다. 왜냐 하면 나는 내가 아플 경우에 느끼는 그 특유한 감각질을 동반한 아픔을 느낄 수가 없기 때문이다. 나는 이 경우에 '그는 화가 났다'고 말하면서, 이것은 '화픔'이란 말의 규칙에 따라 하는 것이

---

16) 졸고 참조. 「다른 마음의 문제에 대한 비트겐슈타인의 입장」, 『철학연구』 제41집, 1997년 가을호.

라고 말한다. '화픔'이란 말은 내가 이러 이러한 신체적 표현을
할 때는 아픔이지만, 다른 사람이 그와 같은 신체적 표현을 할
때는 화가 났다는 뜻이다.

그런데 아픔의 경우에도 이렇게 "직관적으로 납득 가능한 이
유"가 아니라(K, p.119), 덧셈의 경우처럼 이상한 이유를 들면
서 회의적 논증을 전개할 수도 있을 것이다. 가령, 내가 화성에
가서 아픔을 느꼈다면, 나는 공포심을 느낀다고 말하면서, 이것
은 '공픔'의 규칙을 따르는 것이라고 말할 수 있다. '공픔'이란
말은 내가 지구에서 아픔을 느끼면 아픔이지만, 화성에서 아픔
을 느끼면 공포라는 뜻을 갖고 있다.

실제로 아픔의 경우에는 회의적 문제가 이중으로 제기된다
고 해야겠다. 앞에서는 회의적 문제가 나 아닌 다른 사람의 경
우에 '아픔'이란 단어를 적용할 때 생기는 것으로 만들었지만,
사실은 내가 나에게 '아픔'이란 단어를 적용할 때도 비슷한 문
제가 제기될 수 있기 때문이다. 다시 말하면, 먼저 내가 '아픔'
이란 말을 이해한다고 할 때, 그것이 나의 아픔을 정확하게 가
리키기 위해 사용할 수 있는지를 보장할 수 있는지에 관한 문
제가 있고, 두 번째로 내가 '아픔'이란 말을 이해한다고 할 때,
그것이 다른 사람의 아픔을 정확하게 가리키기 위해 사용할 수
있는지를 보장해주는지에 대한 문제가 있다. 크립키는 사실 두
문제를 같은 종류의 문제, 즉 새로운 상황에서 단어를 어떻게
사용하는가로 보는 것 같다.

그는 비트겐슈타인 철학의 발전 단계에서 다른 마음의 문제
는 의미회의론이 완성되기 전 단계에서 많이 다루어졌다고 본다
(K, p.119). 의미회의론이 완성된 후, 비트겐슈타인은 다른 마음
의 문제를 의미 회의론에 포섭시켰다고 크립키는 보는 것 같다.

아무튼 의미회의론적 문제로서의 다른 마음의 문제에 대한

회의적 해결책은 '아무개는 아프다'란 말을 참으로 만드는 진리 조건이 아니라 그런 말을 주장할 수 있는 조건들을 찾는 데에 있다. 그리고 크립키는 주장 가능성 조건 외에 그런 주장을 하는 것이 우리 삶에서 차지하는 역할을 찾아보라고 추가로 요구한다.

비트겐슈타인이 마음에 관해서 데카르트주의도 아니요 행동주의도 아닌 입장이라는 것은 잘 알려져 있다. 문제는 그 입장이 어떤 것인지를 일관적으로 서술하기에 어려움이 있다는 것이다. 그래서 이에 관해서는 학자들 사이에 여러 시도가 있었다.

다른 마음의 문제를 회의적 문제의 한 종류로 봄으로써 크립키는 데카르트주의자도 아니요 행동주의자도 아닌 비트겐슈타인의 입장을 묘사할 때 생기는 여러 문제들을, 비트겐슈타인의 입장을 정확하게 반영하면서, 해결할 수 있는 길을 얻은 것 같다. 왜냐 하면 크립키는 앞에 말했듯이 다른 마음의 문제를 아예 전통적인 구성 방식과는 다르게 구성해버리기 때문이다. 그에게서 이제 다른 마음의 문제는 '아픔'을 데카르트처럼 생각하기 때문에 생기는 것이 아니며, '아픔'을 행동주의자처럼 생각한다고 해서 다른 마음의 문제가 쉽게 해결되는 것도 아니다.

다른 마음의 문제는 이제 아픔의 일인칭과 삼인칭의 비대칭성 때문에 생기는 문제가 아닐 뿐더러, 비트겐슈타인은 아픔을 일인칭적으로 다루는 것과 삼인칭적으로 다루는 것 사이에서 선택을 하거나 아니면 중간의 길을 택하도록 강요받지도 않는다. 그것은 일인칭과 삼인칭이 대칭적이냐 비대칭적이냐의 문제와는 전혀 관계없이 제기되는 의미회의론으로서 그에 대한 해결책은 아픔과 관련된 주장들과 그것들로 이루어진 인간의 삶이 어떤 유용성을 갖는지를 관찰하는 데서 발견된다.

예를 들어 보자. 크립키 회의적 해결책 안에서는 아픔을 느낀 사람과 아픔을 느끼지 않으면서 겉으로는 아픔을 느끼는 사람이 하는 행동과 비슷하게 행동하는 사람의 차이가 허용된다.17) 그런데 크립키는 그런 차이를 주장 가능성 조건들을 더 세밀하게 구성해서 찾으려는 것이 아니라, 그런 주장들이 우리의 삶에서 차지하는 역할의 차이에서 찾으려고 하는 것 같다. 그는 이렇게 말한다.

이 상황을 어른들의 성적 행동에 대해서 그리고 심지어 그에 수반하는 생리적 반응들에 관하여 자세하게 들은 아이의 상황과 비교해보라. 유아의 성(그리고 이어지는 잠복기)에 관한 프로이트의 이론은 신경쓰지 말고, 그 아이는 '내부로부터' 에로틱한 감정을 전혀 모르며, 그것들을 상상하지도 느끼지도 못한다고 가정하자. 그런 아이는 원칙상 그가 에로틱한 감정을 어른들에게 귀속하기 위해 사용하는 많은 행동적 규준들을 배울 수 있을 것이며, 그리고 그는 어른들이 다른 사람들이 에로틱한 감정들을 표현하고 있음을 지각할 때 갖는 태도들과 반응들에 관해 많이 배울 수 있을 것이다. 그럼에도 불구하고 그가 파악하는 에로틱한 표현들과 그에 동반하는 행동과 태도는 그 아이가 스스로 에로틱한 감정을 갖는 사람으로 이 세계에 들어올 수 있을 때만 사라질 조야하고 기계적인 성질을 갖게 될 것이다. 이런 상황을 아픔의 경우에서 상상하기는 더 어렵다. 왜냐 하면 어린아이일 때부터 이런 감각을 상상하는 생활 안으로 들어갈 수 없는 사람은 거의 없기 때문이다.

아픔이 다른 사람들에게 귀속되는 상황을 완전히 이해하고, 다른 사람들의 아픔에 적절하게 반응하지만 그 자신은 아픔을 상상하거나 느낄 수 없는 사람에 대해서 어떻게 말해야 할까? 만일 그

---

17) 그는 책 103쪽 주 83에서 비트겐슈타인의 입장이 아니라 그 자신의 입장을 밝힐 때, 외적인 규준과 연결되지 않는 감각이 있을 수 있다고 생각한다고 말한다.

가 다른 누군가에 대해서 그는 아프다고 말한다면, 그는 우리와 같은 것을 의미하는가? 아마 비트겐슈타인의 견해는 이런 경우 우리는, 우리가 관련된 모든 사실들을 알고 있기만 한다면, 무엇을 말해도 좋다는 뜻일 것이다. 그가 우리와 다른 점은 바로 아픔을 상상하는 우리의 능력이 아픔을 느끼는 사람들을 향한 우리 자신의 태도 안으로 들어가는 방법에 있을 것이다. 이와 연결해서, 우리는 §315에 나오는 주체에 관한 비트겐슈타인의 신비적인 단평들(혹은 오히려 질문들)을 참고할 수 있다. 또 '탐구' 2부의 pp.213-218에 나오는 '모습 맹(aspect blindness)에 관한 그의 단평들과 비교해보라 (K, p.140).

크립키는 여기서 아픔을 경험하는 사람과 그렇지 못한 사람 사이에는 아픔과 관련한 삶의 양식에서 차이가 생길 수밖에 없다고 주장하는 것 같다. 그는 에로틱한 감정의 경우 그것을 느끼지 못하지만 겉으로는 비슷하게 행동하는 사람은 그것을 느끼면서 행동하는 사람보다 "조야하고 기계적일 것"으로 말한다. 비록 아픔의 경우에는 그런 일이 있을 가능성이 적지만, 그런 일이 있다 하더라도, 결국에는 "사람들을 향한 태도"에서 차이가 나리라고 보는 것 같다. 아픔을 느끼지 못하는 사람이 고통을 느끼는 다른 사람들을 향한 태도는, 우리처럼 아픔을 느껴본 사람이 다른 사람을 향한 태도와는 달라질 수밖에 없다는 것이다.

"다른 사람을 향한 나의 태도는 영혼을 향한 태도다"(PI, II, iv. p.178)라는 비트겐슈타인의 입장은 윤리적인 것을 포함한 것으로 필자는 보고 싶다.[18] 비록 비트겐슈타인은 윤리에 대해

---

18) 그러면 비트겐슈타인은 영혼이 있다고 믿었음에 틀림없다고 생각하면 안 된다. 영혼을 향한 태도를 갖게 되는 이유는 다른 사람이 영혼을 갖고 있음이 입증되었기 때문이 아니요, 이런 태도를 갖고 있다는 것을 근거로 해서 다른

서 말하는 것을 의식적으로 피해왔다는 것이 사실이지만 말이나. 이 문제를 그저 의미론적 문제로만 생각하는 것은 잘못이다. 크립키의 회의적 해결책 안에는 그런 윤리적인 입장이 포함되어 있기 때문에, 그것은 비트겐슈타인의 원래 입장과 비슷하다고 필자는 보고 싶다.

하지만 크립키는 자신이 한 말의 함축을 모르는 듯하다. 그는 여전히 다른 마음의 문제를 의미론적으로만 보며, 따라서 영혼을 향한 태도라는 생각을 의미론 어디에 놓아야 할지 고민하는 것 같다. 이것이 그가 비트겐슈타인은 이 해결책을 불만족스럽게 여기리라고 추측하는 이유일지도 모르겠다.

이렇게 된 이유는 그가 철학이 무엇인지에 대한 비트겐슈타인의 단편들 — 가령, 철학자의 임무는 파리통에 빠진 파리에게 나가는 길을 알려주는 것이라거나(PI, §309) 농담으로만 이루어진 철학 책을 쓰는 것이 가능하다는 것[19] 등 — 에 주목하지 않았기 때문일 것이다. 이런 단편들 — 이것들은 비트겐슈타인의 철학적인 글들에서만 발견되는 것이 아니다 — 을 보면, 비트겐슈타인이 "다른 사람을 향한 나의 태도는 영혼을 향한 태도다"와 같은 말을 철학적인 주장보다 덜 만족스럽게 생각하리라고 보는 것이 얼마나 그를 오해하는 것인지를 알게 될 것이다. 하지만 크립키가 그의 해결책을 비트겐슈타인이 불만족스럽게 생각하리라고 생각했다는 것을 제외하면, 그의 해결책 자체는 비트겐슈타인의 입장을 정확하게 반영하는 부분이 있다고 해야 할 것이다. 이 점에서 크립키를, 비트겐슈타인의 철학을 정확하게 해석하는 일보다는 그의 철학 안에서 배울 만한

사람이 영혼을 갖고 있음을 입증할 수 있다는 뜻도 아니다. "그의 태도는 그의 태도에 대한 증명"일 뿐이다(PI, §310).
19) Norman Malcolm, *Ludwig Wittgenstein : A Memoir*, Second Edition, p.28.

것을 취해 자신의 이론을 발전시키는 데 관심이 있다고 여겨지는 일단의 최근의 철학자들 — 가령, 더밋, 라이트, 보고시안 등 — 과 한 부류에 묶는 것은 다시 생각해볼 문제라고 필자는 본다.[20]

□ 참고 문헌

남기창, 「다른 마음의 문제에 대한 비트겐슈타인의 입장」, 『철학연구』, 제41집, 1997년 가을호.

남기창, 「크루소의 언어는 사적 언어인가」, 박영식, 『언어철학연구 I』, 서울 : 현암사, 1995.

이승종, 「투사적 존재로서의 타자」, 『철학연구』 제40집, 1997년 봄호.

Akeel Bilgrami, "Dummett, Realism and Other Minds", *The Philosophy of Michael Dummett* (Kluwer : Dordrecht, 1994).

Paul Boghossian, "The Rule-Following Considerations", *Mind*, vol. 98, Oct. 1989.

Michael Dummett, *Truth and Other Enigmas* (Harvard University Press : Cambridge, Massachusetts, 1980).

---

20) 이승종 교수는 크립키를 보고시안, 라이트 등과 한 부류에 속한다고 본다. 그래서 필자는 필자의 논문 「크루소의 언어는 사적 언어인가」에서 "철학적으로 중요한 점을 이끌어낼 수 있는 더 기본적인 문제"를 다루지 않았다고 지적한다. 물론 필자가 이런 지적에 반대할 이유는 없지만, 여기서 필자는 크립키를 비트겐슈타인을 정확하게 해석하기 위해 애쓰는 철학자들의 부류에 포함시킬 수도 있음을 보여주려 했다. 그의 논문 「투사적 존재로서의 타자」 참조.

Saul Kripke, Wittgenstein : *On Rules and Private Language* (Cambridge, Massachusetts : Harvard University Press, 1982).

John McDowell, "Anti-Realism and the Epistemology of Understanding", in his *Meaning, Knowledge, Reality* (Harvard University Press : Cambridge, Massachusetts, 1998).

Colin McGinn, *Wittgenstein on Meaning* (Blackwell : Oxford, 1982).

Klaus Puhl, *Meaning Scepticism* (Walter de Gruyter : Berlin, 1991).

Ludwig Wittgenstein, *Philosophical Investigation* (New York : Macmillan 1953).

Crispin Wright, "Critical Notice : Colin McGinn, *Wittgenstein on Meaning*", *Mind*, 98.

유물론, 언어 그리고 실천

이 좌 용

I

우리가 몸둔 이 세계는 일정한 시간 공간을 점한 구체적 사물들의 거대한 하나의 총체라고 볼 수 있다. 우리의 몸들이 그 일부를 이루고 있기에 그것은 이 세계이고 현실의 세계다. 그것은 어떤 의미에서 하나의 세계인가. 가능한 세계 중의 한 세계로서 서술될 수 있는가. 우리의 몸들도 일정한 시간 공간을 점하고 있는 구체적 사물들이다. 실은 우리는 우리의 몸들이다. 몸을 떠난 우리는 이 세계의 일부일 수 없으며 현실의 우리일 수도 없다. 우리는 살아 있는 사물이며, 특히 서술 능력을 지닌 독특한 사물이다. 우리와 시공간적 거리 관계를 갖는 모든 구체적 사물만을 포괄한 세계가 바로 이 현실 세계다. 우리와 시공간적 거리를 갖지 않는 다른 가능 세계들도 있을 것이다. 그 세계 안의 사물들간에는 시공간적 거리가 있을 것이다. 그러나 우리와는 그 거리가 없기에 그 세계는 현실 세계와 다른 또 하나의 세계다. 하나 하나의 세계간에는 시간 공간적 거리가 없는 셈이다. 시간 공간적 거리를 갖는 모든 사물을 포괄하는 세계, 따라서 그 세계를 달리하는 사물들은 그런 거리를 가질 수 없는 세계라는 것이 세계 개념의 핵심일 것이다. 그러니까, 다른 세계가 어디에 있는지 또 언제부터 있었는지를 묻는 것은 무의미하다.1)

하나의 세계는 시간 공간적으로 닫혀 있다는 것, 그래서 인과적으로도 닫혀 있는 체계라는 것은 세계 개념의 필연적 귀결이다. 세계들은 시간 공간적 절연체(絶緣體)며 인과적 무연체(無緣體)인 셈이다. 세계 하나 하나를 낱낱의 하나이게 하는 것은 그 절연과 무연의 속성이라고 하겠다. 그런데 세계의 그 절연적 속성은 세계내 존재(世界內存在)를 오히려 연분(緣分)으로 단단히 묶어놓는다. 한 세계의 거주자들은 반드시 언제 어디에 있어야 하며 어떤 인과적 역할을 해야 한다. 그렇지 않으면 그 세계에서 절대절명의 순간을 맞이해야 한다. 이 세계 안의 물질적인 사물들이 생성, 변화 및 소멸의 인과적 과정을 밟는다는 사실은 이 세계를 하나이게 만드는 원리에 따른 것이라고 볼 수 있겠다.

우리는 이 세계를 언어적으로 서술할 수 있는 아주 특별한 능력을 지닌 세계내 물체다. 이 세계 삼라만상 하나 하나의 모습을 서술하고 그 변화를 설명하고 예측할 수 있는 이 희귀한 언어적 능력은 우리를, 우리의 정신을, 나아가서 우리의 언어를 이 세계 외부에 성립해 있는 것으로 보려는 철학적 사유를 키우기 쉽다. 이 세계 밖에 서있지 않으면, 어떻게 이 세계를 대상화할 수 있으며 객관화할 수 있단 말인가? 이 세계에 대한 객관화 또는 대상화는 어떤 의미에서 이 세계에서 초월해 있는 것

---

1) D. Lewis, *On the Plurality of Worlds* (Basil Blackwell, 1986) pp.1-5 참조.

을 전제하는 것이 아닌가. 있는 그대로의 모습을 객관적으로 파악하려면, 전염되지 않도록 그것에 떨어져 있어야 한다. 한마디로 그것과 연고가 없어야 그것을 냉정하게 그 모습 그대로 볼 수 있고 평가할 수 있다는 생각이다. 그러나 천만의 말씀이다. 연고를 가질 수 없을 만큼 떨어져 있으면, 또는 세계 밖에서 있으면 아예 그것을 지각할 길조차 없을 터이기 때문이다. 사물 또는 세계와 인과적 연결이 끊기면 그것을 경험하고 말할 수 있는 아무런 길도 없다. 그것과 실낱같은 간접적 접속이라도 있어야 그것에 대한 지각과 지칭의 의미가 살아난다.

세상만사 무서운 인연(因緣)에 걸려 있어야 그 세상만사를 논할 수 있는 실감(實感)을 가질 수 있다. 세파(世波)에 애초부터 초연해 있는 자는 그것을 서술하고 설명하고 예측하는 언어적 행위를 할 이유가 없다. 아니, 그것을 말할 수 있는 근거가 없다. 세월의 흐름에 몸을 맡기고 있어야 그 흐름의 기별을 느낄 수 있다. 그리고 그 흐름에 울고 웃는 자만이 그 흐름을 기대하고 예측하는 언어적 서술을 할 수 있다.

일상어의 대종을 이루는 술어들은 세월의 인과적 흐름에 대한 예측적 기대를 함축한 일상적 이론(theory)과 같다. 나는 N. 굿맨의 창의적인 미어(謎語)에서 그 언어철학적 성찰의 지지 근거를 얻고자 한다. 그리고 W. V. 콰인과 D. 데이빗슨의 번역과 해석의 불확정성 논제에서, 세계와 언어를 논하는 이론 언어가 의미론 확정에 필요하다는 철학적 논변의 의의를 되새겨보고자 한다. 아울러 이런 논의를 바탕으로, 우리의 철학자인 정대현과 남경희의 의미맞음론과 언어시장론의 철학적 의의를 이 글과 관련하여 논의해보고자 한다. 나는 세계가 근본적으로 물질적 소재로 이루어져 있다는 유물론을 전제한다. 그 유물론에서 우리는 언어 능력을 지닌 아주 독특한 정신적 물체로서 분류될 수 있다. 그럼, 그 유물론에서 언어의 정체는 어떻게 서술될 수 있는가? 유물론에서 정신적 상태는 있을 수 있지만 정신의 실체는 있을 수 없다. 마찬가지로 언어적 상태는 있지만 언어의 실체는 없다. 있는 것은 언어적인 소리들, 표기들, 사건들 및 행동들이다. 그 구체적인 물리적 흔적들을 언어적이게 하는 것은, 그것들에 언어라는 속성을 귀속시킬 수 있는 것은, 다시 말해서 그것들이 언어라는 속성을 갖는 것은 우리들의 독특한 그 언어적 능력 덕분이다. 언어는 우리의 정말 희귀한 어떤 표상적인 생활 능력에 의존해 있는 속성이다. 물리적인 구체적 소리들과 표기들에 대한 언어적 해석은 그것들을 만든 우리들의 심성적 행위에 대한 정신적 설명과 같다.

II

우리는 '푸르다'와 '파랗다'의 의미를 어떻게 이해하는가? 예시(例示)적 정의에 의해서다. 저 숲은 푸르다. 그리고 저 하늘은 파랗다. 이 에메랄드는 푸르다. 그리고 이 사파이어는 파랗다. 아마도 표상적 언어의 기본은 '푸르다'와 '파랗다'와 같은 감각어일 것이다. '푸르다'는 저 숲과 이 에메랄드를, '파랗다'는 저 하늘과 이 사파이어를 동일한 색으로 분류한다. 술어들의 일반적 기능은 구체적 사물들을 이런저런 종류로 분류해 넣는 것이라는 생각이 아마도 전통적 언어관일 것이다.

N. 굿맨이 새로운 방식으로 보여준 귀납의 수수께끼는 그 전통을 반성적으로 일깨워준다. 다음의 귀납적 추론은 일단 정당하다. 이런 일단 정당한 형식의 추론을 통하여 앞으로의 경험을 기대하고 예측하면서 나름의 합리적 실천의 생활을 꾸려가

는 것이 우리의 일상적인 삶일 것이다.

(A) t까지 관찰된 모든 에메랄드는 푸르다.
_____

　　 t 후에 관찰될 에메랄드는 푸르다.
　　 (또는, 모든 에메랄드는 푸르다.)

　다음 형식의 귀납이 일단은 정당하다는 일반적 규칙 덕분에
그 형식의 한 보기인 앞의 추론은 그 정당성을 획득하게 된다
고 보통은 생각한다.

(B) t까지 관찰된 모든 S는 P다.
_____

　　 t 후에 관찰될 S는 P다.
　　 (또는 모든 S는 P다.)

　굿맨은 다음의 신조어를 만들어 보이면서 그 규칙의 원리적
정당성을 반성하게 한다.

　정의 : 푸랗다↔t 까지 푸르거나 t 후에 파랗다.
　파르다↔t 까지 파랗거나 t 후에 푸르다.[2]

　그럼, 앞 형식의 귀납적 규칙의 한 보기인 다음의 추론도 마
찬가지로 일단은 정당한 것일까?

_____

2) 굿맨은 't 전에 검토돼 있고 푸르거나, t 후에 검토되었고 파랗다'로 정의하
였으나, 논의의 간편성과 일반성을 위하여 수정한 것임.

(C) t 까지 관찰된 모든 에메랄드는 푸랗다.

_____

  t 후에 관찰될 에메랄드는 푸랗다.

이 귀납추론이 정당하지 않다는 것은 명백하다. 그것은 귀납의 일반적 형식규칙이 잘못이라는 것을 의미하는가. 아니면, '푸랗다'와 같은 술어가 건전한 일상적 술어가 아니라는 것을 뜻하는가. 그렇다면 그 '건전함'의 기준은 무엇인가. '푸랗다'가 시각과 선접을 빌어 정의된 술어라는 것은 그 '불건전함'에 알맞은 진단일 수 없다. '푸르다'도 본 뜻의 손상을 주지 않고 다음과 같이 새롭게 정의할 수 있기 때문이다.

  정의 : 푸르다 ↔ t 까지 푸랗거나 t 후에 파르다.

물론 '파랗다'도 그처럼 정의할 수 있다. '푸르다'가 '푸랗다', '파르다' 및 시간 어휘를 빌어 정의되어 있더라도, 앞의 귀납 추론 (A)는 그 정당성을 잃지 않을 것이다. 그렇다면, (A) 추론과 (C) 추론의 정당성의 있고 없음은 어디에서 오는 것인가. 무슨 차이 때문인가?

그 차이가 귀납에 사용된 술어의 차이뿐이라는 것은 명백하다. 굿맨은 그 차이를 서술하는 새로운 술어, '투사될 만한 (projectible)'을 만들어 그 추론적 정당성의 차이를 진단하고자 한다. '푸르다'와 '파랗다'는 투사될 만한 술어이지만 '푸랗다'와 '파르다'는 그렇지 않다는 것이다. 이 진단은 동어 반복의 문제 진술이라는 냄새를 다분히 풍긴다. 푸른 에메랄드만의 경험적 상례로부터 푸른 에메랄드의 미래적 경험을 기대하는 것은 정당하지만, 푸라란 에메랄드만의 경험적 상례로부터 푸라란 에메랄드의 미래적 경험을 기대하는 것은 왜 정당하지 않은가? 이것이 굿맨이 새롭게 꾸민 귀납의 수수께끼다. 술어들에 대한 이차 술어인 '투사될 만한'을 빌어온 굿맨의 진단은 마치 이렇게 진술하는 것과 다름이 없어 보인다. '푸른' 것으로 서술된 경험적 상례는 '정당한 가설'적 기대를 만들지만 '푸라란' 것으로 서술된 경험적 상례는 그렇지 못하다고 말이다. 그 뜻을 더 분명히 파악하기 위해서 '투사된다'가 어떻게 사용되는 말인지를 살펴볼 필요가 있을 것이다. 굿맨의 말을 들어보자.

"한 가설이 실제로 투사돼 있는 것으로 말해질 경우는 그것의 어떤 사례들이 참인 것으로 검토 결정된 후에, 그러나 나머지 그 사례는 검토돼 있기 전에 그 가설이 채용되는 때다. 그 가설은 참이거나 법칙적일, 아니 합당할 필요조차 없다. 우리는 여기서 투사되어야만 하는 것이 아니라 사실상 투사되어 있는 것에 대해 말하고 있을 뿐이기 때문이다."[3]

결국, '투사되어 있다'는 술어는 근본적으로 가설들의 어떤 특성을 서술한 말이다. 그러니까, 한 술어가 투사되어 있다고 말해질 경우는 그것이 투사되어 있는 가설의 술어일 때다. 그럼, '푸르다'와 같이 투사될 만한 술어는 '푸랗다'와 같이 투사될 만하지 않은 술어와 무엇이 다른가?

"그 대답은, 내가 생각하기에, 우리는 반드시 그 두 술어들을 과거에 투사했던 기록을 살펴보아야 한다는 것이다. 쉽게 말해서, '푸르다'는 '푸랗다'보다 더 일찍이 훨씬 많이 투사됐던 노련

---

3) N. Goodman, *Fact, Fiction and Forecast 2nd ed.* (The Bobbs-Merrill, 1965) pp.87-88.

한 고찰으로서 훨씬 인상적인 일대기를 갖고 있다. 술어 '푸르다'는 술어 '푸랗다'보다 훨씬 잘 안착해 있다(entrenched)고 말할 수도 있을 것이다."[4]

나는 굿맨의 이 글을 읽으면서, 언어 의미의 기본을 '맞음'에서 찾은 정대현의 내재주의를 떠올린다. '맞음'은 오랜 전통을 지닌 우리의 언어 생활 또는 생활 양식과 '통하고 있음'이다. 굿맨의 '안착해 있음'은 그 '맞음'과 어떻게 다른가? 여하간에 굿맨의 말을 더 듣고 보자.

"흄처럼 여기서 우리는 지나간 반복하는 것들에 호소하고 있지만, 관찰된 것의 그 반복적 양태만이 아니라 어휘들의 드러난 사용에서 반복하는 것들에도 호소하고 있다. 어느 정도 칸트처럼, 우리는 귀납적 정당성이 주어져 있는 것만이 아니라 그 조직화 방식에도 의존한다고 말한다. 그러나 우리가 지적하는 그 조직화는 언어 사용의 결과일 뿐이다. 그것은 인간의 인지적 본성의 불가피한 또는 불변하는 무엇에 속하지 않는다. 아주 대충 말해보자. 무슨 반복하는 경험적 양태들이 정당한 투사적 가설만을 분별해주는 기초인가? 그것은 습성적으로 투사해오고 있는 술어들을 우리가 적용한 양태들이라고 나는 제안한다."[5]

굿맨이 제시한 귀납의 문제는 앞의 (B) 형식의 귀납 규칙에 단서 조항을 덧붙임으로써 일단은 해소될 수 있다. 잘 안착해 있는 술어들에 대해서만 그 규칙을 적용할 수 있다는 것이 그

---

4) Ibid. p.94.
5) Ibid. pp.96-97.

단서 조항이 될 것이다. 그런데 안착은 정도를 허용하는 개념이다. 술어들은 더 잘, 훨씬 더 잘 안착해 있을 수 있다. '푸르다'는 '푸랗다'보다 훨씬 잘 우리의 언어 사용의 전통에 안착해 있다. 동일한 상례적 경험을 우리는 '푸랗다'고 서술할 수도 있다. 그 논리적 가능성은 배제할 수 없을 것이다. 그러나 언어 사용의 역사는, 또는 습성은 거의 그 가능성을 실현시키지 못하고 있다. 왜 그러한가. 가설의 현실적 투사에 거의 기여하지 못하기 때문일 것이다. 다시 말해서, 적자로서 살아남는 가설적 기대를 형성하지 못했기 때문일 것이다.

귀납의 문제에 대한 굿맨의 해소책은 어떤 의미에서 결코 논리적 해결책은 아니다. '잘 안착한 술어들에 대해서'라는 단서 조항을 덧붙임으로써 정당한 귀납적 추론을 잘 가려낼 수 있는 규칙을 만들었을 뿐이다. 결코 그 규칙을 논리적으로 정당화시키지는 않았다. 잘 안착한 술어에만 그 규칙이 적용돼야 할 합당한 이치와 이유를 밝히지는 않았기 때문이다.

굿맨의 원 뜻은 아니겠지만, 그의 귀납의 문제 구성과 진단 내용은 더 일반적인 언어 의미의 문제를 새롭게 볼 수 있는 통찰력을 갖게 해준다. 가능한 모든 경험적 증거가 현실적으로 제공돼 있을지라도, 세계와 언어를 대응시키는 논리적으로는 양립 불가능한 복수의 의미 체계 또는 지칭 체계를 얼마든지 생각할 수 있다. 현실적으로 사용되고 있는 이 언어는 그 가능한 복수의 의미 체계 중에서 어느 것인가? 사실의 세계는 이 문제를 해결해줄 아무런 실마리도 제공해주지 못한다. 그럼에도, 우리는 언어를 아주 잘 배우고 번역하고 해석하고 있다. 어떻게 그 사실이 가능할 수 있는가? 콰인의 번역 불확정성 논제는 이런 철학적 물음을 던지고 있다.

굿맨의 언어 통찰에 의거하면, '푸르다'와 같은 기본적 일상

어이더라도 그 사용 방식은 가설적이다. 그것은 구체적 사물들은 분류 선정하는 방식으로 사용된다기보다 오히려 미래의 경험에 대한 일반적 기대와 예측을 위한 가설 속에서 적자생존의 방식으로 살아남는 것이다. 현실 언어 또는 자연 언어의 서술적 기능은 분류적일 뿐 아니라 가설적이고 법칙적이고 이론적이다. 그 언어를 사용하며 투사해온 실천사에서 우리가 키워온 일종의 이론인 셈이다. 그런데 콰인의 불확정성 논제는 언어의 서술적 기능을 분류적인 것으로 전제하고 있는 듯하다. 분류적 기능은 분류할 대상들의 개별화를 요구한다. 번역의 불확정성은 모든 가능한 증거 하에서 번역될 언어의 지칭 체계, 곧 대상들의 개별화 체계, 결국은 분류 체계가 하나로 확정되지 않는다는 것이다. 이제 굿맨 식으로 이렇게 반문해볼 수 있다. 언어 사용을 벗어나 있는 경험적 사례 또는 증거적 사례들로는 정당한 귀납적 추론을 만들지도 못한다. 번역 불확정성은 번역의 자료가 잘 안착한 술어들에 의해 서술돼 있는 한해서 증거적 역할을 할 수 있다는 것을 의미하지 않는가? 정당한 귀납 추론의 전제는 투사될 만한 술어로 서술된 경험적 내용을 갖듯이, 올바른 번역을 확정해주는 경험적 증거는 투사할 만한 어떤 언어로 서술돼 있어야 하는 것이 아닐까.

III

번역 불확정 논제를 성찰하기에 앞서, 오늘의 의미론과 존재론의 논의에 아주 중요한 영향을 미친, 50년 전에 콰인이 내걸었던 두 개의 간결한 슬로건을 되짚어볼 필요가 있다. 하나는 '있음은 변항의 값임이다'이고, 다른 하나는 '하나됨이 없는 것은 없다'다.6) 첫째 것은 우리의 언어적 진술이 존재한다고 말하고 있는, 즉 그 진술의 존재론적 개입을 가리는 기준을 밝힌다. 둘째 것은 하나됨 또는 동일성의 적합한 기준을 갖춘 것만이 존재론의 식구일 수 있는 자격을 가짐을 천명한다.

첫 슬로건은 언어의 의미 있음을 위한 존재론적 부담을 거의 털어버리는 효과를 가졌다. 한 어휘가 나름의 한 "의미"를 가지기 위해서는 지칭하는 나름의 한 "대상"을 가져야 한다는 어떤 의미의 전통적 의미론을 일거에 무력화시키는 힘을 가진 것이다. 객관적 언어 또는 과학적 언어는 양화사, 진리 함수적 접속어 및 술어만으로 이루어진 정형적 표준 언어로 옮겨질 수 있다. 그 표준 언어에서 지칭적 기능을 맡은 것은 존재 양화사 '어떤 것'뿐이다. 언어적 진술은 존재 세계의 '어떤 것'에 대해 서술한다. 그런데 어떤 것에 대한 서술적 논의가 실질적 의미를 가지려면, 그 어떤 대상이 하나 하나의 무엇으로 낱낱이 개별화할 수 있어야 한다. 둘째 슬로건은 바로 그 어떤 것으로 지칭될 대상들이 그 하나 하나를 논의할 수 있는 적합한 기준을 갖추고 있어야 함을 주장한다. 콰인의 표준 언어에서 술어가 아닌 이름의 범주가 따로 있을 필요는 없다.

"'a'는 이름이고, 'Fa'는 그것이 들어 있는 아무런 문장이라고 하자. 'Fa'가 '($\exists x$)(a=x, Fx)'와 동치문임은 분명하다. 이로부터 'a'는 'a='의 문맥에서만 등장하는 것임을 알 수 있다. 그런데 우리는 'a='를 언제나 한 단순 술어 'A'로 표현함으로써 이름 'a'를 버릴 수 있다. 그럼 'Fa'는 '($\exists x$)(Ax · Fx)'가 된다. 여기서 술어 'A'는 한 대상 a에 대해서만 참이다."7)

6) 이에 대한 간결한 훌륭한 해설은 S. Haack, *Philosophy of Logic* (Cambridge University Press, 1978) pp.43-55 참조.

콰인의 이 말에서 우리는 앞의 두 슬로건의 의미를 새삼 확연히 깨달을 수 있다. 언어가 세계를 표상하려면 그 언어의 한 구석은 세계를 이룬 대상들과 맞닿고 있어야 한다. 콰인은 그 언어적 구석을 그 언어에서의 변항의 정의 구역, 이른바 논의 세계(universe of discourse)라고 본 것이다. 결국, 한 문장의 의미는 그 언어의 논의 세계를 벗어나서는 이해될 수 없다고 본 셈이다. 그러니까, 한 문장의 의미를 확정하려면 그 논의 대상들이 어떻게 하나 하나로서 별개화하는지를 확정해야 한다. 그런데 이 구체적 세계에서 일어나는 모든 가능한 경험적 사실이 번역 자료로 주어지더라도, 그 논의 세계는 확정되지 않는다는 것이 번역 불확정성의 요체다. 한마디로, 생면부지의 언어가 갖는 존재론적 개입을 확정해주는 경험적인 물리적 사실은 없다는 것이다.

거두절미하고, 원초적 번역 상황에서 이를테면 다음의 네 번역 중에서 어느 것이 정확한 것인가를 분별해주는 경험적 사실은 없다. 경험 세계에 의거해서만, 물리적 소리로서의 한 문장이 표상하는 것을 추론해내는 것이 원초적 번역자의 과제다. 그 과제에 충실할 때 다음 네 번역은 모두 옳은 셈이다.

(1) 한 토끼가 저기 있다.
(2) 한 토끼의 분리되지 않은 한 부분이 저기 있다.
(3) 토끼성이 저기 예화해 있다.
(4) 한 토끼의 역사의 한 단계가 저기 있다.

그런데 이 네 문장의 논의 대상은 각각 상이한 한 토끼, 한 토끼 부분, 한 토끼성 및 한 토끼 단계다. 그 하나 하나됨의 원

---

7) W. V. Quine, *Philosophy of Logic* (Prentice Hall, 1976) p.25.

리와 기준이 상이한 대상들이다. 그러니까 이 네 문장은 서로 다른 존재론적 개입을 하는 서로 다른 의미의 문장이다. 그럼에도, 발화자가 내뱉은 한 구체적 소리가 의미하는 것이 이 넷 중 어느 것인지를, 번역자는 이 넷과 관련한 가능한 모든 경험적 자극들과 연역과 귀납의 논리적 원리를 총동원할지라도 확정할 길이 없다. 이 불확정성이 철학에 시사하는 것은 무엇일까.

    콰인도 인정하듯이 이 원초적 불확정성은 언어라는 것을 처음 배우는 사람이 처하게 되는 일반적 상황일 것이다. 더 나아가서, 데이빗슨이 일반화하듯이 원초적 언어 해석의 불확정성이기도 하다. 원초적 해석 상황에서는 언어적 소리의 의미뿐 아니라 그 소리를 내뱉은 자의 마음에 대해서도 해석자는 무지의 베일을 쓰고 있어야 한다. 말한 자의 말의 의미를 해석하는 것은 그 말하는 마음의 뜻을 헤아리는 작업과 별로 다르지 않기 때문이다. 말의 의미와 그 말한 마음에 대한 해석을 함께 끝내야 하는 원초적 해석자는 콰인처럼 물리적 자극 의미만을 증거로 삼을 수 있는 처지가 된다. 말한 이의 마음 씀씀이가 대체로 해석자 자신과 대동소이하다는 것, 통속 심리학의 상식적 법칙이 아울러 적용될 수 있다는 것, 합리적이고 정합적인 마음가짐을 가진다는 것, 믿음이 전반적으로는 참이라는 것 등의 원리를 역지사지(易地思之)의 자세에서 준거 자료로 삼아야 한다. 이러한 다수의 합리적, 자애(charity)적 또는 인간적(humanity) 원리들을 참고해야 하는 처지 때문에 데이빗슨적 해석의 불확정성은 콰인적 번역의 경우보다 훨씬 원리적이고 복잡할 수 있다. 한 고래가 지나가는 경우에, 또 그 경우에만, '저기 한 상어가 있다'고 말하는 이의 그 말뜻을 해석하는 상황이라고 하자. 그 말의 '상어'는 고래를 뜻하는 것으로 해석함으로써 말한 그 사람의 믿음을 참이게 해석하는 것이 옳은가, 아니면 그 말 그대로 해석함으로써 말한 그 믿음을 거짓으로 해석하는 것이 옳은가? 보통은 내뱉은 말들을 가능한 한 참이게끔 해석하면 그 믿음들의 논리적 정합도는 더 내려간다. 역으로 그 믿음들의 논리적 정합도가 가능한 한 더 올라가도록 해석하면 내뱉은 말들의 참됨이 더 줄어드는 것이 심상이다. 어떤 원리를 우선해야 하는가에 대한 확정적인 해석 지침은 없을 것이다.

이미 잘 알려져 있는 이야기인 만큼 문제 상황의 해설은 이쯤으로 마치고 이 글의 본론적 내용으로 들어가자. 이 번역과 해석의 불확정성은 굿맨이 제기한 귀납의 문제 상황과 그 설정 방식이 무척이나 똑같다. 어떤 방식으로 언어화하거나 의미화하지 않은 경험적 상례는 우리의 귀납적 기대 또는 결론의 정당한 전제적 역할을 하지 못한다. 마찬가지로, 어떤 방식으로 언어화하거나 의미화해 있지 않은 경험적이거나 합리적인 모든 자료는 우리의 결론적인 번역이나 해석의 정당한 전제적 역할을 하지 못한다는 것을 보여주는 문제 상황이다. 그런데 우리가 시행착오는 겪지만 성공적인 기대와 결론, 그리고 번역과 해석을 잘하는 일상적이고 문화적인 생활을 누리고 있다는 사실은 부인하기 어렵다. 그렇다면, 앞의 문제 설정은 일종의 귀류법(reduction to absurdity)적 논증으로 볼 수 있다. 그것은 어떤 방식으로 언어화해 있는 자료만이 결론의 증거 또는 이유의 역할을 할 수 있다는 것을 밝히는 논증으로 볼 수 있다. 실은 증거 관계 또는 이유 관계는 추론적 관계, 즉 정당화 관계며, 따라서 논리적 또는 의미적 관련을 가져야 한다. 그것은 의미 관련을 요구하지 않는 원인 관계와 구별돼야 한다.

'모든 관찰된 에메랄드는 푸르다'는 '모든 관찰된 에메랄드는 푸랗다'와 동일한 경험적 사태를 표상하지만, 후자가 못하는 가설적 결론의 정당한 전제 노릇을 한다. '푸르다'는 '푸랗다'에서 살아남은, 역사적 실습을 거친, 그래서 투사할 만한 술어다. 그것은 '푸랗다'가 못 갖는 실행적 가설의 의미를 갖고 있는 셈이다. 마찬가지로 우리의 번역과 해석이 정당하게 실행되고 있다는 사실은 그 번역과 해석의 자료를 투사할 만한 가설로 우리가 서술하고 있는 덕분일 것이다. 그 가설적 언어를 콰인의 '배경 언어', 데이빗슨의 '진리 이론'이라고 부를 수도 있을 것이다. 하여간에, 언어와 세계의 지칭적 의미 관계를, 또는 언어의 존재론적 개입을 성공적으로 해석하려면 그 언어와 세계 양자를 논리적으로 연결시킬 수 있는 배경 언어, 진리 이론 또는 결단 이론 등의 또 다른 메타 언어를 통해 그 언어와 세계를 투사적으로 서술해야 한다. 이 투사적 작업은 학자의 고유한 과제가 아니다. 우리의 일상적 언어 생활 또는 의미 있는 삶이 바로 그 과제를 실천해가는 공동 사회적인 역사다. 그 역사 속에서 성공적인 투사적 가설로서 온축해 있는 언어를 사용하면서 우리는 서로의 마음을 성공적으로 이해하고 해석하며 살아가고 있다. 전문적인 해석 이론은 바로 그 일상인의 이론 투사의 언어 현실을 소상히 체계적으로 드러내는 것일 뿐이다.

IV

한 기본 문장은 어떤 대상에 대한 서술다. 따라서 그 서술의 의미를 이해하려면 그 대상 하나 하나가 어떻게 개별화하고 있는지를 분별할 수 있게 하는 적합한 기준을 갖추고 있어야 한다는 콰인의 직관은 옳다. 그 적합한 기준은 순수한 대상 차원에서, 또는 경험 차원에서 마련되지 않는다. 그것은 서술어, 특

히 종류어(kind terms)와 결속해 있을 때만 마련된다. 하나의
무슨 대상으로서만 그 적합한 하나됨은 살아난다. 연속적인 하
나의 구체적 토끼는 다수의 토끼 부분들일 수도, 다수의 시산
시간적 토끼 장면들일 수도 있다. 물리적으로는 수많은 원자들
의 한 떼거리일 수도 있다. 결국, 토끼, 토끼 부분, 토끼 장면 및
토끼 원자의 어느 분류어 또는 종류어와 결속하는가에 따라 하
나의 대상일 수도 있고 다수의 대상일 수도 있다. 실은, 막연히
언급하는 '대상'은 개체 변항과 같이 아무런 의미 없이 그저 문
장의 한 열린 자리를 언급하는 것일 뿐이다. 존재 양화한 어떤
대상은 서술어를 결속하지 않고 성립할 수 없다. 한 서술문의
이해는 하나의 무엇에 대한 개념이 전제로서 있어야 할 것을
요구하는 셈이다. 대상 세계가 그 낱낱의 하나 하나의 대상됨
을 갖는다는 것은 이미 그것이 개념 체계와 떼어져 있는 것이
아님을 함축한다. 이런 의미에서 우리의 논의 세계는 우리의
개념 체계를 벗어나서 존재할 수가 없다. 이런 의미에서 대상
의 실재, 곧 하나됨은 우리의 개념 체계에 내재하는 것이라고
하겠다. H. 퍼트남의 내재적 실재론의 요지가 바로 그것일 것
이다.[8]

굿맨이 시사하듯이 우리의 개념 체계들은 가설 투사의 생활
속에서 역사적 검증을 거쳐 적자생존한 것이다. 논리적으로는
'푸랗다'의 개념을 가질 수도 있다. 그러나 현실적으로 그 개념
은 '푸르다'의 개념에 밀려 도태하고 만다. 여기서 해석과 번역
의 불확정성을 새삼 굿맨의 용어를 빌려 새롭게 문제화할 수
있다. 상대방이 '푸르다'는 말로써 '푸랗다'를 의미하지 않는다
고 어떻게 단정할 수 있는가? '푸랗다'의 개념을 갖고 '푸르다'
를 발화했을 수도 있다는 의문은 논리적으로 가능하다. 그 의

---

8) H. Putnam, *The Many Faces of Realism* (Open court, 1987) 참조.

문의 불꽃을 꺼버릴 경험적 사실은 없다. 다시 말해서, 논리적으로 그 가능성을 봉쇄할 방법은 없다. 그러나 이 의문은 우리가 사용하는 언어가 투사의 노병들이라는 현실을 도외시한다. 우리가 언어를 사용하고 언어적 행동을 한다는 것은 기대를 형성하고 가설을 검증하고 귀납적 일반화를 꾀하는 일이다. 그것은 한 분류어의 정확한 적용 방식을 이해, 해석 및 번역하는 일과는 거리가 멀다. 한 분류어의 정확한 이해가 언어 사용의 전제가 되면, 우리는 아마도 언어를 배우고 사용하는 오늘의 현실을 맞이하지 못했을 것이다.

이런 의미에서 우리의 일상적 개념 체계는 세계를 분류하고 서술하는 방식보다 오히려 이 세계에서 행동하고 실천하는 방식이라는 특징을 더 앞서서 갖고 있다고 할 수 있다. 이것은 자신의 '내재적' 실재론을 '실천적(pargmatic)' 실재론으로 부르는 것이 더 좋을지 모른다[9]고 생각한 퍼트남의 뜻이라고도 할 수 있다. 이렇게 보면, 우리의 이해 능력은 실천 능력에 논리적으로 후행한다. 특히 우리의 언어적 의미 생활에 관해서는 그러하다. 언어적 실천을 이해하고 해석하는 것이 해석론의 과제인 것이다. 이와 관련해서, 간결하고 정확한 1000여 개의 인공 언어가 그동안 창안됐지만 그나마 에스페란토어를 빼고는 어느 것도 제대로 실용화하거나 일상화하지 못했다는 언어사는 자못 시사하는 것이 크다.

우리의 개념은 이 세계에서 우리만이 갖는 능력의 특성이다. 개념을 같이 하는, 그래서 함께 언행을 번역하고 해석할 수 있는 이 세계의 거주자들은 이상한 종류의 화성인일지라도 '우리'로서 불리고 의식화할 수 있다. '푸랑다'의 개념을 갖는 화성인의 존재는 논리적으로 가능하다. 그들의 언어적 실천을 우리가

---

9) Ibid. p.17 참조.

해석할 수 있을까? 그 대답은 부정적이다. 그들은 우리와 함께 언어 생활을 할 수가 있는 '우리'가 아니다. 비트겐슈타인의 다음의 유명한 말을 참고해보자.

"어떻게 나는 내가 보고 있는 색이 '푸르다'로 불린다는 것을 아는가? 아마 그것을 확증하기 위해서 나는 남들에게 물어볼 것이다. 그런데 가령 그들이 나에게 동의하지 않는다면, 나는 완전한 혼란에 빠질 것이고 아마도 그들이나 나 자신이 미친 것으로 여길 것이다. 말하자면, 나는 더 이상 나 자신의 판단을 신뢰하지 않거나, 판단에 관한 한 그들이 말하는 것에 반응하지 않을 것이다."10)

'푸르다'와 기초 감각어를 다르게 사용하는 이는 이미 삶의 형식을 같이하는 우리일 수가 없는 것이다. 그는 같은 책에서 이렇게도 말하고 있다.

"누군가 나에게 묻는다 : 이 꽃의 색은 무엇인가? 나는 대답한다 : '붉다' — 절대로 확실한가? 그렇다, 절대로 확실하다! 그런데 내가 기만당하고 있어서 틀린 색을 "붉다"고 부를 수도 있을까? 아니다. 내가 그 색을 "붉다"고 부르는 것의 정확도는 나의 측정 막대의 엄밀도와 같다. 그 엄밀도를 갖고 나는 시작한다. 내가 기술(descriptions)을 내놓을 때 그것은 의심을 사서는 안 된다. 이것은 우리가 기술 행위로 부르는 것의 특징일 뿐이다."11)

---

10) L. Wittgenstein, *Remarks on the Foundations of Mathematics 3rd ed.* (Basil Blackwell, 1978) VI-35, pp.336-337 참조.
11) Ibid. VI-28, p.329.

데이빗슨의 해석론의 출발점은 우리와 같은 합리적 존재의 선호적이고 결단적인 행위들이다. 그것은 길이를 재는 자처럼 엄밀한 결정이다. 그것은 가능한 사태들(또는 명제들)에 대한 그 행위자의 주관적인 믿음 정도와 욕구 정도에서 결정된다. 관찰되는 행위자의 선호 또는 행위에 근거해서 그것을 초래한 그들의 믿음 내용을 R. 제프리 식의 결단의 논리12)를 빌어 추론할 수 있다. 우리의 언어를 배우고 사용하는 방식이 실제로 그러하다고 보는 것이 "최선의 설명으로의 추론"이라고 비트겐 슈타인과 데이빗슨은 한 소리를 내는 것 같다. 여기서 잘 알려진 철학자의 주장은 그만두자. 내가 거기서 살리고 싶은 알맹이는 언어, 더 기본적으로 개념은 역사를 같이하는 우리의 실천적 능력의 독특한 속성이라는 것이다. 언어 해석을 위한 정확한 이론은 우리의 그 속성을 밝히려는 정말 학문적인 작업이다. 그럼, 물질적이고 인과적인 이 구체적 세계, 그 일부를 이룬 우리와 같은 구체적 행위자들, 그리고 마찬가지로 그 일부를 이루는 우리가 내뱉고 표기한 구체적 소리들과 글자들의 삼각 관계에 대해 이제까지의 논의는 철학적으로 무엇을 보여주는 가? 이 세 종류의 논의 항목은 모두 인연(因緣)의 고리에서 자유롭지 않다. 실은 그 인연의 사슬 덕분에 우리는 세계를 알 수 있고 세계를 변화시킬 수 있다. 우리는 세계의 일부며, 따라서 이 세계는 어느 면에서 우리의 실천의 결과이기도 하다. 그런데 그 실천의 특성이 언어적이고 개념적이다. 그것이 우리를 우리이게 하는, 우리를 같은 마음씨를 갖는 우리로 보게 하는 속성이다. 이명현이 그토록 역설하는 "언어의 토대는 '나의 의식'이 아니라 '우리의 삶'이다"의 취지이기도 할 것이다.13)

---

12) R. Jeffrey, *The Logic of Decision* (the University of Chicago Press, 1983) 참조.

이런 논의에서 철학적으로 걸리는 한 문제가 있다. 어떻게 우리의 삶이 언어적이고 개념적이라는 사실이 가능한가? 우리의 일상 개념이 투사할 만한 일상적 가설의 역사적 계승이라는 것은 그 대답이 될 수 있을까. 철학사적 의미는 갖겠지만 그것은 단지 언어 사용의 기반을 강조해서 기술한 것일 뿐이다. 문제는 그 합리적 개념 능력이 어떻게 우리에게 전승되는 사실이 이 법칙적 전승의 물리 세계에서 가능한가다. 언어는 추상적인 관계 속성이다. 언어의 예화라고 할 우리의 구체적 소리들과 표기들 및 행태들은 그 물리적 모습 또는 속성 덕분에 언어성을 갖는다기보다 그것들이 우리의 마음 씀씀이의 투사적 결과이기 때문이다. 마음의 표상적이고 개념적인 능력의 실천적 작품이기 때문이다. 문제는 그 작품에 담긴 마음씀이 어떻게 합리적으로 우리의 실천 능력으로 계승될 수 있을까다.

결코 유물론일 수 없는 남경희의 언어시장론과 정대현의 맞음의미론에서 그 대답을 생각해볼 실마리를 뜻밖에도 얻어볼 수 있다. 남경희는 '인간의 삶이 전개되는 언어의 장은 게임적이라기보다 시장적이다'고 보면서 '언어 요소들의 규정력과 그것의 절대적 권력은 측정 단위로서의 역할에서 오며 언어 요소들은 화폐에 비유될 수 있다'[14]고 한다. 경제 시장은 실은 추상적인 관계의 장이다. 보이지 않는 손이 움직인다는 말이 정말 맞아보이는 곳이 시장이다. 각양각색의 구체적 재화의 가치가 화폐로 환산됨으로써 일반적으로 통용, 교환 및 유통될 수 있는 가치를 갖게 된다. 천차만별일 수 있는 물건의 가치가 화폐를 매개로 수리화함으로써 일반적 소통의 기회를 맞이하는 셈이다. 귀속시킬 그 수리적 가치량을 결정하는 시장의 일반적

13) 이명현, 『신문법서설』(철학과현실사, 1997) p.271-274 참조.
14) 남경희, 「언어의 규정력」, 『철학적 분석』(창간호 2000) p.15.

원리는 잘 알다시피 수요 공급의 법칙일 것이다. 그 법칙은 우리가 조절할 수 없는 자연 법칙이 결코 아니다. 그렇다고, 자연 법칙과 공존할 수 없는 법칙도 아니다. 그것은 우리가 합리적으로 승복하고 그것에 맞춰 생산과 소비의 활동을 합리적으로 조정할 수 있게 하는 원리다. 경제 활동이 시장화함으로써 생산한 재화의 모습과 같이 각양각색인 낱낱의 생산자와 소비자는 서로의 경제 행위를 기대하고 예측할 수 있는 '우리'의 일반적인 경제인일 수가 있다. 이제, 어떤 의미에서 시장과 화폐는 유통과 교환의 도구만이 아니라, 경제적인 이런저런 실천을 할 수 있는 '우리'의 능력을 주는 것이라고 할 수 있다. 능력을 주는 것이라면 마치 시장과 화폐가 구체적 실체처럼 들릴 수도 있다. 오히려, 시장과 화폐가 우리의 경제적 실천 능력이라고 하겠다. 시장과 화폐를 빼놓고 이제 우리는 경제 행위와 실천을 이해하거나 설명할 길은 없어진 셈이다.

이제 앞의 논의에서 시장과 화폐의 자리에 언어, 특히 일상 언어와 그 요소인 술어 또는 개념을 대입해보라. 언어와 개념이 '우리'의 삶 또는 실천의 능력이라는 것이 정말 그럴 듯해보이지 않는가. 다만, 우리의 개념은 각양각색인 사물의 가치를 수리화하지 않고 정성화(定性化)한다. 일반적이지만 다양한 질(quality)로 드러나게 한다. 언어 시장과 언어 화폐라는 개념이 보여주는 이러한 통찰은 새로운 철학적 안목을 갖게 해준다. 그렇지만, 나는 남경희가 언어에 절대 권력을 귀속시키는 이유에 찬동하지 않는다. 그는 언어 요소가 측정 단위며, '측정 단위는 피측정 대상과 무연(無緣)하다. 이런 우연성은 측정성의 산출에서 단위에 절대적 권력을 부여한다. 언어 요소의 규정성은 대상과 무연하며 바로 그런 이유에서 절대적이다'[15]고 논변한

---

15) Ibid. p.15.

다. 이런 입장은 다음과 같은 그의 '언어의 자율성 원리'에서 더 일반적으로 개진된다.

"이 원리는 언어의 공간은 사유나 존재와 독립된 자율적 공간으로, 그 자체의 논리에 따라 언어 요소들이 정체성을 확보하며, 상호 결합하여 의미를 산출하고 존재와 자유, 그리고 인간의 행동을 규정해간다고 보는 입장이다."16)

이 글 서두에서 밝혔듯이, 나는 이 세계와 무연한 것은 이 세계에 아무런 원인적 영향을 끼칠 수 없다고 생각한다. 무연한 그래서 독립해 있는 언어 요소는 이 세계에 자리잡을 수가 없다. 그런데 자리잡고 있는 구체적인 우리의 사유와 행동을 규정하는 힘을 어떻게 가질 수 있는 것일까. 추상적인 의미, 형상 또는 꼴이 그 보기들인 구체적 사물에 독립해 있다는, 그럼에도 그 보기들은 그 형상에 비춰 규정되고 분류된다는 플라톤적인 초월주의적 의미론 내지 형상론을 나는 언어 자율성 원리에서 떠올리지 않을 수 없다. 그런데 그런 의미론은 비트겐슈타인이나 데이빗슨은 물론이고 남경희 자신도 수긍하지 않을 듯하다. 하여간에 자세한 논의는 다음의 기회로 미루기로 하자.

언어상통(言語相通)이면 '우리'의 삶이지만, 언어불통(言語不通)이면 '그들'의 삶일 뿐이다. 언어도단(言語道斷)이면 '야만'의 삶에 불과하다. 우리의 삶은 언어상통의 길이다. 정대현은 이런 문맥의 한자어인 '통(通)'과 '도(道)'에 해당하는 우리말의 '맞음'이 언어 의미를 성립시키는 기본 개념이라는 논변을 의미론에 그치지 않고, 인식론, 존재론 및 비교철학에 이르는 다방면의 문제 해명에 일관적으로 적용한다. 그는 '서양 언어가 전

---

16) Ibid. p.24.

통적으로 진리에 근거한 외재주의에 의하여 구성되었다면, 동양 언어는 내재주의에 의하여 형성되었다고 보면서 이렇게 말한다.

"유학의 통(通), 중(中), 도(道)의 개념이 그러하고 불교의 화정(和淨)이 그러한 전통을 나타낼 것이다. 진화론을 가설로서 수용한다면, 적자생존은 이러한 내재적 질서를 다른 방식으로 표현하는 경우가 될 것이다. 진리 개념에 의하여 이론을 만든다면, 맞음 개념에 의해서는 담론에 참가할 것이다. 진리 기준은 많은 책들을 제외하지만, 맞음 개념은 모든 책을 읽을 수 있는 기준이 될 수 있을 것이다. 맞음 개념은 진리를 설명할 수 있지만 그 역은 성립할 수 없을 것이다."[17]

이 글을 읽으면서 우선 대뜸 드는 한 의문은 언어의 의미 터전이, 그 구성 방식이 정말 동양과 서양에 차별이 있는 것일까다. 그보다는 언어 의미에 대한 철학자의 이론적 접근 방식의 차이일 것이라고 나는 생각한다. 우리가 서로의 언어를 사용할 수 있다면 그 언어의 의미 기반은 같다고 보는 것이 더 맞는다고 나는 생각한다. 여하간에, 서양의미론의 전통적 주축은 의미 관계를 언어와 세계와의 관계에서 보려고 했으며, 최근까지도 타르스키 식의 진리 조건 의미론의 형태로 그 주류를 계속 이어오고 있다는 것은 부인하기 힘든 사실일 것이다. 진리는 언어 밖의 세계 덕분에 성립하는 언어적 속성이라는 점에서 그 서양의미론의 전통은 외재주의에 의해 구성된 것이라고 말할 수 있겠다. 그러나 그것이 문장을 이룬 요소들과 세계를 이룬 요소들의 대응 관계를 전제할 필요가 없다는 것은 앞에서 간략

---

17) 정대현, 『맞음의 철학』(철학과현실사, 1997) 머리말.

히 언급한 콰인의 의미론에서 분명히 드러나 있다는 것만은 못 박아둘 필요가 있겠다.

어찌 보면, 의미를 진리를 빌어 해명하려는 시도는 이 글에서 강조한 우리의 언어적 실천이 의미의 터전이라는 맥락과 잘 어울릴 수 있는 노력이다. 진리는 추상적이고 불투명한 의미에 비하여 경험과 관찰을 함께 나누며 수긍하고 부정하는 실천적인 일상 생활에 일반적으로 드러나 있는 것이기 때문이다. 혼히들 네 말이 '맞다', '틀리다' 하면서 우리의 생활을 조정해가고 있다. 여기서의 '맞음'은 '진리'에 해당하는 것이다. 그럼에도, 말의 의미가 진리보다 논리적으로 우선해 있는 것은 명백해보인다. 우선 의미가 있어야 말이 정말 말이고 그 말의 참 거짓은 그 다음이다. 이는 명백한 논리적 순서로 보인다. 그럼 어떻게 달리 의미를 밝혀볼 수 있는가? 정대현의 내재론적 '맞음'은 하나의 흥미로운 대안이다. 언어적 실천은 애초에는 같이 생활을 '맞추는', 삶의 공동체를 갖는 데서 우선 성립한다. 그 다음의 언어 생활은 그 맞춤에서 굳어진 생활 양식에 맞는 실천이다. 그것이 우리의 행태를 언어적인, 의미 있는 실천이게 해명해줄 수 있는 '맞음'의 개념이다. 여기서 맞춤과 맞음은 정해진 틀이 있는 것은 아니다. 적자생존의 방식으로 삶의 공동적 양식은 진화한다. 그리고 아무나 애초부터 함께 생활을 맞출 수 있는 것도 아니다. '신체적 맞음의 체험을 공유'하는 자연사적 생활 양식이 그 바탕으로 있어야 한다.[18] 이런 방식의 맞음과 맞춤은 '우리'의 언어적 실천과 전승을 잘 보여주는 하나의 새로운 통찰이다. 그리고 우리를 '그들', 그리고 외부의 사물로서의 '세계'와 분별시켜주는 내재론적 통찰이다. 이 맞음 의미론에 근거해보면, 낱낱의 개인을 우리이게 하는 언어적 실천은 그 개인

---

18) Ibid. p.26.

이 도통한 생활을 하는 데서 성립한다. 그 개인은 도통해서 초월적인 삶을 즐기는 것이 아니다. 그는 모든 '담론에 참여할' 수 있고, '모든 책을 읽을 수 있는' 능력을 지닌, 의미의 달인(達人)이다.

　이것은 '우리'의 언어적 실천에 대한 분명히 새로운 해명이다. 그럼에도 나는 그 해명이 전제하는 내외(內外) 가림에, 내외를 분명히 구별하는 것에 동의하지 않는다. 자세한 논의를 다음 기회로 미루고 직관적인 반론은 이렇다. 그 내외를 엄격히 가리는 생활이 실제의 우리의 언어 생활과 실천에 정말 맞는가? 우리의 마음 씀씀이는, 우리의 개념적 실천은 내외를 넘나드는 지향적인 것이 아닌가? 그리고 그 지향적 넘나듦은 그 내외의 인과적 연분 덕분에 실질적 의미를 가질 수 있는 것이 아닌가? 내외 가리기는 철학적 논의의 전문어일 뿐이 아닌가?

　이제까지 나는 언어가 세계에 대한 기대와 예측을 갖고 실천하는 우리의 고유의 능력을 특성화하는 추상적 개념들임을 유물론을 깨지 않으면서 장황하나마 논변하고자 하였다.

이가 원리 · 반사실적 조건문 · 실재론

정 인 교

1.1

"형이상학이 어떻게 가능한가?"라는 칸트적 질문에 대한 더 밋(M. Dummett)의 제안은 "언어의 작동 원리에 대한 이해, 특히 의미론을 통해서"라는 것이다. 더밋은 수학의 세계에 관한 반실재론을 직관주의적 수학의 논거로 간주하는 것은 설명의 순서를 거꾸로 하는 것이고, 직관주의적 의미론과 논리의 정당성 여부가 그런 반실재론의 논거가 되어야 한다고 주장한다. 그렇다면 자연히 세계의 다른 측면에 관한 형이상학적 논의도 "관련된 언어에 대한 올바른 의미론은 어떻게 제시되어야 하는가"에 의거해야 할 것이다. 실제로 더밋은 직관주의적 (혹은 검증주의적 혹은 실용주의적) 의미론이 수학의 언어를 포함하여 사람의 언어의 작동 원리를 올바르게 이해할 수 있는 틀을 제공한다는 것을 보이기 위한 기획을 꾸준히 추진해왔다. 더밋의 기획의 극히 일부이지만, 그의 기획이 수학적 언어를 넘어서는 계기가 되는 것들 중의 하나가 반사실적 조건문들과 그들에 관한 실재론 비판이다. 더밋은 여러 곳에서 이런 논의를 하지만 그의 논변은 일견 모호하다.[1] 이 글의 주된 목적은 더밋의 논변을 보다 명시적으로 전개하여 루이스(D. Lewis) 및 스톨네이커 (R. Stalnaker)의 견해와 비교 평가함으로써, 그의 논변이 부각시키는 문제들을 보다 두드러지게 하고, 이 부분과 관련된 그의 기획의 타당성을 평가하기 위한 단초를 마련하려는 것이다.

1.2

세계의 어떤 측면에 관한 실재론의 한 고전적인 생각은, 그 측면에 관한 사실들이 그들에 관한 우리의 인식 능력과 독립적으로 성립한다는 것이다. 이런 생각을 언어와 관련짓는 한 방식은 우선, 그 측면에 관한 진술들은 그 진술들의 진위를 결정하기 위한 효과적 수단이 우리에게 없더라도 확정적으로 참 혹은 거짓이라는 이가 원리를 받아들이는 것이다. 나아가, 이런 진술을 이해한다는 것은 그 진술이 어떤 경우에 참이며 어떤 경우에 거짓인가를 이해하는 것이라고 한다면, 그 진술을 참 또는 거짓으로 만드는 조건은 그 조건에 대한 우리의 인식 능력과 독립적으로 만족되거나 만족되지 않기 때문에, 그 진술이 참 또는 거짓이기 위한 조건이 '실제로' 만족되지만 그 사실이 영원히 우리의 인식 능력 밖에 있을 수 있다. 이가 원리에 의거한 고전적인 진리 조건적 의미론은 이런 방식으로 실재론적 경향을 띤다.

이가 원리에 의거한 진리 조건적 의미론에 대한 더밋의 비판들 중 주된 논변은 "발현(manifestation) 논증"과 "습득(acquisition)

---

1) Dummett [1959], [1963], [1973], [1976], [1977], [1981], [1982].

논증"으로 알려져 있다.[2] 더밋의 논변을 매우 급하게 대충 요약하면 다음과 같은 방식이 될 것이다 : 언어 표현의 의미는 그 사용에서 다 드러날 수 있어야 한다. 그렇지 않으면, 의사 소통의 역할이 언어의 핵심적 기능이 되지 못할 것이다. 진술문의 경우, 우리는 어떤 경우에 그 문장을 정당하게 주장할 수 있는가에 대한 이해를 통해 그 사용을 습득하고, 두 문장의 의미의 차이는 두 문장의 사용의 차이로 발현될 수 있어야 한다. 결정 불가능한 문장에 대한 진리 조건적 의미론에서와 같이, 만족된다고 하더라도 만족된다는 사실을 확인할 수 없는 조건에 의해 규정된 의미는 이해의 대상이 될 수 없다. 이런 의미는 습득 가능하지 않으며, 이런 의미들의 차이는 발현 가능하지 않으므로, 이가 원리와 진리 조건적 의미론에 의거한 실재론적 의미론은 "언어의 의미를 이해한다는 것이 무엇인가?"라는 의미론의 핵심 질문에 제대로 답하지 못하는 잘못된 이론이라는 것이다. 잘 알려진 대로, 더밋의 대안은 이가 원리를 전제하는 고전적 진리 개념 대신에 정당한 주장 가능성을 핵심 개념으로 삼는 검증주의적 의미론이며, 이로부터 그는 고전적 추론에 대한 비판과 반실재론적 귀결들을 이끌어내 왔다.

   그 진위를 효과적으로 결정할 수 있는 절차를 우리가 지니고 있는 진술들, 혹은 그 진리 조건의 만족 여부를 우리가 '원칙적으로' 확인할 수 있는 진술들에 대해서는 검증주의적 의미론에서도 이가 원리가 적용되며, 이런 진술들에 대해서는 두 의미론의 차이가 밖으로 드러나지 않는다. 이런 진술들과 그 논의 영역에 대해서는 검증주의적 의미론에 의거해서도 (더밋이 의미하는) 실재론이 정당화될 것이다. 문제는 우리가 효과적 결정 절차를 지니고 있지 않은 진술들, 혹은 고전적 진리 조건의

---

2) Dummett [1973], [1976].

만족 여부를 우리가 '원칙적으로도' 확인할 수 없는 진술들에 대해서 이가 원리를 적용하는 것이 정당한가(혹은 더밋의 "실재론" 개념을 문제삼자면, 실재론자는 그런 진술들에 반드시 이가 원리를 적용해야 하는가)라는 것이다. 사람의 언어에 이런 진술들이 포함되게 되는 계기의 일부로서는 그들이, 유한을 넘어선 무한과, 그들에게 접근가능하지 않은 시공간의 영역과, 현실의 일부가 아닌 가능성들에 대한 이야기를 하고자 하기 때문이라고 할 수 있겠다. 이런 이야기를 할 수 있게 하는 언어의 장치로 양화사, 시제, 양상 및 (반사실적) 조건문 등을 들 수 있다. 무한 영역에 관한 양화는 (예컨대, 괴델 문장) 그 사례들이 모두 각각 결정 가능하더라도 결정 가능하지 않은 문장을 산출할 수 있음을 우리는 수학에서 익히 알고 있다.[3] 언어의 이런 장치들은 결정 가능한 문장들에 적용되어서 결정 가능하지 않은 문장을 산출할 수 있으므로, 이가 원리가 정당하게 적용되는 진술들의 집합은 이런 연산자들에 의해 닫혀 있지 않으며, 따라서 이런 진술들이 확정적으로 참 또는 거짓이라고 주장하는 실재론은 잘못이라는 것이 더밋의 주장이며, 우리가 여기서 검토하려고 하는 것은 그의 논변들 중 반사실적 조건문과 관련된 부분이다.

여기서 미리 지적해둘 사항은, 조건문의 분류에 관한 문제나 직설법적 조건문과 가정법적 조건문 및 반사실적 조건문의 차이가 무엇인가에 대한 정설이 없는 현 상황에서,[4] 반사실적 조건문에 관한 이가 원리와 실재론 문제의 논의가 조건문 일반에

---

3) 논리실증주의자들의 검증 원리는 이런 문제들과 충돌하여 좌초했다. 더밋의 진단에 의하면, 그들의 잘못의 일부는 잘못된 의미론에 토대한 이가 원리와 고전 논리를 고집하려는 데 있으며, 검증주의를 일관적으로 유지하려면 직관주의 논리로 수정해야 한다고 할 것이다.
4) Edgington [1995] 참조.

관한 논의로부터 자유로울 수는 없다는 것이다. 예컨대, 직설법 직 조건문과 반사실적 조건문의 차이가 의미론적 차이가 아니라 화용론적 차이라고 주장하는 스톨네이커의 입장에서는 더밋의 논변이 조건문 전반에 영향을 미칠 것이고, 스톨네이커의 주장을 부정하는 루이스의 입장에서는 일단 더밋의 논변을 반사실적 조건문에 국한할 수 있을 것이다. 또한 반사실적 조건문 혹은 조건문 일반은 아예 참 혹은 거짓일 수 있는 어떤 것, 즉 명제를 표현하지 않는다는 입장에서는 더밋의 논변이 또 다른 국면을 만들 것이다. 우리는 일단 반사실적 조건문이 명제를 표현한다는 다수 견해의 입장에서 논의를 진행할 것이다. 또한, 반사실적 조건문을 다른 조건문과 구분하는 엄밀한 기준을 제시하려면, 조건문에 관한 여러 이론들로부터 자유로울 수가 없지만, 더밋의 논변을 검토하기 위해서는 다행히 그런 엄밀한 기준이 요구되지는 않는다. 한국어의 경우, 반사실적 조건문이 있는 것은 확실하지만 가정법이 있는지에 대해서는 의문의 여지가 있다. 가정법이 있다면, "…… 이더라면(이었더라면) …… 일 것이다(이었을 것이다)"가 그 중 하나가 될 것 같다. 특히, 한국어에서 반사실적 조건문은 반드시 그런 구문으로만 표현되는 것은 아닐 것이다. 반사실적 조건문은 일단 화자가 전건이 참이 아니라고 (혹은 참이 아닐 가능성이 작지 않다고) 믿는 상황에서 적절하게 진술될 수 있는 비진리 함수적 조건문이라고 대충 분류할 수 있을 것이다.

2.1

반사실적 조건문에 대한 이가 원리와 실재론 논의는 그 진리 값들이 반사실적 조건문들의 진리 값들에 (상호)의존하는 많은 진술들에 관한 이가 원리와 실재론 논의에 직접적인 함축을 지닌다. 전통적으로 고려된 이런 진술들의 예들에는 최소한 사람의 성격이나, 능력, 행위 성향, 물질의 성질이나 성향, 측정에 의해 결정되는 양적 속성 등을 사람이나 다른 대상에 귀속시키는 진술들이 포함된다. 현상론이나 행태주의에서는 이런 종류의 진술들을 결정 가능한 진술들, 예컨대, 감각 자료에 관한 진술들이나 관찰 가능한 행동에 관한 진술들로부터 각각 구성된 반사실적 조건문으로 분석하려고 했다. 정신 상태에 관한 루이스의 인과 이론적 환원주의도, 그가 인과적 의존을 반사실적 의존의 특수 경우로 본다는 점을 염두에 둘 때, 비록 환원 토대는 다르다 할지라도 유사한 기획에 속한다고 할 것이다. 환원 관계가 아닌 수반 관계에 의거해 세계의 측면들간의 관계를 분석하려 할 때도, 수반 토대에 반사실적 조건문에 의해 표현되어야 할 속성이나 사실들이 포함되는 한 마찬가지 지적을 할 수 있다. 더밋의 우선적 지적은, 반사실적 조건문에 이가 원리를 적용할 수 없다면, 이에 그 진리 값이 의존되는 다른 진술들에도 마찬가지로 이가 원리를 적용할 수 없을 것이므로, 이런 진술들의 의미를 이가 원리에 의거한 진리 조건으로 제시하거나, 이런 진술들에 이가 원리에 의거한 고전 논리를 적용하는 것은 잘못이라는 것이다.

물리적 대상들에 관한 진술들을 감각 자료에 관한 진술들로 환원하려 한 현상론자들의 경우를 보자. 그 환원의 초기 단계는 예컨대, "저 방에 의자가 있다"는 진술과 그 부정 "저 방에 의자가 없다"는 진술을 각각 "누구든 저 방에 가본다면 (정상적인 조건 하에서) 의자를 보는 감각을 하게 될 것이다"는 (반사실적) 조건문과 그 반대 조건문5)에 해당하는 "누구든 저 방에 가본다면 (정상적인 조건 하에서) 의자를 보는 감각을 하지 않게 될 것이다"와 같은 종류의 진술들에 의거해 분석하는 것이다. 이 조건문들의 전건과 후건은 모두 그 진위가 효과석으로 결정될 수 있는 문장들이다. 그러나, 이로부터 이들 조건문들이 결정 가능하다는 것이 귀결되지는 않는다. 가령, 어떤 이유로 저 방은 아무도 들어갈 수 없는 방이라고 해보자. 이런 경우에도 위의 두 조건문들 중 하나가 반드시 참이라고 해야 할 이유가 있는가? 물론 이런 경우에도 우리 대부분은 위 두 조건문들 중 하나는 참이고 다른 하나는 거짓이라고 믿는다. 그것은 "저 방에 의자가 있다"는 진술과 "저 방에 의자가 없다"는 정언 문장들 중 하나는 참이고 다른 하나는 거짓이라는 확신을 우리 대부분이 가지고 있기 때문이다. 그러나, 이런 확신이 옳든 그르든, 현상론자들은 이런 확신에 호소할 수 없다. 이런 확신은 문제의 정언 문장에 이가 원리가 적용된다는 확신이고 현상론자들이 이에 의존하는 것은 명백한 논점 선취의 오류이기 때문이다.[6] 세계의 거시적인 물리적 측면들에 관한 실재론과 이런 측면들에 관한 이가 원리는 우리의 일상적 믿음에 뿌리깊게 자리하고 있어서, 최소한 전자의 근거에 대한 도발은 버클리나 논리실증주의자들의 용기를 필요로 했다. 더밋이 지적하는 것은, 그들이 보다 철저하고 일관적이었더라면 실재론뿐 아

5) 한 조건문(A▷B)의 반대 조건문(A▷-B)은 원래 조건문에서 후건을 부정한 것이다. 이 글에서는 루이스와 스톨네이커를 비롯한 여러 이론에 중립적이기 위해 반사실적 조건문을 (A▷B)로 표기하고 이를 "A였더라면 B였을 것이다"로 읽을 것이다.
6) 현상론자들의 환원은 인식론적 환원이고, 우리의 확신은 존재론적 (혹은 의미론적) 확신이므로, 현상론자들이 이런 확신에 호소하면서도 순환을 피할 수 있다는 주장이 가능할지도 모른다. 그러나 이런 주장은 인식과 존재 (또는 의미)의 관계에 관한 또 다른 커다란 논점 선취의 오류를 범할 가능성이 크다.

니라 이가 원리와 고전 논리도 재검토했어야 했다는 것이다.

"저 방에 의자가 있다"와 같은 진술들의 지위에 대한 많은 사람들의 신념을 구제하는 한 방식은 물론 이런 진술들에 대한 현상론적 분석을 거부하고, 이런 진술들의 의미가 문제의 반사실적 조건문들에 의존하는 것이 아니라고 주장하는 것이다. 그러나 이런 주장을 물질의 성질이나, 성향 혹은 사람의 성격이나 능력에 관한 진술들에까지 확장한다면 상당한 부담이 따르게 된다. 예컨대, "구리는 전도체다", "유리는 불에 잘 안 탄다", "김씨는 재미없는 사람이다", "김씨는 언어 능력이 탁월하다"와 같은 진술들의 의미가 반사실적 조건문들과 무관하게 결정된다는 입장은 일견 매우 부담스러운 입장이 될 것이다. 예컨대, 김씨가 위험 상황에 처했더라면 용감하게 행동했을 것이라는 (반사실적) 조건문에 대한 근거가 전혀 없는 경우에도 "김씨는 용감한 사람이다"는 주장을 정당하게 할 수 있다고 생각하는 사람이나, "김씨는 용감한 사람이다"는 주장을 하면서도 김씨가 위험 상황에 처했더라면 용감한 행동을 했을 것이라는 기대를 전혀 하지 않는 사람이 있다면, 우리는 그런 사람들은 "김씨는 용감한 사람이다"란 문장의 의미를 파악하지 못했다고 할 것이다.

더밋의 유명한 예를 고려해보자. 김씨는 한 번도 위험 상황에 처한 적이 없이 생을 마쳤다. "김씨는 용감한 사람이었다"는 문장은 참 또는 거짓인가? 즉, "김씨는 용감한 사람이었다"와 "김씨는 용감한 사람이 아니었다"는 문장들 중 정확히 하나가 참인가? 행태주의를 거부하더라도, 이 질문을 다음 질문과 차별화 하기는 어려울 것이다 : "김씨가 위험 상황에 처했더라면, 그는 용감한 행동을 했을 것이다"와 "김씨가 위험 상황에 처했더라면, 그는 용감한 행동을 하지 않았을 것이다"는 문장들 중

정확히 하나가 참인가? 더밋의 예는 한 반사실적 조건문과 그
것의 반대 조건문 중 어느 것도 정당하게 주장할 수 있는 일상
적 근거가 전혀 없는 상황을 설정하기 위해 제시되었다. 즉, "x
는 용감한 사람이었다"는 술어를 일상적으로 김씨에게 적용하
기 위해 관련된 사실들을 모두 안다고 하더라도, 예컨대, 김씨
가 전 생애에서 처했던 모든 상황과 그의 행위들을 우리가 모
두 안다고 하더라도 어느 반사실적 조건문도 정당하게 주장할
수 없는 상황이다. 이런 경우에도 문제의 반사실적 조건문들은
확정적으로 참 또는 거짓인가? 이 문제를 다루기 전에 우선 현
상론자나 더밋의 반사실적 조건문적 분석에 대한 윌리암슨(T.
Williamson)의 비판을 살펴보자.

2.2

위 절에서 현상론자에 대한 더밋의 비판은 다음과 같은 것이
었다 : "a 는 F다"란 문장과 그 부정의 진리 값이 각각 "A였더
라면 C였을 것이다"와 그 반대 조건문 "A였더라면 C가 아니었
을 것이다"에 의거해 결정된다면, 후자의 두 반사실적 조건문
에 이가 원리를 적용할 수 없는 한 전자의 정언 문장들에도 이
가 원리를 적용할 수 없다. 윌리암슨은 Fa가 A▷C로 분석된다
면 -Fa는 -(A▷C)로 분석되어야 하며 이를 현상론자나 더밋이
그랬던 것처럼 A▷-C로 분석하는 것은 잘못이라고 주장한다.
나아가 그는 더밋의 비판은 A▷C와 A▷-C 둘 중 정확히 하나
가 참일 필요가 없다는 주장에 의존하기 때문에, 자신의 제안
대로 분석할 경우 환원된 정언 문장에 이가 원리를 적용할 수
없다는 더밋의 비판은 효력을 잃는다는 요지의 비판을 한다.[7]

여기서 반사실적 조건문에 관한 스톨네이커와 루이스의 형식적 의미론의 차이를 기억하자. 반사실적 조건문에 관한 형식적 의미론에서 그들간의 차이는 가능 세계들간의 유사성 관계의 형식적 속성에 관한 차이다.[8] 스톨네이커의 유사성 관계는 루이스의 유사성 관계에 "임의의 가능 세계 I와 참일 수 있는 명제 A에 대해서, A가 참인 가능 세계들 중 I와 가장 유사한 유일한 세계가 있다"는 극한 가정과 유일성 가정을 보탠 것과 형식적으로 일치한다. 이런 가정 하에서는 루이스의 의미론에서는 타당하지 않은 조건적 배중률($(A \rhd C) \lor (A \rhd -C)$)이 타당하게 되고, $-(A \rhd C)$와 $A \rhd -C$는 동치가 된다. 반면, (극한 가정과) 유일성 가정을 부당한 것으로 간주하는 루이스의 의미론에서는 $A \rhd C$와 $A \rhd -C$ 가 둘 다 거짓일 수 있다. 즉, $-(A \rhd C)$와 $-(A \rhd -C)$가 둘 다 참일 수 있다. 윌리암슨은 루이스를 옹호하면서 더밋의 예에서, "김씨가 위험 상황에 처했더라면, 그는 용감한 행동을 하였을 것이다"와 "김씨가 위험 상황에 처했더라면, 그는 용감한 행동을 하지 않았을 것이다"는 두 문장 모두 거짓이라고 주장하는 것이다.[9]

더밋에 대한 윌리암슨의 비판은 다음과 같은 이유에서 의심스럽거나 별 효력이 없는 것으로 보인다.[10] 첫째는 별로 중요

---

7) Williamson [1988].

8) 물론 형식적 의미론의 이런 차이는 가능 세계의 본성과 역할에 관한 견해 차이를 비롯하여 그들간의 보다 깊은 관점 차이에 기인한다. Lewis [1973], Stalnaker [1981] 및 Stalnaker [1987]을 참조할 것.

9) 루이스나 스톨네이커의 의미론 모두 "김씨가 위험 상황에 처했더라면, 용감한 행동을 하거나 하지 않았을 것이다 ($A \rhd (C \lor -C)$)"를 타당한 문장으로 간주한다. 루이스는 $A \rhd (C \lor -C)$와 $-(A \rhd C)$ 및 $-(A \rhd -C)$의 세 문장이 동시에 참일 수 있다는 자신의 주장이 최소한 일상적 직관과 긴장 관계에 있음을 인정한다. Lewis [1973], 3.4.

10) 다음 중 첫 번째와 세 번째 지적은 윌리암슨의 주된 논점과 별 상관이 없는 것으로, 그도 이들에 대해서는 별 이견이 없을 것으로 생각된다.

하지 않은 이유로, 더밋의 논변을 현상론자들이 그랬던 것처럼 정언 문장과 그 부정을 반사실적 조건문과 그 반대 조건문으로 환원하면, 이 조건문들에 이가 원리가 적용되지 않는 한 환원되는 정언 문장에도 이가 원리가 적용되지 않는다는 것으로 이해할 때, 이런 현상론자들에 대한 비판으로서 그의 논변은 여전히 유효하다. 둘째, 현상론에서의 피환원 진술 $-Fa$를 $-(A \triangleright C)$의 형식으로 환원하고 이를 루이스를 따라 $A \triangleright -C$와 진리 조건이 다른 것으로 간주할 경우, 현상론적 환원 혹은 이런 종류의 반사실적 분석의 기본 동기가 무색해질 가능성이 크다. 현상론자들은 A와 C는 모두 결정 가능(관찰 가능)하기 때문에, A 조건 하에서 C가 성립할 것인가 $-C$가 성립할 것인가에 의거해 Fa가 검증되거나 반증될 수 있다고 여겼을 것이다. $A \triangleright C$가 거짓인 경우가 $A \triangleright -C$가 참인 경우와 다르다면, Fa에 대한 가능한 반증이 어떻게 이루어지는지가 불투명해진다. 루이스의 의미론에서 이런 경우는 극한 가정은 만족되나 유일성 가정이 만족되지 않아서, A가 참인 세계들 중 현실 세계에 가장 가까운 세계가 여럿 있어서 그 중에는 C가 참인 세계도 있고 C가 거짓인 세계도 있는 경우에 해당한다. 더밋의 예를 이런 경우로 생각할 때, 루이스는 "김씨가 위험 상황에 처했더라면, 그는 용감한 행동을 하였을 수도 있다($A \blacktriangleright C$)"와 "김씨가 위험 상황에 처하였더라면, 그는 용감한 행동을 하지 않았을 수도 있다($A \blacktriangleright -C$)"는 모두 참이지만, "김씨가 위험 상황에 처하였더라면, 그는 용감한 행동을 하였을 것이다($A \triangleright C$)"와 "김씨가 위험 상황에 처하였더라면, 그는 용감한 행동을 하지 않았을 것이다($A \triangleright -C$)"는 모두 거짓으로 간주할 것이다. 루이스는 $A \blacktriangleright C$를 $-(A \triangleright -C)$와 같은 진리 조건을 지닌 것으로 간주하기 때문에, 그에게는 $A \blacktriangleright -C$와 $-(A \triangleright C)$도 동치가 된다.[11] "김씨가 위험 상황에 처했더라면, 그는 용감한 행동을 하지 않았을 것이다"
와 "김씨가 위험 상황에 처했더라면, 그는 용감한 행동을 하지
않았을 수도 있다" 중 어느 것이 "김씨는 용감한 사람이 아니
었다"에 대한 올바른 분석인가? 이 경우가 모호하다면, 다음의
경우는 보다 분명할 것 같다 : "유리를 물에 넣었다면, 유리는
녹지 않았을 것이다"와 "유리를 물에 넣었다면, 유리는 녹지 않
았을 수도 있다" 중 어느 것이 "유리는 물에 녹지 않는다"에 대
한 올바른 분석인가? "저 방에 의자가 있다"는 명제를 "누구든
저 방에 가본다면 의자를 보게 될 것이다"로 분석하는 현상론
자가 "저 방에 의자가 없다"는 명제를 "누구든 저 방에 가본다
면 의자를 보지 못할 것이다"로 분석하지 않고 "누구든 저 방
에 가본다면 의자를 보지 못할 수도 있다"로 분석한다면, 이는
결코 향상된 분석이라고 할 수 없을 것이다. 물론, 이런 지적은
반사실적 조건문의 부정에 관한 루이스의 분석이 틀렸다는 것
을 보이는 것이 아니라, 현상론적 환원이나 이와 유사한 반사
실적 분석에서는 스톨네이커의 반사실적 조건문보다 루이스의
반사실적 조건문이 더 큰 부담을 안게 된다는 것을 보인다고
할 것이다. 셋째, 더밋의 논변을 A▷C와 A▷-C 둘 중 정확히
하나가 참일 필요가 없다는 조건에 의존하는 것이 아니라, 이
들이 모두 확정적으로 참 또는 거짓일 필요가 없다는 조건, 즉
A▷C 와 -(A▷C) (및 A▷-C와 -(A▷-C)) 가 모두 참일 필요
가 없다는 조건에 의존하는 것으로 이해할 수 있을 것이다. 이
렇게 이해하면 물론, 윌리암슨의 분석의 옳고 그름에 상관없이

---

11) 스톨네이커는 "…… 였더라면, …… 일 수 도 있었다(A▶C)"는 might-
conditional은 루이스처럼 하나의 연산자로 간주할 것이 아니라, "…… 였더라
면 …… 일 것이다(A▷C)"는 would-conditional과 "…… 일 수 도 있다
(might)"라는 두 독립적 연산자에 의거해 설명되어야 할 것이라고 주장한다.
Stalnaker [1981] 참조.

더밋의 논변은 효력을 지니게 된다. 더밋의 현상론자에 대한 비판의 조건이 이것이 아니라고 하더라도, 이가 원리를 반사실적 조건문에 적용하는 입장에 대한 비판은 어차피 그런 것이 되어야 할 것이다.

3

이제 반사실적 조건문에 이가 원리를 (획일적으로) 적용할 수 없다는 더밋의 주장을 보다 면밀히 검토해보자. A▷C와 A▷-C 중 반드시 하나는 참이고 다른 하나는 거짓이라는 조건을 "강한 이가 원리"라고 하고 A▷C 와 -(A▷C) 중 반드시 하나는 참이고 다른 하나는 거짓이라는 조건을 "약한 이가 원리"라고 하자.12) 더밋은 반사실적 조건문에 이가 원리를 (획일적으로) 적용할 수 없다는 주장을 여러 곳에서 하지만, 그의 논변들은 강한 이가 원리에 대한 비판과, 앞에서 본 것과 같이 반사실적 조건문에 의존하는 진술들에 대한 이가 원리의 비판에 집중되어 있다. 그러나, 반사실적 조건문에 이가 원리를 (획일적으로) 적용할 수 없다는 주장을 정당화하기 위해 필요한 것은 약한 이가 원리에 대한 비판이다. 스톨네이커처럼 -(A▷C)와 A▷-C를 동치로 간주하면 두 원리가 같은 것이 되지만, 루이스의 의미론에서는 약한 이가 원리가 강한 이가 원리를 함축하지 않는다. 더밋이 -(A▷C)와 A▷-C가 동치로 간주되어야 한다는 정당한 논변을 제시했더라면, 물론 강한 이가 원리에 대한 비판으로 충분하다. 그러나, 더밋은 일상 언어에서 (반사실적) 조건문의 부정(-(A▷C))은 거의 반대 조건문(A▷-C)으로

---

12) 이 조건들은 Dummett [1982](251-252쪽)의 그것들과는 다르다.

여겨지고 일상 언어에서 이 둘은 거의 구분되지 않는다는 주장을 하지만, 이 둘을 동치로 간주해야 한다는 주장을 하지는 않는다. 따라서, 더밋의 논변은 일단 이 둘의 동치 여부에 관한 가정을 하지 않은 채 제시되어야 할 것이다. 더밋의 논변에 깔린 기본적인 생각을 약한 이가 원리에 대한 비판으로 확장하는 한 방식은 다음과 같은 논변을 통해서일 것이라고 생각된다.

(1) 반사실적 조건문은 다른 무엇에 의거하지 않고 그냥 그대로 참(혹은 거짓)이라고 할 수 없다(전제 : 환원 원리).

(2) 어떤 반사실적 조건문은 다른 어떤 것에 의거해서도 참(혹은 거짓)이라고 할 수 없다(전제 : 사례에 의한 정당화).

(3) 어떤 반사실적 조건문은 그것을 참(혹은 거짓)이라고 하려면, 다른 무엇에 의거하지 않고 그냥 그대로 참(혹은 거짓)이라고 해야한다((2)로부터).

(4) 어떤 반사실적 조건문은 참이라고도 거짓이라고도 할 수 없다((1)과 (3)으로부터).

(5) 반사실적 조건문에 이가 원리를 획일적으로 적용할 수 없다((4)로부터).

위 논변에 나타난 모호한 개념들을 더밋을 따라 설명하면 다음과 같다. 논변에 사용된 "…… 에 의거하여(in virtue of)"란 표현은 "참인 진술은 무엇인가에 의거하여 참이다"(대응 원리)라는 상투적인 문장에 나타나는 같은 표현과 같은 의미로 사용되었다. 물론 대응 원리 자체가 매우 모호하여, 해석 여하에 따라 대응 원리가 거의 내용이 없거나 아니면 명백히 거짓인 주장이 될 수 있지만, 더밋은 대응 원리를 진리대응설의 배후에 깔린 최소한의 옳은 생각을 표현한 것으로 간주한다. 모호하나마 대응 원리를 이렇게 약하게 이해했을 때 이에 모호성 이외의 이의를 제기할 사람은 드물 것이다. 어떤 진술이 "그냥 그대

로 참이다(barely true, simply true)"라는 표현의 의미를 더밋
은 여러 방식으로 설명하지만, 한 설명은 다음과 같다 : "어떤
진술이 참이지만 그 진술이 자신이나 자신의 사소한 변형을 포
함하지 않는 진술들의 집합으로 환원될 수 없을 경우, 그 진술
은 그냥 그대로 참이다."[13] 여기서 환원하는 집합은 무한 집합
이어서 환원되는 진술에 대한 번역이 되지 못할 수도 있는 약
한 의미의 환원이 의도되었으며, 이런 경우 환원되는 진술이
환원하는 집합에 의거해 참이라고 한다. 언어에 독립적인 수반
개념이 더밋의 취향에는 맞지 않을지 모르나, 여기서의 환원
관계를 수반 관계로 확장해 생각해도 무방할 것이다. (1)의 환
원 원리의 배후에 깔린 더밋의 생각은 "모든 참인 반사실적 조
건문은 반사실적 조건문을 포함하지 않는 정언 문장들의 집합
에 의거해 참이어야 한다"는 것으로 반사실적 조건문에 대한
비환원적 실재론을 부정하는 것으로 여겨질 수 있을 것이다.
이는, 그냥 그대로 참인 문장이 표현하는 사실을 "원초적인" 사
실이라 한다면, 반사실적 조건문이 표현하는 사실은 원초적인
사실이 될 수 없으며 다른 사실들에 수반한다는 생각으로 이해
되어도 논변에 영향을 미치지 않을 것이다.[14] 논변의 전제 (2)
는 앞서 본 김씨의 예와 같이 반사실적 조건문을 주장하거나
반박하기 위한 모든 일반적 근거들이 다 주어졌다고 하더라도
그 조건문을 정당하게 주장할 수도 반박할 수도 없는 예들에
의해 정당화된다. 잘 알려진 콰인(W. Quine)의 예도 이런 유형
에 속할 것이다 : "베르디와 비제가 같은 동포였다면, 베르디는
프랑스인이었을 것이다"와 "베르디와 비제가 같은 동포였다면,

---

13) Dummett [1976], 57쪽.
14) 현상론자들은 아마 직접 관찰로 확인할 수 있는 사실들을 원초적 사실들
이라 할 것이다.

비제는 이탈리아인이었을 것이다"는 우리가 베르디와 비제, 프랑스와 이탈리아에 관한 모든 것을 다 알더라도 어느 것도 정당하게 주장할 수 없을 것이며, 어느 것도 참이라고 할 수 없을 것이다. 스톨네이커나 루이스처럼 한 반사실적 조건문의 부정($-(A \triangleright C)$)이 어떤 다른 반사실적 조건문(스톨네이커의 경우 $A \triangleright -C$, 루이스의 경우 $A \blacktriangleright -C$)과 동치라고 가정하면, 위 논변 (1), (2), (3)의 (혹은 거짓)이라는 표현은 생략해도 무방하다. 그러나, 한 반사실적 조건문의 부정이 다른 반사실적 조건문과 동치라는 가정을 하지 않는다면, (혹은 거짓)이라는 표현과 함께, 대응 원리가 "거짓인 진술은 무엇인가에 의거하여 거짓이다"를 포함하는 것으로 이해해야 한다. 아직 모호성이 적지 않게 남아 있지만, 위 논변은 타당해보인다. (1)과 (2)가 정당한가? 루이스와 스톨네이커는 어떤 답변을 해야 할 것인지 검토해보자.

4

루이스는 (1)을 긍정하지만 (2)를 부정해야 할 것으로 보인다. 루이스가 (1)을 긍정할 것이라는 이유를 넓게는 그의 "흄적 수반"의 기획에서 찾을 수 있다. 그는 인과적 의존을 반사실적 의존으로 여기고, 법칙들을 개별적 사실들의 총체에 대한 단순하고 강한 공리 체계의 정리들로 여기며, 반사실적 조건문의 진리 값이 개별적 사실들과 법칙(및 맥락)에 의해 결정되는 유사성의 관계에 의해 결정된다고 여길 뿐 아니라, 양상, 확률, 마음에 관한 모든 사실들이 개별적이고 원초적인 사실들에 의해 결정된다는 신념을 지니고 있다. "흄적 수반"에 관한 그의 한 표현은 "모든 것들은 국소적이고 근본적이 속성들의 시공간적 배열에 수반한다"는 것이다.15) 반사실적 속성(잠재성)은 그의 국소적이고 근본적 속성에 포함되지 않을 것이고, 반사실적 조건문이 표현하는 사실들은 국소적이고 근본적인 사실들이 아닐 것이므로, "흄적 수반"은 (1)을 지지한다고 할 것이다. 물론, 그의 기획이 (1)을 지지한다는 것과 그가 (1)을 정당화했는가는 별개의 문제다. 루이스의 기획의 진척 정도와 타당성 여부에 대해서는 개별적인 검토가 있어야 하겠지만, 반사실적 조건문에 대한 그의 기획의 성공 정도는 의심스럽거나 매우 불투명하다고 여겨진다. 이것은 그가 환원(수반) 토대로 삼는 국소적이고 근본적인 속성(사실)들에 반사실적 속성(사실)을 포함시키지 않은 채, 반사실적 조건문의 진리 값이 국소적이고 근본적인 속성(사실)들에 의해 결정된다는 주장을 정당화하였는지가 의심스럽기 때문이다. 그의 의미론에 의하면, 세계들간의 전체적 유사성이 반사실적 조건문의 진리 값을 결정하기 위한 결정적 역할을 한다. 이 유사성을 결정하는 것은 맥락과 법칙과 개별적 사실들이다.16) 법칙이 개별적 사실들에 수반한다는 루이스의 견해를 받아들인다 하더라도, "국소적이고 근본적인" 개별적 사실들만으로 유사성의 관계가 충분히 결정될지 의심스러운 것이다. 이런 사실들은 국소적이고 근본적인 속성을 표현하는 술어 F에 대해, "X는 F다"란 문장으로 표현될 수 있는 사실들을 포함할 것이나, 2.1에서 언급한 바와 같이 이런 형식의 문장들이 반사실적 조건문에 의거해 분석되어야 할 경우가 매우 많아 보이므로, 반사실적 속성(잠재성)으로부터 독립적인 "국소적이고 근본적인 속성들"을 보다 분명하게 구분하지 않는

---

15) Lewis [1986], ix, Lewis [1994] 참조.
16) Lewis [1979] 참조.

한, 그가 "참인 반사실적 조건문은 다른 무엇에 의거해 참이다"
는 것을 입증할 수 있었는지 불투명한 것이다.[17]

　(2)를 지지하는 것으로 제시된 예들에 대해서 루이스는 이런 예들이 (2)를 지지하지 못한다고 해야 할 것이다. 위의 지적이 옳다면, 루이스는 (1)을 받아들일 것이므로, 그가 (2) 또한 받아들인다면 결론 (5)를 받아들여야 할 것으로 보이기 때문이다. 물론, 루이스는 많은 반사실적 조건문들이 모호하고 이에 따라서 유사성의 관계 또한 모호하므로 많은 반사실적 조건문들의 진리 값이 비확정적일 가능성을 얼마든지 열어두고 있다.[18] 그의 형식적 의미론은 반사실적 조건문의 진리 조건을 모호한 유사성의 관계에 상대적으로 제시할 뿐이다. 그러나 더밋이나 콰인의 반사실적 조건문들은 루이스가 염두에 두는 의미에서 모호한 문장들이 아니다. (2)를 지지하는 예들의 진리 값들의 불확정성은 모호성에서 오는 것이 아니다. 이 예들의 포인트는, 우리가 문제의 반사실적 조건문들을 일상적으로 주장 혹은 반박하기 위해 필요한 근거 사실들을 모두 다 안다고 하더라도 그들을 확정적으로 참 혹은 거짓이라고 할 수가 없어서, 이들이 다른 무엇에 의거해 참 또는 거짓이 되지 못한다는 것이었다. 루이스 자신도 콰인의 두 반사실적 조건문에 대해서 비확정적이 아니라 거짓이라고 주장한다.[19] 유사성에 관한 판단이 모호하지 않아서, 최근 접한 A-세계들이 여럿 있으며 그 중 C가 참인 세계와 C가 거짓인 세계들이 있는 경우에, 루이스는 $-(A \triangleright C)$ 와 $-(A \triangleright -C)$가 모두 참, 즉, $A \triangleright C$ 및 $A \triangleright -C$가 모두 거짓인 것으로 여기며, $A \blacktriangleright C$ 및 $A \blacktriangleright -C$를 참인 것으로 여긴다. 이런 경우,

---

17) 스톨네이커도 유사한 이유에서 루이스의 환원이 순환적일 것이라는 비판을 한다. Stalnaker [1984], 8장 참조.
18) Lewis [1973], 93쪽 참조.
19) Lewis [1973], 80쪽.

예컨대, 콰인의 예에서, "비제와 베르디가 동포였더라면, 비제는 이탈리아인이었을 것이다(A▷C)"가 그 어떤 것에 의거해 거짓이라고 할 수 있는가? 혹은 그 부정이 (루이스에 의하면, "비제와 베르디가 동포였더라면, 비제는 이탈리아인이 아닐 수도 있었다(A▶-C)"가) 다른 어떤 것에 의거해 참이라고 할 수 있는가? 루이스의 가능 세계 실재론을 전제하는 답변을 최대한 피한다면, 두 가지 답변을 모색해볼 수 있을 것이다.

첫째는 "거짓인 진술은 무엇인가에 의거해 거짓이다"는 원칙을 배격하는 것이다. 문제의 예들의 두 문장들 A▷C와 A▷-C은 현실 세계의 어떠한 사실들에 의거해서도 참이 아니므로, 이들은 어떤 것에 의거해 거짓이 아니고 그냥 그대로 거짓이라고 하는 것이다. 그러나 이 경우, 이들의 부정은 아마 그냥 그대로 참이라고 해야 할 것인데, 그렇다면, 이들의 부정과 동치로 간주되는 A▶C 와 A▶-C를 그냥 그대로 참이라고 해야 할 것이고 이는 환원(수반) 원칙을 받아들이는 루이스의 입장에서는 용인될 수 없을 것이다. 반면에 A▶C와 A▶-C가 어떤 것에 의거해 참이며, 그 것에 의거해 A▷C와 A▷-C가 거짓이라고 하는 입장은, 그들이 적절한 가능 세계들의 존재에 의거해 거짓이라고 하지 않는 한, 다음의 두 번째 입장과 차이가 없을 것이다.

둘째는 "거짓인 진술은 무엇인가에 의거해 거짓이다"는 원칙을 고수하면서, A▷C와 A▷-C는 "현실 세계의 어떠한 사실에 의거해서도 이들은 참이 아니라는 사실"에 의거해 거짓이라고 주장하는 방식이다. 이런 답변을 일관적으로 발전시키려면 "부정" 혹은 "거짓"의 두 가지 의미를 구분해야 할 것으로 보인다. 문제의 반사실적 조건문들의 진리 값의 불확정성은 픽션에서의 불확정성, 예컨대, 「춘향전」에서의 어떠한 "사실들"에 의거해서도 "춘향이의 키는 160cm보다 크다"와 "춘향이의 키는

160cm보다 크지 않다"는 문장의 진위가 결정되지 않는 상황과 비교될 수 있을 것이다. 이 두 문장들은 「춘향전」에서 참이라고도 거짓이라고도 할 수 없다. 그러나, 한편 바로 이런 이유에서, 즉 "춘향전의 어떠한 사실들에 의거해서도 이 두 문장들은 참이 아니라는 사실"에 의거해서 이 두 문장들은 "거짓"이라고 할 수도 있을 것이다. 이 두 문장들을 이런 의미에서 거짓이라고 할 때, 이 두 문장들의 "부정"을 참이라고 할 것이나, 이런 의미의 부정을 표현하는 일상 언어는 메타 언어적 표현이 아니고는 없는 것 같아 보인다. 두 번째 답변에서는 문제의 반사실적 조건문들과 같은 상황에서 루이스가 A▷C와 A▷-C는 "거짓"이고 ㄱ(A▷C)와 ㄱ(A▷-C)는 참이라고 할 때, "거짓"과 부정(ㄱ)을 이런 메타 언어적 사용에 비교되는 것으로 여기는 것이다. 그러나 "거짓"의 이런 의미와 "부정"의 이런 사용이 일관적으로 설명되고, 이런 방식으로 "이가 원리"가 도입될 경우, 그것은 더밋의 논변의 결론에서 부정된 이가 원리와 다른 원리가 될 것 같으며, 따라서 그런 의미의 이가 원리가 직관주의적 의미론과 상충할지는 분명치 않다.

루이스 자신은 아마, 콰인 문장의 전건과 후건이 참인 가능 세계와 전건이 참이고 후건이 거짓인 가능 세계가 있다는 것은 현실 세계의 사실(속성)들과 독립적인 문제이고, 현실 세계의 사실(속성)들이 결정하는 것은 이런 세계들이 현실 세계에 똑같은 정도로 유사하다는 것뿐이므로 A▷C와 A▷-C는 (현실 세계뿐 아니라) 이런 세계들의 존재와 사실들에 의거해 거짓이라고 할 것이다. 그러나 이런 주장은 루이스의 가능 세계 실재론을 소화할 수 없는 많은 사람들을 더욱 불편하게 만들 뿐일 것이다.

5

　-(A▷C)와 A▷-C를 동치로 간주할 뿐 아니라, 가능 세계의 역할과 본성에 관해 루이스와 다른 생각을 하는 스톨네이커는 3절의 논변에 대해 위와 같은 방식들로 대응할 수는 없다. 루이스는 모호하지 않은 반사실적 조건문들은 확정적으로 참이거나 거짓이라고 할 것이다. 반면, 스톨네이커는 반사실적 조건문의 진리 값의 불확정성이 모호성이 아닌 보다 깊은 이유에서 따라나올 가능성을 인정하고 있다. 따라서 그는 반사실적 조건문들에 획일적으로 이가 원리를 적용할 수 없다는 더밋 논변의 결론을 받아들이는 셈이다. 그러나 그는 더밋의 논변을 받아들이지는 않는다. 3절의 논변과 관련해 그의 입장을 서술한다면, 그는 루이스와 반대로 (2)를 받아들이고 (1)을 거부하는 것으로 여겨질 수 있다. 그의 반사실적 조건문에 관한 "실재론"은 (1)을 거부하고 "어떤 반사실적 조건문들은 환원 불가능하면서도 참일 수 있다"는 주장을 내세운다.[20]

　반사실적 조건문의 환원 불가능성과 진리 값의 불확정성 및 가능 세계의 본성에 관한 스톨네이커의 견해는 서로 밀접한 관련을 맺고 있다. 그는 가능 세계들의 본성은 합리적 행위와 태도를 설명하기 위한 이론에서 그것들이 해야 할 역할에서 찾아져야 한다고 생각한다.[21] 그에게서 가능 세계들간의 구분이 필요한 우선적 이유는, 행위를 합리적으로 이해하기 위한 행위자의 정신 상태의 표상을 위해서다. 스톨네이커가 환원 불가능한 반사실적 조건문이 있다고 여기는 한 이유는 합리성 이론에서의 가능 세계의 이런 역할과 긴밀히 관련되어 있다. 한편, 그에

---

20) Stalnaker [1987], 8장.
21) Stalnaker [1975], Stalnaker [1976] 및 Stalnaker [1987] 참조.

의하면, 가능 세계들은 현실 세계가 그렇게 될 수도 있었던 논리적으로 가능한 방식들로서 가능한 사실들의 총체들이며, 현실 세계는 그 중의 하나다. 명제 태도의 세계에 대한 표상적 성격을 제대로 설명하기 위해서는 세계와의 인과적 관련이 필수적이며, 이런 관련을 위해서는 현실 세계가 정신 상태의 표상을 위한 역할을 하는 가능 세계들 중의 하나라는 조건이 요구된다고 생각하기 때문이다.[22]

스톨네이커는 명제 태도에 관한 자신의 "실용주의적" 이론이 요구하는 가능 세계의 첫 번째 역할과 "실재론적" 진리 개념이 요구되는 가능 세계의 두 번째 역할 사이에 긴장이 있음을 인정하면서, 반사실적 조건문의 진리 값의 불확정성이 이 두 역할의 괴리에 기인할 수 있다고 진단한다. 행위를 합리적인 것으로 이해하기 위해 필요한 가능한 대안들의 구분이 세계의 객관적 구분과 맞아떨어진다는 보장이 없기 때문이다. 예를 들어, 시대를 한탄하는 어떤 사람의 행위를 이해하기 위해 "내가 조선시대에 태어났더라면 양반으로 태어났을 것"이라는 믿음을 그에게 귀속시키고 이를 위해 필요한 가능 세계들과 그들간의 관계를 상정할 수 있지만, "그가 조선시대에 태어났더라면 양반으로 태어났을 것이다"는 명제의 진위 여부, 즉 현실 세계가 이 명제 — 이 명제가 참인 가능 세계들의 집합 — 속에 있느냐 밖에 있느냐의 문제는 세계의 객관적 구분과 무관하여 성립조차 할 수 없는 문제일 수 있는 것이다.[23] 이는 "춘향이의 키가

---

22) Stalnaker [1987], 57쪽 및 168쪽 참조.
23) 루이스는 현실 세계의 사실들에 의해 진리값이 결정되지 않는 반사실적 조건문들을 거짓이라 하고 현실 세계는 문제의 명제에 속하지 않는다고 할 것이다. 스톨네이커가 가능 세계 실재론자이기는 하지만, 루이스 혹은 앞 절의 마지막 대안과 같이 가능 세계의 존재와 오로지 가능할 뿐인 사실들에 의거해 참인 문장들이 있다고 믿는 실재론자는 아닐 것이다.

160cm보다 크다"는 명제가 (「춘향전」에서) 참이냐 거짓이냐는 문제와 마찬가시 방식으로 성립하지 않는 문제일 것이다.

이가 원리가 적용되지 않는 이런 반사실적 조건문은 다른 무엇에 의거해 참 또는 거짓일 수 없다는 점에서 환원 불가능하다고 할 수 있을 것이다. 그러나 이런 의미의 환원 불가능성은 (1)과 모순되지 않는다. (1)은 환원 불가능하면서도 확정적으로 참 또는 거짓인 반사실적 조건문은 없다는 주장으로 이해되어야 할 것이다. 스톨네이커가 (1)을 거부하면서 내세우는 주장은 환원 불가능하면서도 참인 반사실적 조건문이 있다는 것이다. 따라서 그런 문장들은 진리 값이 불확정적이기 때문에 환원 불가능한 것들은 아니다.[24] 스톨네이커가 환원 불가능하면서도 확정적으로 참 또는 거짓인 반사실적 조건문이 있을 수 있다고 생각하는 이유는 무엇인가? 이 부분에 관한 그의 설명은 불투명하지만 다음과 같은 방식으로 이해될 수 있을 것으로 생각된다.

스톨네이커에 의하면, 반사실적 조건문은 가능 세계들에 관해 그것 없이는 불가능한 구분을 가능하게 해주고, 이 구분이 세계의 객관적 구분과는 무관한 것일 수도 있지만, — 이 경우 이가 원리가 적용되지 않는다 — 이 구분이 세계의 객관적 구분과 들어맞을 수도 있다는 것이다. — 이 경우 이가 원리가 적용된다. — 그는 앞선 예 "김씨는 용감한 사람이었다"는 문장에 이가 원리가 적용되는지 여부는 "실제로 위험 상황에 처한 적

---

24) 반사실적 조건문에 대한 형이상학적 입장을 더밋을 따라 분류하면, (1) 반사실적 조건문이 환원 가능하다고 할 경우 정교한 실재론이 되고, 환원 불가능하다고 할 경우 (2) 반사실적 조건문은 그냥 그대로 참일 수 없다고 하는 반실재론이 되거나 (3) (어떤) 반사실적 조건문은 그냥 그대로 참일 수 있다는 소박한 실재론이 된다. 루이스는 (1)에 스톨네이커는 (3)에 속한다고 할 것이다. 더밋이 소박한 실재론을 모든 반사실적 조건문이 환원 불가능하면서 참 또는 거짓이다는 입장으로 규정했다면, 스톨네이커는 그런 의미의 소박한 실재론자는 아니다.

이 있는지 여부와는 독립적으로, 그런 상황에 처했을 경우 용감한 행동을 야기하게 하는 경향을 지닌 사람의 속성이 실제로 있다"는 가설의 진위 여부에 달려 있으며, "그 외연의 결정에 반사실적 조건문이 필수적인 역할을 하는 술어들의 경우 그런 가설들이 그럴 듯한 경우들이 적지 않다"고 주장한다.25) 예를 들어, 어떤 생리적 속성이 용감성을 결정한다는 가설이 경험적으로 그럴 듯하면, 문제의 문장 및 그와 연관된 반사실적 조건문들에 이가 원리를 적용하는 것이 그럴 듯하다는 것이다. 그러나 이 경우, 문제의 반사실적 조건문은 김씨가 문제의 생리적 속성을 지녔는지 여부에 의거해 참 또는 거짓이 될 것이므로, 그 문장은 그냥 그대로 참 혹은 거짓이 아니어서 (1)과 모순되지 않는다고 할 수 있지 않은가? 스톨네이커는 어떤 반사실적 조건문을 참 혹은 거짓으로 만드는 그 무엇이 있는가 하는 것은 경험적 문제며 획일적으로 답해질 수 있는 문제가 아니어서, 반사실적 조건문에 대한 일반적인 환원 원리는 정당하지 않다고 여기는 듯하다. 그러나 (1)이 요구하는 환원 가능성은 번역 도식을 요구하는 강한 의미가 아니라, 피환원 문장이 표현하는 사실이 어떤 의미에서 원초적 사실이 아님을 보이는 환원이어서 그 가능성이 개별적 문장에 따로 적용되는 경험적 문제라는 지적만으로는 (1)과 충돌할 필요가 없다. 따라서 환원 불가능성에 대한 스톨네이커의 의도를 더밋의 예와 관련해 표현한다면, 반사실적 조건문에 의존하지 않고서는 "용감한 사람이다"는 개념을 파악할 수가 없어서 용감성의 속성의 존재 유무에 관한 문제가 제기될 수가 없다는 것으로 이해될 수 있을 것이다. 우리가 파악할 수 없는 개념에 임의의 대상이 확정적으로 포섭되거나 되지 않는다고 주장하면 공허한 실재론이 될

---

25) Stalnaker [1987], 169쪽.

것이다. 따라서 스톨네이커의 주장은 용감성과 같은 개념의 파악을 위해서는 반시실적 조건문이 아니면 할 수 없는 가능태들 간의 구분이 필수적이지만, 이런 구분이 세계 속에 있는 객관적 구분과 들어맞느냐는 것은 경험적 문제로서 획일적인 대답을 할 수 없는 것이라고 이해될 수 있을 것이다. 물론, 반사실적 조건문에 의존하지 않고는 "용감한 사람이다"는 개념을 파악할 수 없다고 하더라도, "김씨는 용감한 사람이다"는 문장이나 이와 연관된 반사실적 조건문을 참 또는 거짓으로 만드는 사실들을 반사실적 조건문과 독립적으로 인지할 수 있으면, 이들 문장들은 (1)에 요구된 의미에서 환원 가능하다는 반론을 펼칠수 있을 것이다. 따라서 스톨네이커는 이들을 참 또는 거짓으로 만드는 사실들도, 그것이 생리학적 사실이든 다른 종류의 사실이든 그런 것이 있다면, 반사실적 조건문이 필수적으로 요구되는 가능태들에 관한 구분이 없이는 파악될 수 없는 것들이라고 해야 할 것이다.

스톨네이커는 어떤 의미에서 실재론자인가? 그는 가능 세계들에 대한 우리의 구분과 독립적인 세계의 객관적 속성으로서의 가능 세계들간의 구분이 있으며, 전자의 구분이 후자의 구분과 맞아떨어질 때 그런 구분을 요구하는 반사실적 조건문이 확정적으로 참 혹은 거짓이라고 주장한다. 이 주장이 검증주의적 의미론이 문제삼는 실재론이 되려면, "독립적인"이라는 말의 의미가 "그 구분이 실제로 있는지 여부를 우리가 효과적으로 결정할 수 있는 수단이 없다고 하더라도, 반사실적 조건문의 진위 문제는 그런 구분의 존재에 의존한다"는 주장을 함축하는 것으로 여겨져야 할 것이다. 스톨네이커가 그의 가능 세계 개념이 실재론적 진리 개념을 요구한다고 했을 때는 이런 함축을 하고 있는 것으로 여겨진다. 반면 일부 반실재론자들은 가능 세계들간의 구분은 우리가 하는 것이고, 그런 구분을 우리가 효과적으로 할 수 없는 경우에도 그런 구분이 있다고 하는 것은 우리가 영원히 알 수 없는 진리가 있다는 것과 마찬가지로 부당한 주장이라 할 것이다.26)

이런 형이상학적 문제를 어떻게 다루어야 하는가? 더밋의 언어 우선적 접근 방식은 스톨네이커에게 다음과 같은 질문에 답할 것을 요구한다 : 반사실적 조건문, 예컨대 위의 예문 "김씨가 위험 상황에 처했더라면 용감한 행동을 하였을 것이다"의 의미를 이해한다는 것은 무엇인가? 물론 이런 질문은 스톨네이커에게 다소 불공평한 것이다. 그에게 우선적인 질문은 반사실적 조건문에 의해 표현되는 종류의 생각(명제)들, 예컨대, "김씨가 위험 상황에 처했더라면 용감한 행동을 하였을 것이다"라는 생각(믿음)을 지닌다는 것은 무엇인가라는 생각(명제) 우선적인 질문이지, 더밋처럼 문장의 의미를 이해한다는 것이 무엇인가라는 언어 우선적인 질문이 아니다. 그러나 어떤 순서를 밟든 언어와 생각은 서로에 의거해 설명되어야 하고 이들과 세계와의 관계도 적절하게 설명되어야 한다. 더구나 스톨네이커와 같은 접근 방식에서는 위의 형이상학적 문제가 어떻게 접근되어야 할지 막연해진다. 따라서 더밋의 질문을 스톨네이커에게 계속 추궁해보자.

위의 반사실적 조건문의 의미를 파악하는 것은 곧 그 문장의

---

26) 명제를 가능 세계들의 집합으로 간주하는 가능세계의미론은 진리 조건적 의미론의 한 형태로 간주할 수 있지만, 진리 조건에 해당하는 가능 세계들의 본성을 어떻게 이해하느냐에 따라 의미론의 성격이 크게 달라질 것이다. 원칙적 인식가능성을 넘어서는 가능 세계(진리 조건)를 인정하는 전형적인 실재론은 고전적인 진리 조건적 의미론의 한 형태가 될 것이고, 이는 우리가 원칙적으로 영원히 생각할 수 없는 생각(명제)이 있다는 부당한 귀결을 낳는다고 반실재론자는 비판할 것이다(더밋의 습득 논변과 비교). 스톨네이커의 온건한 실재론은 이런 비판으로부터는 자유로울 가능성이 있는 듯하다.

진리 조건을 파악하는 것인가? 만약 그 문장의 진리 값이 앞서와 같은 의미에서 비확정적이라면, 그 문장은 참 혹은 거짓이기 위한 조건이 없는 것이고 이가 원리도 적용되지 않는다. 루이스와는 달리 스톨네이커는 이 주장을 받아들인다. 참 또는 거짓이기 위한 조건, 즉 진리 조건이 없는 문장에 대해서, 그런 문장의 의미를 이해하는 것이 진리 조건을 파악하는 것이라고 할 수는 없다(루이스에 대해서는 물론 발현 논증과 습득 논증이 기다리고 있다). 반면, 그 반사실적 조건문이 확정적이라면 물론 그 문장의 진리 조건은 있으나, 반사실적 조건문의 진리 값이 확정적인 경우에만 그 문장의 의미가 진리 조건과 일치한다는 주장은 명백하게 부적절한 의미론이 될 것이다. 더구나 두 번째 경우, 즉 결정 가능한 (진리 값이 확정적인) 문장의 진리 조건에서 필요한 진리 개념에 대해서는 검증주의와 실재론 사이의 괴리가 없고, 첫 번째 경우의 결정 불가능한 (진리 값이 비확정적인) 문장의 의미 이해도 검증주의적 진리 개념에 의거해 통일적으로 설명할 수 있으므로, 검증주의적 의미론이 이가 원리에 의거한 진리 조건적 의미론보다 우월한 이론이 아닌가?

위의 논변은 배중률에 의존하고 있다는 점에서 검증주의자들이 무조건적으로 제시할 수 있는 것은 아니며, 생각(명제)을 우선하는 스톨네이커는 위에서 비판받는 의미의 진리 조건적 의미론을 수용하는 것이 아니라는 대응을 할 수도 있을 것이다. 그러나 대안이 무엇인가 하는 점은 투명하지 않다. 스톨네이커에 의하면, 특정한 반사실적 조건문에 이가 원리가 적용되는가 여부는 그 의미에 의해 결정되지 않는 경험적 문제다. 따라서 그 구성문들이 결정 가능하여 그들에 이가 원리가 적용되더라도, 그들에 의해 구성된 반사실적 조건문에 이가 원리가 적용된다는 결론은 반사실적 조건문을 형성하는 연결사의 의미에 의해 정당화되지는 않는다. 그럼에도 불구하고 이들에 이가 원리에 기초한 고전 논리의 적용을 고집하는 이유는 무엇인가? 스톨네이커는 아마 그의 유일성 가정에 대한 것과 같은 방식의 정당화를 시도할지 모른다 : 자연 언어에의 실제 적용에서는 불확정성이 일어날 수 있어도, 이상적 모형으로서의 고전 논리는 정당화될 수 있는 유용한 것이라고. 고전 논리가 우리의 사유와 세계에 정당하게 적용될 수 있는 이상적 모형인가의 문제는 반사실적 조건문 이외에 표준적인 논리 상항의 의미에 대한 검토를 필요로 한다.[27]

□ 참고 문헌

Dummett, M., "Truth", 1959, in *Truth and Other Enigmas*, Harvard Univ. Pr., 1978.

Dummett, M., "Realism", 1963, in *Truth and Other Enigmas*, Harvard Univ. Pr., 1978.

Dummett, M., "The Philosophical Basis of Intuitionistic Logic", 1973.

Dummett, M., *Elements of Intuitionism*, Oxford Univ. Pr., 1977.

Dummett, M., "What is a Theory of Meaning ? (II)", 1976, in *The Seas of Language*, Oxford Univ. Pr., 1993.

Dummett, M., "Realism", in *The Interpretation of Frege's Philosophy*, Harvard Univ. Pr., 1981.

---

27) 유익한 논평을 해주신 박영태, 선우환, 최성호 선생님께 감사드린다. 그들의 의견이 전혀 반영되지 못한 것은 발표자의 게으름 탓이다.

Dummett, M., "Realism", 1982, in *The Seas of Language*, Oxford Univ. Pr., 1993.

Edgington, D., "On Conditionals", *Mind* 104, 1995.

Lewis, D., *Counterfactuals*, Harvard Univ. Pr., 1973.

Lewis, D., "Counterfactual Dependence and Time's Arrow", 1979, in *Philosophical Papers, Vol. II*, Oxford Univ. Pr., 1986.

Lewis, D., "Humean Supervenience Debugged", *Mind* 103, 1994.

Stalnaker, R., "Indicative Conditionals", *Philosophia* 5, 1975.

Stalnaker, R., "Possible Worlds", *Nous* 10, 1976.

Stalnaker, R., "A Defence of Conditional Excluded Middle", *Ifs* (ed. by W. Harper et. al.), 1981.

Stalnaker, R., *Inquiry*, MIT, 1987.

Williamson, T., "Bivalence and Subjunctive Conditionals", *Synthese* 75, 1988.

로티의 신실용주의에서 언어와 철학

김 동 식

이 글에서 필자는 신실용주의를 주창하는 로티(R. Rorty)의
사상에서 언어에 대한 그의 견해와 철학에 대한 그의 견해가
어떠한 연관을 갖고 있는지를 살펴보고, 그러한 견지가 함축하
고 있는 의의를 비판적으로 검토하고자 한다. 다른 기회에 필
자는 이미 로티의 언어에 대한 견해나 철학에 대한 견해를 논
의한 바 있으므로,[1] 여기에서는 특히 양자의 연관성 규명에 초
점을 두고 논의를 진행할 것이다. 이때 로티의 견해가 어떤 점
에서 분석철학의 연장선에 놓여 있으며 또 어떤 점에서 분석철
학에 대한 비판인가, 그리고 어떤 점에서 실용주의적이며 동시
에 고전적 실용주의와는 다른 새로운 버전인가를 밝히는 데에
도 관심을 기울일 것이다. 그렇게 함으로써 필자는 로티의 신

---

[1] 졸저, 『로티의 신실용주의』, 철학과현실사, 1994의 제3장 "로티의 언어관"
과 제7장 "로티의 철학관" 참조. 이 글에서는 가급적 중복을 피하도록 노력할
것이지만, 논의 구조가 그의 언어와 철학에 대한 견해인 만큼 논의의 일부는
불가피하게 중첩될 것이다.

실용주의가 독특한 언어관을 배경으로 한 철학관을 지니고 있음을 밝혀 그 성격을 보다 더 선명하게 부각시키는 한편, 로티의 사상을 철학사적 맥락에서 독해하는 한 방식을 보이고, 신실용주의가 함축하고 있는 의의와 그것이 지닌 문제점을 지적하고자 한다.

Ⅰ. 로티가 보는 언어의 세계

로티의 신실용주의에서 언어란 단순히 소리말이나 글말에 국한된 것이 아니다. 그것들을 포함하여 헛소리나 언어의 규약을 어긴 '참신한 메타포'를 로티는 언어의 일부로 굳이 포함하여 그 범위를 확장시키고 있다. 이 견해에 따르면 교통 신호, 텔레비전의 화면, 기발한 예술 작품은 물론이고 발명품, 새로운 이론, 자연 현상 가운데 어떤 것 등도 언어다. 문자 그대로 우리는 삶이나 경험의 거의 모든 국면에서 '언어놀이'를 하고 있는 셈이다. 비트겐슈타인의 언어놀이 개념을 거의 최대한으로 확장시켜 해석한 것이라 볼 수 있는 이 견해는 '언어확장론'이라 불릴 만한 것으로서,[2] 로티는 매우 극단적인 형태의 언어확장론을 견지하고 있는 셈이다.

이렇게 확장된 언어관에서는 언어의 한계, 즉 끝이 없다. 언어는 항상 열려 있으며 무한정으로 확장이 가능하다. 따라서

---

[2] '언어확장론'이란 통상적 의미에서의 언어뿐만 아니라 언어의 후보가 될 수 있는 모든 종류의 기호들 그리고 더 나아가서는 언어로 해석 가능한 모든 것을 언어의 범위에 포함시키는 견해를 가리킨다. 언어확장론에 함축된 바와 그것의 분석철학과의 연관성에 대한 논의는 졸고, 「분석철학과 삶의 접점 : 분석철학적 성향의 특징과 그 의의」, 『철학과 삶의 접점』(철학연구회 2001년도 춘계학술발표회 논문집), 2001 참조.

우리는 마치 피부의 바깥으로 나갈 수가 없듯이 언어의 바깥으로 나갈 수가 없다. 로티가 가끔 인용하는 데리다(J. Derrida)식의 어법으로는 '언어의 바깥이란 없다.' 로티의 이러한 견해를 필자는 '언어편재성(ubiquity. 遍在性)의 논제'라고 부른다. 이 논제에는 단지 언어의 한계가 무한히 열려 있다는 의미만 포함된 것이 아니라, 언어가 매우 가소적(可塑的)이라는 뜻도 담겨 있다. 새로운 메타포나 어휘에 의해 언어의 한계는 늘 도전을 받으며, 도전한 것들 중 일부가 새로운 언어로 채택되어 언어의 세계는 끊임없이 변화하게 마련이다. 편재성 논제의 다른 한 측면은 해석의 개방성과 맞물려 있다. 해석은 다른 해석을 전제로 하고, 또한 다른 해석을 낳을 수도 있다. 따라서 해석의 고리는 끝없이 펼쳐질 수 있다. 그야말로 우리는 해석된 언어의 바다 속에서 끊임없이 해석을 하는 존재인 셈이다.

언어의 내부 구조에 관한 로티의 견해는 '언어 전체성의 논제'로 불릴 만한 것으로서, 언어의 세계가 마치 직조물이나 그물망처럼 서로 얽혀 있어서 한 낱말의 의미조차도 언어 그물 전체의 맥락과 연관된다고 보는 관점이다. 다만 로티가 보는 언어의 세계에서 중요하게 도입된 구분이 있다면 그것은 '통상적 담론'과 '비통상적 담론' 간의 구분이다. 앞서 언급된 참신한 메타포 등과 같이 기존의 언어 규약을 어긴 것, 새로운 규약을 창안하는 것 등은 비통상적 담론에 속한다. 따라서 통상적 담론은 늘 비통상성에 노출 또는 개방되어 있다. 통상성의 구속이나 제약이 비교적 약한 것이다. 이 점은 쿤이 말하는 패러다임의 경우와 상당히 다르다. 쿤의 경우에는 패러다임의 구속력이 매우 크며, 비통상성으로 향하는 개방성이 그만큼 약할 것이기 때문이다. 그러므로 로티가 보는 언어의 변화에는 많은 우연성들이 개입될 소지가 많다. 편재성 논제에 따르면 언어는 해석을 바탕으로 하는 것 이외에 다른 기반이 없다. 해석의 바다에 떠 있으면서 늘 비통상성에 열려 있는 언어는 실로 다양한 우연성들이 남긴 궤적을 담고 있다고 할 수 있을 것이다. 로티의 언어 세계에서 언어의 변화에 관한 주장을 필자는 '언어 우연성의 논제'라고 부른다.

이상의 세 논제를 주장하면서 로티가 보는 언어는 기본적으로 욕구의 충족을 위한 도구다. 그것을 그는 '세상사에의 대처'라고 부른다. 세상사에 잘 대처하게 도움을 주는 언어가 곧 '진리'라고 불릴 만한 것이다. 따라서 로티는 언어가 세계나 실재의 참모습을 그려낸다는 발상, 즉 언어와 세계의 대치(confrontation)라는 아이디어를 한사코 거부하려 한다. 이러한 견지를 그는 '반표상주의(anti-representationalism)'라고 이름하고 스스로 그 입장의 견지를 자처한다. 반표상주의는 자연히 여러 형태의 실재론을 비판하게 마련이며, 노력을 통해 언어로 세계나 실재를 그려냄으로써 객관적 혹은 절대적 진리에 도달할 수 있다는 관념을 거부한다.

로티는 반표상주의의 신빙성을 높이기 위한 근거로서 언어의 불투명성을 강조하고, 해석의 편재성과 연관된 '자문화중심주의'를 피할 수 없는 견지라고 설정한다. 우리는 특정한 언어의 그물을 전제로 하여 해석을 해가면서 그것이 오류라고 판명될 경우 얼마든지 수선해갈 수 있다는 것이다. 게다가 실재를 탐구하는 주체로서의 정신이란 것도 근대의 형이상학이 지어낸 허구라고 보기 시작하면, 언어가 없는 인지(先言語的 認知)는 불가능한 일이 된다. 문자 그대로 언어적 전회 혹은 해석적 전회가 극치에 다다르게 되며, 언어의 범위는 무한정으로 확장되지 않을 수 없다.

우리의 주제와 연관하여 주목해야 할 점은 로티의 견해가 과

연 '참인가' 혹은 '사실과 부합되는가' 등의 물음은 아닐 것이다. 그것은 다른 맥락에서 제기되는 편이 나을 것이지만, 실제로 그러한 물음이 제기된다고 하여도 로티의 입장에서는 큰 의미를 지닌 반론이 될 수 없다. 신실용주의는 진리라는 개념을 이미 용도 폐기한 관점이라고 볼 수 있으므로 논변의 진리성 여부는 그의 관점이나 논지에 치명적인 결과를 초래할 수 없다. 그래서 오히려 필자가 묻고자 하는 것은 왜 로티는 언어를 그와 같이 보는가 혹은 그렇게 보려 하는가라는 물음이다.

이 물음에 대한 로티의 답변으로 보이는 것은 후기 분석철학의 논의 결과가 그러한 결론을 도출할 수 있게 하였다는 점이다. 로티에 따르면 비트겐슈타인-셀라즈-콰인-데이비슨을 잇는 철학적 탐구의 결과를 종합하자면 그것이 곧 언어의 편재성과 전체성 논제라는 것이다.

나는 분석철학이 콰인, 후기 비트겐슈타인, 셀라즈, 데이빗슨에게서 절정에 이르러 끝장이 났다고, 바꿔 말해서 분석철학은 자기 초월을 거쳐 스스로를 폐기하였다고 생각한다. 이 사상가들은 의미성과 실용성, 분석성과 종합성, 언어와 경험, 이론과 관찰 사이의 실증주의적인 구분을 성공적으로 또 온당하게 완화시켰다. 특히 개념 체계와 내용의 구분에 대한 데이빗슨의 공격은 비트겐슈타인이 그 자신의 저서 『논리철학논고』를 조롱하였던 것, 카르납에 대한 콰인의 비판 그리고 「소여의 신화」에 대한 셀라즈의 공격을 요약·종합하고 있다. 데이빗슨의 전체론과 정합설은 (참된 문장들을 상부와 하부로 구분해 실재와 대응되는 것과 단지 관례나 규약에 의해 '참'인 것으로 보는, 철학의 주요 전제들을 일단 포기하고 나면) 언어가 어떻게 보이는가를 밝혀준다.[3]

---

3) 로티(김동식 옮김), 『실용주의의 결과』, 민음사, 1996, p.30.

문장의 종류 구분에 대한 비트겐슈타인-셀라즈-콰인-데이빗슨의 공격은 언어의 편재성을 고집하는 반플라톤주의자를 거들어주는 분석철학의 특별한 공헌이다.[4]

특별한 철학적 목적이나 의도를 위해 (특히 진리의 탐구라는 것을 위해) 언어에 철학적 구분을 도입하였던 여러 시도들이 비판받거나 무력화되었으며, 그 논거의 핵심은 분석철학자들이 시리즈로 발전시킨 언어전체성 논제였고, 따라서 언어편재성 논제도 수용될 수밖에 없는 상황이라는 것이 로티의 논지다.

이 답변은 신실용주의 언어관의 신빙성을 높이기 위한 논거는 될 수 있겠지만, 그것에 담긴 의도나 철학적 목적을 해명해 주는 답변이 되기에는 미흡하다. 우리의 관심은 로티의 견해가 과연 언어를 제대로 보았느냐라기보다는 그와 같이 언어를 보는 이유나 그것에 담긴 철학적 의의가 무엇인가에 놓여 있기 때문이다. 언어를 문자 그대로 도구라고 보며 언어와 해석의 편재성을 주장하는 이유, 또 그렇게 하여 얻을 수 있거나 얻고자 하는 철학적인 함축을 살펴보고 따져보려는 것이 우리의 주제와 더 부합된 물음일 것이다.

필자는 그 답변을 소극적인 면과 적극적인 면에서 각각 찾아볼 수 있다고 생각한다. 소극적·비판적·해체적인 측면에서 보자면, 반표상주의는 언어를 실재론적인 진리 개념에서부터 해방시키고자 하는 의도를 담고 있다고 보인다. 언어의 주된 기능을 진리의 담지자로 설정한 것이 분석철학의 일반적인 경향이었다고 해도 과언이 아니다. 그것을 로티는 '플라톤주의'라고 이름하고 그러한 실재론적 입장이 서양철학의 주도적인 담론이었다고 전제하면서 그 전통 전부를 비판하고 있다. 실재론

---

4) 로티(김동식 옮김), 『실용주의의 결과』, 민음사, 1996, p.32.

적인 그 담론, 즉 진리 중심의 담론에서 언어는 실재를 표상하는 것으로 가정된다. 인간의 이성이나 (참인) 언어는 실재나 자연의 모습을 그려주는 것이며, 진리를 탐구하는 활동으로서 철학은 자연의 거울과 흡사한 역할의 수행을 자처하게 된다. 이때 언어는 여러 기능 가운데 인지적 기능만이 주목을 받게 되며, 그 밖의 기능들은 부수적이거나 장애 요소로 간주된다. 궁극적으로 세계의 참모습에 대한 완벽한 서술을 제공하는 언어 — 그것이 과학이건 철학이건 논리건 — 가 도달되어야 할 목표로 설정된다.

신실용주의는 그와 같은 진리나 과학 중심의 담론을 비판하고 해체하고자 한다. 그러한 담론의 의도를 '불순'하게 보기 때문이며, 언어뿐만 아니라 철학을 진리의 추구라는 '강박관념'에서 해방시켜 다른 일을 하고자 하기 때문이다. 두 논점 중 전자에 대한 신실용주의의 태도는 단적으로 로티의 논문 「반권위주의로서의 실용주의」에 잘 나타나 있다.[5] 거기에서 반권위주의를 피력 또는 설명한 구절을 몇 가지 살펴보자.

> 진리에 대한 실용주의자의 설명, 더 일반적으로 말해서 신념에 대한 반표상주의적인 설명은 인간 존재들이 신의 의지이거나 실재(Reality)의 내재적 본성이거나 간에 인간 아닌(non-human) 어떤 것 앞에서 반드시 겸손해야 한다는 생각에 대한 하나의 저항이라고 나는 생각한다.[6]

> [전통적인 진리대응론자의 진리 개념을 정말로 진지하게 간주하는] 클라프(A. H. Clough)의 노선에 공명하는 사람들은 진리 — 혹은

---

5) 로티(김동식 옮김), 「반권위주의로서의 실용주의」, 『로티와 철학과 과학』, 김동식 엮음, 철학과현실사, 1997, pp.15-32.
6) Ibid., p.15.

더 엄밀히 말해서 실재 그 자체, 즉 참된 문장에 의해 정확히 표상된 내싱 - 를 우리가 반드시 존경해야 할 어떤 권위라고 여긴다.[7]

그러한 [반권위주의의] 태도는 객관성을 상호주관성으로 대체하려는 인식상의 반권위주의, 바꿔 말해서 신이나 실재 또는 진리와 같이 초인간적인 존재에 대한 모종의 특권적 관계로 이해되는 객관성이라는 것을, 탐구라는 작업에 호기심을 가지고 있는 구성원들 상호간에 성립하는 자유로운 합의의 형태로 이루어진 상호주관성으로 대체시키려는 인식상의 반권위주의와 함께 하는 것이다.[8]

이러한 관점에서 신실용주의는 진리 중심의 담론은 실재나 진리 등 인간 아닌 어떤 권위를 내세우거나 그 담론을 독점하여 모종의 특권적 지위를 모색하는 '불순한' 의도를 지닌 것이라고 파악하는 것으로 보인다. 그 연장선에서 과학 중심의 담론이라 할 수 있는 분석철학의 한 측면도 옛날의 성직자들이 차지한 자리를 이제는 과학자들이 차지하게 된 것이라고 설파하는 권위주의 담론의 다른 형태라고 비판을 받게 된다. 요컨대 진리의 이름으로 그 밖의 것들을 압도하거나 재단하려는 인식적, 도덕적 발상을 신실용주의는 해체의 대상으로 보고 있다.
  신실용주의가 비판하고 있는 진리 중심의 담론은 기본적으로 정초주의(定礎主義. foundationalism)의 형태를 띤다고 가정해보자. 그러면 실재론적 입장이나 진리 중심의 담론이 진리 추구의 '강박관념'에 빠진 것이라고 비판하는 로티의 논점을 쉽게 이해할 수가 있다. 정초주의에서는 지식의 바탕을 이루는 확고부동한 지식이 반드시 있어야 한다. 달리 말해서 실재의 참모습을 알아야 현상에 대한 설명이 가능하며, 세계나 인간의

---

7) Ibid., p.16.
8) Ibid., p.32.

참모습 및 도덕적 진리를 알아야만 어떻게 살 것인가에 대한 원리나 원칙 혹은 행동의 지침 등이 도출될 수가 있다. 정초주의를 정말로 진지하게 수용할 경우 가장 기본이 되는 지식의 정초가 똑바로 서지 않는다면 우리는 회의론에 빠져 갈팡질팡하지 않을 수가 없다. 그런 상황을 절박하게 받아들일수록 그만큼 진리의 추구는 절실한 '강박관념'이 될 것이다. 로티는 데카르트 이래의 근대 인식론은 물론 최근의 분석철학 가운데 실재론자들도 그러한 강박관념에 빠져 있다고 본다.

그렇다면 로티의 신실용주의는 권위주의를 배격하고 진리 추구의 강박관념에서 언어와 철학을 해방시켜 무엇을 하겠다는 것인가? 로티의 언어관이 노리고 있는 바 의도는 무엇이며, 또 그것이 제공해줄 수 있는 이점이 있다면 무엇일까? 필자는 그것을 '언어의 자율성 확대'라는 방식으로 이해한다. 언어의 범위를 아주 넓게 설정하고 그와 동시에 언어에 대한 언어 이외의 요소들의 영향력을 극소화하여, 언어와 해석의 자율성을 극대화시킴으로써 우리가 행하는 거의 모든 것을 언어놀이라는 틀로 파악하고자 하는 것이다.9) 외적 요소의 영향력 극소화란 다른 말로는 철저한 내재주의(internalism)의 견지를 의미할 것이다. 진리론으로 빗대자면, 대응설보다는 정합설적인 관점

---

9) 이 맥락에서 '외적 요소들의 극소화'라는 표현과 연관하여 한 가지 분명히 해두어야 할 것이 있다. 그것은 언어의 편재성을 주장하는 로티도 엄연한 사실의 저항(the resistence of brutal facts)을 인정한다는 점이다. 지금 바깥에 비가 오고 있다는 서술은 제아무리 탁월한 것일지라도 옷을 젖게 할 수가 없다. 옷을 젖게 하는 것은 빗방울이며 그것은 설령 어떠한 서술로도 파악되지 않을지라도 옷을 젖게 할 수 있다. 하지만 그 점을 인정한다고 해서 로티가 '실재론적인 입장'을 보인다고 할 수 없다는 점이 주목되어야 할 것이다. 철학에서 논의되는 실재론이란 것이 그와 같이 극소화된 실재론적 논점의 인정에 국한될 수가 없으며, 로티에게서는 언어로 서술되지 않는 것은 결코 지식의 대상이 될 수가 없으며 아무런 의미도 부여될 수 없기 때문이다.

에 가까울 것이다. 언어의 자율성 확대란 구체적으로는 자유의 확대며, 특히 비통상적 담론을 창안하는 자유의 확대와 그 역할의 증대로 나타날 것이다. 또한 자유의 확대란 다양성의 적극적인 수용과 권면일 것이며, 개방적인 태도를 견지하자는 주장일 것이다.

자유의 구체적 실현이라 할 비통상적 담론의 창안을 적극 권장하는 일을 로티는 참신한 어휘나 메타포의 창안이라는 용어로 표현한다. 이것은 기존의 담론으로는 행하지 못하였던 것을 행할 수 있도록 도움을 주는 새로운 안목의 제시를 가리킨다. 로티가 자주 인용하는 쿤(T. S. Kuhn)의 관점을 빗대자면 새로운 패러다임의 창안일 것이며, 선승(禪僧)들의 어법을 흉내내자면 '개안(開眼)'의 경지에 해당될 만한 것을 가리킨다고 할 수 있을 것이다. 이렇게 볼 경우 인간이란 끊임없이 새로운 언어를 창안하여 세상사에 대처해가는 언어 창조의 존재일 것이며, 그 결과로 언어의 그물은 지속적으로 늘 새롭게 직조될 수밖에 없다. 따라서 통상적 담론은 죽은 메타포들의 그물이며, 이미 다른 사람이 사용한 어휘를 다시 사용하는 것은 창조적인 언어 사용이 아니다. 그래서 로티가 보는 언어 세계에서의 영웅이라 할 '대담한 시인(strong poet)'은 남의 어휘 사용을 죽는 것보다 더 싫어하는 인물로 설정된다.

통상적 담론을 진부한 언어놀이로 여기고 그것을 위반하거나 새롭게 고치거나 아예 담론의 틀을 바꾸고자 하는 참신한 어휘 등을 창안하는 비통상적 담론을 권장함으로써 얻을 수 있는 것은 무엇일까? 전통의 담론들이 해결하지 못한 문제 상황에 봉착하여 그것을 타개할 수 있는 방도를 모색하는 과정에서 얻어진 참신한 메타포나 어휘를 듀이(J. Dewey) 식으로 표현하면 '성장(growth)'에 해당될 수 있을 것이다. 그렇게 보면 로티의 경우도 문제 해결을 위한 재서술의 중요성을 외치고 있는 데에서 멀지 않을 것이다. 그리고 어느 것이 더 좋은 재서술인 가를 사회적 실행(social practise) 등 실용적인 기준에 의해 판단하자고 하면 전형적인 프래그마티스트의 주장이 될 것이다. 그렇지만 로티의 언어관에서 주창되는 참신한 어휘나 메타포의 창안이 그렇듯 문제 상황에 봉착하여 그 타개책을 찾는 상당히 피동적인 면모에만 그치는 것은 아니라고 보인다. 달리 말해서 오류가 발생될 경우에만 언어 그물의 수선에 착수하는 것이 아니라, 로티는 훨씬 더 적극적이며 강한 의미에서 재서술이야말로 존재의 확인인 것처럼 강조하고 있다.

필자는 로티의 언어관에서 강조된 새로운 언어의 적극적 창안 활동에 담긴 의도를 '문화의 향방을 주도하려는 의도'라고 본다. 그리고 그것이 바로 문예비평가로서 철학자나 지식인의 소임으로 설정된 바라고 읽는다. 다음 소절에서도 보듯이 로티에게서 철학은 진리의 탐구에 주력하는 활동이 아니라, 문화가 지향해야 할 바를 제시하고 비판하는 활동이다. 과학이나 기술은 우리가 도달하고자 하는 문화에 이르기 위한 노력에 도움을 주는 수단적인 가치를 지닌 것임에 비하여, 예술이나 정치는 지향하고자 하는 문화의 목적과 연관된 영역으로 파악된다. 따라서 철학에서 중요한 담론은 진리 중심의 것보다는 문화의 목적과 연관된 담론인 후자에 관한 것이다. 그러므로 문화의 목적을 설정하는 재서술, 즉 문화의 패러다임을 공고히 하거나 혹은 새롭게 설정하는 언어의 창안이 로티의 주된 관심사라고 집약해도 무방할 것이다. 그러한 언어 창안의 활동은 진부한 언어의 되풀이로는 이루어지기 어려울 것이다. 더구나 로티가 보고 있는 혹은 지향하고 있는 '반권위주의적'이며 '세속화된 지식인'의 문화, 문예 비평이 신학이나 과학의 권위를 대체하는 문화, 그리고 '역사주의적'이며 '낭만적인' 민주주의의 옹호가 요구되는 문화를 위해서는 당연히 전통의 어휘를 배제하는 일과 참신한 어휘에 의한 정당화의 작업이 불가피하게 요구될 것이다.

이 논점은 다른 각도에서 더 쉽게 설명될 수도 있다. 로티는 기본적으로 세속적 지식인의 견지에서 계몽주의의 많은 유산들을 수용하고 옹호하고자 한다. 가령 그는 자유민주주의 사회를 옹호하고자 한다. 과학과 기술의 발달이 인류의 문화나 삶에 많은 도움을 주었다는 점도 기꺼이 인정하고자 한다. 하지만 그는 그러한 언어놀이들 가운데 어떠한 면모들을 선택적으로 옹호하고자 하며, 특히 정초주의적인 발상을 배제하면서 옹호하고자 한다. 이것이 문화사적인 관점에서 본 로티의 기본 입장이라 할 수도 있을 것이다. 이렇듯 서구 문화의 많은 면모들을 정초나 근거가 없이 옹호하고자 할 때 무엇을 활용할 수가 있겠는가? 로티 식의 해법은 스스로의 마지막 어휘조차도 우연성에 불과하다는 것을 인정하는 아이러니스트의 견지에서 자문화를 출발점으로 삼아 나아가되 개방성과 오류가능주의를 수용하고 실천하는 프래그마티스트가 되는 것이다. 그러한 사람들이 사는 사회가 로티가 지향하는 자유주의 아이러니스트의 사회며, 희망의 사회이기도 하다. 그리고 그것의 옹호를 위해 로티는 문화적 엘리트, 즉 참신한 어휘나 메타포의 창안을 통해 사회적 비전과 목적의 정당화를 서술하게 해주는 엘리트의 역할에 기대를 걸고 있는 것이라고 생각된다.

II. 로티가 보는 철학의 모습

서양의 전통 철학에서 철학이란 무엇보다도 진리 탐구의 활동과 연관되어 왔다. 하지만 반표상주의자인 로티에게서 철학은, 이미 분명해졌듯이 사실, 실재 등의 참모습을 탐구하는 진리 추구의 활동과는 거리가 먼 다른 어떤 것이다. 그가 서술하는 철학의 모습 가운데는 오히려 진리 추구를 비판하는 일이 강조되고 있다. 이하의 논의에서 우리의 관심을 로티의 언어관과 철학관의 연관성 규명에 집중하기 위해 전통 철학에서 철학의 개념이나 기능, 성격 등에 대한 신실용주의의 비판과 그 논거 등에 대한 상세한 논의를 이곳에서는 하지 않을 것이다. 다만 한 가지 지적해두고 싶은 점은 로티는 결코 반철학자가 아니라는 점이다. 그의 논지는 정초주의적인 철학의 종언에 관한 것이지 철학 자체의 의미성 부인이나 종말에 관한 것이 아니라는 말이다. 전통 철학과는 다른 형태의 철학을 주창하고자 로티는 '탈철학'이란 용어를 쓰고 있다는 점에 대해 오해가 있어서는 안 될 것이다.

그의 저술들을 통해 볼 때 로티는 철학의 성격을 대략 '대화로서의 철학', '문예 비평으로서의 철학', 그리고 '문화의 정치로서의 철학' 등 세 가지로 설명하였다고 정리될 수 있을 것이다. 물론 이 세 가지는 병렬적으로 제시된 것이 아니라 조금씩 중첩되면서 지속성과 변화를 동시에 보여주는 설명이라고 보아야 할 것이다.

'대화(conversation)'로서의 철학은 특히 『철학과 자연의 거울』에서 강조되었다. 이때 대화란 '에피스테메'를 추구하는 소크라테스 식의 대화(dialogue)가 아니라, 체계적인 철학을 비판하고 해체하여 "어떤 관(views)을 지니는 것에 대한 또 다른 관을 지니지 않도록 피하면서, 관을 지닌다는 관념 자체를 비난"하는 교화적(edifying) 철학을 지향하는 활동이다.10) 그와 같이

10) R. Rorty, *Philosophy and the Mirror of Nature*, Princeton University

교화적 철학을 지향해야 하는 이유를 그는 '문화의 경직성을 초래할 …… 인간 존재의 비인간화'에 대한 반대라고 천명한다. 철학에 대한 이러한 견해는 철학이 자연의 거울이 아니라는 입장의 다른 표현이겠지만, 앞서 살펴본 언어에 대한 그의 견해와도 밀접하게 연관되어 있다. 그가 언급한 문화의 경직성이란 진리 추구의 강박관념이나 통상적 담론의 테두리에 머물면서 남의 어휘를 사용하는 것 등을 가리킨다고 풀이될 수 있기 때문이다. 그의 언어 세계에서 남의 어휘 사용은 창조적인 언어활동이 아니다. 가치 있는 일은 참신한 메타포와 어휘의 창안이다. 심지어는 자신의 마지막 어휘라 할지라도 세상사에 잘 대처하게 해주지 못하여 재서술이 요구될 때는 과감하게 포기할 태세가 되어 있어야 한다. 이것이 언어 사용자로서 인간 존재에게 요구되는 바일 터며, '대화로서의 철학'이 지향해야 할 바라고 보아야 할 것이다.[11]

로티에게서 대화의 다른 중요한 의미는 '정치적 레토릭'이다. 그는 진리 중심의 담론이라 할 '과학으로서의 철학'이나 영웅중심의 담론이라 할 '시적인 철학'을 비판한다. 그에 비해 실용주의는 개개인이 사회적 자유의 확대를 위해 기여하는 바를 중시하고 구체화된 사안들에 대안을 제시하며 그것을 설득하는 '정

Press, 1979, p.371.

11) 『철학과 자연의 거울』 자체만 보자면 로티가 제시하는 대안적인 철학의 이름과 형태가 '해석학'이라고 볼 수도 있겠지만, 그 이후의 저술에서 로티는 해석학으로서의 철학을 더 이상 논의한 바가 없으며, 해석학에 관한 논쟁에서도 해석학의 수용을 간접적으로 거부한 것으로 보아 필자는 그 부분을 로티의 철학관에서 제외시키고 있다. 물론 '교화적 철학'이라는 용어도 그 책에만 등장하는 용어다. 하지만, '대화'나 그 대체 개념들에 대해서는 로티가 적극적으로 그것을 방어하는 논변을 여러 곳에서 전개하고 있으며 그 이후에도 그의 저술에서 계속 사용되고 있다. 이런 점이 '해석학'의 경우와는 매우 대조적이라고 생각된다.

치적 레토릭으로서의 철학'을 견지한다. 필자는 로티의 이야기
들을 정리하여 이렇게 설명한 바 있다.

　바람직한 철학적 활동들은, 그 핵심 부분들이 참신한 메타포나
어휘들의 창안으로 구성되어 있는 수사학적인 대화 ─ '문예 활동
과 사회과학이 연결되어 있는 것과 같은 활동' ─ 를 통해 관련된
'실상'들을 폭로하면서 구체적인 대안들을 제시하는 것, 또는 '특정
한 시기에 특정한 사안들에 관해 부분적인 환기나 유의 사항들을
제시하는 것이다.'12)

　철학에 대한 이러한 견해에서도 로티의 언어관이 매우 소중
한 연결 고리가 되어 있음을 어렵지 않게 간파할 수 있다. 정치
적 레토릭으로서의 대화는 구체적 사안들에 대한 논의라는 목
적에 부합하되, 언어적으로는 설득을 통해 사회적 실행을 변화
시킬 수사학적인 대화가 되어야 한다. 따라서 언어 체계 전반
을 한꺼번에 바꾸려는 거대한 사회 이론이나 진리의 발견을 근
거로 하는 정치적 담론 등은 거부된다. 자문화중심주의적 접근
방식이 사회·정치적 측면에 활용되고 있는 것이다.
　'문예 비평으로서의 철학'은 특히『실용주의의 결과』와 그 이
후의 저술에서 강조되었다. 진리 중심의 담론을 해체한 로티는
이제 탈철학의 시대가 도래하였다고 하면서 그 대안을 문예 비
평이라고 제안하고 있는데, 이는 단순한 의미에서의 문학 비평
이 아니라 넓은 의미에서의 텍스트 비평 혹은 문화 비판이라고
할 만한 것이다. 문예 비평은 심미적 측면보다는 실용주의적

---

12) 졸저,『로티의 신실용주의』, 철학과현실사, 1994, p.389. 인용부호가 된 부
분은 R. Rorty, "Philosophy as Science, as Metaphor, and as Politics." *The
Institution of Philosophy : A Discipline in Crisis?* (eds.) Avner Cohen and
Marcelo Dascal, Open Court, 1989, pp.13-33 중 p.27 이하 참조.

측면에서 언어의 현금 가치를 따져보는 비평 활동이라고 설명될 수 있을 것이다. 그러한 비평을 행하는 인물들의 사례를 드는 데에서도 로티의 견해는 교화적 철학자, 강한 오독자, 강한 텍스튜얼리스트, 대담한 시인, 참신한 재서술가, 아이러니스트 등을 거치면서 점점 더 그 범위가 넓어졌다.13) 문예 비평의 방식은 논증이 아니라 네거티브며, 구체적으로는 텍스트에 대한 강한 오독(誤讀)을 행하여 새로운 안목을 제시하는 것, 혹은 스스로의 마지막 어휘조차도 포기할 태세로 재서술을 행하는 것 등으로 설명되고 있다.

문예 비평으로서의 철학도 로티의 언어관과 밀접한 연관성을 갖고 있다고 보인다. 철학은 이미 언어 활동의 한 형태며, 텍스트 해석이고, 이야기 짓기로 규정된다. 거기서 권장되는 비평은 텍스트에 대한 강한 오독이며, 이것은 저자의 의도나 텍스트와 실재의 비교가 아니라 해석자의 독특한 안목을 담은 참신한 재서술을 가리킨다. 따라서 철학은 로티가 말하는 소망스러운 언어 활동의 지속에 불과하다. 굳이 철학이라는 활동을 선명하게 부각시켜야 한다면 그것은 주로 철학자들의 텍스트에 대한 문예 비평이 될 것이며, 일반적인 특징이 있다면 문화의 향방, 즉 정치나 예술 등에 더 관심을 갖는 비평 활동이 될 것이다.

'문화의 정치로서의 철학'이라는 견해는 1990년대 후반에 들어서 가령 로티의 논문 「철학과 미래」나 「헤겔과 다윈 사이에서의 듀이」 등에서 최초로 명확하게 진술되었다고 보인다.14) 하지만 그 견해는 이미 보았던 정치적 레토릭으로서의 대화 개

---

13) 이 논점에 대해서는 졸저, 『로티의 신실용주의』, 철학과현실사, 1994, p.399의 도표를 참조.
14) 두 논문은 Herman J. Saatkamp, Jr. (ed.), *Rorty & Pragmatism*, Vanderbilt University Press, 1995, pp.1-15, pp.197-206에 수록되어 있다.

념과도 상당히 중첩적이며, 로티의 다른 논문「철학에 대한 민주주의의 우선성」15)에서도 그 씨앗을 볼 수 있었던 자유민주주의에 대한 옹호의 견지와『우연성, 아이러니, 연대성』에서도 표방되었던 연대성을 지향하는 견해 등이 확장된 것이라고 볼 수도 있을 것이다. 이 견해에서 강조된 측면은 과거의 유산들과 미래의 비전을 조화시키려는 입장, 즉 역사주의자로서의 실용주의다. 그것은 초월성을 추구하려는 플라톤이나 칸트를 포기하지만 철학은 포기하지 않는 태도로서, 철학의 기능을 사회문화적 변화를 거중 조정하거나 조화시키는 일로 설정한다. 로티에 의하면 이러한 역사주의자의 관점에서 볼 때 시간화된 지성의 세계에서 주된 변화와 도전은 자유와 시간이므로, 철학은 더 이상 진리의 하인이 아니라 민주주의의 하인이 되어야 한다.16) 이제 낭만적 자유민주주의의 옹호자가 된 로티가 설파하는 철학은 강한 시대 의식을 지니고 당대(當代)를 진지하게 파악하는 것, 즉 문화의 정치를 펴는 것으로 나타난다.

이러한 개념적 변화는 로티의 저술 활동에도 반영되고 있다고 보인다. 그가 최근에 펴낸 세 권의 저서,『진리와 진보』,『희망의 나라 만들기』나『철학과 사회적 희망』에서 피력된 문제의식이나 그 저술들에서 다루어진 주제들이 대부분 문화의 향방이나 넓은 의미에서 사회 정치적 이슈에 대한 것들이다.17) 언급된 세 저서 중 첫 번째 것에서는 진리라는 관념을 배제하

15) R. Rorty, "The Priority of Democracy to Philosophy," in *The Virginia Statute for Religious Freedom.* (eds.) M. D. Peterson and R. C. Vaugham, Cambridge University Press, 1988, pp.257-282.
16) 위의 세 문장과 연관된 내용에 대해서는 졸고,「역사주의로 해석된 실용주의」,『철학과 현실』, 1996 봄, 철학문화연구소, 1996, p.271 참조.
17) R. Rorty, *Truth and Progress*, Cambridge University Press, 1998 ; R. Rorty, *Achieving Our Countrty*, Harvard University Press, 1998 ; R. Rorty, *Philosophy and Social Hope*, Penguin Books, 1999.

고서도 문화의 진보를 논의할 수 있다는 점을 다루고 있으며, 두 번째 저서에서는 마르크시스트의 언어가 의미를 잃어버렸다고 보이는 이 시대에서 진보적 지식인의 역할을 20세기 미국의 좌파에 대한 재서술의 형태로 제시하고 있다. 그리고 세 번째 저서는 이미 발표된 논문들의 모음이기는 하지만, 로티가 서문에서 밝히고 있듯이 인간의 뛰어난 특질을 지식의 추구가 아니라 '다른 사람들을 신뢰하고 협력할 수 있으며, 특히 미래를 개선하기 위해 함께 일할 수 있는 능력'이라고 보는 안목을 피력하는 내용들을 담고 있다. 이러한 논의들을 전개할 때 로티의 '정치적' 입장은 이른바 낭만적 자유민주주자다. 우연성을 수용하지만 자유의 확대 그리고 대화와 연대성의 추구에 희망을 거는 자유민주주의 옹호의 견지인 것이다.

문화의 정치로서 철학을 주창하면서 로티는 특히 다음 세 가지 위험성을 경계해야 한다고 강조하고 있다. 첫째는 급진주의다. 이는 "마르크스, 니체, 하이데거에 공통된 철학적 아방가르드주의로서 철학적 신념의 변화 없이 아무것도 변화될 수 없다는 주장", 즉 전도된 정초주의 논변의 태도이자, 한꺼번에 모든 것을 새롭게 바꿀 수 있다는 발상이다. 둘째는 전문화 경향이다. 이는 특히 분석철학에 팽배해 있는 것으로서 철학적 토론이 실천적이거나 정신적인 의의와는 동떨어진 상이한 직관들의 싸움으로 퇴행하는 것을 가리킨다. 셋째는 쇼비니즘이다. 철학자가 국가나 국기처럼 자기 나라나 지역에 고유한 철학을 고집하여 코즈머폴리탄적인 안목을 갖지 못하는 경우를 가리킨다. 그래서 문화의 정치로서의 철학은 옛 것과 새로운 것, 세대와 세대, 상이한 문화적 영역들과 전통 간에 조화를 꾀하는 거중 조정자의 역할을 수행하며, 이 시대에 철학자의 일이 있다면 그것은 전지구적인 민주 정치 공동체의 유토피아를 지향하

는 설득을 행하는 일이라고 주장된다.[18]

문화의 정치로서의 철학에 대해서도 로티의 언어관과의 연관성은 어렵지 않게 간파될 수 있다. 물론 언어나 언어 활동 자체가 정치나 문화의 거중 조정을 요구하는 것은 아니다. 다만 로티의 경우처럼 언어의 우연성을 아주 진지하게 수용하고 자문화중심주의를 견지하면서 시대 의식을 도입한다면, 현재의 언어 그물에 대한 정당화와 보다 나은 미래를 위한 구체적인 이야기 짓기 그리고 그것을 향한 설득 등을 위한 노력의 필요성은 어렵지 않게 도출될 수 있을 것이다. 자문화를 출발점으로 삼고 옹호하면서 점진적 개혁주의를 펼치는 노선에서 볼 때 급진주의는 배격의 대상이며, 참신한 어휘나 메타포의 창안 그리고 구체적인 사회적 문제에 대한 민감한 센스의 유지에서 볼 때 퇴보적인 스콜라주의도 배격의 대상일 것이다. 인류의 연대성을 지향한다는 견지에서 볼 때 쇼비니즘도 거부의 대상이다. 언어 우연성의 논제에 역사주의와 자문화중심주의적인 언어 파악을 곁들이고, 이 시대의 문제를 자유민주주의의 옹호로 설정하면 로티가 전개하는 문화의 정치로서의 철학에 대한 논의의 얼개가 얻어질 수 있을 것이다.

이렇게 볼 때 로티가 제시하는 철학은 진리의 추구가 아니라 문화에 대한 비판이며, 특히 이 시대의 문화에 대한 비판이다. 그리고 그것은 어떤 선험적 근거나 초월적인 관점을 탐구한 결론으로서 도출되어야 할 것이 아니라, 현재의 상황을 출발점으로 삼으면서도 보다 나은 미래를 향한 비전을 제시하는 이야기나 참신한 메타포나 새로운 어휘의 창안이어야 한다. 철학자는 그러한 언어를 창안하여 자유 민주 사회가 역사적 우연성의 산

---

18) 이 문단은 졸고 「역사주의로 해석된 실용주의」, 『철학과 현실』, 1996 봄, 철학문화연구소, 1996, p.271-272의 내용을 축약한 것이다.

물이지만 지켜낼 가치가 있다는 것을 옹호하고 희망의 사회를 이루기 위해 사회적 실행을 변화시켜갈 설득을 행해야 한다. 이것은 진리의 개념은 배제하지만 진보를 추구하는 일이며, 우연성은 인정하지만 연대성을 지향하는 태도다. 그리고 이 태도는 남의 어휘 사용을 죽는 것보다 더 싫어하는 대담한 시인들이 견지하는 태도와 마찬가지 방식으로 철학을 하는 것이라고 보아도 무방할 것이다.

III. 로티의 견해가 갖는 의의와 문제점

위 두 소절의 논의를 바탕으로 이 소절에서는 로티가 본 언어와 철학에 대한 견해가 갖는 의의를 따져보고, 필자가 보는 그것의 주요한 문제점들을 지적하고자 한다.

우선 로티의 견해는 분석철학의 주요한 한 테제를 기반으로 그것을 나름대로 해석한 바탕 위에 전개되고 있다는 점을 주목할 필요가 있다. 그 테제란 반표상주의로 일컬어진 로티의 언어관을 대표하는 언어 편재성의 논제다. 이미 보았듯이 그 논제가 전체성이나 우연성의 논제를 이끌고 있다고 해도 과언이 아닐 것이다. 이하의 논의에서는 불필요한 오해의 여지를 줄이고 동시에 그것이 분석철학과 연관성이 깊다는 점을 드러내기 위해 필자는 그 테제를 '언어확장론'이라 부르고자 한다. 앞에서 잠시 언급된 이 견해에 의하면 언어로 서술되거나 해석 가능한 것들, 가령 교통 신호, 정치 행위, 법의 집행, 경제 활동, 과학적 연구, 예술 행위, 종교적 행위나 일상적인 대부분의 활동도 언어의 소비나 생산 활동이 아닌 것이 없는 것처럼 보이게 될 것이다. 언어확장론에서는 삶이나 경험이 곧 언어라고 해도 좋을 것이다. 필자는 분석철학자들이 언어의 논리적 구조나 형식을 논의할 때 그와 같은 이미지를 갖거나 그 후광 효과 등을 염두에 두었을 거라고 생각한다. 하지만 분석철학에서 사태가 실제로 그와 같이 진행된 것은 아니라고 보인다. 분석철학은 확장된 언어에 대한 탐구를 한 것이 아니라 언어의 확장 가능성을 들어 '언어에 대한 철학적 분석 작업'의 의의를 높이기는 하였을지라도, 실제로는 언어의 논리적 구조나 형식에 대한 분석의 범주를 크게 벗어나지 않았다는 것이 필자의 시각이다.

로티는 특히 비트겐슈타인이 말하는 언어놀이라는 메타포를 아주 극단적으로 확장하여 필자가 말하는 언어확장론을 수용하면서, 그것이 분석철학이 언어적 전회를 통해 가져다준 메타철학적 의의라고 해석하는 것으로 보인다. 그런 점에서 로티의 신실용주의는 분석철학의 연장선상에 놓여 있는 한 입장이기도 한 것이다. 하지만 분석철학자들은 언어의 논리적 형식이나 구조를 탐구하여 언어나 언어놀이에 대한 합리적 설명을 꾀하는 진리 중심의 담론을 지향하는 데 비하여, 로티는 그것이 언어의 비인지적 기능이나 측면을 간과한 표상주의적 강박관념의 산물이라고 비판한다. 이런 구도로 보면 로티의 비판은 분석철학을 비롯한 언어확장론 내부에서의 한 비판이라고 해석될 수도 있을 것이다. 언어적 전회를 수용하지 않거나 그 의미를 높이 평가하지 않는 철학자들은 분석철학과 로티를 동일한 부류로 분류할 수도 있을 터이기 때문이다.

로티의 견해는 분석철학에서 의도적으로 외면된 언어의 비인지적 측면의 중요성을 부각시키고 문화의 여러 부문이나 영역에서 그 역할을 강조한 점에서 그 의의를 인정받아야 할 것이다. 언어에서 비인지적인 부문이 많이 있다는 것은 누구도 부인할 수 없는 점이기 때문이다. 그뿐만 아니라 언어가 갖는 행위와의 연관성을 부각시켜 언어적 전회를 실용주의적인 안목으로 해석하는 독창직인 사상을 발전시킨 점도 아울러 높이 평가받아야 할 것이다. 다만 신실용주의는 고전적 실용주의와는 달리 과학적 방법의 가치나 의의를 제한적으로 파악한다. 퍼스, 제임스, 듀이 등 고전적 실용주의자들의 일차적 관심은 과학적 방법의 활용이었으며, 조금은 단순화된 주장이겠지만, 그들은 상식이나 종교나 도덕과 정치 등 그 밖의 가치들을 과학과 조화시키기 위한 철학적 견지를 모색하는 사상을 전개하였다고 보아도 무방할 것이다. 이에 비해 로티는 과학의 결과는 수용하되 과학의 방법을 문화의 다른 영역에 전이하거나 활용하려는 것을 거부한다. 오히려 로티가 파악하는 과학이란 해석의 활동을 거친 강제되지 않은 합의로서의 연대성의 한 모델에 지나지 않기 때문이다.

또한 문화 비판이라는 철학의 기능을 강조함은 물론 그것을 언어에 대한 해석의 견지에서 일관되게 제시한 점도 신실용주의가 보여준 주요한 의의라고 할 수 있을 것이다. 주로 쿤의 패러다임이라는 메타포를 문화의 영역까지 확장시킨 안목과, 데이빗슨이 강조한 메타포의 규칙성을 뛰어넘는 의사 소통 기능을 새롭게 해석하여 문화나 문예의 영역에 활용한 로티의 견지는 참신한 메타포를 창안하는 문화적 엘리트의 역할을 부각시킨다는 점이 두드러지게 특징적이다. 그럼에도 불구하고 철학의 기능을 진리에 대한 추구라는 틀에서 벗어나서 문화의 향방에 관한 담론으로 확장시킨 점, 혹은 철학자들의 관심을 전환시킨 점은 마땅한 평가를 받아야 할 것이다.

하지만 필자는 로티의 신실용주의가 보는 언어관이나 철학관에 대해 매우 비판적이다. 그리고 그것이 안고 있는 치명적인 문제점은 바로 언어확장론에서 비롯된다고 생각한다. 단적인 예로 과학자들이 실험을 하거나 보고를 할 때 그들은 언어 활동을 하는 것이 아니라 그것에 추가적인 다른 어떤 활동을 하고 있다고 보기 때문이다. 은행원이 계좌를 정리하는 활동 자체는 언어 활동이지만 그것을 단순히 언어 활동으로 규정한다면 무언가를 빠뜨린 서술일 것이다. 종교적인 활동의 외양은 대부분 언어 활동일 것이지만, 그것은 언어를 넘어서는 어떤 존재를 상정할 때라야 의미를 지닐 수 있는 활동이다. 로티는 철저한 내재주의의 견지를 고집하여, 해석의 무한 퇴행을 당연한 것으로 간주하지만 필자는 그것이 우리의 마지막 어휘를 제공할 수 없다고 생각한다. 언어 그물의 많은 부분은 다른 언어 그물과의 연관성에 의해 그 의미가 모두 정해질 수 있겠지만, 다른 것들은 언어 그물 바깥의 어떤 것을 상정할 때라야 비로소 그 의미가 정해질 수 있는 것이다. 요컨대 필자는 언어에 관한 편재성, 전체성, 우연성의 3논제 모두 부분적으로만 그 타당성이 인정될 수 있는 것이라고 생각한다.

그러한 관점에서 보자면 철학의 기능을 문화의 정치 혹은 문화 비판이라고 본다고 할지라도 로티의 경우처럼 우연성을 지나치게 부각시키는 견지에서 설득의 언어만을 강조하는 문화 비판을 권장할 수 없게 된다. 문화에는 순전히 언어적인 측면도 있겠지만 비언어적인 측면이나 그런 것들과 연관된 측면도 많이 포함되어 있을 터이기 때문이다. 단적인 예로 과학이 순전히 해석적인 활동이라면 왜 다른 언어적 해석들에 비해 매우 높은 예측성을 보여주는가를 설명하기 어렵게 된다. 테크놀로지가 언어적 해석의 활동이라고 한다면 왜 합금이나 도자기를 만드는 이론적인 설명들을 모두 이해한 기술자가 배합 등에 대한 노하우의 전수가 없는 상태에서는 동일한 물건을 만들어낼 수 없는가를 설명하지 못하게 된다. 필자는 퍼트남이 말하는 언어에 대한 '환경의 기여'를 중시해야 한다고 보고 있으며, 비트겐슈타인이 말한 인류의 자연사라는 메타포에 담긴 언어 외적인 것의 역할을 결코 간과해서는 안 된다고 보고 있다.

이와 같은 관점에서 보자면 로티가 주창하는 언어관이나 철학관은 그가 비판하는 분석철학을 비롯한 진리 중심적 담론이 부분적이며 편벽한 것인 바와 흡사한 형태이지만 다른 이유에서 그것 역시 편벽된 견해다. 그것은 언어에서 비인지적 기능이나 측면을 지나치게 강조한 견해로 보이기 때문이다. 따라서 신실용주의가 주장하는 대화나 문예 비평이나 문화의 정치는 지나치게 한쪽에만 치우친 견해로 파악되며, 그것들이 달성하고자 하는 바를 효과적으로 달성할 수도 없는 것으로 보이게 된다. 근거성이 없는 담론, 우연성을 적극 수용하는 담론은 다양성과 자유의 확보에는 효과적일 수도 있겠지만, 설득을 행하여 합의를 도출하고 연대성을 확보하는 데에는 그만큼 제한적일 것이기 때문이다. 그리고 우연성을 수용하면서도 더 나은 것을 지향하자는 '비극적인 희망의 철학'이라고 이름하기에 적절할 신실용주의의 문화나 정치에 대한 태도는, '낭만적'인 것으로 보이기보다는 차라리 허무를 애써 망각하기 위한 '가벼운 언어놀이의 철학'으로 보이기 때문이다.

□ 참고 문헌

김동식, 『로티의 신실용주의』, 철학과현실사, 1994.

_____, 「역사주의로 해석된 실용주의」, 『철학과 현실』, 1996년 봄, 철학문화연구소, 1996.

_____, 「분석철학과 삶의 접점 : 분석철학적 성향의 특징과 그

의의」, 『철학과 삶의 접점』(철학연구회 2001년도 춘계학술
발표회 논문집), 2001.

로티(김동식 옮김), 『실용주의의 결과』, 민음사, 1996.

로티(김동식 옮김), 「반권위주의로서의 실용주의」, 『로티와 철
학과 과학』, 김동식 엮음, 철학과현실사, 1997, pp.15-32.

Rorty, Richard, *Philosophy and the Mirror of Nature*,
Princeton University Press, 1979.

_____, "The Priority of Democracy to Philosophy," in *The
Virginia Statute for Religious Freedom.* (eds.) M.D.
Peterson and R.C. Vaugham, Cambridge University
Press, 1988, pp.257-282.

_____, "Philosophy as Science, as Metaphor, and as Politics."
The Institution of Philosophy: A Discipline in Crisis?
(eds.) Avner Cohen and Marcelo Dascal, Open Court,
1989, pp.13-33.

_____, *Truth and Progress*, Cambridge University Press,
1998.

_____, *Achieving Our Countrty*, Harvard University Press,
1998.

_____, *Philosophy and Social Hope*, Penguin Books, 1999.

Saatkamp, Herman J. Jr. (ed.), *Rorty & Pragmatism*,
Vanderbilt University Press, 1995.

설의 지향주의적 의미 이론

노 양 진

1. 머리말

설(J. Searle)은 의미의 소재를 언어와 실재의 대응 관계에서 찾으려는 20세기 초의 언어철학적 가정을 거부하고, 의미의 원천을 우리의 마음의 특성인 '지향성(Intentionality)'에서 찾으려고 시도함으로써 의미 탐구의 장을 새로운 곳으로 옮겨왔다. 의미의 소재를 언어와 세계 사이의 고정된 관계가 아니라, 언어와 언어 사용자 사이의 유동적 관계 속에서 찾으려는 이러한 화용론적 전환은 비트겐슈타인(L. Wittgenstein)의 후기 철학을 통해서 이미 그 윤곽을 선명하게 드러낸 것이다. 설은 지향성 개념을 통해 이러한 전환에서 한 걸음 더 나아가 의미의 형성과 구조에 관해 좀더 구체적이고 체계적인 해명을 시도하고 있다.

설의 중심적인 언어철학적 관심사는 소리나 문자와 같은 물리적 기호가 어떻게 의미를 갖게 되는지, 나아가 물리적 기호

가 어떤 방식으로 세계와 관계를 맺게 되는지를 밝히려는 것이
다. 이러한 문제에 접근하기 위해 설은 의사 소통의 기본 단위
인 '화행(speech act)'을 일차적인 탐구 과제로 설정한다. 설이
지적하는 것처럼 화행은 일종의 행위다. 따라서 행위로서의 화
행의 분석은 단순히 명제적 기호들의 체계에 관한 연구를 통해
수행될 수 없으며, 이에 수반되는 마음의 작용에 대한 탐구를
요구한다. 그래서 설은 기본적으로 언어철학이 심리철학의 한
분과여야 한다고 생각하며, 지향성에 관한 그의 논의는 이러한
맥락에서 다루어져야 한다. 나아가 설의 이러한 주장은 언어철
학적 탐구의 새로운 방향을 암시하고 있다. 즉, 그것은 명제적
기호들의 결합으로서의 언어에 대한 탐구가 우리의 사고와 경
험의 모든 것을 밝혀줄 수 있을 것이라는 초기 분석철학의 낙
관적인 가정으로부터의 대폭적 후퇴를 의미한다.

  의미에 관한 설의 해명의 중요한 계기를 이루고 있는 것은
문장 의미가 실제적인 소통 의미를 결정하지 못한다는 사실이
다. 이것은 우리가 현실적으로 의사 소통에서 사용하는 의미의
선택에는 문장 의미 이외의 중요한 요소들이 개입된다는 것을
말한다. 이 문제에 대한 설의 답변이 바로 지향성 이론의 핵심적
골격을 이루고 있는 '네트워크(Network)'와 '배경(Background)'
이다. 네트워크는 하나의 지향적 상태에 의미를 부여하는 일련
의 지향적 상태들의 집합이다. 특정한 지향적 상태는 바로 이
네트워크와의 상관성 속에서 적절한 의미를 형성한다. 한편, 설
은 그 자체로 지향적 상태는 아니지만 지향적 상태들을 가능하
게 하는 일련의 능력들 또는 전제들이 존재한다고 보는데, 그
것을 한데 묶어 '배경'이라고 부른다. 배경이란 나의 지향성을
가능하게 하는 궁극적 지반으로서의 '능력들'이라고 할 수 있
다. 하나의 지향적 상태의 의미는 네트워크와 배경의 복합적인

관련성 속에서 구성된다. 이러한 설의 이론은 단일한 기호가 세계와의 직접적인 관계 속에서 고유한 '문자적 의미'를 얻는다는 고전적인 의미 이론과의 결별을 의미한다.

설의 '네트워크'와 '배경' 개념이 의미 구조에 대한 탐구의 새로운 방향을 제시하는 데 중요한 계기를 제공하고 있음에도 불구하고 몇몇 핵심적 문제들은 여전히 미해결의 숙제로 남아 있다. 먼저 설의 해명에서 배경과 네트워크의 관계, 즉 그것들이 의미 산출에 개입하는 방식에 관한 논의가 구체적 진전을 보이지 않고 있으며, 이 때문에 배경은 다만 의미 이전의 어떤 불투명한 조건들의 덩어리로 남게 된다. 한편, 배경 개념의 이러한 불투명성은 의미의 제약이라는 또 다른 핵심적인 문제를 미해결로 남겨두게 된다. 즉, 설이 인정하는 것처럼 하나의 문장에 대해 원리적으로 무한한 해석 가능성이 열려 있다면 현재의 해석 또는 의사 소통 가능한 해석을 선택하게 하는 제약은 과연 무엇일까? 배경과 네트워크에 관한 설의 논의는 이 문제에 대한 적절한 대처의 실마리를 제시하지 못하고 있는 것으로 보인다. 이러한 시각에서 필자는 존슨(M. Johnson)이 제시하는 '영상 도식(image schema)' 개념을 도입함으로써 설의 배경 개념에 관한 보완적 논의의 가능성을 개략적으로 제시할 것이다.

2. 지향성과 충족 조건

언어적 전환 이래로 의미 문제는 주로 진리 문제를 중심으로 다루어졌다. 즉, 한 문장이 기술하는 것은 세계의 사실이며, 따라서 이 문장은 그것이 기술하는 세계의 사실과의 합치 여부에 따라 참 또는 거짓으로 결정된다. 이러한 구도에서 카르납(R.

Carnap)은 "어떤 문장의 의미를 안다는 것은 어떤 가능한 경우에 그 문장이 참이 되고 어떤 경우에 그렇지 않은지를 아는 것"[1]이라고 규정한다. 즉, 한 문장의 의미를 안다는 것은 그 문장의 '진리 조건'을 안다는 것이다. 이러한 의미론의 배경에는 언어와 세계가 '대응' 관계를 갖는다는 가정이 자리잡고 있다. 이러한 구도는 전기 비트겐슈타인 언어관을 통해 정형화된 형태로 표현되고 있다. 비트겐슈타인은 『논리철학논고(Tractatus Logico-Philosophicus)』[2]에서 언어를 '세계의 논리적 그림'이라고 보는데, 여기에서 언어는 바로 세계의 논리적 구조를 반영하고 있는 것으로 가정된다. 즉, 언어와 세계는 동일한 논리적 형식을 공유하고 있다는 것이다.

새로운 언어철학적 반성의 결정적인 계기를 제공했던 것은 비트겐슈타인의 후기 철학으로의 전환이다. 비트겐슈타인은 자신이 전기에 유지했던 '그림 이론' — 언어가 세계의 논리적 그림이라는 — 이 바로 언어와 세계의 대응이라는 선험적 가정에 근거하고 있었다는 것을 깨닫고, 후기에 들어서서 의미의 구조를 언어와 언어 사용자의 관계 속에서 밝히려고 한다. 이제 의미는 세계에 의해 고정된 것이 아니라 언어 사용자, 즉 인간의 구체적인 조건과 상황에 의해 결정되는 것으로 이해된다. 의미의 원천이 세계에서 인간으로 옮겨온 것이다. 이러한 변화에 주도적 역할을 한 철학자들은 크게 '일상언어학파'라는 이름으로 불리며, 비트겐슈타인은 비롯해서 오스틴(J. L. Austin), 스트로슨(P. Strawson) 등이 여기에 속한다. 설의 의미 이론은 바로 이러한 언어철학적 흐름의 끝 부분을 이루고 있는데, 여기

---

1) Rudolf Carnap, *Meaning and Necessity* (Chicago : University of Chicago Press, 1947), p.10.
2) L. 비트겐슈타인, 『논리철학논고』, 이영철 역, 수정판(서울 : 천지, 1994).

에서 더 나아가 설은 의미의 원천을 마음의 지향성으로 설정하고 그 지향성의 작용에 대한 확장된 해명을 시도한다.

이러한 맥락에서 설의 언어 이론에서 주목해야 할 것은 '화행'이라는 개념의 등장이다. 설에 따르면 어떤 언어로 말한다는 것은 '규칙 지배적 형태의 행동'을 한다는 것이다. 설은 언어적 의사 소통의 기본 단위는 단어나 문장이라는 상징이 아니라 화행을 수행함으로써 그 상징, 단어 또는 문장을 산출하는 것이라고 말한다.[3] 따라서 규칙 지배적 행동으로서의 화행의 분석이 언어철학적 탐구의 중심 과제로 등장한다. 설은 화행을 다음과 같은 방식으로 정의한다. 즉, p는 명제적 내용을 가리키며, F는 평가, 질문, 명령, 표현 등 발화 수반의 종류를 가리킨다. 여기에서 설의 화행 이론은 바로 발화 수반 행위의 분석을 겨냥한 것이다.

$$F(p)$$

여기에서 명제 p의 참 / 거짓을 결정하는 것은 매우 제한적이고 부분적인 해명이 될 수밖에 없다. 이러한 행위를 분석하는 데 중요한 것은 오히려 이러한 행위들이 어떤 경우에 성공적으로 수행되고, 어떤 경우에 수행되지 않는지를 결정하는 문제다. 그것이 바로 어떤 화행의 '충족 조건(condition of satisfaction)'을 밝히는 문제다. 설의 화행의 구도에 따라 말하자면 내가 비가 오기를 원하고 있다(F)면 그러한 희망은 '비가 온다'(p)는 사실을 충족 조건으로 갖는다. 우리는 여기에서 이러한 충족 조건을 결정해주는 것이 세계의 사실도 아니며, 또한 문장 자체

---

3) John Searle, *Speech Acts : An Essay in the Philosophy of Language* (Cambridge : Cambridge University Press, 1969), p.16.

도 아니라는 것을 알 수 있다. 즉, 그 문장의 충족 조건을 결정하는 것은 그 문장의 발화에 수반되는 심리적 상태들, 즉 믿음, 희망, 공포, 욕구 등이다. 설은 이러한 심리적 상태들의 특징을 '지향성'으로 묶는다. 다시 말해서 설에 따르면 지향성이 우리의 화행의 의미, 즉 충족 조건을 결정해주는 뿌리라고 할 수 있다.

설에 따르면 '지향성'이란 "수많은 정신적 상태나 사건들을 세계 안의 대상들과 사태들에 지향시키거나 관련시키거나 속하게 하는 [정신적 상태나 사건들의] 속성이다."4) 우리의 모든 정신적 상태들은 이 지향성이라는 속성에 의해 세계의 사실들에 지향되며, 이 때문에 지향적 상태들로 간주된다. 즉, 설은 우리의 정신적 상태들이 세계와 관계를 맺는 방식을 '지향성'이라는 포괄적 개념을 통해 해명하려고 한다. 설이 말하는 지향성은 개별적 '의도들(intentions)'이나 '의도함(intending)'과 동일하지 않다. 오히려 일상적인 의미에서의 의도들이나 의도함은 믿음, 희망, 공포, 욕구 등처럼 지향성의 특수한 형태의 하나일 뿐이다.

설은 이러한 지향성을 포괄적으로 '지향됨(directedness)'이라는 말로 특징짓는다. 말하자면 믿음, 희망, 공포, 욕구 등은 세계 안에 지향하는 대상을 갖는다는 점에서 지향성을 갖는다고 말할 수 있다. 물론 모든 정신적 상태들이나 사건들이 지향성을 갖는 것은 아니다. 이유 없는 신경 불안, 초조함 등은 그 대상이 불분명한 정신적 상태들이며, 따라서 그것들은 지향적 상태들이 아니다. 그러므로 정신적 상태들은 지향성이 주어질 때 비로소 지향적 상태들이 되며, 바로 그 지향성에 의해서 세계의 사실에 지향되거나 관계를 맺을 수 있다. 이러한 생각은

---

4) Searle, *Intentionality* (Cambridge : Cambridge University Press, 1983), p.1.

언어철학의 두 가지 핵심적 물음에 대한 해명의 방향을 결정해 준다. 즉, 중립적인 기호들은 정신의 지향성에 의해 의미가 주어지며, 동시에 이 기호들은 이렇게 주어진 지향성에 의해 세계와 관계를 맺게 된다. 이러한 구도에서 의미의 형성은 지향성의 본성과 그 작용이라는 두 갈래 측면에서 탐구될 수 있다.

설은 우리의 지향적 상태들과 화행을 구별하는데, 우선 지향적 상태들이 상태들인데 반해, 화행은 일종의 '행위'다. 그러나 이 둘 사이에는 매우 중요하고도 긴밀한 관계가 있다. 믿음, 희망, 공포, 욕구 등의 지향적 상태들이 '본래적으로' 지향적인데 반해, 화행은 본래적인 지향성을 갖지 않는다. 따라서 화행에 사용되는 일련의 기호들이 지향성을 갖게 되는 것은 본래는 지향적이 아닌 기호들에 우리의 마음이 의도적으로 '충족 조건'을 부과하기 때문이다. 이러한 의미에서 언어적 기호가 갖게 되는 지향성은 본래적 지향성이 아니라 '파생적' 지향성이다. 즉, 지향성은 특정한 정신적 상태가 지향하는 세계의 대상들을 구체적으로 명시해주며, 이것이 그 지향적 상태들의 충족 조건이 되는 것이다. 다시 말해서 자의적인 기호나 부호가 갖는 의미는 기호 자체의 속성이 아니라 그 기호를 사용하는 인간의 지향성을 부과한 결과라는 것이다. 설은 다음과 같이 말한다.

표현된 지향적 상태의 충족 조건과 화행의 충족 조건이 동일하다는 사실은, 의미 이론의 핵심이 화행을 수행하는 데에서 정신이 표현된 정신적 상태의 물리적 표현에 정신적 상태가 스스로 갖는 것과 동일한 충족 조건을 의도적으로 부과한다는 사실을 이해하는 데 있다는 것을 암시한다. 정신은 정신적 상태의 충족 조건을 산출된 물리적 현상에 부과함으로써 산출된 소리, 표시 등에 지향성을 부과한다.[5]

설이 말하는 '충족 조건'이라는 개념은 이러한 관점에서 새롭게 소개된다. 그는 충족 조건을 '과정-산물'의 이중성으로 특징짓는다. 말하자면 충족 조건은 어떤 믿음을 참이라고 판정하는데에 필요한 '요구 조건(requirement)'인 동시에 '요구되는 것(thing required)'을 말한다. 즉, "지금 비가 내린다"는 나의 믿음의 충족 조건은 비가 내린다는 것이 사실이어야 한다는 것을 요구한다. 즉, 충족 조건이란 나의 믿음이 참이기 위한 요구 조건이다. 다른 한편으로, 그 진술이 참이 되기 위해서는 그 믿음을 충족시키는 세계의 조건, 즉 지금 비가 내린다는 세계의 특정한 조건을 요구한다.

이러한 설의 해명은 많은 것을 담고 있다. 우선 그는 우리가 흔히 '언어적 의미'라고 부르는 부분에 관해 새로운 해명을 하고 있다. 즉, 언어적 의미는 우리가 일반적으로 의미로 간주하는 것들의 한 유형일 뿐이며, 따라서 의미에 관한 일반적 해명은 그것을 포함하는, 더 확장된 형태의 해명이 될 것이다. 지향성에 관한 설의 논의는 바로 이러한 해명의 한 시도며, 이러한 시각에서 매우 중요한 철학적 진전을 이루고 있다. 설은 단순히 언어적 의미가 아닌, 모든 의미의 원천을 우리의 정신의 특성, 즉 지향성에서 찾고 있으며, 이러한 탐구는 사실상 언어적인 것에 국한되지 않고 우리의 경험 전반에 관한 탐구에 중요한 계기를 제공한다. 말하자면 설은 지향성을 우리의 정신을 특징짓는 일반적인 특성으로 간주하며, 따라서 그에 따르면 지향성은 단순히 언어철학적 문제들뿐만 아니라 인간의 인식과 가치 문제에 관한 모든 탐구를 위한 기본적인 탐구 주제가 된다.[6] 설이 언어철학이 심리철학의 한 분과여야 한다고 말하는

---

5) 같은 책, p.164.
6) 이러한 맥락에서 사회적·문화적 실재의 구조에 관한 설의 논의의 확장은

것은 바로 이러한 맥락에서다.

3. 네트워크와 배경

우리의 정신적 활동의 특성으로서의 지향성이 의미의 원천이라는 생각은 의미 형성의 구조에 대한 해명과 관련된 매우 복합적인 논의를 예고한다. 왜냐 하면 의미에 관한 우리의 물음은 결코 의미의 뿌리가 무엇인지를 밝히는 데 그치지 않고, 의미 산출 구조에 대한 새로운 해명을 요구하기 때문이다. 언어의 의미가 언어와 세계의 대응 관계에 있다는 고전적인 의미 이론은 프레게와 비트겐슈타인에 의해 정형화되었던 것처럼 진리 함수적인 의미 확장의 구조를 갖는다고 가정된다. 이러한 의미 해명에 따르면 의미는 화자와 상관없이 독립적인 구조를 갖는다. 그래서 의미는 '객관적'일 수 있다. 그러나 의미의 소재가 언어-세계의 관계에서 화자의 '지향성'으로 옮겨오게 되면 의미의 객관성이나 의미 확장의 문제에 대한 전적으로 새로운 해명이 필요하게 된다.

의미 구조에 대한 새로운 해명을 위해 설은 '네트워크(Network)'와 '배경(Background)'이라는 독특한 개념들을 소개한다.[7] 설에 따르면 지향적 상태들은 각각의 '내용'과 '충족 조건'을 갖지

매우 자연스럽고도 중요한 진전이다. 지향성에 관한 설의 논의는 설 자신의 지적처럼 사회적 실재들의 본성을 해명하는 핵심적 '도구'의 역할을 할 수 있기 때문이다. Searle, *The Construction of Social Reality* (New York : Free Press, 1995), p.xii 참조.

7) 설은 네트워크(Network), 배경(Background), 지향성(Intentionality) 등이 자신만의 전문적 의미를 갖는다는 점을 드러내기 위해 대문자를 사용해 표기하고 있다.

만 그것은 독립적이고 원자적인 방식으로 작용하지는 않는다. 왜냐 하면 그 상태들은 오직 다른 지향적 상태들과의 상관성 속에서만 내용을 가지며, 또 그 충족 조건이 결정되기 때문이다.[8] 예를 들면 '대통령 선거에 출마하려는 의도'가 수행되기 위해서는 여타의 몇몇 믿음과 희망들을 필요로 한다. 예를 들면 '나는 대통령이 되고 싶다'는 희망은 물론 '한국은 대통령제를 실시한다', '선거에 나서려면 후보 등록을 해야 한다', '사전 선거 운동은 불법이다', '5년마다 대통령 선거를 실시한다' 등 수많은 믿음들이 그것이다. 설은 이처럼 하나의 지향적 상태가 기능하기 위한 조건으로서의 일련의 지향적 상태들을 한데 묶어 '네트워크'라고 부른다. '나는 대통령이 되려는 의도가 있다'는 말은 우리가 쉽게 이해할 수 있지만 '나는 커피 잔이 되려는 의도가 있다'는 말을 쉽사리 이해하지 못하는 것은 그러한 의도가 어떤 네트워크와 합치하는지를 잘 알 수 없기 때문이다. 말하자면 합치해야 할 네트워크의 명료성이 어떤 문장의 의미의 명료성에 직접적으로 기여한다.[9]

그러나 이러한 네트워크는 몇몇 명료한 명제들의 집합은 아니다. 따라서 그것들을 하나 하나 열거하는 것은 사실상 불가

---

8) Searle, *Intentionality*, p.141 참조.
9) 의미의 명료성에 관한 설의 이러한 해명은 이 문제에 관해 비트겐슈타인이 제기했던 물음을 상기하게 한다. 예를 들어 "갓난아이는 이빨이 없다", "거위는 이빨이 없다", "장미는 이빨이 없다"는 문장들은 모두 참이다. 마지막 문장은 사실상 앞의 어느 것보다도 더 명백한 참일 수 있지만 그 의미가 앞의 문장들보다 '명료'하지 않다. 이 모든 문장들은 문법적으로나 경험적으로나 가능하지만 이 문장들이 의미 있게 사용될 수 있는 구체적 상황이 어떤 것일지가 우리에게 분명치 않다. 적어도 우리의 경험적 삶의 조건 안에서는 장미는 이빨이 없으며, '이빨이 있는 장미'를 상상한다는 것이 익숙하지 않기 때문이다. L. 비트겐슈타인, 『철학적 탐구』, 이영철 역(서울 : 서광사, 1994), p.329(228, 괄호 안은 영어판의 쪽수).

능하다. 설은 네트워크의 이러한 특성을 다음과 같이 세 가지로 나누어 기술힌다.[10] 첫째, 네트워크의 대부분은 무의식의 영역에 존재하기 때문에 그것을 드러낼 수 없다. 둘째, 네트워크 안의 믿음들은 개별화되기 어렵다. 셋째, 네트워크의 일부를 실제로 명제화하려고 시도할 경우, 비록 무의식적인 믿음이라는 점을 감안할지라도 그것들이 믿음들로 간주되기에는 너무나 기본적이기 때문에 그것들은 여전히 불분명한 것이 된다. 그러나 네트워크를 구성하는 것들이 비록 구체적인 의미 형성에서 무의식적인 것이라 하더라도 그것들이 '원리적으로' 무의식적인 것은 아니다. 그것들은 특정한 조건에 따라 항상 우리의 의식에 환기될 수 있는 것들이기 때문이다.

사실상 의미의 구조가 '맥락(context)'에 의존한다는 생각에 익숙한 우리들에게 네트워크라는 개념은 그다지 새로운 것은 아니다. 그러나 배경에 관한 논의는 그렇게 간단하지가 않다. 설의 논의는 배경이라는 개념에 이르러서 매우 불투명하고 난해하게 전개된다. 설은 네트워크의 뿌리를 계속해서 추적했을 때 우리가 이르게 되는 비지향적인 어떤 상태들이 존재할 것이라고 가정하는데, 그것을 포괄적으로 '배경'이라고 부른다. 설은 이 배경을 지향적 상태를 가능하게 하는 어떤 포괄적 조건의 집합으로 생각하고 있는 것으로 보인다. 설 자신이 시인하는 것처럼 배경의 존재를 직접적으로 증명하는 것은 불가능하다. 그것은 구체적인 의미로 드러나지 않으며, 의식의 영역에도 있지 않지만 지향적 상태들을 가능하게 하는 전제들 또는 능력들이기 때문이다. 즉, 배경은 우리가 관련된 네트워크를 역추적해감으로써 도달하게 되는 지반 같은 것이다.

아마도 설은 그러한 지반이 우리의 일상적인 표현과 표상들

---

10) Searle, *Intentionality*, p.142.

을 산출하는 토대로서 생물학적이고 문화적인 원초적 능력들이라고 생각하는 것으로 보인다.[11] 따라서 이러한 능력들이 없이는 어떠한 지향성도 산출될 수 없다. 즉, 배경은 '선지향적·비표상적(preintentional and nonrepresentational)'이라는 점에서 그 자체로 지향적 상태는 아니지만 지향적 상태를 가능하게 하는 조건으로 작용한다.[12] 나아가 설은 배경이 없이는 지향적 상태들이 충족 조건을 결정할 수 없다는 점을 들어 배경이 네트워크의 주변에 존재하는 것이 아니라 네트워크 전반에 걸쳐 침투해 있다고 주장한다.[13] 설은 이렇게 말한다.

> 따라서 배경은 사물들의 집합도 아니고 우리와 사물들 간의 신비적 관계들의 집합도 아니다. 오히려 그것은 단순히 기술들, 선지향적인 가정들과 전제들, 실천들, 습관들의 집합이다. 이 모든 것들은 우리가 아는 한 인간의 두뇌와 몸들을 통해서 이루어진다.[14]

그러나 설의 배경 개념이 항상 명료하게 제시되고 있는 것은 아니다. 그것은 때로는 그 자체가 지향적 상태를 가능하게 하는 조건들로, 때로는 그 조건들을 제공하는 어떤 것으로 기술되고 있기 때문이다.[15] 보다 최근 저작인 『마음의 재발견』에서 설은 좀더 다듬어진 형태로 배경을 설명한다.

> 배경 논제는 단적으로 이렇다. 의미, 이해, 해석, 믿음, 욕구, 경험 등 지향적 현상들은 그 자체로 지향적이 아닌 배경 능력들의 집합 안에서만 작용할 수 있다. 이 논제를 다른 말로 진술하면 언어든

---

11) 같은 책, p.144 참조.
12) 같은 책, p.143 참조.
13) 같은 책, p.151.
14) 같은 책, p.154.
15) 같은 책, p.157 참조.

사고든 경험이든 모든 표상은 비표상적인 능력들이 주어져야만 표상할 수 있다.16)

적어도 여기에서 분명한 것은 배경이 지향적 상태들은 아니며, 그것을 가능하게 하는, 다시 말해서 "세계에 대처할 수 있게 해주는 일련의 능력들 또는 전제들"17)이다. 그것은 우리의 사고와 행위에서 의식의 전면에 드러나지는 않지만 여전히 그러한 사고와 행위에서 중요한 역할을 하는 일종의 조건들이다. 말하자면 우리에게 의식되는 행위, 사고, 경험, 믿음 등이 모두 우리의 의식의 배후에 특정한 구조로부터 비롯되는 능력들에 의해 가능하다는 것을 의미한다. 설은 배경에 대해 직접적인 설명 대신에 배경의 작용이 드러나는, 다음과 같은 방식들을 소개한다.18)

첫째, 배경은 언어적 해석을 가능하게 한다.
둘째, 배경은 지각적 해석을 가능하게 한다.
셋째, 배경은 의식을 구조화한다.
넷째, 배경은 사건들의 연쇄를 통해 확장되어 있으면서 그것들을 서사적 형태로 구조화해주는 극적인 범주들(dramatic categories)에서 드러난다.
다섯째, 우리는 모두 동기적 성향들을 가지고 있는데, 이것들이 우리의 경험의 구조를 조건화한다.
여섯째, 배경은 특정한 종류의 준비성을 제공한다.

---

16) Searle, *The Rediscovery of the Mind* (Cambridge, Mass. : MIT Press, 1992), p.175.
17) Searle, *Mind, Language and Society : Philosophy in the Real World* (New York : Basic Books, 1998), p.107.
18) Searle, *The Construction of Social Reality* (New York : Free Press, 1995), pp.132-137.

일곱째, 배경은 우리를 특정한 종류의 행동을 하는 경향을 갖게 한다.

우리의 일상적인 신체적 능력이 항상 특정한 목적에 의해 특정한 의도를 따라 의식적으로 수행되는 것은 아니다. 신체적 능력은 우리의 대부분의 활동에서 무의식적이며 자동적으로 작용한다. 예를 들면 대통령 선거에 출마하려는 지향적 상태에는 네트워크를 구성하는 다른 지향적 상태들 이외에도 그것들을 수행할 수 있게 해주는 배경적 능력들이나 전제들이 필요하다. 다시 말해서 '지구는 여전히 돈다', '나는 말을 할 수 있다', '나의 몸은 현재와 같은 유기체적 통합성을 유지하고 있다' 등과 같은 것들이 그것이다. 이러한 배경은 특정한 지향적 상태들의 충족 조건을 결정하며, 따라서 동일한 문자적 의미도 상이한 배경적 전제들에 의해 상이한 충족 조건을 갖게 되며, 때로는 적절한 배경이 주어지지 않을 경우에 아무런 충족 조건도 결정할 수 없다.

동일한 문자적 의미는 상이한 배경적 전제들에 상대적으로 상이한 충족 조건(예를 들어 상이한 진리 조건과 같은)을 결정할 것이며, 어떤 문자적 의미는 적절한 배경적 전제들이 부재하기 때문에 아무런 충족 조건도 결정하지 못할 것이다.[19]

사실상 이러한 발견은 매우 중요한 것이기는 하지만 우리에게 전적으로 낯선 것은 아니다. 설은 자신의 배경 개념의 뿌리를 일찍이 니체에게서 찾아볼 수 있으며, 그것은 또한 『확실성에 관하여(On Certainty)』에서 드러나는 비트겐슈타인의 생각

---

19) Searle, *The Rediscovery of the Mind*, p.178.

이나 부르디외(P. Bourdieu)의 '아비투스(habitus)' 개념과도 흡사하다고 말한다.[20] 비트겐슈타인은 『철학적 탐구』에서 '언어 게임(language game)'과 함께 '삶의 형식(forms of life)'이라는 개념을 소개한다. 우리는 비트겐슈타인을 통해서 언어 게임이 한 단어의 의미를 결정해주는 언어적 상황의 총체를 말하고 있다는 것을 알고 있다. 말하자면 한 단어 또는 문장의 의미는 언어 사용자의 상황, 목적 또는 특성과 상관없이 독립적으로 존재하지 않는다. 그러한 언어 게임들은 구체적 의미를 결정할 수 있을 정도로 안정된 체계이기는 하지만 여전히 유동적이다. 그런데 비트겐슈타인은 이러한 언어 게임들의 작동의 근원적 조건으로 삶의 형식을 소개하고 있다.[21] 동시에 비트겐슈타인은 삶의 형식을 '받아들여야 하는 것, 주어진 것'[22]이라고 말함으로써 그것을 우리의 경험과 인식의 궁극적 지반으로 간주하고 있다는 것을 알 수 있다. 설의 배경 개념은 비트겐슈타인의 삶의 형식의 바로 이러한 측면들을 좀더 체계적인 형태로 담으려는 시도일 것이다.

설의 해명을 통해서 우리는 의미 탐구에서 '언어(기호)와 세계의 대응'이라는 관계를 넘어서서 네트워크와 배경이라는 중요한 두 가지 요소가 존재한다는 것을 알게 된다. 그렇다고 하더라도 설의 해명이 의미에 관해 우리가 알고 싶어하는 모든

---

20) 같은 책, p.177 참조. 한편, 설은 최근에 김기현 교수와의 대담에서 다음과 같은 말로 이 점을 스스로 분명히 밝히고 있다. "[비트겐슈타인이] 말하는 [삶의] 형식의 원초적 측면이 '배경' 개념을 이루게 되지요. 이론을 극복함으로써 그를 극복하려는 것이 나의 의도라고 말할 수 있을 것입니다." 김기현, 「분석철학의 현주소 : 존 설과의 대담」, 『철학과 현실』 제48호(2001 봄), 160쪽.
21) 같은 책, 23절. 비트겐슈타인은 "'언어놀이'라는 낱말은 여기서, 언어를 말한다는 것은 어떤 활동의 일부 또는 삶의 형[식]의 일부임을 부각시키고자 의도된 것"이라고 말한다.
22) L. 비트겐슈타인, 『철학적 탐구』, 이영철 역(서울 : 서광사, 1994), 336쪽.

것을 알려주고 있는 것은 아니다. 설에게서도 배경과 네트워크의 관계는 여전히 모호하게 제시되고 있기 때문이다.[23] 그러나 이러한 모호성은 단순히 설만의 문제는 아니다. 말하자면 언어의 사용에서 자연적 조건의 작용 방식에 관해 좀더 분명한 해명을 위해서 우리는 두뇌의 전반적인 작용 방식을 알고 있어야만 하기 때문이다. 설은 아직 우리는 그러한 지식을 갖고 있지 않다고 말한다. 설의 이러한 주장은 부분적으로 사실이다. 왜냐하면 비록 우리가 하나의 완전한 해명에 이를 정도의 충분한 지식을 갖고 있는 것은 아니지만 그렇다고 해서 우리가 설이 멈추는 지점에서 멈추어야 하는 것만은 아니기 때문이다. 다음 절에서 지적하려는 것처럼 비록 제한적이기는 하더라도 오늘날 경험과학, 특히 인지과학이 제시하는 증거들은 설이 멈추는 지점에서 좀더 나아갈 수 있는 실제적인 가능성을 보여준다.

몇몇 미해결의 난제들과 서술의 모호성에도 불구하고 우리는 설의 기본적 의도를 대체로 분명하게 이해할 수 있다. 그는 적어도 우리에게 문자적으로 주어진 문장 의미가 우리의 실제적 통용 의미를 결정하지 못한다는 생각을 바탕으로, 그러한 통용 의미를 실제적으로 결정해주는 것들로서 '네트워크'와 '배경'의 역할을 강조하고 있는 것이다. 설의 논의에 대한 검토를 통해 우리는 네트워크와 배경의 상호 작용 방식에 대한 훨씬 더 많은 추가적 탐색이 필요하다는 것을 알 수 있다. 그럼에도 불구하고 네트워크와 배경에 관한 설의 논의는 적어도 표면적 문장 의미의 배후에 놓여 있는 어떤 핵심적인 구조들이 존재한다는 사실을 확신시키기에는 충분한 것으로 보인다.

---

23) Searle, *The Rediscovery of the Mind*, p.187 참조.

4. 의미의 산출과 제약

설은 '의미함(meaning)'을 더 원초적인 형태의 지향성이 특수하게 확장된 경우로 간주한다.[24] 그는 기호가 자체적으로 세계의 사실과의 독립적인 관계를 형성한다는 고전적인 의미 구도를 버리고, 기호 사용자인 인간의 지향성에 의해 의미가 주어진다고 믿는다. 물론 설의 관점에서 지향성은 정신적 상태의 속성이며, 이 때문에 그의 의미 이론은 우리의 정신적 근원적 특성인 지향성에 관한 좀더 포괄적인 탐구를 요청한다. 이러한 설의 생각은 오늘날 언어철학적 탐구에서 분명히 중요한 메시지다. 언어가 우리와 독립된 자율적 체계라는 생각을 포기하게 되면 언어는 분명히 우리의 경험 영역 안에서 해명되어야 하며, 따라서 언어에 대한 해명은 다시 우리의 경험에 대한 포괄적인 해명의 일부를 구성한다. 다시 말해서 우리의 전반적인 경험과 인식의 탐구에서 언어의 탐구는 매우 중요한 한 부분이기는 하지만 결코 완전한 것은 아니다.

그러나 네트워크와 배경에 관한 설의 해명을 통해 드러나는 하나의 물음은 '의미의 제약'이라는 문제다. 설의 언어철학적 논의의 중요한 하나의 출발점은 문장 의미가 실제적인 소통 의미를 근원적으로 결정하지 못한다는 사실이다. 설의 예를 살펴보자.[25]

샐리는 존에게 열쇠를 주었으며, 존은 문을 열었다.

우리는 일상적인 삶에서 이 문장을 대체로 문제없이 이해한

---

24) Searle, *Intentionality*, p.160.
25) Searle, *The Rediscovery of the Mind*, p.182 참조.

다고 생각한다. 그러나 문장 자체에는 "존은 열쇠로 문을 두들겨 부숴 열었다. 열쇠는 길이가 20피트이고, 쇠로 만들어져서 무게가 200파운드다"라는 해석을 막을 아무런 문자적 장치도 없다. 그러한 해석 이외에도 수많은 기이한 해석들이 모두 열려 있는 가능성이다. 그럼에도 불구하고 우리는 대체로 일정한 해석을 선택하며, 이 때문에 현실적인 의사 소통이 가능하다. 이러한 사실은 한 문장이 갖고 있는 문장 의미 이외에 무엇이 실제적으로 소통 가능한 의미를 적절하게 고정시켜주는지에 대한 물음으로 이어진다. 네트워크와 배경은 바로 이 물음에 대한 설의 답변인 셈이다.

그러나 앞서 지적했던 것처럼 설의 논의에는 다만 한 문장을 이해하는 데 그 문장 이외에 네트워크와 배경이라는 것들이 필수적으로 개입되어 있다는 사실을 넘어서서 이것들의 작용 방식에 관해서는 아무것도 선명하게 제시된 것이 없다. 필자는 이 지점이 설의 탁월한 논의가 멈추는 지점이며, 그것은 동시에 오늘날 전반적인 언어철학적 논의의 장에 제기되는 핵심적 물음이라고 본다.

마찬가지 이유 때문이겠지만 배경과 네트워크가 어떤 관계 속에서 작동하는지의 문제에 관해 설 자신의 해명은 분명치 않아보인다. 그는 배경이 지향적 상태의 일부가 아니라는 점을 여러 차례 강조하고 있지만, 그것들이 지향적 상태들과 전적으로 분리되어 있지 않다는 사실 또한 분명하다. 설은 대신에 배경이 네트워크에 '침투해 있으며', 네트워크는 배경으로 '흡수되어 간다(shading into)'는 비유적 표현을 사용하고 있다. 이 경계가 불투명하다는 것은 충족 조건이 명시됨으로써 의미가 주어지는 지향적 상태와, 충족 조건이 명시되지 않기 때문에 의미가 주어지지 않는 상태들 사이의 구분이 불투명하다는 것을 말해준다.

의미와 비의미의 구분의 이러한 불투명성에도 불구하고 설은 배경이 비표상적이고 선의도적이라는 점에서 의미의 일부가 아니라는 점을 명백히 하고 있다.26) 이러한 구분은 그 자체로 무해한 것으로 보일 수도 있지만 적어도 그것을 토대로 설 자신이 이끌어내는 귀결은 간단한 것만은 아니다. 즉, 설이 배경을 전적으로 의미 이전의 영역으로 간주하게 될 때 배경은 마치 탐구 불가능한 미지의 영역으로 남게 되는 것처럼 보이게 된다. 그 경우 이러한 비의미의 영역이 어떤 방식으로 의미의 영역과 상관 관계를 갖는지의 문제가 미해결로 남게 되기 때문이다. 앞서 살펴보았던 것처럼 설의 논의 구도 안에서 이 문제는 네트워크와 배경의 상호 작용 문제로 집약되며, 이 부분에 관한 설의 해명은 불투명한 상태다.

이러한 맥락에서 영상 도식(image schema)을 중심으로 한 존슨(M. Johnson)의 상상력 이론은 설이 미지의 영역으로 남겨두었던 배경 개념으로부터 한 걸음 더 진전된 구체적 논의의 가능성을 보여준다. 존슨은 의미의 원천이 인간의 지향성에 있으며, 나아가 구체적인 의미 현상에서 우리의 의식에 직접적으로 주어지지 않는 배경적 요인들이 작용한다는 설의 지향주의적 의미 해명이 탁월한 것이라는 점을 인정한다. 그러나 존슨은 배경이 의미 이전의 영역에 속하는지의 문제에서 설과 견해를 달리 한다. 즉, 존슨은 영상 도식이 비명제적이고 선개념적이라는 점에서 설이 말하는 배경의 영역에 속하는 것이지만, 그것이 의미 형성의 과정에 구체적으로 개입된다는 점에서 의미의 영역에 속한다고 보기 때문이다. 존슨은 다음과 같이 말한다.

---

26) Searle *Intentionality*, p.28.

나는 이른바 배경이 단순히 하나의 주어진 의도적 행위 안에서 초점이 맞추어지지 않은 의미의 부분이라고 주장한다. 배경은 전제된 어떤 것이며, 우리가 의미하는 것을 파악하고 표현하는 맥락의 부분으로서 의심의 여지가 없는 어떤 것이다. 배경은 우리가 지금 초점을 맞추고 있는 전경에 대비되는 것으로 배경이다. 그러나 그것은 여전히 의미를 구성하는 연결망의 부분이다.[27]

사실상 배경을 의미의 영역에 포함시켜야 할 것인지의 문제는 존슨 자신의 지적처럼 그 자체로는 사소한 말다툼일 뿐이다.[28] 오히려 더욱 중요한 것은 적어도 배경 안에는 설이 아마도 가정하고 있는 것보다는 더 복잡한 내적 구조가 존재하며, 그것에 관한 적절한 수준의 해명도 가능하다는 사실이다.

존슨의 이러한 주장은 특히 영상 도식과 그것의 '은유적 투사(metaphorical projection)'에 관한 그의 논의를 통해 적절하게 뒷받침되고 있다. 영상 도식이란 우리의 신체적 활동으로부터 직접적으로 발생하는 비교적 소수의 패턴들로서 구체적인 개념들이나 대상들을 경험하고 이해하는 근거로 작용한다. 이러한 도식들은 대부분 무의식의 차원에서 작용하지만 우리의 구체적 인식과 이해에 매우 적극적인 방식으로 작용한다. 존슨은 '안-밖', '중심-주변', '위-아래', '멈-가까움', '그릇', '경로' 등의 도식들을 들고 있다.[29] 예를 들면 우리는 '그릇' 도식을 사용함으로써 물리적 대상들은 물론 추상적 대상들을 '안'과 '경계선'과 '밖'이 있는 대상으로 이해할 수 있다. 이때 그 대상이 갖는

---

27) M. 존슨, 『마음 속의 몸 : 의미, 상상력, 이성의 신체적 근거』, 노양진 역 (서울 : 철학과현실사, 2000), 337쪽. / The Body in the Mind : The Bodily Basis of Meaning, Imagination, and Reason (Chicago : University of Chicago Press, 1987).
28) 같은 책, 338쪽.
29) 같은 책, 특히 3-5장 참조.

'안', '경계선', '밖'은 그 대상에 고유한 것이 아니라, 우리가 그것들에 '그릇' 도식을 은유적으로 투사함으로써 주어진 것이다. 즉, 우리는 특정한 영상 도식을 개별적 대상들 — 물리적이든 추상적이든 — 에 은유적으로 투사함으로써 그것을 이해하는 것이다.

존슨의 이러한 해명은 우리의 논의와 관련해서 중요한 사실을 함축한다. 먼저 그것은 우리의 경험에 신체적·물리적 차원과 정신적·추상적 차원이 존재하며, 후자의 영역이 전자의 영역에 그 뿌리를 두고 있다는 점이다. 다시 말해서 우리의 모든 추상적 개념들과 사고는 우리의 신체적 활동에 그 뿌리를 두고 있다는 것이다. 즉, 그것들은 모두 신체화되어 있다. 여기에서 우리는 우리의 몸, 그리고 신체적 활동이 모든 추상적 활동들의 근거일 뿐만 아니라 동시에 핵심적인 제약의 소재라는 생각을 이끌어낼 수 있다.[30]

존슨이 다루고 있는 영상 도식들은 설이 생각하는 배경이라는 영역에 속한다는 것은 분명하다. 물론 그것이 배경에 관한 모든 설명을 제공하는 것은 아니지만 영상 도식에 관한 존슨의 논의는 오늘날 인지과학이 제공하는 경험적 증거들을 통해 훨씬 더 구체적으로 그 작용을 설명하고 있다. 이것은 의미 구조에 관한 설의 개략적 기술에 비한다면 훨씬 큰 진전일 뿐만 아니라 의미의 일반적 본성에 관해서도 새로운 귀결을 가능하게 한다. 그리고 그 귀결들은 설이 암암리에 전제하고 있는 객관주의적인 언어철학적 태도에 대해 결코 우호적인 것만은 아니다. 그것은 설이 자신의 철학적 논의의 지반으로 받아들이고

---

30) 필자는 이 문제를 노양진, 「개념 체계의 신체적 기반」, 『철학』 제68집 (2001 가을)에서 좀더 상세하게 다루었다. 그러나 이러한 필자의 논의가 과연 배경과 네트워크에 관한 설의 해명과 어떤 구체적인 방식으로 접합될 수 있는지는 아직 불분명하다.

있는 실재론, 그리고 그것에 근거한 진리대응설, 나아가 의미 문제에 관한 그의 전반적인 객관주의적 성향에 대한 재검토를 요청하기 때문이다.

5. 맺음말

설은 의미의 원천을 기호 자체의 속성에서가 아니라, 기호 사용자의 지향성에서 찾으려고 한다는 점에서 비트겐슈타인적 화용론적 노선의 끝 부분에 서 있다. 이러한 시도는 옳은 것이며 동시에 유용한 것이기는 하지만, 그 후속적인 논의는 간단하지 않다. 의미의 소재가 바뀐다는 것은 의미의 형성과 구조에 관해 많은 새로운 해명이 필요하다는 것을 의미하기 때문이다. 지향성에 관한 설의 집약된 논의는 이러한 일련의 물음에 대한 새로운 해명을 제공한다. 그는 모든 의미의 원천을 지향성에서 찾음으로써 그것을 언어적 기호가 어떻게 세계와 관계를 맺게 되는지의 문제를 해명하는 핵심적 고리로 사용한다. 의미는 바로 특정한 기호에 지향성이 부과됨으로써 구체적인 의미를 갖게 되며, 나아가 세계와의 관계 또한 설정된다는 것이다.

설의 네트워크와 배경은 우리의 의미 구조를 해명하는 데 매우 유용하고도 중요한 계기를 마련해준다. 네트워크와 배경은 기호의 의미 산출 과정에서 기호 자체를 넘어서는 중요한 두 차원이다. 그러나 그가 더욱 중요하게 보여주는 것은 네트워크가 의식적인 인식의 영역에서 작용하는 것이라면, 그 배후에 기저를 이루는 무의식적 영역인 '배경'이 존재한다는 사실이다. 네트워크가 수평적으로 작용하는 의미망을 구성한다면 배경은 수직적으로 작용하는 바탕인 셈이다. 이러한 해명은 개별적 의미가 의식적인 차원과 함께 무의식적인 차원의 융합을 통해 산출된다는 것을 말해준다.

그러나 설의 이러한 탁월한 철학적 통찰에도 불구하고 그의 해명이 여전히 미해결의 숙제로 남겨둔 문제가 있다. 그것은 어떤 구체적 의미의 형성에서 맥락의 '크기'가 어떻게 결정되는지의 문제다. 즉, 의미 형성에 직접적으로 개입하는 네트워크와 그 바탕을 이루는 배경의 폭이 어떤 방식으로 결정되는지에 대한 구체적인 해명이 주어지지 않고 있는 것이다. 다시 말해서 하나의 지향적 상태의 충족 조건이 의미라면, 그것을 구성하기 위해 개입되는 네트워크와 배경이 무제한적이지는 않을 것이기 때문이다. 따라서 우리가 특정한 지향적 상태의 충족 조건을 결정한다는 것은 바로 네트워크와 배경의 폭을 결정할 수 있다는 것을 말한다.

설은 이 문제에 관해 오히려 배경을 주어진 것으로 인정함으로써 그것을 의미의 궁극적인 객관적 지반으로 받아들이려고 시도할지도 모른다. 그러나 앞서 보았던 것처럼 배경에 대한 좀더 진전된 논의를 가능하게 하는 몇몇 경험적 요소들은 그러한 설의 의도에 부합하는 사실들을 제시하는 것만은 아니다. 오히려 설은 자신의 모든 철학적 논의의 출발점으로 삼고 있는 실재론과 진리 대응설이라는 객관주의적 시각을 유보하고, 배경이라고 부르는 영역에 대한 경험적 탐구들의 구체적 발견들에 좀더 직접적인 관심을 기울임으로써 의미의 구조에 관해 더 유용한 해명의 길을 열어갈 수 있을 것이다.

□ 참고 문헌

김기현, 「분석철학의 현주소 : 존 설과의 대담」, 『철학과 현실』
    제48호(2001 봄).
노양진, 「지칭에서 의미로」, 『철학』 제56집(1998 가을) : 193-214.
_____, 「개념 체계의 신체적 기반」, 『철학』 제68집(2001 가을) :
    307-328.
비트겐슈타인, L. 『논리 철학 논고』, 이영철 역, 수정판. 서울 :
    천지, 1994.
_____, 『철학적 탐구』, 이영철 역, 서울 : 서광사, 1994.
_____, 『확실성에 관하여』, 이영철 역, 서울 : 서광사,
    1990.
존슨, M. 『마음 속의 몸 : 의미, 상상력, 이성의 신체적 근거』,
    노양진 역, 서울 : 철학과현실사, 2000.
Carnap, Rudolf. *Meaning and Necessity*. Chicago : University
    of Chicago Press, 1947.
Johnson, Mark. *The Body in the Mind : The Bodily Basis of
    Meaning, Imagination, and Reason*. Chicago : University
    of Chicago Press, 1987.
Lakoff, George. *Women, Fire, and Dangerous Things : What
    Categories Reveal about the Mind*. Chicago : University
    of Chicago Press, 1987.
Lakoff, George and Mark Johnson. *Metaphors We Live By*.
    Chicago : University of Chicago Press, 1980.
_____, *Philosophy in the Flesh : The Embodied Mind and
    Its Challenge to Western Thought*. New York : Basic
    Books, 1999.

Searle, John. *Speech Acts : An Essay in the Philosophy of Language.* Cambridge : Cambridge University Press, 1969.

_____, *Intentionality : An Essay in the Philosophy of Mind.* Cambridge : Cambridge University Press, 1983.

_____, *The Rediscovery of the Mind.* Cambridge, Mass. : MIT Press, 1992.

_____, *The Construction of Social Reality.* New York : Free Press, 1995.

_____, *Mind, Language and Society : Philosophy in the Real World.* New York : Basic Books, 1998.

제2부

유럽철학에서의 언어

후설의 언어현상학에서의 동일성과 현전의 문제

한 정 선

1. 문제 제기

후설은 1900 / 01년 『논리연구』에서 광범위하게 언어의 문제를 다룸으로써, 현상학적 언어 탐구의 기원을 열었을 뿐만 아니라, 20세기 대륙의 언어철학의 강물을 흘러가게 만들어준 선구자였다. 후설 자신은 언어철학적 논쟁이 20세기 철학에서 그처럼 다양한 방면으로 활성화되리라고는 짐작을 못했을 것이다. 후설 이후로 후설과는 문제 접근에서나 언어관에서나 매우 이질적인 언어철학들이 영국에서는 언어 행위 이론의 형태로, 유럽 대륙에서는 하이데거의 언어 이론, 가다머와 리쾨르의 해석학적 언어 이론, 하버마스의 의사 소통 행위 이론, 포스트모더니즘, 구조주의 및 후기구조주의의 언어 이론, 기호학(Semiologie)의 이름으로 20세기 언어철학의 강물을 깊고 푸르게 흐르게 하였다.1)

---

1) 하이데거의 언어 이론은 언어가 의미를 전달하는 단순한 도구가 아니라, 더 근원적으로 존재를 발생시키는 역할을 하고 있음을 보여주었다. 가다머와 리쾨

필자는 이러한 여러 강물의 갈래를 염두에 두면서, 제2절에서는 후설이 어떻게 언어 현상에 접근하는지, 그리고 현상학적 특성이 어떤 것인지를 살펴보고, 제3절에서는 후설의 언어 기호 이론을 살펴본다. 제4절에서는 후설 언어철학의 가장 큰 공헌이라고 할 수 있는 의미의 동일성과 그 원천을 정당화시키는 모습을 살펴볼 것이다. 제5절에서는 언어철학이 열어놓는 철학적 문제에 대해 후설의 언어현상학은 어떤 위상을 차지하고 있는지를 후설에 대한 비판자들의 눈을 통하여 되돌아보고자 한다. 이를 위해서는 특히 후설 언어철학의 가장 직접적인 대립자였으며, 어떤 면에서는 현상학을 넘어선 제3세대 언어현상학자라고도 볼 수 있는 데리다의 후설 비판을 중심으로 포스트모더니즘 및 후기 구조주의 진영에서 비판하는 내용을 검토할 것이다. 그 주제들은 동일성(Identität)과 현전(Anwesenheit)의 현상학, 로고스중심주의(Logozentrismus) 및 전체성(Totalität)의 폭력 및 선험적 주체(transzendentaler Subjekt)에 대한 비판이다.

르의 해석학적 언어 이론은 예술 작품과 종교의 언어가 가지고 있는 은유적·상징적 기능과 의미를 해석해내는 데에 기여하였다. 소쉬르와 라캉의 후기구조주의 언어 이론 및 기호학은 기호를 중심으로 "의미화(Signifikation)"의 문제를 탐구함으로써 후설적 언어 주체와 언어 이론의 한계를 반성하는 데 기여하였다. 하버마스의 의사 소통 행위 이론은 언어의 기능을 사회적 실천의 맥락과 언어 행위의 측면에서 볼 수 있는 계기를 마련해주었다. 필자가 강조하고 싶은 바는 언어 주체와 언어 기호와 의미의 관계를 어느 측면에서 어떻게 보느냐에 따라서 언어의 문제는 다양하게 조명될 수 있다는 사실이다. 그리고 언어의 문제는 언어 내적 또는 언어 외적인 측면, 일상 언어 또는 예술적·종교적 상징의 언어 또는 수학과 논리학의 정확한 언어의 측면, 의미 작용의 인식론적 또는 실천적 측면 등등을 함축하고 있기 때문에 어느 한 측면을 중심으로 일반화되고 고정되고 환원될 수 없는 매우 복잡한 문제라는 사실이다.

2. 후설의 현상학적 언어 탐구의 출발점과 특징들

후설의 언어 탐구의 출발점은 『논리연구』, 즉 논리적인 것 (수학적 · 논리적 대상)에 대한 연구였다. 후설은 당시의 논리 학자 · 수학철학자들 사이의 논쟁에 가담하여, 논리적인 것들의 본질과 본질 법칙의 필연성과 그 근거를 해명하고자 하였다. 후설은 이를 위해서 어떻게 객관적 인식이 가능한가라는 인식 론 전반에 걸친 여러 부차적인 문제들을 검토할 필요성이 있음 을 자각하였다. 왜냐 하면 수학적 · 논리적 대상들은 우리의 지 향적 의식이 관계 맺고 있는 대상이며, 이러한 대상들을 인식 하는 과정에는 의미 작용을 통하여 언어가 개입되어 있기 때문 이다. 후설이 언어에 관심을 갖는 일차적인 목적은 수학적 · 논 리적 대상들의 의미의 고정성과 동일성과 객관성을 확보함으 로써, 견고한 학문적 진리로 정립하는 것이었다. 그래서 후설은 『논리연구』 II / 1권과 II / 2권에 걸치는 6편의 연구에서 광범위 하게 객관적 인식의 가능성의 문제를 탐구하면서, 객관적 인식 과 얽혀 있는 의미 작용과 대상 구성의 문제를 탐구하였다.

『논리연구』에서 후설이 얻은 결론을 언어철학적으로 정리해 보자면 다음과 같다 : 언어 기호(sprachliches Zeichen)는 의미 를 가진 기호(bedeutsames Zeichen)다. 의미를 가진 기호는 언 어적 표현(Ausdruck)의 기능을 한다. 언어적 표현은 말하는 사 람의 느끼고, 의지하고, 사유하고, 표상하고, 지각하고, 인식하 는 의식의 체험 내용을 밖으로 드러내준다. 의식의 내용은 언 제나 사유하는 주체의 의식 작용의 결과며, 의식은 언제나 (지 향적) 대상을 지향하고 있다. 의식의 내용에는 언제나 지향적 대상이 재현되고 있으며, 사유된 내용(사유된 것. cogitatum)은 언제나 "특정한 방식으로 지향된 대상"을 함축하고 주어져 있다. 지향적 대상은 사유하는 주체가 "의미한 바대로 그렇게 의식에 주어져(so gegeben, wie es gemeint ist)" 있다(현전의 형이상학을 공격하는 데리다의 표현을 빌자면, 대상이 의식 속에 현전한다). 특정한 경험 언어는 우연적으로 우리의 사유의 수단이 되어준다. 왜냐 하면 우리는 임의적으로 다른 경험 언어들을 수단으로 우리가 말하고자 하는 바를 표현할 수도 있었기 때문이다.

후설의 언어 기호 이론의 특징을 몇 가지 언급하자면 다음과 같다 : 첫째로, 후설은 언어 기호라는 수단을 언어를 사용하는 주체와 분리되어 기능하는 독립된 언어기호 체계로 보지 않고, 항상 말하는 사람의 체험과 관련지어 다루고 있다.[2] 그 까닭은 후설이 언어 기호가 일차적으로는 말하는 사람의 느끼고, 표상하고, 사유하는 의식의 내용을 특히 의미 작용을 표현하는 수단으로 간주하기 때문이다. 후설은 사유를 담지하는 속성이야말로 언어 기호의 본질이라고 생각하였다. 후설이 언어 기호의 이러한 속성을 묘사하는 것은 현상학적 특성을 보여준다. 후설이 언어에 접근하는 방식은 우리가 느끼고 표상하고 사유하는 의식 작용의 내용이 의미 작용으로 실행되고, 이것이 언어 기호의 형태로 표현되는 것을 그대로 기술하는 것이다. 즉, 언어적 표현이 현상되도록 만드는 사태 자체로 돌아가서, 그것을 그대로 기술하는 것이다. 이러한 접근 방식 때문에 후설의 언어 이론은 언제나 언어를 사용하는 주체의 의식 작용을 중심으로 전개되고 있다. 이러한 측면은 독립적이고 폐쇄된 언어 기호 체계를 중심으로 의미와 인간을 부차적으로 설명하는 포스트모던 및 후기 구조주의적 언어철학과는 다르다.

---

2) E. Husserl, *LU II / 1*(=*Logische Untersuchungen II / 1*), Tübingen, 1980, 39.

둘째로, 후설은 사유(ego cogito, noesis)하는 주체에 의해 사유된 내용(cogitatum, moema)의 동일성과 객관성이 어떻게 가능한가를 보여줌으로써, 인식의 객관성과 의사 소통의 가능성을 기술하였다. 사유된 내용의 동일성과 객관성은 사유된 내용이 이상적 의미(ideale Bedeutung)라는 사실을 통해서, 더 엄밀하게는 이 이상적 의미의 동일성과 객관성에 의해서 정당화된다. ego-cogito-cogitatum의 구조에서 ego와 cogitatum의 관계는 지향적 관계다.

셋째로, 후설이 선험적 현상학의 시기로 들어간 이후에는[3] 소위 선험적 주체(transzendentaler Subjekt)가 사유하고, 대상을 구성하는 의식 작용을 언급하기 때문에, cogitatum의 동일성과 객관성은 선험적 주체에 의해서 더욱 강도 높게 정당화된다. 이제는 언어 기호도 이러한 선험적 주체의 사유의 내용을 전달하는 수단이 된다. 후설에게서는 언어가 인간을 구조화하고 결정짓는 것이 아니라, 어디까지나 인간이 언어 주체가 되어서 대상과 세계를 구성하고, 능동적으로 의미를 산출한다.

넷째로, 후설은 언어 기호와 맞물려 있는 여러 현상들(의미 작용, 언어 기호가 대변하고 있는 의미)을 처음에는 정체적 현상학(statische Phänomenologie)의 관점에서 탐구하다가, 여기에서 발생하는 많은 문제점들을 자각하고, 점차로 발생적 현상학을 도입하여[4] 보충하면서도, 사유된 것(cogitatum)의 객관성

---

3) 이제 선험적 현상학은 "선험적 주체의 선험적 태도 속에서 일어나는 순수한 의식의 체험을 그대로 기술하는 본질학(deskriptive Wesenslehre der transzendental reinen Erlebnissen in phänomenologischer Einstellung)"의 특성을 지니게 되며, 선험적 주체가 구성하는 객관적인 세계를 주제로 삼는다. S. Strasser, Von einer Husserl-Interpretation zu einer Husserl-Kritik. Nachdenkliches zu Jacques Derridas Denkweg, in : *Phänomenologische Forschungen*, Bd. 18 (1986), 138 및 155.
4) 이남인, 「데리다의 후설 비판」, 『포스트모더니즘과 철학』(김혜숙 편), 이화

을 이상적 의미(ideale Bedeutung)로서의 객관성과 그와 관련
된 대상적 현전을 통하여 해결하려는 초기의 기본적인 입장은
끝까지 유지하였다.

3. 언어적 표현(Ausdruck)과 의미(Bedeutung)

『논리연구』에 등장하는 언어 기호 이론에 따르면,5) 언어적 표현
(Ausdruck)은 의미 기호(의미를 지니고 있는 기호. bedeutsames
Zeichen)다. 언어적 표현은 말하는 사람이 듣는 사람에게 자신
의 심적 체험(psychische Erlebnisse)을 전달하려는 의도에서
사용하는 수단이다. 즉, 말하는 사람의 심적 체험을 듣는 사람
에게 통보하고(kundtun) 표현하는(ausdrücken) 것이다. 말하
는 사람은 사유하고, 지각하고, 기억하고, 기대하는 등등의 심
적 체험을 바탕으로 실행하는 의미 작용(Akt des Bedeutens)
의 주체다. 말하는 사람이 의미하는 바는 언제나 특정한 지향
적 대상을 내포하고 있다. 예를 들자면, 말하는 사람이 <오늘은
하늘이 매우 푸르다>라고 생각하면(의미 작용을 실행하면),6)

여자대학교 출판부, 1995. 이 논문은 데리다가 『음성과 현상(La voix et le
phénomène)』(Paris, 1967)과 후설의 『위기』의 부록 Ⅲ : "기하학의 근원"을
불어로 번역하고 거기에 대해 쓴 『입문』에서 후설을 비판하는 내용을 양쪽의
텍스트를 대조하면서 검토한 것이다. 이남인은 데리다가 후설을 오해한 점들
을 낱낱이 지적하고, 최종적 발생의 근원과 타당성의 근원인 자기 의식의 현
전을 옹호하고 있다. 그는 후설의 언어철학이 현전의 형이상학(초기의 정체
적 현상학에서)과 탈현전의 형이상학(특히 발생적 현상학이 도입된 이후 정
체적 현상학과 발생적 현상학이 공존하는 차원에서)이라는 두 개의 담화 틀
속에서 전개됨을 강조하면서, 데리다를 비판하고 있다. 특히 196 이하, 216 이
하, 222 이하, 228 이하, 241 이하 참조.
5) E. Husserl, LU II / 1, 제1연구, 특히 § § 5-10 참조.
6) 필자는 이 글에서 대상은 「……」, 지향적 의식에 의해서 구성된 대상은

이때 지향적 대상은「오늘의 푸른 하늘」이며, 그가 "오늘은 하늘이 매우 푸르다"라는 언어적 표현을 쓴다면, 그 의미는《오늘은 하늘이 매우 푸르다》다. 그리고 "오늘은 하늘이 매우 푸르다"라는 언어 기호는『오늘은 하늘이 매우 푸르다』는 이상적 대상(cogitatum으로서의 대상, 의미의 내용으로서의 대상)을 대변하고 있다. 그러므로 언어적 표현은 의미 작용 속에 현전하고(anwesend) 있는 것을 음성이나 문자로 표현하는 것이다.

이상에서 언급한 바에 따르면 우리는 여러 가지 요소들을 구별하여야 한다 :

(a) 사유하는 사람의 심적 체험(하늘이 매우 푸르다고 생각하는 심적 체험, 즉 노에시스(일반적으로 여기에도 이미 언어적인 요소가 개입되어 있다).

(b) 사유하는 사람의 의미 작용으로서의 <오늘은 하늘이 매우 푸르다> : 이 의미 작용은 그의 심적 체험이 바탕이 되어 실행된다. 의미 작용은 특정한 언어 기호(여기에서는 한국어)를 매개로 하고 있다.

(c) 사유하는 사람의 의미 작용이 지향하고 있는 대상으로서의「오늘의 매우 푸른 하늘」: 이것은 실제로 눈앞에 물리적으로 펼쳐져 있는 하늘이다.

(d) 사유하는 사람의 의미 작용의 추상적 내용, 즉 의미된 것(cogitatum)으로서의 《오늘은 하늘이 매우 푸르다》: 이것이 소위 이상적 의미(ideale Beutung)다.

『……』, 언어 기호는 "……", 의미 작용은 <……>, 의미적 본질(bedeutungsmäßiges Wesen)은 ≤……≥, 의미 작용의 추상적 내용, 즉 이상적 의미(ideale Bedeutung)는 《……》로 표기한다.

(e) 이상적 의미는 보편적인 대상(allgemeiner Gegenstand)이다.7)

(f) 언어 기호로서의 "오늘은 하늘이 매우 푸르다"(이것은 한국말이라는 언어 기호로 표현된 것) : 이것은 대상 「오늘의 매우 푸른 하늘」을 지시한다.

그러므로 대화(Kommunikation)의 상황에서 듣는 사람이 말하는 사람이 의미하는 바를 이해할 수 있는 까닭은, 우선 듣는 사람이 그 언어 기호(이를테면 한국말 (f))를 이해할 수 있기 때문이며, 더 나아가 그 언어 기호를 매개체로 하여, 자신도 의미 작용을 실행하고, 의미된 것 (d)를 어떤 형태로든 파악하기 때문이다. 언어 기호는 심적 체험을 전달하는 매개체로서, 사유 (a, b)와 대상(c)이라는 양극과 삼각 관계에 있다. 후설은 언어 기호가 "특정한 대상을 지시하고 있다" 또는 "특정한 대상을 대변하고 있다(steht für einen Gegenstand)"라고 말하는데, 그 대상은 우리의 의식의 지향성의 화살을 맞고 있는 대상(c)이며, 화살을 맞은 (c)는 언제나 우리의 지향적 의식에 의해 구성되는 과정을 겪는다.8)

---

7) 후설은 이상적 의미를 보편적 대상(allgemeiner Gegenstand)이라고 생각한다. 그가 일차적으로 관심을 두고 있는 보편적 대상들은 수학적·논리적 개념, 명제, 결론, 진리, 참된 증명들이다. E. Husserl, *LU II / 1*, 101 및 105. 그러나 제2연구에서는 여타의 모든 보편적 대상과 이들이 얻어지는 추상 작용(Abstraktion)을 연구하고 있다.

8) 투겐트핫(Tugendhat)의 입장에 따르면, 후설의 의미론은 "언어 기호를 이해한다는 것이 도대체 무엇인가?"를 묻지 않고, 오히려 "특정한 대상을 향해 있는 지향적인 의식"이라는 것을 전제하면서, 언어 기호를 이해하는 문제에 접근하기 때문에 전통적인 의미론 가운데에서도 대상적인 의미론(gegenstandstheoretische Bedeutungeslehre)의 전통을 따르고 있다. 그럼에도 불구하고 후설은 의미를 무차별적으로 대상으로 간주하지는 않았다. 소위 전통 논리학에서 문법 보조적인 표현들(synkategorematische Ausdrücke)이라고 부르는

"이러한 후자의 작용(의미 부여 작용, 필자의 보충) 때문에 표현은 단순한 음성 이상의 어떤 것이다. 표현은 무엇인가를 의미하며, 그리고 그것이 무엇을 의미하는 가운데 표현은 대상적인 것과 관계한다."[9]

　대화를 주고받는 상황에서 말하는 사람이 사용하는 언어적 표현은 마치 공고 기호(Anzeichen)처럼 기능한다.[10] "오늘은 하늘이 매우 푸르다"라는 물리적 기호가 발음되는 것을 들을 때, 이 물리적인 기호를 한국말로 알아듣는 사람은 그 물리적 기호에서 출발하여 말하는 사람의 사유하고, 기억하는 등등의 의미 작용의 내용과 연결시킬 수 있다. 마치 의미를 지니고 있지 않은 태극기라는 공고 기호가 태극기라는 대상을 지시하듯이, "오늘은 하늘이 매우 푸르다"라는 물리적 기호를 알아듣는 사람은 그 기호에서 출발하여 말하는 사람의 의미 작용 및 지향적 대상을 파악할 수 있다. 물론 말하는 사람 혼자서 독백을

"……의", "……과 관련하여", "그리고", "……처럼" 등등의 표현들은 비독립인 의미를 가지며, 특정한 대상을 지시하지 못한다. 후설은 제4연구에서 '독립적인 의미들과 비독립적인 의미들의 차이'를 다루고 있다. E. Husserl, *LU II / 1*, 제4연구, §§4-9 참조. J. Derrida, *Speech and Phenomena*, Northwestern University Press, Evanston, 1973, 74. E. Tugendhat, *Vorlesungen zur Einführung in die sprachanalytische Philosophie*, Frankfurt a.M., 1976, 146. 한정선, 「후설의 기호학에서 의미하는 것과 의미되는 것」, 『언어철학연구』(『현대언어철학』 제2권), 현암사, 1995, 171.
9) E. Husserl, *LU II / 1*, 37.
10) 후설은 공고 기호(Anzeichen)와 언어 기호(의미를 지닌 기호. bedeutsames Zeichen)를 구분하였다. 태극기나 교통 표지의 "멈춤"의 기호처럼 그 자체로서 의미를 지니고 있지는 않지만, 우리가 사회적으로 협약한 바에 따라 다른 대상을 지시하는 기능을 하는 기호가 여기에 속한다. 그 협약을 알고 있는 우리는 연상 작용(Assoziation)에 의존하여 그 기호를 "대한민국"이라는 대상이나 "신호등 앞에서 멈추어야 함"이라는 사태(Sachverhalt)와 연결시킬 수 있다. E. Husserl, *LU II / 1*, 24 및 35.

하는 경우라면, 이때의 언어적 표현은 그런 공고 기호로서 기능할 필요가 없다.

우리가 이상에서 언급한 바를 정리해보자면, 특정한 경험 언어(한글, 중국어, 독일어 등등의 언어 기호 체계)는 특정한 언어 공동체에서 생성·변화해가는 것이지만, 『논리연구』의 후설은 일단 형성된 경험 언어를 정체적 현상학의 관점에서 관찰하면서, 이를 의미 작용과 연관시키고 있다. 그러므로 애초에는 언어 기호와 의미 사이에는 아무런 필연적인 대응 관계가 없었지만, 일단 특정한 경험 언어로 통용되면, 언어 기호는 의미를 지니고 있는 기호로서 기능한다.11) 그리고 의미를 지닌 기호가 될 수 있는 까닭은 그 기호가 의미 작용을 하는 사람의 심적 체험을 매개하기 때문이다. 그리고 이 심적 체험은 언제나 지향적 대상과 관계하고 있기 때문에, 결국 언어는 심적 체험(또는 지향적 체험 또는 사유)과 대상(더 나아가 세계)을 매개하고 있다. 언어의 표현 형식, 사유의 형식(의미적 본질 참조), (구성된) 대상의 형식 사이에는 서로를 거울처럼 되비춰주는 삼각 관계가 성립한다.

4. 의미의 동일성과 그 원천

무엇을 근거로 특정한 언어 기호가 대변하는 의미의 동일성을 정당화시킬 수 있을까? 후설은 이 문제에 대한 답도 언어학이나 기호학에서처럼 언어 기호 체계에서 내재적으로 찾지 않고, 언어 기호를 사용하는 주체의 의미 작용을 출발점으로 삼아 찾아나선다. 후설은 서로 다른 사람들의 실행하는 의미 작용들은 수

---

11) E. Husserl, *LU II / 1*, 104 이하.

적(numerisch)으로 시공간적으로 다양하고 차이가 나지만, 이러한 의미 작용에 의해 대변되는 이상적인 내용(idealer Inhalt)은 의미(Bedeutung)며, 의미의 존재론적인 위상은 주체와 시간과 공간을 초월하는 이상적인(ideal) 것이자 언제나 "동일한(identisch)" 것으로 설명하고 있다. 의미의 동일성의 원천은 이상적 의미다. 그리고 이상적 의미의 원천은 의미적 본질이다. 그리고 의미적 본질의 근거는 지향적 의식에 의해서 구성된 대상이다. 우리는 이 사태 자체를 다음의 도표를 참고삼아 살펴보자.

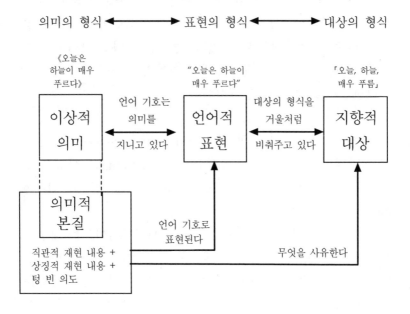

두 사람이 대화를 주고받으면서 <오늘은 하늘이 매우 푸르다>는 의미 작용을 실행하는 경우를 예로 들어 위의 도표를 설명해보자면 다음과 같다 :

(a) 우선 지향적 대상을 살펴보면, 두 사람의 의미 작용은 그들이 함께 바라보고 있는 동일한 지향적 대상, 즉 그들의 눈앞에 펼쳐진 「오늘의 매우 푸른 하늘」을 대상으로 삼고 있다. 그러나 그 「오늘의 매우 푸른 하늘」은 『오늘은 하늘이 매우 푸르다』의 형식을 취하는 대상으로서 지향되어 있다. 후설은 「오늘의 매우 푸른 하늘」을 (a1) "지향된 대상(Gegenstand, welcher intendiert ist)"이라고 부르며, 『오늘은 하늘이 매우 푸르다』를 (a2) "그렇게 지향된 대상(Gegenstand, so wie er intendiert ist)"[12]이라고 부른다. 사실 같은 「매우 푸른 하늘」이라고 해도, 사람들은 저마다 『깊은 코발트 빛 하늘』, 『오늘의 하늘은 고흐의 그림 같은 푸른색을 띠고 있다』 등등의 다양한 방식으로 지향할 수 있다. (a2)는 (a1)이 우리의 지향적 의식에 의해서 이러저러한 방식으로 구성된 대상이다.

(b) 의미 작용은 의미적 본질(bedeutungsmäßiges Wesen), 직관적 재현 내용(intuitiv repräsentierender Inhalt), 상징적 재현 내용(signitiv repräsentierender Inhalt), 텅 빈 의도(leere Intention)로 구성되어 있다.

직관적 재현 내용은 「오늘의 매우 푸른 하늘」이라는 대상이 우리의 의식 속에 감각적인 내용(푸른색, 형태 등등)의 형태로 재현되어 현전하게 되는 내용이다. 이 직관적 내용은 지각하는 사람의 서 있는 위치, 시각 능력의 좋고 나쁨 등등에 따라 달라질 수밖에 없기 때문에 두 사람은 결코 동일한 직관적 재현 내용을 가질 수 없다. 그리고 상징적 재현 내용은 직관적으로 재

---

12) "그렇게 지향된 대상"은 항상 사태(Sachverhalt), 즉 복합적인 대상(zusammengesetzter Gegenstand)이다. E. Tugendhat, *Vorlesungen zur Einführung in die sprachanalytische Philosophie*, 159.

현되지 않는 대상의 측면(대상의 안 보이는 부분, 감각 기관의 한계 등등 때문에)에 대해서 의미 작용을 실행하는 사람이 상상력을 동원하여 채운 내용이다. 텅 빈 의도는 직관적으로 재현되지도 않고, 상징적으로 재현되지도 않은, 그러면서도 재현되어야 할 나머지 부분에 대해 우리의 지향적 의식이 그대로 텅 빈 채로 대상을 지향하고 있는 측면을 시사하고 있다. 이를테면 우리의 상상(상징적 재현 내용)으로도 못 채운, 안 보이는 하늘 구석에 대한 텅 빈 표상의 측면이 그것이다. 두 사람의 의미 작용은 상징적 재현 내용이나 텅 빈 의도의 측면에서도 결코 동일할 수 없다.

의미적 본질은 지향적 본질(intentionales Wesen)의 개념이 가지고 있는 언어적 요소를 강조할 때 쓰는 개념이다. 지향적 본질은 지향적 질료(intentionale Materie)와 지향적 성질(intentionale Qualität)을 통합시킨 개념이다. 지향적 질료는 우리가 대상을 어떤 규정성으로 표상하느냐 하는 것과 관련된 개념이기 때문에 개념 정의상 언어적인 요소와 무관하지만, 우리의 표상 자체가 일반적으로 언어적인 요소를 매개로 이루어지기 때문에, 우리는 간접적으로 지향적 질료를 추적해갈 수 있다. 우리의 예에서 언어적 표현 "오늘은 하늘이 매우 푸르다" 또는 의미 작용 <오늘은 하늘이 매우 푸르다>는 이 의미 작용의 지향적 질료가 어떤 형식인지를, 즉 <오늘은 하늘이 매우 푸르다>의 형식을 취하고 있음을 간접적으로 시사해주고 있다. 지향적 성질은 우리의 의식이 대상의 존재 여부에 대해서 (i) "존재한다" / "존재하지 않는다"는 확고한 입장을 취하는 경우(정립하는 성질. setzende Qualität)와 그런 입장을 유보하고 그냥 대상을 표상하는 경우(nicht-setzende Qualität)를 지칭한다.

<오늘은 하늘이 매우 푸르다> 의 형식으로 실행되는 두 의

미 작용은 동일할(identisch) 수 있는가? 여기에서 어떤 요소들이 동일하고 어떤 요소들이 서로 차이가 나는가? 우리는 이미 의미적 본질(bedetungsmäßiges Wesen) 이외의 요소들은 결코 동일할 수 없다고 하였다. 그렇다면 의미적 본질은 동일할 수 있는가? 영희의 의미 작용 〈오늘은 하늘이 매우 푸르다〉와 순희의 의미 작용 〈오늘은 하늘이 매우 푸르다〉의 의미적 본질들이 "같을(gleich)" 수는 있지만, 결코 "동일할 수는(identisch)" 없다고 한다. 그 까닭은 수적으로 다양한 의미 작용은 영희와 순희의 의식에서 각각 일어나고 있기 때문에 "시공간의 제약을 받으며", 이 때문에 그것의 존재론적인 위상은 "현실적(real)"이다. 만약 영희가 더 이상 푸른 하늘에 대해 생각을 하지 않으면, 그녀의 의미 작용도 시공간적으로 소멸하기 때문이다. 의미 작용이 소멸하면 의미적 본질도 시공간에서 사라진다. 의미적 본질은 영희의 의미 작용이라는 노에시스의 일부분이기 때문이다.

　이상적 의미는 의미적 본질의 내용을 추상화시켜 얻은 것이다. 《오늘은 하늘이 매우 푸르다》는 의미(영희와 순희의 의미 작용이 대변하는, 그리고 동일한 언어 기호로 표현될 수 있는 의미)는 의미적 본질과 논리적 내용은 같지만, 존재론적인 위상이 다르다. 의미적 본질의 존재론적 위상은 "현실적(real, 시공간의 제약을 받는)"이지만, 그것의 추상화된 내용, 즉 의미의 존재론적 위상은 "이상적(ideal. 시공간의 제약을 받지 않는)"이다. 후설은 결코 동일할 수 없는 "두" 의미 작용(의 의미적 본질)에 의해 대변되는 이상적 의미를 언제나 "동일한 하나(das Identisch-Eine)"로 간주한다.13)

---

13) 후설은 의미가 시공을 초월하는 이상적 의미(ideale Bedeutung)라는 주장은 끝까지 유지하였지만, 그 이상적 의미의 정체가 무엇인가에 대해서는

이제 우리는 의미의 동일성의 원천을 말할 수 있게 되었다. 후설에게서는 의미의 동일성은 의미적 본질의 추상화된 내용에 근거하고 있다. 이를 위해서는 수적으로 다른 두 의미 작용의 의미적 본질이 같아야(gleich) 하는 조건이 충족되어야 한다. 그런데 두 의미 작용들의 모든 요소들을 엄밀하게 비교한다면, 이들이 결코 같을 수는 없다. 왜냐 하면 대상이 직관적으로 재현되는 정도(직관적 재현 내용, 상징적 재현 내용, 텅 빈 의도)가 사람마다 차이가 있기 때문이다. 그러나 비록 완전히 충족되지 않은 의미 작용들이라고 할지라도, 의미적 본질에 관한 한 같을 수 있다. 영희의 의미 작용의 의미적 본질이 ≤오늘은 하늘이 매우 푸르다≥이고, 순희의 의미 작용의 의미적 본

몇 번 입장을 바꾸었다. 『논리연구』 제1판 시기의 후설은 이상적 의미가 플라톤의 이데아와 같은 "보편자(allgemeiner Gegenstand als Spezies), 의미보편자(Bedeutungsspezies)"라고 생각하고, 이상적 의미와 의미 작용의 관계는 보편자와 개별자의 관계라고 하였다. E. Husserl, *LU II / 1*, 제1연구, § § 31-33, 제2연구 서문 및 1903년의 논문 「팔라기 비평」 참조. 후설은 1908년경에는 선험적인 의미들(apriorische Bedeutungen. 필연적인 본질이나 본질 법칙과 관련된 의미들)만 보편자로 생각하였다. 모든 경험적인 의미들 (empirische Bedeutungen. 경험적 대상과 관련된 의미들)은 이상적 의미이기는 하지만 보편자가 더 이상 아니라고 함으로써, 부분적으로 보편자론을 포기하였다. 보편자가 아닌 의미는 이제 의미 작용의 의미적 본질의 노에마적 상관자(noematisches Korrelat)로 간주된다. E. Husserl, *Ideen zu einer reinen Phänomenologie und phänomenologischen Philosophie*, Tübingen 1980, § 94, 129, 133 참조. 그러나 1920년경에는 모든 의미는 보편자가 아니라고 함으로써 보편자론을 전적으로 포기하였다. 그 까닭은 후설이 "류적 보편자 (Gattungsspezies)"와 "이성적 대상성들(Verstandesgegenständlichkeiten)"을 구분해야 된다고 생각했기 때문이다. E. Husserl, *Erfahrung und Urteil*, Hamburg, 1976, § § 64d-65. 한정선, 「후설의 기호학에서의 의미하는 것과 의미되는 것」, 189 이하 및 192 이하. Jung-Sun Heuer, *Die Struktur der Wahrheitserlebnisse und die Wahrheitsauffassungen in Edmund Husserls 'Logischen Untersuchungen'*, Wissenschaftliche Beiträge aus europäischen Hochschulen, Reihe 05, Bd. 2, Hamburg 1989, 84-106.

질이 ≤오늘은 하늘이 매우 푸르다≥이면, 이들 의미 작용이 의미하는 의미는 동일하다(identisch). 영희와 순희가 사용하는 언어 기호는 동일한 의미를 대변하고 있다. 영희와 순희는 같은 의미의 말을 주고받고 있다.

언어 기호와 의미의 관계는 언제나 견고하게 고정되어 있고 1 : 1로 대응하는 관계인가? 후설은 정확하고 학문적인(exakt und wissenschaftlich) 언어 기호의 경우에는 이것을 인정하지만, 일상 언어적인 실천에서 1 : 1의 관계가 성립하기에는 많은 흔들림과 모호함이 따른다고 하였다. 소위 흔들리는 표현들(schwankende Ausdrücke)이 그들이다. 이를테면 상황적 표현들(okkationelle Ausdrücke)[14]이나 본질적으로 모호하고 혼란스런 표현(vage und verworrene Ausdrücke)[15]들의 경우는 그 관계가 견고하게 고정되어 있지 않다. 그러나 이 경우에도 들

---

14) E. Husserl, *LU II / 1*, 제1연구, §§26-28. 상황적인 표현들은 대화의 상황이나 말하는 사람이 누구냐가 밝혀질 때 비로소 그 의미가 분명해질 수 있는 표현들이다. *LU II / 1*, 81. 인칭대명사, 지시사(Demonstrativa), 장소와 시간을 나타내는 부사, "그 나무"처럼 정관사와 결합되어 있는 명사도 이에 속한다. 그러므로 우리가 일상 생활 세계에서 쓰는 많은 표현들이 사실은 상황적 표현들이다. 예를 들어 "나"라는 언어 기호(즉, 문법적으로 표현하자면 주어 1인칭 대명사)의 의미는 두 가지 의미 기능이 결합되어 있는 이층의 구조를 가진다 : 1) 보편적인 의미 기능(allgemeine Bedeutungsfunktion. 이 의미 기호는 말하는 1인칭 주체를 지시한다), 2) 단수적인 의미 기능(singuläre Bedeutungsfunktion. 이 의미 기호는 그 1인칭 주어가 직접적인 표상에 의해 매개됨에 따라 구체적으로 그 사람이 이를테면 "영희"라는 것을 지시해준다). E. Husserl, *LU II / 1*, 제1연구, §16, 82 이하.
15) 완성되지 않은 표현들이나 비정상적으로 기능하는 표현들, 모호한 표현들은 듣는 사람에게는 모호하고 혼란스런 표현들이 될 수 있다. 이를테면 "열어라!(창문을 열어라!)", "아니 …… 어떻게?" 등등이다. 엄밀히 말해서 모든 일상 언어는 정확한 수학적 · 논리학적 언어에 비해 모호하다. 왜냐 하면 "나무"를 이야기하면서 저마다 다른 나무를 표상할 수 있고, "새파란" 또는 "빨리"라고 해도 각자 정도가 다른 경우를 표상할 수 있기 때문이다. E. Husserl, *LU II / 1*, 87.

는 사람이 상황적 표현들을 사용하는 사람이 실행하는 의미 작용에서와 같은 지향적 대상을 현전시킬 수 있다면 상황적 표현들의 한계를 극복하고 의미의 동일성을 확보할 수 있다. 그런데 독립적으로는 결코 특정한 대상을 지시할 수 없는 표현들이 있다. 이들은 필자가 위에서 언급한 "······ 을", "······ 에게"와 같이 비독립적 표현들, 즉 문법 보조적으로 사용되는 표현들(synkategorematische Ausdrücke)이나 "둥근 사각형" 같은 넌센스적인(widersinnig) 표현들16)이다.

우리는 후설이 언어 기호와 의미의 관계가 견고하게 1:1로 대응하는 경우를 모범으로 삼고 있음에도 불구하고, 그렇지 않은 많은 흔들리는 경우를 현상학적으로 탐구하였음을 잊지 말아야 할 것이다. 그럼에도 불구하고 후설은 이상적 의미의 차원에서의 동일성을 확보함으로써 일차적으로는 논리적-수학적(logisch-mathematisch) 대상에 대한 인식의 객관성을 확보하고, 더 나아가 견고한 의미를 가능적으로나마 가질 수 있는 모든 대상에 대한 인식의 객관성과 동일성까지 확보하려고 노력하였다. 결국 후설의 입장에 따르면, 의미는 절대로 모호하거나 흔들릴 수 없으며, 모호하고 흔들리는 것은 우리들의 의미 작용의 탓으로 발생한다. 만약 의미 작용만 흔들리지 않는다고 한다면, 모든 의미는 정확하고 그래서 또한 동일하다(exakt und damit identisch). 이상적 의미와 말하는 주체의 심적 체험의 차원에서 일어나는 의미 작용을 구별하지 않는 심리학주의자들에게는 모든 의미가 모호하고 흔들리게 여겨질 뿐이다.17)

---

16) 이런 표현들은 의미는 있지만(bedeutungsvoll), 지시되는 대상이 없다(gegenstandslos). E. Husserl, *LU II / 1*, 제1연구, §§15-16.
17) E. Husserl, *LU II / 1*, 제1연구, §§21-24, 특히 78쪽.

5. 포스트모더니즘 철학자들의 비판

후설의 현상학적 언어철학이 철학 일반에 어떤 문제들을 던져놓았는가? 소위 포스트모더니즘 진영에서는 후설과 같이 의미의 동일성을 확보하려는 철학의 유형들이 갖고 있는 위험성을 현전의 형이상학에 대한 비판, 동일성의 철학의 폭력, 로고스중심주의, 선험적 주체에 대한 회의, 하나의 지배적인 이성에 대한 회의 등등의 주제를 통하여 비판하였다. 이러한 비판은 언어철학의 언어 내재적인 문제뿐만 아니라 훨씬 광범위하게 인간, 문화, 역사적 실천의 문제까지 논쟁의 대상으로 끌어들이는 획기적인 사건이 되었다. 이제부터 필자는 이러한 비판이 어느 정도까지 타당한가를 검토하고자 한다.

1) 현전(Anwesenheit)의 형이상학

데리다는 후설의 언어철학이 플라톤·아리스토텔레스로 부터 이어져 내려오는 서양의 현전의 형이상학(Metaphysik der Präsenz)의 가장 현대적인 예라고 비판하고 있다. 후설은 어떤 종류의 현전을 말하고 있는 것일까? 그리고 현전의 형이상학은 무엇인가?18)

---

17) J. Derrida, *Positions*, The University of Chicago Press, Chicago, 1981, 22, 24 및 27. J. Derrida, *Speech and Phenomena*, 99. J. Derrida, *Schrift und Differenz*, Frankfurt a. M., 1976, 251. S. Strasser, Von einer Husserl-Interpretation zu einer Husserl-Kritik. Nachdenkliches zu Jacques Derridas Denkweg, 166. R. Bernet, Differenz und Anwesenheit. Derridas und Husserls Phänomenologie der Sprache, der Zeit, der Geschichte, der wissen-schaftlichen Rationalität, in : *Phänomenologische Forschungen*, Bd. 18 (1986), 54, 57 및 59 이하. 이남인, 「데리다의 후설 비판」, 227. 이광래 편, 『해체주의란 무엇인가』, 교보문고, 1989, 21 및 이 책의 제1부 2장에 있는 T. K.

데리다에 따르면, 후설에게서는 (a) 의식 속에 소여되는 대상의 생생한 현전, (b) 의미의 현전, (c) 살아 있는 말의 현전, (d) 자기 의식 속에서의 주체의 현전, (e) 초월적 기의(transzendentaler Signifikat)의 현전이 전제되고 있다[19]. 이런 각종 현전을 정당화시키려는 사유는 그러한 현전들이 가능하다는 형이상학적 전제 때문에 가능해진 것인데, 어쨌든 그런 현전들을 정당화시킴으로써 여러 가지 병폐를 초래하였다. 이를테면, (i) 존재의 의미를 항상 현전과 부재의 이분법적 도식에 의해 파악한다든가, (ii) 인간의 정신 · 이성 · 자기 의식이 현전하는 가운데 대상 세계에 대한 진리가 구성 · 생산된다고 믿으며, (iii) 현전과 관련하여 무엇이 가장 근원 · 원천적이고[20] 중심이고 원리 중의 원리[21]인가를 설명함으로써 모든 만물에 대한 포괄적이고 통일적인 진리는 찾으려고 한 것이다. 데리다는 이러한 모든 현전들이 사실은 불가능하다는 것을 보여줌으로써, 소위 현전의 형이상학이 초래하는 병폐를 말살시킬 수 있으리라고 생각한다. 필자가 앞에서 소개한 바에 따르면, 후설은 (a), (b), (c), (d)의 부류의 현전이 비록 완전한 형태로는 실현되기 불가능하지만 어쨌든 가장 완전한 수준의 현전을 모범으로 삼고 있다. 그런데 왜 데리다는 그러한 현전들이 불가능하다는 것일까? 데리다가 제시하는 반론은 적어도 다음과 같은 세 가지로 정리될 수 있다.

첫째로, 후설이 말하는 바와 같이 지향적 대상이 "원본적으

Seung의 논문 「후설과 데리다」 참조.
19) J. Derrida, *Positions*, 5 및 29. J. Derrida, *Speech and Phenomena*, 6, 10, 74 이하, 77, 84 각주 9 참조.
20) J. Derrida, *Speech and Phenomena*, 83 각주.
21) J. Derrida, *Die Schrift und die Differenz*, 251. 의식 속에 "생생하게 살아 있는 현전(leibhaftige Präsenz)"이 원리 중의 원리다. J. Derrida, *Speech and Phenomena*, 1973, 5 및 112.

로 생생하게(originär und leibhaft)", "의미된 바대로 주어지는 (so gegeben, wie es gemeint ist)" 것, 즉 그렇게 우리의 의식에 현전하는 것은 불가능하다. 그러한 대상이 감각적인 대상(sinnlicher Gegenstand)이든, 아니면 이상적인 대상(idealer Gegenstand)이든 말이다. 왜냐 하면, 시간적인 차원에서 볼 때, 대상 체험이란 이미 지나간 과거가 되어버린 대상 G'에 대한 체험을 현전화(Vergegenwärtigung)하는 형태로만 가능하고, 이미 지나간 과거가 되어버린 대상 자체는 다시금 이보다 선행하는 지나간 과거가 되어버린 대상 G"을 현전화하는 것이기 때문이다.[22] 현행적인 "지금"과 "새로운 지금"을 이분법(현전과 부재의 이분법)적으로 분리할 수 없으며, 오히려 이 둘은 "아직 지금이 아닌 것(das Noch-nicht-jetzt)"과 이제는 "더 이상 지금이 아닌 것(das Nicht-mehr-jetzt)"이 서로 분리될 수 없이 얽혀 있는 구조를 취한다.[23]

둘째로, 한편 언어 기호와 그 언어 기호가 지시하는 대상의 관계에서도 후설은, 대상이 현전하지 않거나 대상을 보여줄 수 없을 때라도, 언어 기호는 현재 부재하고 있는 그 대상을 지시할 수 있는 기능을 할 수 있다고 간주하였다.[24] 그러므로 언어 기호는 연기되어 있는 대상의 현전이다. 언어 기호는 대상의 현전을 대신하고 있는 부차적인 매개체(수단)에 불과하다. 의

---

22) J. Derrida, *Speech and Phenomena*, 83-85.
23) S. Strasser, *Von einer Husserl-Interpretation zu einer Husserl-Kritik. Nachdenkliches zu Jacques Derridas Denkweg*, 144 및 157.
24) 후설이 제시하는 언어철학은 현전(Anwesenheit)과 지금(Jetzt)에 의해 지배되는 고전적 기호학의 병폐를 답습하고 있다. 이런 사유 체계는 이것의 수단인 언어 기호 체계와 존재(Sein)의 의미를 항상 존재자(Seiende)와 존재 자성(Seiendheit, ousia)의 범주 안에서 현전 또는 부재로 파악하였다. J. Derrida, *Speech and Phenomena*, 81. J. Derrida, *Randgänge der Philosophie*, hrsg. von P. Engelmann, Wien, 1988, 35 이하.

미를 산출하는 측면에서는 일차적인 사태는 대상을 현전시키는 의미 작용이기 때문이다.

셋째로,[25] 만약 이상적 의미의 동일성으로 항상 우리가 복귀할 수 있다면, 그것은 개별적인 언어 사용(의미 작용을 하는) 주체의 현전 때문이 아니라 기호와 기호 체계 때문이다. 동일성은 언어 사용 주체보다 언어 기호에 더 의존하고 있다. 기호가 의미를 산출하는 조건이 되어주는 것은 차연의 놀이다. 차연은 관계도 아니고, 상태도 아니고, 과정이다. 즉, "지금"이 영원한 원천(Urquellpunkt)이 되는 것을 불가능하게 하는 연기하기(지연시킴. différer, Aufschub)다. 기호는 안과 밖의 이분법을 초월해 있다. 밖은 안에 의해서 지시되고, 안은 밖에 의해서 지시된다.[26] 기호의 배후에 견고하고 변하지 않는 의미 작용의 주체가 버티고 있는 것이 아니다. 하나의 기호가 독립적으로 지시하는 고정적인 대상이나, 그런 기호에 의해 대변되는 동일한 의미 자체도 없다. 의미 작용 과정 자체가 차연의 형식적 놀이(즉, 흔적의 놀이)다.[27] 고전적 기호학이나 후설의 입장과는 반대로, 차연의 놀이는 시원(Arche)이나 현전적인 근원(anwesender Ursprung)으로서의 동일한 의미와 고정적인 대상의 현전이 없는 놀이다. 후설에게서는 현전하는 의미가 원천의 역할을 하지

---

25) J. Derrida, *Randgänge der Philsophie*, 36 및 41. S. Strasser, Von einer Husserl-Interpretation zu einer Husserl-Kritik. Nachdenkliches zu Jacques Derridas Denkweg, 157 이하 및 162 이하.

26) J. Derrida, *Positions*, 33.

27) J. Derrida, *Positions*, 26. S. Strasser, Von einer Husserl-Interpretation zu einer Husserl-Kritik. Nachdenkliches zu Jacques Derridas Denkweg, 158 및 168. "흔적(Spur)"은 파지(Retention)의 구조에 의해서 구성된다. 흔적은 이미 현전하지 않게 되고, 결코 현전할 수 없는 것을 표현하는 용어다. 기호 일반에서는, 이를테면 하늘의 흔적은 "하늘 대신에"와 같이 "…… 대신에"의 구조를 취한다. 이광래, 『해체주의란 무엇인가』, 제1부 2장에 실린 T. K. Seung의 논문 「후설과 데리다」, 69 이하 참조.

만, 데리다에게서는 흔적(Spur)이 의미가 산출될 수 있는 조건이다. 생생한 현재(die lebendige Gegenwart)는 자신과의 비동일성(Nicht-Identität)에서 솟아나는 것이며, 파지적인 흔적(retentionale Spur)에서 솟아난다. 의미의 산출 조건은 흔적이고, 이 흔적이야말로 원문자(Ur-schrift)다. 흔적은 현전과 부재의 이분법을 초월해 있다. 데리다는 이와 더불어 후설의 현전의 형이상학과 서양의 현전의 형이상학, 현전으로서의 존재(Sein als Gegenwart)의 역사와 작별하는 근거를 마련하였다고 확신하였다.

그러나 첫 번째 문제에 관한 한, 후설은 지향적 대상이 원본적으로 주어진(originär gegeben) 것의 정도의 차이, 즉 대상이 충족적으로(völlig erfüllt) 아니면 불충족적으로 현전하는가를 누누이 강조하고 있어(167쪽의 직관적 재현 내용, 상징적 재현 내용, 텅 빈 의도 참조) 대상의 완전한 현전을 불가능한 것으로 보고 있다. 그러나 문제는 대상의 불완전한 현전이라고 하더라도 현전의 일종이며, 이것은 우리의 의식이 감각적인 대상에 대한 상(像 : Bild, image)을 만들 수 있는 능력을 보더라도(이를테면 우리는 푸른 하늘을 본 후 눈을 감았을 때나 기억할 때, 우리 의식 속에 푸른 하늘의 상을 떠올릴 수 있다) 현상적으로 부인할 수 없는 측면이다.[28] 한편 대상 현전의 시간적인 차원에 관한 한, 후설은 노에시스(여기서는 의미 작용)의 내용이 변화해 가는 역동적인 측면을 기술하고 있다 : "현실적인 '지금(Jetzt)'은

---

28) 소위 《사과(플라톤적 이데아로서의 사과)》 《2》와 같은 이상적 대상(소위 보편 개념)이 현전한다는 후설의 주장은 약간 무리가 있을 수 있으나, 후설은 이 문제를 『논리연구』 제2연구 "보편자(Spezies)의 이상적 통일성 및 새로운 추상 이론들(Abstraktionstheorien)"에서 탐구하고 있다. 이들 보편자의 현전은 감각적인 대상의 현전과는 다른 방식으로, 즉 형상적 직관에 의해 현전하는 것으로 보아야 할 것이다.

필연적이며, 항상 새로이 변하는 질료를 위한 그 시점의 고정적인 형식으로 머문다."29) 필자의 입장에 따르면, 날아가는 "화살(흐르는 시간)은 정지(고정된 현전, 현재. Gegenwart)하지 않는다"는 제논 식의 시간의 아포리아 앞에서 후설은 "고정적인 형식으로서의 현재"라는 표현을 쓰고, 데리다는 "비-현전(Nicht-Gegenwart. 현전할 수 없음, 이미 지나간 것의 흔적)"이라는 각각 다른 표현을 쓰고 있지만, 그 시간성의 구조에 관한 한 동일한 것을 말하고 있으며, 다만 데리다는 후설의 연장선상에서 좀더 극단적으로 비-현전의 측면을 강조하고 있을 뿐이다. 그리고 그것은 논리적 사유의 차원에서의 아포리아일지는 모르지만, 언어적 실천의 차원에서는 아무런 타격을 주지는 못한다. 우리는 실제로 "흘러가는 현재(필자의 표현)" 속에서 대상이 우리에게 원본적으로 주어지는 것을 역시 흘러가는 우리의 의식의 심상(心象)으로서 확인할 수 있기 때문이다. 우리의 의식의 삶은 이미 과거가 되어버린 현재나, 다가오고 있는 현재와 얽혀 있는 '흘러가는 현재'에 사는 것이다. 후설은 "고정된 현재"라는 순간이 현전한다고 말하고 있지는 않다. 필자가 염려하는 점은 데리다가 현전 / 부재의 이분법을 넘어서는 것에 너무 집착한 나머지 "결코 존재의 지평에 들어오지 않는 흔적"을 말함으로써, 역으로 너무 철저한 그래서 현실 경험에 위배되는 "비-현전(흔적)의 신화"를 만들어내고 있는 점이다. 그래서 오늘날 의미의 현전을 언급하면, 의미를 실체론적으로 사유하는 것이며, 무조건적으로 의심스럽고 낡은 언어관으로 매도된다.

두 번째 문제와 세 번째 문제에 관한 한,30) 즉 기호와 그 기

---

29) E. Husserl, *Ideen zu einer reinen Phänomenologie und phänomenolo-gischen Philosophie* (=*Hua III / 1*), 183. 그리고 후설의 내적 시간 의식에 대한 분석에 의해서 드러나는 의미 작용과 대상 구성은 이러한 역동적인 측면을 매우 정교하게 보여주고 있다.

호가 지시하는 대상과 인간의 관계에 관한 한 후설과 데리다는 근본적으로 다른 시각을 갖고 있다. 후설을 비롯한 고전적 언어철학자들은 실재하는 대상 세계와 인간이 실재하며, 인간의 사유는 대상 세계를 구성할 수 있으며, 언어는 대상 세계를 구성하는 인간의 사유를 위한 수단이라고 본다. 그러므로 이들 삼각 관계에 있는 각 극들의 형식은 완벽하지는 않지만 서로를 거울처럼 되비춰주는 관계에 있으며, 그 중심극은 인간이다. 반면 데리다를 비롯한 포스트모던 및 후기 구조주의적 언어철학자들은 언어를 중심극으로 보고 이들 삼각 관계를 조명한다. 즉, 언어 기호가 현실을 산출하며, 인간은 오직 언어를 통해서만 사유할 수 있으며, 현실에 대한 우리의 지각은 언어 기호의 차연의 놀이에 의해서 틀이 지워진다는 식으로 생각한다. 후설에게서처럼 인간이 언어를 도구로 사용하는 것이 아니라 인간은 언어의 효과에 불과하다. 그러므로 언어가 산출하는 의미의 근원은 일차적으로 인간의 경험이나 존재가 아니라 언어 기호 체계 자체며, 차이의 놀이(차이의 원리)다. 개별적 언어 기호들은 내재적 의미를 갖지 못하고, 오직 다른 기호들과의 차이에 의해서 의미를 산출한다. 필자는 후기 구조주의 기호학이 언어 기호를 중심으로 언어 내적인 사태와 특성에 대한 탐구에서의 성과를 인정하면서도, 언어 기호와 인간의 관계에서 일방적으로 언어를 우위에 두고, 인간을 수동적인 위치에 제한시키는 점에 관한 한, 너무 한쪽으로 치우친 이론이자 사태의 일부분만을 보여주는 이론이라고 생각한다. 그러나 후기 구조주의 언어학이나, 데리다의 후설 비판에 의해서, 후설 언어관이 보완되어야 될 점은 인간이 언제나 일방적으로는 아니지만, 그래도

---

30) 김성도, 「(포스트)구조주의의 언어 사상 서설 — 구조에서 비결정성으로, 『과학사상』 제35호, 2000년 겨울, 범양사, 105.

언어에 의해서 만들어지는 인간의 수동적인 측면을 인간의 능동적 능력과 마찬가지로 균형적으로 고려해야 된다는 점이다. 이 두 측면은 역동적으로 서로를 지탱시켜주는 변증법적인 요소들이지, 어느 한 측면만을 선택적으로 취하고 다른 측면을 버릴 수 있는 것은 아니다.

후설도 언어 기호가 대상을 지시할 수 있게 된 것은 단지 인간이 만들어낸 경험 언어, 이를테면 "소"가 어떤 풀밭에 누워 있는 「소」를 지시할 수 있도록 특정한 언어 공동체가 그렇게 언어적 실천을 하는 조건 아래에서 가능하다고 하였다. 그리고 "소"가 상황에 따라서 「이런 소」, 「저런 소」 또는 「우직한 소 같은 사람으로서의 소」를 지칭할 수도 있다고 하였다. 그러나 이처럼 대상을 지칭하는 데 언어 기호의 차원에서는 1 : 1 고정 관계가 흔들리는 경우에도 불구하고,[31] 의미 작용이 개입하여 지향적 대상이 고정되면(극단적으로 우리가 손가락으로 특정한 「소」를 가리키듯), 이와 더불어 언어 기호도 그 지향적 대상을 지시할 수 있게 된다. 필자의 입장에 따르면, 소위 의미의 동일성과 각종 현전에 집착하고 있다고 비판받는 후설의 기호 이론 역시 아직 현전하고 있지 않은 차연의 요소를 끊임없이 고려하고 있다. 필자의 입장에 따르면, 데리다가 언어 기호가 대상을 지시하는 흔들리는 측면만을 극단적으로 밀고 나가, 1 : 1 의 지시 관계가 성립한 상황에서도 성립하지 않고 있다고 주장한다면, 그래서 의미의 동일성을[32] 과격하게 회의한다면, 그것이 오히려 세 극으로 통합되어 있는[33] 우리의 언어적 실천의

31) schwankende Ausdrücke, 김성도, 「(포스트)구조주의의 언어 사상 서설 — 구조에서 비결정성으로」, 119. J. Derrida, *Positions*, 26.
32) 의미는 의미적 본질의 내용에서 논리적으로 추상화되어 얻어지기 때문에 노에시스적 흐름의 역동적고 흔들리는 모든 계기들은 추상화된 내용에서는 사라지게 마련이다.

현실 경험을 위축시키고 왜곡시키는 것이다. 우리의 의미 작용 속에서의 대상의 현전이든, 언어 기호가 매개된 대상의 현전이든, 어쨌든 대상의 현전을 너무 철저하게 부정하는 것은 현실 체험에 위배되는 비생산적인 회의주의다. 그리고 대상을 의식에 현전시킬 수 있는 의식의 현전마저 부정하는 것도 비생산적인 회의주의일 뿐이다. 왜냐 하면, 데리다 식으로 말하자면 우리는 우리 눈앞에 있는 특정한 소 X에 대해 말하는 순간에도 결코 동일한 그 소 X는 지시될 수 없기 때문이다.

2) 로고스중심주의와 동일성의 철학

데리다의 비판에 따르면, 각종 현전을 통하여 무엇이 근원인가, 중심인가, 원리 중의 원리인가를 정당화시키고, 더 나아가 만물에 대한 포괄적·통일적 진리를 찾으려는 현전의 형이상학은 철학과 신학을 로고스중심주의로, 언어(철)학을 음성중심주의로 병들게 만들었다.[34] 로고스중심주의란 무엇인가?

로고스중심주의란 형이상학적 로고스를 진리의 기준으로 삼는 형이상학적 허구를 말한다. 로고스중심주의는 진리를 현전하게 함으로써 진리를 소유하고 있다고 착각하는 감정을 토대로 발생한다. 사유하는 주체는 자신이 사유하는 것을 현전하게

---

33) 그런데도 데리다는 후설에게서의 '의미'는 "이미 연기·흔적·문자·공간화로 만드는 관계적이고 차별적인 망 속에 기입된 기표의 위치에 처음부터 놓이지 않게 됩니다. 형이상학은 …… 의미의 현전을 차이로부터 떼어놓으려는 데 있었다 ……"라고 비판한다. 데리다에 따르면, 의미는 이미 차이들의 망으로 구성되어 있고, 의미의 추정된 내재성이 그 자신의 외부의 작용에 영향을 받는다는 입장을 취한다. 이것이 의미를 나타낼 수 있는 조건이다. J. Derrida, *Positions*, 31-36.

34) J. Derrida, *Positions*, 11-14, 34-36 및 51. J. Derrida, *Grammatologie*, Frankfurt a.M., 1974, 11 이하, 490 이하. 이광래, 『해체주의란 무엇인가』, 12.

함으로써 그것을 소유하고 있다고 느낀다. 로고스중심주의는 "로고스"를 말하는 인간의 충성스런 아들로 여기고, "충족하게 대상을 현전시키고 있는 말(음성 언어)"이 로고스의 정통성을 이어받은 아들이라 여기고, 이것을 또한 진리와 동일시하였다.[35] 그래서 플라톤, 아리스토텔레스, 루소, 헤겔을 거쳐 후설에 이르기까지 전통적 형이상학은 우리의 이성과 사유 속에 대상의 의미와 진리가 생산되고 구성된다고 믿었으며, 근원(Arche), 텔로스(Telos), 진리(aletheia 및 adaequatio), 종말(Eschaton) 같은 개념들을 항상 현전(ousia, Präsenz)과 연관시킬 수 있었다.[36] 기표(Signifikant. 언어적 표현, 의미하는 것)와 기의(Signifikat. 의미된 것, 개념, 의미)는 분리될 수 없는 데도 불구하고, 기의의 개념을 언어와는 독립적으로, 즉 기표들의 체계와는 독립적으로 사유될 수 있는 가능성을 열어놓는다. 문제는 이때 "그 본질에서 어떤 기표도 참조하지 않으며, 기호들의 연쇄망을 벗어나는, 그러다가 어떤 순간에 이르면, 언어철학자들은 더 이상 기표로서 기능하지 않는 '초월적 기의'를 믿게 된다." 그런 초월적 기의들은 이를테면 형상, 실체, 에네르게이아, 근원(Arche), 텔로스, 본질, 진리, 초월성, 양심, 의식, 신, 인간 등등이다.[37] 그렇게

---

35) J. Derrida, *Positions*, 12. J. Derrida, *Grammatologie*, 24 이하. 하이데거에 따르면, 로고스의 첫 번째 의미는 "말하다"를 함축하고 있고, 두 번째 의미는 "확장하다"를 함축하고 있다. 두 번째 의미로부터 로고스는 "거두어들인 것", 우리가 보관하고 소유하고 있는 것을 의미하게 된다. 결국 이 둘을 합치면, 로고스는 진리를 현전하게 함으로써 진리를 소유하고 있다는 감정을 나타낸다. 데리다는 이러한 하이데거적 로고스 분석을 따르고 있다. 자크 데리다 지음, 박성창 편역, 『입장들』, 35 편역자 주 및 117. 77. 김형효, 『데리다의 해체철학』, 민음사, 1993, 102.
36) J. Derrida, *Randgänge der Philosophie* 35. J. Derrida, *Speech and Phenomena*, 75 및 80.
37) J. Derrida, *Positions*, 19 및 29. 김성도, 「(포스트)구조주의의 언어 사상 서설 — 구조에서 비결정성으로」, 119 이하.

탄생된 초월적 기의의 초월적 위엄(transcendent dignity)[38]은 최종적으로는 여타의 모든 기호들의 우위에 서서 그들에게 의미를 부여하는 역할을 한다. 이들 초월적 기의들은 우리의 사유와 언어와 세계 경험에다가 절대적 기원·단초·근원을 제공하려고 한다. 로고스의 제국주의가 시작되는 것이다.

필자가 위에서 소개한 후설의 언어현상학은 데리다가 지적하는 로고스중심주의의 특성을 여러 방면에서 모범적으로 보여주고 있다. 이제 필자는 언어철학이 열어놓는 철학적 문제의 차원에서, 로고스중심주의에 대한 비판이 어느 정도 관용할 만한가, 그리고 왜 로고스중심주의를 전적으로 포기할 수는 없는가를 생각해보고자 한다.

로고스중심주의에 대한 비판은 로고스중심주의가 설정한 각종 철학적 중심과 근원과 이분법들이 우리의 실천적인 삶 속에서 각종 전체주의적 억압과 폭력과 소외를 야기했다는 주장 때문에 충격적이다. 오늘날 포스트모던 철학자들이 제나름대로 서양의 이성중심주의를 비판하고(레비나스, 데리다, 푸코, 라캉, 리오타르)를 비판하고, 전체주의적인 동일성의 철학과 전체주의적인 존재 중심의 철학을 비판(레비나스, 데리다)하는 내용은[39] 로고스중심주의에 대한 비판과 공유하는 내용이 많다.

---

38) J. Derrida, *Speech and Phenomena*, 77.
39) J. Derrida, *Positions*, 9 이하. 레비나스(E. Lévinas)도 사유와 대상 세계, 인식 주체와 객관, 사유와 존재의 동일성을 근거지우려 했던 서양의 동일성의 철학과 존재 사유에 만연되어 있는 전체주의적 폭력을 비판한다. 아리스토텔레스가 진리를 "사태와 지성의 일치"로 간주한 것이나, 헤겔의 절대 정신의 형이상학에서 존재와 사유의 일치, 그리고 후설의 진리론에서도 사유와 사유된 것의 일치를 주장하는 것도 동일성 철학의 대표적인 예다. 그리고 제1원인이나 원리, 궁극성을 추구하는 개념적인 사유는 "존재자"와 "존재자의 존재"를 연결시키는 그리스적 존재 사유의 유산이다. 하이데거의 "존재자의 존재" 분석도 그러한 서양의 전통적인 존재 사유의 한 형태다. 레비나스는 전

서양의 정신사에서 로고스중심주의가 이성 / 감성, 이성 / 반이성, 진리 / 비진리, 세속적 차원 / 선험적 차원, 존재 / 부재, 본질 / 우연, 정신 / 물질, 음성 언어 / 문자 언어, 기의 / 기표, 동일성 / 차이 등등의 이분법을 만들어놓고, 두 번째 항을 억압하였다고 데리다는 비판한다.[40] 그러나 데리다의 이러한 비판은 진리의 일부분만을 언급하는 것이다. 진리의 또 다른 일부분은 그래도 그런 이분법들이 역사에 기여해왔다는 사실이다. 그리고 데리다 식으로 이분법을 완전히 해체하려는 작업도 문제가 없지는 않다. 우리는 이들 이분법들을 왜 해체해야 하는가, 그 정당성은 어디에서 찾을 것인가를 근본적으로 검토해야 할 것이다. 우리는 이들 이분법의 항들 사이의 정확한 경계가 모호한 경우도 있고, 서로가 역전될 수 있는 경우도 있고, 보충되고 통합되어야 될 경우도 있지만, 현상적으로 이들은 언제나 구별되지 않는 것은 아니며, 또한 실천적으로 구별될 필요도 또한 있다. 이들은 항상 얽혀 역동적으로 균형을 유지해야 되는 관계로 남아 있어야 하는 측면도 있다. 이를테면 이성은 언제나 감성과 통합되어 있지만, 그래도 이성은 이성인 측면이 있으며, 이성이 감당할 영역이 있고, 이성이 반이성을 통제하거나 감성이 감당할 영역도 있기 때문이다.

그리고 소위 형상, 실체, 근원, 텔로스, 본질, 진리, 초월성, 의식, 신, 인간 등등의 이념에 관한 한 플라톤이나 중세 철학에서

체주의적인 동일성의 철학이 서양의 실제 역사에서 제2차 세계대전, 유대인 학살과 같은 전체주의적 폭력을 유발시키는 데 기여했다고 비판한다. E. Lévinas, *Wenn Gott ins Denken einfällt*, übersetzt von Thomas Wiemer, Freiburg / München, 1985, 107, 143 및 147-149. *Die Spur des Anderen*, übersetzt, herausgegeben und eingeleitet von W. Krewani, Freiburg / München, 211.
40) J. Derrida, *Positions*, 27 및 29. J. Derrida, *Speech and Phenomena*, 78, 113.

와 같이 고전적으로 그들의 절대성을 주장하던 시대는 이미 지나갔다. 의미의 객관성과 동일성을 통해서 진리의 근원과 객관성을 확보하려 했던 후설은 이미 고전적인 절대성을 탈피해나가는(의미의 상관자론, 발생적 현상학 참조) 현대적인 형태의 로고스중심주의자였다. 후설 이후에도 우리는 우리의 삶을 보다 나은 삶으로 인도하는 이정표로서의 목적과 진리의 타당성, 사유의 정당한 근거,41) 인간에 대한 이념 등을 유동적으로 찾아가는 노력을 끊임없이 해야 하는 상황에 처해 있다. 그 진로와 목적이 이미 결정되어 있는 하나의 거대한 역사는 없지만, 모두 함께 협력하여 이루어가야 할 열려진 역사는 있다. 우리는 우리의 사유와 언어와 세계 경험에 보다 나은 근거를 제시해야만 하는 상황에 처해 있다. 왜냐 하면 인간의 삶은 끝없는 가치의 아나키즘이나 비생산적인 회의의 모험에 내던져둘 수만은 없기 때문이다. 이것은 증명의 문제가 아니라 실존적·윤리적 요청의 문제다. 서양의 근대로부터 오늘날에 이르기까지 소위 로고스중심주의가 서양 역사에서 발생한 전체성과 폭력에 일부분 기여한 바가 있다고 하더라도, 로고스중심주의를 데리다의 주장처럼 전적으로 폐기 처분할 수 있는지는 다시 검토될 필요가 있다. 로고스중심주의를 전체주의적이고 폭력적인 서양 역사의 주된 철학적 원인이었다고 말하는 포스트모던 철학자들의 단편적고 환원론적인 주장은 로고스중심주의가 권력에 의해 남용된 결과라고 말하는 주장으로 약화될 필요가 있다. 한편, 로고스중심주의(및 음성중심주의)를 해체시키고 문자 중심이나 또 다른 중심주의를 전면에 내세우는 것(물론 그들은 또 다른 중심주의를 내세우는 것이 아니라고 주장은 하지만)은 윤리적 요청의 문제를 해결하는 데에 도움이 안 된다. 이러한

---

41) 이남인, 「데리다의 후설 비판」, 229 이하.

해체 자체의 정당성도 근본적으로 검토될 필요가 있다. 또한 데리다의 문자학, 라캉의 언어 이론, 보드리야르의 시뮬라크르 문화 체제 이론 등등은 문자중심주의나 언어 기호의 지배력을 너무 과잉으로 신봉하는 경향이 있다. 새로운 글쓰기 과학의 필요성, 가능성의 조건에 관한 질문, 로고스중심주의에 물든 전통적 개념·규범들의 한계와 위험을 어느 정도 지적하는 한에서만 이들 후기 구조주의 언어철학에 영향을 받은 철학자들의 비판은 유효하다.

3) 선험적 주체의 죽음

후설이 주장하는 선험적 주체와 같은 고전적 인간상은 오늘날의 포스트모더니즘과 후기 구조주의 언어철학자들이 제시하는 인간상에 의해서 크게 격하되고 있다. 소쉬르, 레비스트로스, 라캉, 데리다 등등은 정도의 차이는 있지만 언어를 사용하기 이전의 인간의 견고한 본질 또는 실체(ousia 또는 hypokeimenon)를 인정하지 않으며, 인간을 일차적으로는 언어의 효과에 의해 만들어지고 구조지워진 존재로 간주한다. 데리다의 표현을 빌자면, 인간은 다만 기호들의 차연의 놀이에 의해 결정되며, 차연의 놀이에 의해 발생되는 효과에 불과하다.[42] 이제 인간이 말하는 것이 아니라 언어 기호와 구조가 말하는 것이 되어버렸다.

사실 이들 언어철학자들의 공헌은 선천적으로 주어져 있는 인간의 본질을 회의하며 언어의 차원을 개입시키고, 언어의 그물망에 의해 인간이 구조지워지고, 대상 세계를 언어를 통해서 바라보게 되는 차원을 철학의 주제로 삼았다는 점이다. 사유와 언어와 대상 사이의 역동적인 삼각 관계에서 언어를 중심극으

---

42) J. Derrida, *Positions*, 88 이하.

로 인간을 새로이 볼 수 있게 된 것이다. 사유하고 대상을 구성하는 인간의 이론 이성적 삶과 사회적으로 실천하는 인간의 실천 이성적 삶을 적어도 이론의 차원에서는 고립된 영역에서 설명해온 전통 철학의 이분법을 무너뜨린 것도 이들 철학자들의 공헌이다. 전통적인 보편 인간에 대한 꿈에서 깨어나 인간이 비로소 만들어지는 언어적 실천의 조건을 더 많이 고려한 것도 이들의 공헌이다.

그러나 우리는 사유와 언어와 대상 세계라는 삼각 관계를 바라보건대, 언어의 극이 너무 극단적으로 강조된 나머지 백지 같은 인간 정신에 언어의 그물망이 쳐져서 비로소 인간이 만들어지고, 인간의 실천적 삶이 결정되는 측면은 사태의 일부분일 뿐 전부는 아니다. 그런 사유 방식은 인간을 언어 체계의 세계로 편입시키는 일종의 언어지상주의, 언어환원주의, 언어결정론 등등의 독단에 빠지는 경향이 있다.[43] 우리는 문제의 삼각 관계에서 인간이 전통과 역사를 가진 생활 세계와 학문 공동체 속에서 살면서 언어를 만들어내고 사용하며 언어 체계를 변형시켜가는 인간의 능동적인 측면도 동시에 인정해야 할 것이다. 언어가 인간 대신 말하는 측면뿐만 아니라 인간이 언어와 문화를 창조하는 측면도 함께 말해야 할 것이다. 왜냐 하면 언어가 사회적이고 역사적인 세계(Welt)에서 생성되고 뿌리를 내릴 수 있으려면, 언어를 만들어내고 언어 기호를 매개로 의미 작용을 하는 인간 주체가 있어야 하기 때문이다. 우리는 언어 체계 내재적인 차원을 넘어서는 인간의 능동성과 능동적인 실천 역시

---

43) 데리다의 문자학, 후기 소쉬르의 후기구조주의 언어 이론, 인간의 무의식까지 언어의 그물망에 걸려 있다는 라캉의 언어 이론이나, 후기자본주의 문화가 시뮬라크르(대상을 지시하지 않으면서 그 자체로서 의미를 가지는 허구적인 기호)에 의해 지배된다는 보드리야르의 시뮬라크르 이론이 그 대표적인 예들이다.

부정할 수 없는 사실이기 때문이다. 선험적 주체와 언어와 대상 세계의 삼각 관계에서 이들 세 극 자체가 제나름대로 복잡한 데다가 서로 역동적으로 얽혀 있는 상황을 참작할 때, 필자는 후설의 입장과 포스트모던 및 후기 구조주의적 입장들 가운데 어느 한쪽만을 선택할 문제는 아니라고 생각한다. 각각의 입장들이 가지고 있는 제한적으로 타당한 면들이 검토될 때, 이들은 상호 보완시켜주는 입장들로 모아질 수 있으며, 더 생산적인 논쟁이 될 수 있다.

후설은 일차적으로 언어에 의해서 인간이 만들어진다고 주장하지는 않았지만, 인간의 사유에는 언제나 언어적 그물망이 침투되어 있음(의미적 본질 참조)을 말하고 있다. 소위 발생적 현상학의 시기로 접어들면서, 후설의 언어현상학은 점점 더 언어 경험의 발생, 사회적 실천의 문제를 더 많이 고려하게 된다.[44] 필자의 입장에 따르면, 후설이 현상학적 환원의 방법[45]을 통하여 지속적으로 수행되는 선험적 주체의 활동은, 언어적 요소가 개입되어 있는 인간 사유의 토대 위에서 광범위하게 반성적 활동을 펼칠 수 있다. 그리고 선험적 주체는 경험적 실천적 삶이 진전되어가는 역사 속에서 미래 지향적으로 보다 나은 삶, 인간, 근거, 타당성과 이와 관련된 이념들을 반성할 수 있다. 우리는 소위 선험적 주체의 이러한 반성력을 후설처럼 과

---

44) 이남인, 「데리다의 후설 비판」, 222-227.
45) 이남인, 「데리다의 후설 비판」, 231 이하. 이남인은 현상학적인 환원이 원칙적으로 가능하다고 함으로써 데리다를 비판한다. "현상학적 환원은 다양한 층으로 이루어진 구성의 층을 위층부터 헐어 내려가면서 모든 구성의 층을 떠받치고 있는 최종적인 구성의 층, 즉 이 모든 구성의 층을 떠받치고 있는 최종적인 근원으로 육박해 들어가는 작업"이다. 정적 현상학은 대상 구성과 인식의 최종적 타당성의 근거인 자기 의식의 구조를 해명함으로써, 타당성의 정초 관계를 해명하고, 발생적 현상학은 대상 구성과 인식의 최종적인 발생의 근원을 해명한다.

잉으로 신뢰할 필요도 없지만, 이러한 선험적 주체의 반성력을 무조건 의심할 필요도 없다. 그리고 우리는 실천적 삶에서 전통적 형이상학이 전체주의적 폭력에 하나의 동기가 되어준 것을 어느 정도 인정할 수 있지만, 그러한 폭력의 장본인이라는 누명을 필요 이상으로 뒤집어씌울 필요도 없다. 선험적 주체의 반성에서 나오는 이념들은 이미 선천적으로 주어진 절대적인 이념들이 아니라 미래 지향적인 열려진 사유의 지평에서 산출되는 이념들이기 때문이다. 선험적 주체의 이러한 반성을 가동시키지 않는다면, 우리의 실천적 삶은 가치의 아나키즘에 노출될 것이다.

6. 맺음말

필자의 논문의 과제는 후설의 언어철학의 위상과 그것이 열어놓는 문제점들을 후설보다 후설 비판가들의 눈을 통해서 검토해본 것이다. 후설의 언어철학은 의미 작용 속에 대상이 현전되는 것을 보여줌으로써, 객관적 인식의 타당성의 근거를 보여주었고, 의미의 현전을 통하여 인식을 객관성을 확보하였고, 사유의 현전을 통하여 대상 인식에 확실성을 부여하였다. 이들 각종 현전은 형이상학적 믿음이 아니라 사태 자체가 자신을 그렇게 우리에게 보여주는 현상적 측면이다. 후설은 사유의 형식과 언어적 표현의 형식과 대상 세계의 형식들이 서로를 거울처럼 비추어주는 삼각 관계를 기술하였다. 비록 후설의 언어철학이 로고스중심주의의 특성을 모범적으로 보여준다고 할지라도, 그것이 로고스중심주의의 횡포로 곧장 이어진다는 공격은 부당하다. 소위 로고스중심주의가 현실적인 폭력을 낳는다면, 그것은 그것을 잘못 사용하는 주체의 문제이자 권력의 문제다. 경험적 주체(경험적 자아)를 자신 앞에 세우는 선험적 주체의 반성은 더 나은 삶을 창출할 수 있는 원천 가운데 하나다. 불완전한 선험적 주체가 얼마나 탁월하게 경험을 반성하였는지 역시 반성의 대상이다.

　오늘날 역동적으로 전개되고 있는 정보화 시대의 인식적 · 문화적 · 의사 소통적 조건은 소위 살아 있는 영혼의 말과 기록 문자를 사용하던 시대와는 현저하게 달라졌다. 새로이 출현한 전자 언어 기호와 각종 영상 기호가 가진 정보의 힘은 우리들의 생활 세계에 더욱 깊이 스며들고 있다. 인간 주체와 언어와 대상 사이의 전통적인 삼각 관계 이외에도 인간 주체와 전자 언어와 그것이 지시하는 대상의 관계가 사이버 공간에서 출현하게 되었다. 후설의 언어철학은 이제 사이버 공간이라는 새로운 공간에서도, 소위 보드리야르의 표현대로 차갑게 전자화된 시뮬라크르의 언어와 대상 세계와 거기에서 만들어지는 주체 속으로 파고 들어가 그곳에서 각종 현전과 의미화의 문제를 반성할 수 있으리라고 필자는 생각한다. 사이버 공간에서도 현전의 형이상학, 로고스중심주의, 동일성의 철학, 선험적 주체의 문제를 둘러싼 후설과 데리다의 입장은 계속해서 검토되어야 될 과제로 남는다.

듣기 · 말하기 · 침묵하기
― 하이데거의 언어철학*

배 학 수

1. 머 리

언어는 하이데거 철학의 핵심 문제다. 예술, 기술, 과학은 인간의 존재 분석이 끝난 후 그것을 토대로 다시 시작해야 하는 문제들이다. 언어는 그런 문제와 다르다. 하이데거에게 언어는 인간의 본질이기 때문이다. 인간이란 말하는 존재다. 그래서 그의 언어철학은 인간의 존재 분석 자체가 된다.

인간이 언어적 동물이라는 생각은 전통적 인간관이다. 하이데거의 인간관도 전통적 견해와 비슷하게 보인다. 그러나 언어에 대한 생각이 다르다. 하이데거는 언어가 타인의 언어에 의존하고 있음을 통찰한다. 내가 무언가를 말하고 다른 사람이 듣는다기보다, 먼저 나는 타인의 말을 듣고 그것에 얽매여서 말하게 된다.[1) 전통 철학에서 인간이 말하는 존재라면, 하이데

---

* 이 글은 2001 한국철학회 춘계학술발표대회(6. 16)에서 발표한 것을 수정한 것이다.

거 철학에서 인간은 말을 듣는 존재다.

말한다는 것과 말 듣는다는 것은 내적으로 연관되어 있다. 발언하기 위해서는 청취해야 하고, 청취는 발언이 있어야 하는 것이다. 앞을 강조하면 인간은 말 듣는 존재이고, 뒤를 강조하면 말하는 존재다. 하이데거가 인간을 말 듣는 존재라고 파악하더라도 듣기와 말하기의 내적 관계를 놓치지는 않는다. 다만 강조가 청취에 있는 것이다.

하이데거에게 언어란 청취가 주도하는 듣기와 말하기의 내적 관계다. 전통 철학은 언어에서 청취의 중요성을 하이데거만큼 평가하지 못했다. 언어에 대한 새로운 파악은 인간에 대한 새로운 이해로 발전한다. 듣고서야 말할 수 있는 인간은 그냥 말할 수 있는 인간과 다르다. 청취에 구속된 인간은 근대적 의미에서 자유로운 인간, 주체(subject)가 아니다. 말하는 인간이 근대 (modern)의 인간이라면, 말 듣는 인간은 탈근대(postmodern)의 인간이다.

지금까지 하이데거의 언어철학에 대한 연구는 듣기와 말하기의 내적 관계를 제대로 파악하지 못했다. 그것은 하이데거의 언어론 자체가 이해하기 어려운 데다가 전후기의 논의가 서로 모순되는 것처럼 보이기 때문이다. 하이데거는 『존재와 시간』과 그 이후의 저술에서 언어에 대해 외견상 전혀 다른 언급을 한다. 『존재와 시간』에서는 말하는 주체가 인간이었다. 후기 저술에서는 말하는 주체가 말이 되어버린다. 인간이 말을 하는 것이 아니라 말이 말을 한다. 이 변화에 대해 두 가지 해석 방향이 있을 수 있다. 하나는 이 변화를 실질적인 사상의 전환이라고 받아들이는 방향이고, 다른 하나는 실질적인 변화는 없으

---

1) 전통적 인간관이 인간을 언어를 소유하는 존재로 보았다면, 하이데거는 인간을 언어에 의해 소유당하는 존재로 파악한다(Kiesiel 156).

며 표현 방식만 달라졌다고 생각하는 방향이다.

첫 번째 부류의 연구자들은 '언어가 말한다'는 문장을 문자 그대로 읽는다.[2] 그러면 이 문장의 '언어'는 우리가 일상 생활에서 사용하는 언어가 될 수 없다. 일상 언어는 인간이 말하지 언어 자신이 말할 수 없기 때문이다. 그러면 하이데거가 말하는 언어는 무엇인가? 이 부류의 연구는 여기에 대해 명확한 답을 제출하지 못했다. 나아가 하이데거의 '언어'가 일상 언어가 아니라면, 하이데거의 '언어론'은 언어에 대한 논의가 아니게 된다.

두 번째 부류의 연구는 '언어가 말한다'는 문장을 은유로 받아들인다.[3] 이 문장의 '언어'는 인간의 일상 언어다. 물론 언어는 말할 수 없다. 그런데 우리는 '술이 술을 마신다'고도 한다. 사람이 술에 취하면 술을 마신다는 생각도 없이 마시게 된다. 술 마시는 주체가 인간이 아니라 술이 됨으로써 인간이 능동적 의지에서 술 마시지 않는다는 점이 부각된다. '언어가 말한다'는 문장도 마찬가지다. 인간이 말하지만 다른 사람의 말에 강요되고 있다면 언어가 말하는 것이나 마찬가지다. 필자는 두 번째 해석 방향이 옳다고 생각한다.

하이데거의 언어관은 『존재와 시간』이나 이후의 저술에서나 기본적으로 동일하다. 차이는 서술 방식이나 강조뿐이다. 하이데거가 다루는 언어는 어디서나 우리가 사용하는 일상 언어다. 따라서 그의 언어 사상은 언어철학이라고 부를 수 있고, 일반 언어철학과 비교하여 토론할 수 있다.

---

2) 이 방향의 연구는 다음과 같다. 이수정, 염재철. 박찬국. Sallis. Biemel.
3) Kotoh의 연구가 여기에 해당한다.

2. 이해와 해석

인간은 말할 수 있는 존재다. 하이데거는『존재와 시간』에서 언어 능력이 인간의 본질임을 보여준다. 인간은 세계를 이해하는 존재이고, 세계 이해가 다른 사람에게 표현되면 언어가 된다.

세계 이해는 물건을 만들고 거래하는 인간의 기본적인 생활에 들어 있다. 일상 생활은 목표를 달성하는 과정이다. 목표는 활동의 지향점이다. 목표는 해결해야 할 일일 수도 있고, 획득해야 할 대상일 수도 있다. 인간은 아무런 목표도 없이 그냥 살아가지 않는다. 활동의 지향 속에 살아가는 인간의 존재 방식을 하이데거는 거처 존재(Dasein)라고 부른다.[4] 인간이 추구하는 목표가 인간의 거처이고, 인간은 늘 거처(Da)에 존재하기(Sein) 때문이다.

사람이 어떤 존재인가는 살아가는 모습에서 규정된다. 인간은 특정한 본질이 미리 정해져 있는 것이 아니다. 인간은 이런 목표를 추구하는 이런 존재일 수도 있고, 다른 목표를 추구하는 저런 존재일 수 있다.[5] 삶은 그냥 가만히 정지해 있는 물체가 아니라 운동이다.

목표가 설정되면 그것을 달성하기 위한 여러 가지 수단과 절차가 고려된다. 이때 다른 사람과 여러 가지 사물들도 함께 생각의 범위 속으로 들어온다. 옷 만드는 사람은 옷 살 사람의 취향을 고려해야 하며 부하 직원의 기분도 배려해야 한다. 인간

---

4) 목표를 세우고 수단을 생각할 때 사물의 존재 의미가 드러난다. 하이데거는 존재 의미가 드러나는 것을 존재의 개현(Lichtung)이라고도 한다. "인간은 존재의 개현인 '거처(das Da)'에서 살아간다"(GA 9, 325).
5) 하이데거는 목표를 가능한 일(Moeglichkeit), 가능성이라고 한다. 미래에 가능한 일은 추진할 때 현재가 된다. "거처 존재는 자신의 현재가 된 어떤 가능성에서 규정된다 ……"(GA 2 58).

은 항상 다른 사람과 함께 살아가는 공동 존재(Mitsein)다.

거처는 세계라고 부를 수 있다. 인간이 거주하는 거처는 인간이 살아가는 세계다. 사람마다 목표가 다르므로 거처도 세계도 다르다. 사업가의 세계와 예술가의 세계는 다르다. 그러나 인간의 세계는 비슷하기도 하다. 긴 인류의 역사에서 육체 상태나 환경은 그렇게 다르지 않았기 때문이다.6) 사람들의 세계는 다르면서도 같다.

인간은 각자 자신의 세계를 알고 있다. 지금 나의 목표는 무엇이며 이것을 달성하기 위해서 어떤 것들을 해야 하는지 알고 있다. 그러나 대개 그 앎은 명확하지 못하다. 사람들은 무슨 일을 열심히 하면서도 왜 하는지 잘 모를 때가 많다. 그래도 알고는 있다. 명확하든 않든, 자신의 세계에 대한 인간의 앎을 하이데거는 세계 이해라고 부른다.

세계 이해는 두 가지 특징을 가지고 있다. 하나는 기획성이며 다른 하나는 제한성이다. 첫째, 세계 이해는 기획 활동이다.7) 기획(Entwurf)은 어떤 특정한 목표를 염두에 두고 여러 가지 수단과 절차를 배열하여 미리 그려보는 활동을 말한다.8) 매출을 올리

---

6) 현대인은 전산기, 전산망, 전송 규약, 전자우편 등의 사물들이 신속한 정보 전달의 목표 아래 일정한 연관을 맺고 있는 세상에서 살아간다.
7) "이해 활동은 거처 존재의 존재를 그의 행위의 목표(Worumwillen)에 의거하여 기획한다"(GA 2, 193).
8) 그런데 하이데거는 기획한다는 것은 어떤 계획을 고안하는 것과 아무 관련이 없다고 말한다. "기획한다는 것은 어떤 고안된 계획에 대해 특정한 관계를 맺기 위하여 자신의 존재를 정비한다는 그런 뜻이 아니다. 거처 존재는 이미 언제나 존재하는 한 기획하였으며 기획하고 있다"(GA 2 193). 인간의 삶과 기획 활동은 떼어서 생각할 수 없다는 것(뒤 문장)과 기획은 목표를 위해 절차를 배치하는 활동이 아니라는 것(앞 문장)은 무슨 관계가 있는가? 위의 인용문은 오해의 여지가 있다. 기획이 목표 달성을 위한 계획이라는 것은 분명하다. 다만 아무 생각도 없이 그냥 살아가다가 가끔씩 목표를 세우고 계획을 짜지는 않는다. 존재하는 한 언제나 무언가를 기획한다. 하이데거는 이 점

기 위해서 제품의 디자인, 영업, 광고의 전략, 부서의 조정을 어떻게 해야 할지 그림을 그려보아야 한다. 이해(Verstehen)는 처신과 제작을 위하여 목표와 수단, 절차를 고려하는 활동이다.

어린아이가 아니라면, 인간은 목표 없이 그냥 살아가지는 않을 것이다. 아무 생각 없이 살아가는 것 같아도 다 무언가를 의도하고 있다. 목표와 절차가 너무 익숙한 것이면 자동적 행동처럼 보인다. 여기에도 기획은 있다. 다만 의식되고 있지 않을 뿐이다.

일상인의 삶은 대개 무의식적 차원에서 이루어진다. 무엇을 위한 것인지도 모른 채, 우리는 습관적으로 지하철을 타고, 사무실에 출근하여, 전산기를 켜고 편지를 쓴다. 지하철, 사무실, 전산기, 전자우편이 무슨 의미가 있는지 모른다. 이것들은 처음에 분명히 기획 활동 속에서 존재하게 되었던 것이다. 습관이 되면 사물이 왜 그렇게 존재하게 되었는지도 모른다. 사물의 존재 의미는 망각된다. 사물의 의미를 깨닫지 못하는 존재 의미의 망각을 하이데거는 '존재 망각'이라 부른다.9) 존재 망각 속에서도 기획 활동은 수행되었고 수행되고 있다.

둘째, 세계 이해는 제한적 성격을 가지고 있다. 인간은 어떤 목표라도 자유롭게 설정하고 마음대로 수단을 고려할 수는 없다.10) 다른 사람의 기대나 자신의 역량을 생각하지 않으면 안 된다. 인간의 욕망, 기대, 취향은 환경의 영향을 받는다. 환경은 자연이나 역사적 조건이다. 인간의 삶은 자연적, 역사적 공간에

을 강조하고 싶은 것이다.
9) "자동화는 사물들, 옷, 가구, 우리 아내, 그리고 전쟁의 공포마저 삼켜버린다. 많은 사람들의 다양한 삶이 전부 무의식의 차원에서 일어난다면, 삶은 없는 것이나 다름없다"(Shklovsky 5).
10) "거처 존재는 …… 언제나 이미 몇 개의 가능한 일에 말려 들어가 있다"(GA 2, 191).

서 이루어진다. 절대 권력자라도 시대의 한계는 넘어서지 못한다. 아무리 돈이 많아도 10년 전에는 일반인이 우주 여행을 할 수 없었던 것이다. 이해, 즉 기획 활동은 전적으로 자유로울 수 없다.

기획은 일정한 범위에서 이루어지는 제한적 활동이다. 기획의 제한성을 감성적으로 표현하기 위하여 하이데거는 '던져져 있다(geworfen)'는 상징을 사용한다.[11] 가난한 집에 장남으로 던져져 있으면, 동생들 때문에 자신은 대학에 갈 계획을 세울 수 없다. 세계 이해는 피투적 기획, 제약적 기획이다. 인간은 성향, 가정 환경, 국가의 문화, 시대의 기술적 수준 등의 제약 아래서 목표를 세우고 달성하기 위하여 여러 가지 수단과 절차를 고려하여 행동한다.

이해를 제한된 기획 활동으로 파악하더라도, 이해가 언어와 어떤 관련이 있는지 밝혀지지 않았다. 이해와 언어의 관계가 나타나기 위해서는 이해의 발전된 형태가 고려되어야 한다.

이해는 명확성을 기준으로 불명확한 이해와 명확한 이해로 나누어볼 수 있다. 이해는 기획이니, 명확한 기획과 불명확한 기획이다. 목표와 수단, 절차가 분명하게 정리된 기획은 명확한 것이다. 무언가 일은 하되 목적도, 다음에 할 일도 잘 모르고 한다면 불명확한 기획 속에서 움직이는 것이다.

하이데거는 이해의 발전된 형태를 해석(Auslegung)이라 부른다.[12] 해석은 목표, 관련 절차를 명확하게 의식하는 활동이다. 무언가를 의식한다는 것은 이미 알고 있는 것을 그대로 기억해 내는 것은 아니다. 형태를 제대로 갖추지 않은 기획은 의

---

11) "거처 존재(Dasein)는 피투적 존재(geworfenes)로서 기획(Entwerfen)의 존재 양식으로 던져져 있다"(GA 2, 193).
12) "이해의 발전을 우리는 해석이라고 한다. 해석 활동에서 이해는 이해되는 어떤 것을 이해하여 명확하게 한다(zueignen)"(GA 2, 197).

식되면서 '정리, 정돈, 장치, 개선, 보충'이 일어난다(GA 2, 198). 여름 폭우가 오기 전에 집수리를 한다고 하자. 홍수의 피해를 충분히 고려하고 있다면, 적당한 판자, 못, 망치를 준비하여 합당한 방식으로 작업을 할 것이다. 해석 활동에서 앞으로 해야 할 일들이 제대로 배열되고 이에 맞추어 사물들도 적절한 관계 속으로 들어간다. 이러한 의미에서 해석은 이해의 발전인 것이다.

사물들은 일정한 관계 속에 있을 때 존재 이유가 드러난다. 망치는 지붕 판자와 못을 치는 관계에 있을 때 망치가 무엇 때문에 존재하게 되는지 나타난다. 하이데거는 사물의 존재 이유를 사물의 존재 의미(Sinn von Sein)라고 한다. 존재 의미는 해석 활동을 통하여 명확하지 않은 형태로 있던 것이 명확하게 전환된다.13)

해석은 사물의 의미를 드러낸다. 망치는 판자에 못을 치는 것으로서, 창문은 바람을 막는 것으로서 드러난다. 의미가 드러난 사물은 '으로서 구조(die Als-Struktur)'를 가지게 된다(GA 2, 199). 사물 자체의 편에서 보자면 사물은 무엇으로서 존재해야 할, 존재의 이유 같은 것은 없다. 인간이 없다면 사물의 의미는 없다. 인간의 해석 활동 때문에 사물의 존재 의미는 생겨나는 것이다.

불명확한 기획은 어떤 계기를 맞아 명확하게 될 수도 있고, 명확한 기획(해석)도 습관이 되면 불명확하게 될 수도 있다.14) 이해는 명확성에서 진보할 수도 있고, 퇴보할 수도 있는 것이다. 이해가 퇴보하면 느낌의 요소가 커진다. 분노는 일어나는데 사태는 파악하지 못 할 때가 있다. 그러면 이해(Verstehen)는

---

13) "이해하며 드러내는 활동(das verstehende Erschliessen)에서 명확하게 (artikulierbar) 되는 것을 우리는 의미라고 한다"(GA 2, 201).
14) "의미 연관(Bewandtnis)의 전체가 그러한 해석을 거친다 하더라도, 다시 불명확한 이해(unabgehobenes Verstaendnis) 속으로 퇴행한다"(GA 2, 199).

심정(Befindlichkeit)이 된다. 이해가 진보하면, 사물들의 의미가 분명해진다. 다른 사람과 의사 소통을 위하여 의미에 소리의 옷을 입히면 발언(Aussage)이 된다.

"이 망치는 너무 무겁다"는 발언은 '이 망치는 못을 치기에 무거우니 다른 것으로 바꾸어달라'는 뜻을 다른 사람에게 전달한다. 의사 전달이 이루어질 때, 의미는 말하는 사람과 듣는 사람 사이에 나누어진다.15) 해석 활동에서 망치의 의미(못을 치기 위한 것)가 명확하게 되고, 발언을 통하여 그 의미가 다른 사람과 공유된다.

발언의 총체가 언어다. 발언은 해석에서 나오고, 해석은 발전된 이해다. 그러니까 언어는 이해의 표현이며, 이해는 언어의 토대가 된다. 언어의 토대라는 측면에서 이해는 말하는 활동, 말하기(Rede)다. 이해 활동과 '말하기'는 별개의 요소가 아니다. 이해의 발전은 해석이며, 그것이 언어의 기초이기 때문에 '말하기'가 되는 것이다.16)

이해와 심정의 관계도 마찬가지다. 하이데거는 인간의 거처를 구성하는 요소는 심정, 이해, 말하기의 세 가지라고 한다. 그

---

15) "의사 소통은 규정할 때 지적된 것(das Aufgezeigte)을 함께 보도록 하는 것(Mitsehenlassen)이다. '함께 보도록 한다는 것'은 규정되어 지적된 존재자를 다른 사람과 함께 나누는 것이다"(GA 2, 206).

16) 이해, 해석, 언어의 관계에 대해 하이데거는 조금 혼란스럽게 말한다. 줄곧 해석의 규정과 '말하기'의 규정이 동일했다. 해석은 명확하게 발전된 이해다. "말하기는 이해의 명확화(Artikulation)다"(GA 2, 214). 해석과 '말하기'는 동일하다. 다만 언어의 관점에서 해석은 '말하기'라고 부르는 것이다. 그러다가 하이데거는 불쑥 '말하기'는 해석의 토대가 된다고 말한다. "……'말하기'는 해석과 발언의 토대에 이미 놓여 있다"(GA 2, 214). 여기서는 '말하기'가 불명확한 이해와 같다. 이것은 '말하기'와 해석의 관계를 잘못 설명한 것이다. 불명확한 이해와 명확한 이해는 정도의 차이밖에 없고 서로 변화되는 것이기는 하다. 그러나 해석의 파생적 양태가 발언이라면, 마땅히 '말하기'는 해석의 언어적 측면을 지적하는 것이어야 한다.

셋을 하나로 통일하면 '이해'다. '이해'가 불명확해지면 '심정'이 되고, 명확해지면 '말하기'가 된다. 그래서 하이데거는 세계와 인간의 관계를 설명하는 곳에서 세 가지 구성 계기를 모두 이해의 관점에서 말하고 있는 것이다. "말하기는 …… 심정, 이해와 같은 근원에서(gleichurspruenglich) 나온다"(GA 2, 213). 말하기, 이해, 심정의 세 가지 동일한 근원은 '이해'다. '심정'과 '말하기'의 양극 사이 전체가 '이해'인 것이다.

3. 말하기

이해의 명확한 형태가 해석이고, 해석의 표현은 발언이다. 하이데거는 '말하기'라는 요소를 끌어들이지 않고 그냥 언어는 이해의 표현이라고 할 수 있었을 것이다. '말하기'라는 요소는 불필요한 것처럼 보인다. 하이데거가 '말하기'를 도입한 이유는 세계 이해의 타인 관련성이 용어 자체에서 나타나기를 원했기 때문일 것이다.

하이데거는 인간의 타인 관련성을 매우 강조한다. 근대 관념론의 주관이나 하이데거의 거처 존재는 모두 사물의 존재 의미를 규정하는 활동이다. 그런데 하이데거는 인간이 존재 의미를 규정할 때 이미 타인의 간섭을 받고 있다는 점에 주목한다. 데카르트와 칸트는 이 점을 문제삼지 않았다. 하이데거는 타인 관련성을 내포하는 개념이 필요했다. 우리말에서 사람을 가리키는 용어는 인간(人間)이다. 인간이 '사람 사이'라는 의미라면 타인 관련성이 용어 자체에 들어 있는 것이다. 하이데거는 이런 용어를 찾았을 것이다.

하이데거가 인간의 본질을 설명할 때 사용하는 개념인 이해,

해석은 타인 관련성을 내포하지 않는다. '이해', '해석'은 관념론적 용어와 다를 것이 없다. '주관'을 '거처 존재'로 바꾸어 '거처 존재의 본질은 세계 이해 활동'이라고 하더라도 독자는 '주관의 본질은 사물의 본질 정립 활동'이라고 받아들이게 된다. 이해, 해석이라는 용어 대신 '세계내 존재'라고 해도 상황은 달라지지 않는다. 거기에도 공동 존재의 의미가 담겨 있지 않다. 때문에 하이데거는 인간의 본질을 '세계내 존재', '세계 이해', '거처 존재'로 설명하면서도 기회 있을 때마다 인간이 타인과 함께 있다는 사실을 번거롭게 상기시켜야 하는 것이다.

이 문제를 해결하기 위해 그는 인간의 본질을 규정할 때 '말하기'라는 용어를 도입하는 것이다. 세계 이해 활동은 '말하기', 즉 다른 사람에게 말을 하는 활동이다. 말한다는 것은 이미 듣는 사람을 전제하고 있다. 말하기는 말하는 사람과 듣는 사람의 의사 소통을 위하여 일어난다. 이제 언어는 이해의 표현이 아니라 "언어는 '말하기'의 표현이다"(GA 2, 214). 세계 이해를 '말하기'라고 함으로써 화자와 청자의 관계가 용어 자체 속에 포함되게 된다.

옛날부터 인간의 본질은 언어를 가진 존재였다(GA 12, 241). 전통 철학에서 언어는 두 가지 의미를 가지고 있었다. 하나는 의사 소통이며 다른 하나는 세계관 형성이다. 전통 철학은 지금 하이데거가 고민하는 문제, 말은 이미 타인의 말의 제약 속에 있다는 것을 통찰하지 못했다. 하이데거는 아리스토텔레스와 훔볼트의 견해를 소개하면서 전통 철학의 결함을 지적한다(GA 12, 232-238).

하이데거는 아리스토텔레스의 해석론(de interpretatione)에서 한 구절을 설명한다(GA 12, 233). 소리는 영혼의 체험을 보여주고, 글자는 소리를 나타낸다. 글자와 소리는 사람에 따라

다를 수 있지만 체험과 체험의 대상은 모든 사람에게 동일하다.

홈볼트의 견해는 여러 대목을 인용하고 해석한다(GA 12, 235-238). 언어는 생각을 분절된 소리로 표현하는 정신의 활동이다. 언어는 상호 이해를 위한 의사 전달의 수단만이 아니다. 언어는 정신이 자신과 대상 사이에서 정립하는 세계다. 하이데거는 '세계'를 대상 전체에 관한 생각, 세계관이라고 이해한다.

체험을 일으킨 사물이나 문제가 모든 사람에게 동일하고, 언어에서 정립된 세계관도 모든 사람에게 동일할 것이기에 의사소통은 이루어질 것이다. 그것들은 어떻게 동일할 수 있는가? 한 사람이 자신의 생각에 음성의 옷을 입혀 밖으로 내보내고 다른 사람이 그것을 그대로 듣는다고 하여도 어떻게 발언의 의미가 똑같이 경험될 수 있는가? 아리스토텔레스와 홈볼트는 의사 소통의 가능성을 묻지 않았다.

말하는 사람과 듣는 사람 사이의 의사 소통은 사람들이 공통적인 세계 경험을 하기 때문에 가능하다. 회사 이사가 사업 전략을 사장에게 보고할 때 그들은 회사의 상황과 미래에 관한 공통적인 경험을 가지고 있다. 탐험가의 극단적인 삶의 조건에 관한 보고도 독자가 그 조건이 자신의 생활일 수 있다고 상상할 수 있기 때문에 의사 소통이 가능하게 되는 것이다.[17]

다른 사람과 공통적 경험을 한다는 것은 타인의 세계 이해를 자신의 것으로 받아들이는 것이다.[18] 타인의 생각을 자신의 생

---

17) Biemel 226.
18) "의사 소통은 체험, 즉 의견이나 소망을 한 주관의 내면으로부터 다른 주관의 내면으로 전송하는 것이 아니다"(GA 2, 215). 이 문장은 언어 생활에서 생각의 전달이 이루어진다는 점을 부정하는 것처럼 보인다. 그러나 이것을 하이데거가 부정할 수는 없는 일이다. 그는 여기서 의사 소통이 한 사람의 내면을 다른 사람에게 전달하는 것으로만 생각해서만 안 되며, 공통적 경험에 의사 소통이 뿌리박고 있다는 점을 강조하고 싶은 것이다.

각으로 받아들이는 것은 타인의 말을 듣는 것이다. 이것이 하이데거 언어론에서 '듣기'의 기본 의미다. 우리는 타인의 말을 들음으로써 타인과 공통적 경험을 가지게 되는 것이다.

하이데거는 언어의 타인 관련성을 보여주기 위하여 '말하기'라는 용어를 도입했다. '말하기'는 화자와 청자의 의사 소통을 위한 활동이다. '말하기'가 듣는 사람을 전제한다는 점에서 타인 관련성이 그 용어에 내포되어 있다. 그러나 '말하기'라는 용어도 만족스럽지 못하다. 하이데거가 표현하고 싶은 것은 언어가 단순히 타인과 관련되어 있다는 것이 아니라 타인에게 의존하고 있다는 것이다. '말하기'에서 단순한 타인 관련성은 잘 드러난다. 그러나 의존적 타인 관련성은 잘 드러나지 않는다. 언어 활동은 단지 다른 사람에게 하는 활동이 아니라, 다른 사람에게 의존하는 활동이다. 인간이 다른 사람에게 하는 말은 그들에게 이미 들은 말 때문이다. 인간은 말을 한다기보다 말을 듣는다. 언어의 타인 의존성은 '말하기'가 아니라 '듣기'에서 더욱 잘 드러난다.

4. 듣 기

인간은 말을 하며 살기도 하지만 다른 사람의 말을 듣기도 한다. 훨씬 더 많이 듣는다. 부모의 칭찬과 꾸중을 들으며 자라난 아이는 학교에 가서 교사의 강의를 듣는다. 인간은 자기가 말을 한다고는 하지만 타인의 말을 듣고 되풀이하는 것이다. 인간의 말 속에 스며들어 있는 타인의 구속을 하이데거는 '듣기'라는 용어를 사용하여 지적한다.

듣는다는 것은 따르는 것이다. 친구의 충고를 따르지 않으면 말을 듣지 않는 것이다. 인간은 다른 사람의 말을 이미 듣고 있다. 다른 사람의 말을 듣기 때문에 다른 사람과 함께 살 수 있는 것이다.[19] 다른 사람의 말 중 가장 중요한 말은 아버지의 말일 것이다. 프로이트는 아버지의 말이 아이에게 전달되는 과정을 오이디푸스 콤플렉스를 통하여 설명한다.[20] 어린 아들은 자라나면서 어머니의 사랑을 포기하고, 어머니의 대치물을 찾아야 한다. 어머니와 비슷한 여자를 차지하기 위해서는 어머니를 소유하고 있는 아버지처럼 되어야 한다. 아들은 아버지를 자신의 이상형으로 삼고 그를 모방하게 된다. 아버지를 모방하려면 아버지의 말을 들어야 한다. 아버지는 어릴 때 자신의 아버지의 말을 들었다. 아버지의 아버지도 그렇게 하였다. 아버지의 말은 전통의 말이다. 아이는 아버지의 말을 들음으로써 전통의 요구를 듣게 된다.

하이데거는 이해(말하기)의 전통 구속성을 후기 철학에서 더욱 강조한다. 전통은 직접 말에 표현되지 않고 숨어 있을 수 있다. 여성 운동가들은 '여류 시인', '여교수' 같은 말 속에 여성 차별의 전통이 숨어 있음을 폭로한다. 남자에게는 남자 시인, 남교수라고 하지 않으면서 여자에게만 그런 말을 한다. 여기에 여자를 시인이나 교수의 자리에 오르기 힘든 열등한 존재라고 단정하는 남성 우위의 전통이 들어 있다.[21]

전통은 보이지 않는다. 전통은 발언 자체에는 '언표되지 않는

---

19) '듣기'가 공동 존재(Mitsein)를 가능하게 한다. "듣기는 말하기를 구성한다. …… 무엇을 듣는다는 것은 다른 사람에게 공동 존재로서의 거처 존재를 실존론적 의미에서 열어두는 것이다"(GA 2, 217).

20) Freud 63-67.

21) 영어 chairman도 마찬가지다. 이 말은 의장같이 높은 자리는 당연히 남자가 되어야 한다는 전통적 남성 우위 사상의 반영이라고 한다. 여성 운동가의 비판 때문인지 'chairman'은 'chairperson'으로 바뀌고 있는 듯하다.

것(das Ungesprochne)'이다. 그렇지만 우리가 다른 사람의 말을 들을 때 '언표되지 않는 것'도 함께 들어서 그것이 우리의 말하기(세계 이해)를 규정한다 : "'언표되는 것'은 여러 가지 방식으로 '언표되지 않은 것'에서 …… 흘러나온다"(GA 12, 240). 발언 속에서 전통은 언표되지 않는다. 그러면서도 여전히 인간의 말을 지배하는 힘을 가지고 있다. '언표되지 않는 것'은 소리내지 않은 채 우리의 영혼을 두드리는 '고요의 울림(Gelaeut der Stille)'이다(GA 12, 241). 고요의 울림이라는 말에 신비한 의미는 없다. 그것은 발언을 통하여 직접 말하지는 않지만 발언과 함께 은연중에 전달되는 전통과 같은 것을 의미할 뿐이다.

고요의 울림은 과거의 유산만은 아니다. 미래에 대한 기대도 말하지 않은 채 우리를 의식을 지배할 수 있다. 현대 사회에서 철학 교수는 지식의 실용적 가치라는 '고요의 울림'을 듣고 있다. 게임 하나, 영화 한 편으로 성공한 사람들을 신지식인으로 추앙하는 말 속에 새로운 전통이 소리 없이 들어서고 있다. 철학 교수들은 그 '고요의 울림'을 들으며 인문학의 위기를 주제로 학술 발표회를 개최한다.

전통과 시대의 요구가 인간이 무슨 말을 해야 할지를 규정하고 있다면 인간이 말한다고 볼 수 없다. 차라리 역사가 말을 하고 인간은 듣는다는 것이 맞을 것이다. 언어가 말한다(GA 12, 243). 그리고 "우리는 언어가 말하는 것을 듣는다"(GA 12, 243). 역사는 발언 속에서 언표되지 않은 채 '고요의 울림'으로 말한다.

'언어가 말한다'는 표현은 신비스런 의미를 전혀 가지고 있지 않다. 사람이 말을 하지 어찌 언어가 말할 수 있느냐는 의문은 하이데거의 문장을 너무 경직된 태도로 읽기 때문이다. 독서의 계절이 되면 서점에 '책이 사람을 만든다'는 표어가 붙는다. 우리는 이 말에 놀라지 않는다. 책이 인간을 만든다고 할 만큼 인간의 사고와 태도는 책으로부터 영향을 입는다. '책이 사람을 만든다'는 문장은 인간 사고의 수동성을 강조하는 것이다.

언어가 말하고, 사람은 언어가 말하는 것을 듣는다. 인간은 그것을 경청하며 따른다(GA 12, 244). 인간은 언어를 들으며 따라 말한다(nachsagen)(GA 12, 243). 이런 표현은 인간의 '말하기'가 자유로운 결단에서 이루어지지 않고 역사와 문화의 영향을 깊게 받고 있다는 것을 강조하기 위한 것이다. 언어가 말한다고 하더라도 발언 자체가 인간의 행위라는 점은 의심할 수 없다.

인간이 언어를 듣고, 따라 말하는 데에는 여러 가지 방식이 있다. 명령처럼 받들고 복종할 수도 있고, 도망갈 수도 저항할 수도 있다. 이렇게 다양한 방식을 포괄하기 위해서는 '따라 말한다'고 하기보다 '대꾸한다'고 하는 편이 좋을 것이다. "…… 우리는 '언표되지 않은 것'을 들으면서 언어가 말하는 것에 대꾸한다(entsprechen)"(GA 12, 251). 인문학의 위기에 대한 토론에서 철학, 문학 교수들은 인문학을 경시하는 정책과 시대 분위기를 비난하면서 인문학의 가치를 주장한다. 그러나 아무도 인문학의 본질이 무엇인지, 무슨 의미가 있는지 철저하게 묻지 않는다. 대꾸만 할 뿐이다.

인간이 듣는 타인의 언어에는 타인이 이해하는 사물의 존재 의미가 포함되어 있다. 존재 의미란 사물과 인간의 관계, 인간에 대한 사물의 가치다. 우리는 타인의 말을 들을 때, 말 속에 표현된 존재 의미를 받아들이고 있다. 타인의 말은 가만히 우리 안에 들어와 머물지 않는다. 내가 이미 가지고 있는 존재 이해와 내가 받아들인 타인의 존재 이해가 서로 상관없이 다른 장소에 떨어져 있지 않는 것이다. 타인의 말 속에 표현된 존재 의미는 우리를 습격하여 우리의 세계 이해를 구속한다.

하이데거는 존재 의미를 그냥 존재(Sein)라고 부른다. 보통 '존재'라는 말은 사물을 가리키는 말이다. 그는 혼동을 피하기 위하여 사물을 가리키는 새로운 말, '존재자(das Seiende)'라는 용어를 만들어내었다.22) 그러면 사물의 존재 의미는 '존재자의 존재'로, 존재 의미의 사유는 '존재의 사유'가 된다.

언어와 존재의 관계는 인간과 책의 관계처럼 상호적이다. 인간의 언어(세계 이해)는 존재(존재 의미)를 규정하지만 동시에 다른 사람이 규정하는 존재(존재 의미)에 의해 규정된다. 조금 간단하게 말하면, 이해는 존재를 규정하며 존재에 의해 규정된다. 하이데거는 이해 대신 나중에 사유라는 말을 사용한다.23) 그리고 언어는 이해에서 나오므로, 언어와 존재의 관계는 이해와 존재의 관계다. 그것은 이제 사유와 존재의 관계가 된다. 사유는 존재자의 존재 의미를 나름대로 규정하지만, 세상에 범람하는 존재 의미를 따른다. "쉽게 말하면 사유는 두 가지 의미에서 존재의 사유다. 첫째, 사유가 존재로부터 발현되어 존재를 위한 것이라는 의미에서, 둘째, 존재에 귀를 기울여 존재를 듣는다는 의미에서"(GA 9, 316). 사유는 사물의 존재 의미를 규정하기 위한 활동이라는 점에서 존재의 사유이기도 하고, 다른

---

22) 하이데거는 전통 형이상학은 '존재자와 존재의 차이'를 깨닫지 못하여 존재자의 존재를 탐구하지 못했다고 한다(GA 9, 322). '존재자와 존재의 차이'는 오해되기 쉽다. 이 구절은 '배와 사과의 구별'처럼 서로 다른 두 사물의 차이를 지적하는 것처럼 보이기 때문이다. 그러나 존재는 존재자와 다른 어떤 것이 아니라 존재자와 인간의 관계를 지적하는 말이다. '존재자의 존재'를 탐구하지 않았다는 것은 전통 철학이 사물의 본질을 탐구하면서도 인간의 삶에 사물이 무슨 의미가 있는지를 묻지 않았음을 지적하는 것이다.

23) 규정, 정립 같은 말은 관념론의 색채가 강력하기 때문에 하이데거는 싫어한다. 대신 그는 『존재와 시간』에서는 이해, 기획이라는 용어를 쓴다. 나중에는 이것도 주관의 활동 같은 분위기가 풍긴다고 생각해서 사유(Denken), 開顯(Lichtung), 發顯(Ereignis)이라는 용어를 사용한다.

사람들이 이미 규정해놓은 존재 의미에 영향을 받는다는 점에서 존재의 사유이기도 한 것이다.

인간은 주체적으로 존재 의미를 사유하는 것 같지만 사실상 외부의 요구대로 따라가고 있다. 사유가 경청하는 존재는 타인이 사유하는 존재다. 현대 사회에서 타인은 대중이다. 인간의 사유는 대중성의 지배를 받는다. 대중 매체가 동일한 정보를 퍼부어대는 현대 사회에서 사람들은 점점 대중이 되어간다. 대중 속에 함몰되지 않으려고 대중의 사고 방식에 저항해도 소용없는 일이다. 그것도 '대중성의 거부에 자신을 묶어두는 것이기' 때문이다(GA 9, 317). 변화를 위한 변화, 단지 새롭기 위한 실험은 얼마나 속물스러운가?

사유가 대중성의 지배 속에 있다면 언어도 대중 언어가 된다.[24] 언어는 인간이 말하기 전부터 세상을 떠돌아다니고 있으며, 인간은 대중들의 언어를 들으며 살아간다.[25] 대중의 언어를 듣고 다시 그렇게 말하면서 점점 말의 기반이 상실되어간다. 기반 상실은 언어가 자기 구실을 다하지 못하는 깃을 뜻한다. 언어의 구실은 존재의 사유, 즉 인간에 대한 사물의 존재 의미를 규정하는 것이다. 대중의 말을 듣고 따라 하면서 말이 거론하는 사태 자체에는 관심이 멀어진다. 사태의 존재 의미는 희미해져간다.[26]

일상 생활의 반복은 언어의 기반 상실을 부채질한다. 매일 아침 7시에 지하철을 타고 출근하여 언제나 같은 일을 하고 오후 6시에 퇴근하는 증권 회사 직원에게 주식은 변동하는 가격

---

[24] "그래서 언어는 대중성(Oeffentlichkeit)의 지배를 받고 있다"(GA 2, 317).
[25] "'말하기'는 대개 표현된다. 그리고 이미 언제나 표현되어 있다. 그것이 언어다"(GA 2, 292).
[26] 사람들은 말 속에서 거론되는 사태 자체의 의미를 이해하지 못하고 사람들이 말하는 내용만 듣는다(GA 2 223).

일 뿐이다. 주식과 기업의 관계, 나아가 직장과 자신의 관계는 의식되지 않는다. 하이데거는 대중 언어가 인간에게 가하는 압박을 존재의 '말 걸기'라고 한다. 말 걸기는 추근거림이다. 인간은 대중 언어에게 추근거림을 당하여 살아간다. 그러나 그것을 거부할 수 없다. 그렇지 않으면 살아갈 수 없기 때문이다. "이러한 말 걸기(Anspruch)에서만 인간은 자신의 본질이 거주하는 장소를 발견했다"(GA 9, 323). 인간은 존재의 말을 들어야 말할 수 있게 된다. 대중의 존재 이해는 인간에게 뿌리치지 못하도록 추근거린다. 덕택에 인간은 말할 수 있게 되지만 그 말은 대중 언어의 되풀이에 불과하다.

존재의 추근거림은 전통이나 시대의 압력을 말한다. 거부할 수 없는 압력은 인간에게 운명(Geschick)이다. 하이데거는 존재 이해의 구속성을 『존재와 시간』에서 피투성(Geworfenheit)이라고 했다. 인간은 던져졌다. 그런데 무엇이 던졌는지는 알 수 없었다. 이제 투척의 주체는 분명해진다. 존재가 인간을 던진다. 역사가 인간의 삶을 구속한다. "거처-존재는 '던져진 것'으로서 살아간다. 인간은 존재의 투척(Wurf des Seins) 속에서 살아간다. 존재는 인간을 어디론가 보내는 운명(das schickend Geschickliche)이다"(GA 9, 327). 운명은 결코 벗어날 수 없는 숙명은 아니다. 존재의 운명이 우리를 어디론가 보내지만 우리는 저항할 수도 있을 것이다. 그러나 저항에 성공하여 운명으로부터 완전히 자유로워진다 하더라도, 저항의 방향을 존재가 제약하고 있었다. 여전히 존재는 운명인 것이다.

인간은 언어 속에서 살아간다. 언어는 존재 의미가 거주하는 처소다. 이러한 의미에서 "언어는 존재의 집이다"(GA 9, 313). 존재는 대중의 존재 이해, 즉 대중의 언어다. 그 속에 인간이 살아간다.

그러나 인간은 존재를 부리는 주인이 아니다. 존재를 내 맘대로 규정하지 못하고, 존재에 대꾸만 할 수 있을 뿐이다.[27] 듣고 따르는 사람은 시종이다. "인간은 존재의 목동이다"(GA 9, 331). 인간은 거역하지 못하는 존재의 순한 시종이다. '존재의 목동'이라는 말의 핵심은 존재에 구속당하고 있는 인간의 수동적 처지에 있는 것이다.

5. 침묵하기

존재를 지키는 순한 목동은 너무 무기력하게 보인다. 인간의 말과 행동이 사회의 요구에 응답만 한다면, 그래도 인간은 자유로운 존재인가? 인간은 대중의 요구를 듣지 않고 침묵할 수 없는가? 침묵은 대중 언어를 거부하는 것이다.

하이데거는 침묵을 양심의 부름(der Ruf des Gewissens)이라고 한다. 세상 사람들이 옳다고 인정하는 대로 살아가는 인간은 양심을 부름을 경청하지 않는 사람이다. 타인의 기대에 얽매이지 않고 스스로 결단을 내리는 인간이 양심을 부름을 받는 사람이다. 양심의 부름은 타인의 판단으로부터 독립하는 것이므로 대중 언어를 거부하는 침묵의 상징일 수 있다.

사회의 요구를 듣지 않는다는 것은 대중의 언어에 귀 기울이지 않는 것이다. 그러면 인간은 자기 자신으로 돌아가 내면의 음성을 들어야 한다. 내면의 음성을 듣더라도 인간은 세상으로부터 단절된 주관이 아니다. 언제나 인간은 타인과 함께 있는 존재이기 때문이다.

---

27) "언어의 본질을 존재에 대한 대꾸(Entsprechen)에서 — 생각하는 것이 중요하다"(GA 9, 333).

침묵은 대중 언어의 타당성을 인정하지 않는 것이다. 침묵은 대중의 언어를 그냥 지나치는 것이다. 지나친다고 해도 여전히 그들의 말을 듣는다.[28] 다만 인정하지 않는다. "지나치자 말자 (Uebergehen) 양심의 부름은 대중성에 집착하는 세상 사람들을 무의미성 속으로 밀어 넣어버린다"(GA 2 363). 침묵은 대중 언어의 타당성에 대한 판단 중지다. 침묵은 사람들이 있다고 하면 있다고 믿고, 없다고 하면 없다고 믿는 '자연적 태도'의 거부다.

침묵은 더 이상 대중의 말을 듣지 않는다. 침묵 속에서 대중이 집착하는 일은 무의미하게 된다. 그들의 생각도, 말도 그렇게 된다. 이제 인간은 존재의 추근거림에 대꾸하지 않는다. 침묵할 때 인간은 존재를 지키는 순한 목동이 아니다. 오히려 침묵하는 인간은 존재가 걸어오는 말에 저항하는 투사가 된다.

침묵은 투쟁이다. 침묵은 '존재를 향한 투쟁(der Kampf um das Sein)'이다.[29] 침묵은 의미도 모른 채 떠돌아다니다가 인간에게 밀려드는 대중의 사유와 싸워야 한다. 대중의 사유에 의지하지 않는다면 모든 것을 새롭게 시작해야 한다. 모든 것이 무엇 때문에 생겨났는지 생각해봐야 한다. 모든 것의 존재 의미를 다시 규정해야 한다. 나는 누구인지, 무엇 때문에 사는지 물어야 한다.

존재를 향한 투쟁은 존재 의미를 드러내기 위한 투쟁이다. 이 투쟁은 고통스럽다.[30] 고통스럽지만 이 투쟁이 필요한 이유

---

28) "부름이 세상 사람과 거처 존재의 해석을 지나친다는 말의 의미는 부름이 그것에 다른 사람과 함께 도달하지 않는다는 것을 의미하지 않는다"(GA 2, 363).
29) 투쟁의 철학(philosophy of Kampf)은 하이데거의 초기 프라이부르그 강의(1919~1923)에서 시작되어 1930년대 그의 사상을 지배했다(Caputo 39-40).
30) 하이데거는 이 투쟁의 그리스적 형태를 소포클레스의 오이디푸스왕에서

는 인간은 존재 의미를 망각하고 싶어하기 때문이다. 원래 인생은 쉬운 것이 아니다. 인생은 시름(Sorge)이다.[31] 인간은 무언가에 대해 시름하며 살아간다. 하루하루 먹기 위해서도 시름이 없을 수 없다. 밥은 시름 속에서 인간과 만난다. 밥은 그냥 우리 앞에 있는 대상이 아니라 '시름의 길'에서 우리와 마주치는 것이다.[32] 사물은 시름의 길에서 존재 의미가 규정된다. 인간은 시름 속에서 존재자의 존재와 존재자의 연관 전체인 세계를 경험한다. 그러나 처음 경험하듯이 사물의 존재 의미를 매번 경험한다는 것은 피곤한 일이다. 아주 오래된 연인은 의무감으로 전화를 하고 습관적으로 약속을 한다.[33] 그들은 쉽게 사랑한다는 말을 뱉지만 사랑의 의미는 사라져버렸다.

인생은 원래 힘들다. 그렇기 때문에 우리는 쉽게 살고자 한다. 시름은 시름을 잊으려 한다.[34] 우리는 사물이 우리에게 의미 있는 존재로서 출현한 처음 순간을 계속 경험하려 하지 않는다. 인간은 대중의 언어를 들으며 대중의 기대에 맞추는 데 만족한다. 그래도 먹고사는 데 지장이 없다. '최초 결단(Urentscheidung)'의 반복은 어려운 일이다(GA 61, 109). 어렵지만 할 수는 있는가? 불가능하다면 인간은 사회라는 보이지 않는 끈에 의해 조종당하는 인형일 뿐이다.

찾아내었다(GA 40, 114).

31) "인생은 …… 시름으로 해석된다. 시름이란 무언가를 위하여 무엇 때문에 걱정하는 것, 무언가에 대해 걱정하면서 살아가는 것이다"(GA 61, 90).

32) "대상의 근본 성격은 언제나 다음과 같다 : 대상은 시름의 길에서(Weg der Sorge)에 서 있고 마주친다"(GA 61, 91).

33) 공일오비 3집. 「아주 오래된 연인들」(정석원 작사 / 작곡. 김태우 노래).
  1. 저녁이 되면 의무감으로 전화를 하고 관심도 없는 서로의 일과를 묻곤 하지. 가끔씩은 사랑한단 말로 서로에게 위로하겠지만 그런 것도 예전에 가졌던 두근거림은 아니야. 처음에 만난 그 느낌 그 설레임을 찾는다면 우리가 느낀 싫증은 이젠 없을 거야.

34) "시름없음(Sorglosigkeit)은 시름의 한 방식이다 ……"(GA 61 109).

최초 결단을 반복한다(wiederholen)는 것은 처음 것을 그대로 기억해내는 것은 아니다. 상황은 계속 변화한다. 최초 결단은 상황 변화에 맞게 정리되고 새롭게 기억된다. 침묵은 타인을 밀어내고 내가 자신을 결정할 수 있는 자유의 회복이다. 칸트에게 자유는 내외의 어떤 영향으로부터 벗어나서 행위를 결정할 수 있는 능력이다.[35] 자유는 타인의 언어에 침묵하고 자신의 법칙을 정립할 수 있는 자율이다. 침묵은 인간은 자유롭게 한다. 그런데 침묵은 가능한 일인가?

침묵의 가능성을 하이데거는 예술에서 찾는다. 예술 작품은 존재 의미를 드러낸다. 고흐의 그림은 신발이라는 사물의 존재 의미를 현시한다(GA 5, 19). 일상 생활에서 일꾼은 왜 신발을 신고 다니는지 모르면서 주인 요구에 맞추어 바삐 다닐 뿐이다. 고흐의 그림을 감상할 때 나는 신발을 나의 세계에 들어서게 하는 최초 결단을 깨달을 수 있다. 일상의 이해를 거부하는 침묵의 투쟁 속에서 사물의 존재 의미는 드러나는 것이다.

예술 작품의 감상은 미의 향수를 넘어서는 활동이다. 예술은 존재 의미가 살아나는 곳, 인간이 자유로운 존재가 될 수 있는 곳이다.[36] 예술의 감상은 존재자의 존재를 깨닫는 활동이다. 그런데 이 일은 아무 작품에서나 가능하지 않다. 위대한 작품이어야 한다. 감상자가 존재 의미를 경험할 수 있도록 훌륭하게 창작된 작품이어야 한다.

---

35) Kant 37, 39.
36) 존재는 사람들이 일상 생활에서 사용하는 언어 속에서도 드러난다. 언어는 존재의 집인 것이다. 작품의 감상에서도 존재는 드러난다. 작품과 언어의 차이는 예술 작품에서 존재 현시가 철저하게 일어난다는 것이다(GA 5, 63). 은폐와 현시(Unverborgenheit)는 정도의 차이다. 전시장의 신발 그림이 일상 생활의 신발보다 존재 의미를 더 잘 드러낸다. 그런 의미에서 작품은 언어에서 은폐된 존재를 현시한다.

6. 맺음

필자는 하이데거의 언어철학을 말하기와 듣기, 침묵하기의 관계를 중심으로 고찰해보았다. 인간은 말하는 존재이지만. 말하기 전에 다른 사람의 말을 듣는다. 다른 사람의 말에는 전통과 문화가 녹아 있다. 그래서 인간은 역사의 말을 들으며 거기에 대꾸하는 존재다.

언어는 타인의 언어에 구속되어 있다. 이 견해는 유물론과 비슷하게 보인다. 두 견해를 비교하기 위하여 조금 표현을 수정할 수 있다. 하이데거에게서, "언어는 대중 언어의 반영이다." 유물론에서, "사유는 존재의 반영이다." 언어와 사유는 동일하다. 유물론에서 존재는 경제적 사회적 조건이다. 하이데거에서 대중 언어는 경제적 사회적 조건뿐만 아니라 전승된 도덕이나 관습, 시대의 요구도 포함한다. 존재와 대중 언어는 동일하지는 않지만 인간의 사유를 구속하는 유사한 구실을 한다. 존재에 구속된 사유나 대중 언어에 구속된 인어나 모두 자유롭지 않은 인간을 가리킨다.

대중의 언어를 거부하는 침묵은 인간을 자유롭게 할 것이다. 하이데거는 예술 작품의 감상에서 인간이 자유를 회복할 가능성을 발견한다. 그러나 훌륭한 작품이 없다면 가능성은 실현될 수 없다. 현대는 존재의 사유가 조롱받는 가벼움의 시대다. 존재 의미를 깨닫게 하는 예술마저 없다면 우리는 어디에서 자유를 찾아야 할 것인가?

□ 참고 문헌

1. 하이데거의 저술

Sein und Zeit (GA 2).
Unterwegs zur Sprache (GA 12).
Einfuehrung in die Metaphysik (GA 40).
Phaenomenologische Interpretationen zu Aristoteles (GA 61).
"Der Ursprung des Kunstwerkes," in : *Holzewege* (GA 5).
"Brief ueber den Humanismus," in : *Wegmarken*. Vittorio
    Klostermann, Frankfurt a. M. (GA 9).

2. 그 밖의 저술

박찬국, 「후기 하이데거의 예술관과 언어관」, 『하이데거의 언
    어 사상』, 한국하이데거학회 편, 철학과현실사, 1998. pp.213-
    242.
염재철, 「하이데거의 언어 경험」, 『하이데거의 언어 사상』, 한
    국하이데거학회 편, 철학과현실사, 1998. pp.100-121.
이수정, 「인간의 언어와 존재의 언어」, 『하이데거의 언어 사
    상』, 한국하이데거학회 편, 철학과현실사, 1998. pp.44-73.
Biemel, Walter. "Poetry and language in Heidegger", *Martin
    Heidegger : Critical Assessments* (ed. Christopher Macann).
    Vol. 3. London and New York : Routledge. 1992. pp.222-
    246.
Caputo, John D. *Demythologizing Heidegger*. Indiana Univ.
    Press. 1993.

Kant, Immanuel. *Kritik der Praktischen Vernunft*. ed. Karl
Vorlaender. Verlag von Felix Meiner in Hamburg.

Kisiel, Theodore. "The language of the event : the event of
language", *Martin Heidegger : Critical Assessments* (ed.
Christopher Macann). Vol. 3. London and New York :
Routledge. 1992. pp.151-167.

Kotoh, Tetsuaki. "Language and silence : self-inquiry in
Heidegger and Zen", *Martin Heidegger : Critical
Assessments* (ed. Christopher Macann). Vol. 3. London
and New York : Routledge. 1992. pp.39-49.

Freud, Sigmund. *New Introductory Lectures on Psycho-Analysis*.
The Standard Edition of the Complete Psychological
Works of Sigmund Freud. tr. James Strachy. Vol. 22.

Sallis, John. "Language and reversal", *Martin Heidegger :
Critical Assessments* (ed. Christopher Macann). Vol. 3.
London and New York : Routledge. 1992. pp.190-211.

Shklovsky, Viktor, *Theory of Prose*. tr. Benjamin Sher.
Dalkey Archive Press. 3rd printing. 1998.

H.-G. 가다머의 해석학과 언어*
─ 존재와 존재자의 매개자로서의 언어

김 창 래

1. 언어와 제일철학으로서의 해석학

언어는 오늘날 철학의 여러 분야에서 집중된 조명을 받고 있고, 거의 대부분의 현대 철학의 관심은 이제 언어의 문제로 전향된 것으로 보인다. 사람들은 이러한 일반적 추세를 통틀어 철학의 '언어적 전향(linguistic Turn)'[1]이라고 부른다. 가다머 역시 ─ 이를 실증이라도 하듯 ─ 자신이 『진리와 방법』에서 언어 문제를 다루고 있는 제3부를 "언어를 단서로 한 해석학의

* 이 글은 『과학사상』 2000년, 가을호에 게재되었던 「철학적 해석학의 관점에서 본 언어」라는 글을 기초로 하여 쓰여졌음을 밝혀둔다. 『과학사상』지의 편집인과 한국철학회의 원고 청탁의 요구가 정확히 일치하여 현실적으로 다른 방안이 없었다. 물론 글은 학술지의 성격에 맞추어 수정, 보완, 확대, 심화되었으며, 완성된 후에 보니 분량이 두 배 이상 늘어난 글은 완전히 다른 것으로 되어버렸다.

1) R. Rorty (ed.), *The Linguistic Turn. Recent Essays in the Philosophical Method*, The Univ. of Chicage press, 1967.

존재론적 전향(ontologische Wendung der Hermeneutik am Leitfaden der Sprache)"[2]이라고 이름 붙인 바 있다. 가다머의 해석학은 점진적으로 언어로 전향하고 있는 현대 철학의 일반적 추세의 한 사례처럼 보인다. 물론 이러한 인상이 전적으로 그릇된 것은 아니지만, 여기에는 미묘한, 그러나 결코 간과되어서는 안 되는 차이가 있다. 가다머에게서의 전향은 단지 해석학의 관심이 언어의 문제로 향하고 있다는 사실만을 뜻하는 것은 아니다. 왜냐 하면 여기서 언어는 전향의 지향점이 아니라 오히려 전향의 방법적 통로로 표현되어 있기 때문이다. 즉, 언어로의 전향이 아니라 존재(론)로의 전향이 문제인 것이며, 이 전향의 실마리가 언어에서 발견된다는 것이다. 나는 해석학의 존재론적 전향이 이른바 하이데거의 전회(Kehre)라는 의미에서 이해되어야 한다고 생각한다.[3] 즉, 전회가 제약된 것들로부터 제약들의 근거로(존재자에서 존재로) 한 발자국 더 내딛는 것(Schritt zurück zum Grund der Metaphysik)을 의미하듯이,[4] 언어적으로 구성된 해석학 역시 단지 이 또는 저 텍스트에 관한 이해의 실천으로부터 "이해되는 것들의 존재로(zum Sein dessen, was verstanden wird)"(II / 441), 즉 역사의 개별적 경험으로부터 역사적 경험 일반을 가능케 하는 역사의 존재 자체로 한 걸음을 더 내디뎌야 한다는 것을 의미한다. 그리고 이 근원적 존재로의 통로는 언어에서, 오로지 언어에서만 주어

---

2) H.-G. Gadamer, *Gesammelte Werke*, 10 Bde., Tübingen 1985-1995, Bd. I, S. 385 (이하 가다머의 전집은 약호 없이 권 수와 면 수만 표하되, 둘 사이에 슬래시를 넣는다. 예를 들면 I / 385).

3) 이 점에 관해서는 J. Berger, "Historische Logik und Hermeneutik", in: *Philosophisches Jahrbuch*, Jg. 75, 1967-1968, S. 128 참조.

4) Vgl. M. Heidegger, *Was ist Metaphysik?*, Frankfurt a.M [9]1965, S. 9 u. 21 ; vgl. auch ders., *Unterwegs zur Sprache*, Pfullingen [5]1975, S. 216 (이하 US.라 약하고 면 수만 표함).

질 수 있다. 그러므로 가다머에게서 해석학의 전향은 **언어를 단서로 진행된 제일철학으로서의 해석학의 정립**을 의미한다.

현대적인 의미에서의 해석학은 — 초기의 해석학의 자기 규정과는 달리 — 더 이상 『성경』 해석의 보조학이거나(B. 스피노자, M. 루터), 이해와 해석에 관한 보편적 이론(F. D. E. 슐라이어마허) 또는 단순한 정신과학적 탐구를 위한 방법론적 반성의 체계(W. 딜타이)가 아니라, 그 자신 스스로 하나의 "철학으로"(IV / 472), 즉 "철학의 체계적 문제 제기"(I / 478)로 규정된다. 이렇게 보편적 철학으로 정립된 해석학에서는 단순히 문자적으로 주어진 특정 텍스트, 예를 들면 『성경』, 법전, 역사적으로 전수된 문헌들이 아니라, 오히려 이런 전승들 속에 스스로를 표현하고 있는 "인간적 세계 경험과 삶의 실천 전체"(II / 439)가 문제로 된다.5) 그리고 바로 여기에 해석학적 문제로서의 언어의 중요성이 성립한다. 왜냐 하면 우리의 세계란 근본적으로 "언어적으로 구조지워진(sprachlich verfaßte)" 세계며, 우리의 세계 경험 또한 언어적 구조의 분절 이상 다른 것이 아니기 때문이다(I / 450-454 참조).

> "…… 인간적 세계 경험은 오로지, 그리고 근본적으로 언어적이며, 바로 그렇기 때문에 이해될 수 있는 것이다. 그리고 그런 한에서만 해석학은 **철학의 보편적 측면**을 이루는 것이다"(I / 479).

결국 언어란 우리의 존재 경험의 "보편적 매체"(I / 392)며, 따라서 철학으로서의 해석학의 보편성 또한 "우리의 언어적으

---

5) 철학적 해석학이 이렇게 현존재의 세계 경험 일반을 문제로 삼는 보편적 존재론적 문제 제기임을 가다머는 여러 차례 반복해서 밝힌 바 있다(I / 1, 3, II / 228f., 394, 433, 440f., 446, 495, X / 436f. 참조).

로 매개된 세계 경험의 보편성"(II / 201) 이상 다른 것이 아니다. 이러한 사실을 가다머가 **"이해될 수 있는 존재는 언어다**(*Sein, das verstanden werden kann, ist Sprache*)"(I / 478)라는, 그의 이른바 해석학적 근본 명제로 정식화하였음은 잘 알려진 일이다.6) 오로지 언어에서 보여진 존재만이 우리에게 이해될 수 있으며, 언어적 표현 이전에(vorsprachlich) 존재하리라 추정된 존재 자체는 우리 유한한 — 언어적으로만 사유하는 — 존재자에게는 명백히 접근 불가능하고, 따라서 존재하지도 않는 것이다. 즉, 존재란 이미 항상 언어적으로 분절된 존재(Sein in einer Sprache)며, 존재자의 이해 또한 존재 자체가 아니라 '이해될 수 있는 존재', 존재의 언어적 표현을 향하고 있다. 여기서 언어는 해석학적으로 이중의 규정을 받게 된다. 일면 언어는 '존재가 스스로를 이해될 수 있도록 **표현**(*Darstellung* des Seins)하는 장소'이지만, 타면 언어는 '존재자의 존재 **이해**(*Verstehen des Seienden*)가 수행되는 장소'이기도 하다. 그러나 이 두 규정은 실은 해석학적으로 유의미한 단 하나의 사실만을 말하고 있다 : 존재의 표현과 존재자의 이해의 교차점으로서 언어는 곧 **존재와 존재자의 매개자**(*Vermittlerin von Sein und Seiendem*)다. 존재와 존재자 간의 존재론적 관련은 해석학적으로 '존재의 표현'과 이에 대한 '존재자의 이해'의 매개의 관계로 기술되며, 이 관계의 핵심에 바로 언어가 서 있다. 가다머로 대표되는 현대의 철학적 해석학은 — 슐라이어마허와 딜타이로 대표되는 초기의 해석학적 전통과는 달리 — 스스로를 (언어 속에) 표현하는 존재와 이 표현을 (언어에 힘입어) 이해

---

6) 나는 이 문장의 철학적 함의를 상세히 분석한 바 있다(졸고, 「가다머의 철학적 해석학에서의 존재와 언어의 관계 : "이해될 수 있는 존재는 언어다"라는 문장에 관하여」, 『문화와 해석학』, 『해석학연구』 제8집, 한국해석학회 편, 2000, 153-188쪽 참조).

하는 존재자 간의 관계에 대한 존재론적 문제 제기며, 이러한 문제 제기의 내부에서만 비로소 '존재와 존재자의 매개자'로서의 언어의 존재론적, 해석학적 의의가 밝혀질 수 있다. 이러한 이유로 본고는 해석학 일반에서의 언어의 문제가 아닌 철학적 해석학 또는 제일철학으로서의 해석학에서의, 정확히 표현하자면 '언어를 단서로 하여 존재론으로 전회한 해석학'에서의 언어의 문제만을 논구의 대상으로 삼는다. 여기서의 전회는 단순히 입장이나 "관점의 변경이 아니라",7) 근원적 의미로의 회귀를 뜻한다. 즉, 슐라이어마허와 딜타이를 거치며 보편적 해석의 이론 또는 정신과학의 방법론으로 "제한"8)되어버린 해석학을 그 본래적 의미로, 즉 고대 그리스인들의 사유에서의 hermeneutike 와 hermeneuein이 갖던 원래의 의미로 다시 관련짓는 작업을 말한다. 그러므로 당연히 고대 그리스인의 세계상에서의 해석학이라는 문제의 발상과 기원이 본 탐구의 출발을 이룬다.

2. 해석학·언어·헤르메스

해석학(Hermeneutik, Hermeneutic)의 본질 규정과 관련하여 이 학문이 그리스 신화에 등장하는 Hermes라는 신의 이름에서 유래하였고, 따라서 해석학의 과제 또한 헤르메스가 올림포스의 신들에게 위임받은 과제인 헤르메노에인과 모종의 관련이 있으리라는 추정이 제기되어오곤 했다(II / 92f. u. US. 121f. 참조).9) 물론 이러한 추정은 문헌학적으로 ― 실증과학적으로 ―

---

7) M. Heidegger, *Über den Humanismus*, Frankfurt a.M. 1975, S. 17.
8) M. Heidegger, *Ontologie : Hermeneutik der Faktizität*, GA. 63, Frankfurt a.M. 1988, S. 13.
9) Vgl. auch E. Coreth, *Grundfragen der Hermeneutik*, Herder 1969, S. 7f.

정당화될 수 없다는 사실이 동시에 지적되어 왔다.10) 그럼에도 불구하고 이 추정이 갖는 매력과 **철학적** 설득력은 전혀 감축되지 않고 있다. 이러한 사태는 '헤르메스가 그리스 신화에서 일단 **신과 인간의 매개자**였고, 이 매개를 위해 자신이 창조한 **언어**를 사용하였다'는 점과 '현대의 해석학이 **존재와 존재자**의 관련을 **언어의 매개** 하에 다루고 있다'는 사실 간의 내용적 대응으로부터 설명될 수 있을 것이다. 적어도 신화적 세계상에서의 신과 인간의 관계로부터 철학적 사유 체계에서의 존재와 존재자의 관련으로의 유비적 전용이 허용될 수 있다는 전제에서 출발한다면, 현대의 철학적 해석학의 존재론적 논의에 대해 헤르메스와 헤르메노에인이 갖는 의미에 관한 철학적 (개별 과학적이 아니라) 숙고는 — 새로운 사유의 지평을 열어준다는 점에서 — 생산적이라 할 것이다.11) 설령 이를 뒷받침하는 실증적 증거가 결핍되어 있다고 해도 사태는 마찬가지다. 왜냐 하면 철학은 사실과학(Tatsachenwissenschaft)이 아니며, 철학적

---

10) H. E. Hasso-Jaeger는 근대 해석학의 초기의 역사에 관한 길고도 상세한 분석을 통하여 다음과 같은 흥미로운 결론에 도달하고 있다 : "오늘날 해석학이라 칭해지는 것은 절대적으로 새로운 것(ein absolutes Novum)이고, 서양의 사고의 고전적 전통 속에 자신의 뿌리를 갖지 못한 것이다. 즉, 해석학은 전통이 없는 것(traditionslos)이다"(ders., "Studien zur Frühgeschichte der Hermeneutik", in : *Archiv für Begriffsgeschichte*, Bd. 18, 1974, S. 84). 따라서 현대의 해석학을 고대 그리스의 헤르메스에 관련을 지으려는 모든 사변적 사고의 놀이(Gedankenspiel)는 "비합리적이고, …… 상스러운 짓이며, …… [개념] 형성사적 호기심(bildungsgeschichtliches curiosum)에 불과하거나, …… [오늘날] 정신과학적 학과들의 비합리적 공동화 현상(Aushöhlung)을 보여주는 증거일 뿐이다"(a.a.O., Anm. 160, S. 84). 한마디로 해석학을 헤르메스에 관한 고대 그리스의 신화적 세계상에 관련짓게끔 하는 **실증과학적** 근거는 없다는 것이다.

11) 자세한 점은 졸저 *Sprache als Vermittlerin von Sein und Seiendem. Die Logik des Darstellens bei Hans-Georg Gadamer*, Aachen 1999, Anm. 16, S. 5f. 참조.

"사고의 놀이는(Spiel des Denkens) [실증]과학의 엄밀성보다 더 구속력 있는 것"(US. 121)이기 때문이다.

해석학은 헤르메노에인의 기술, 즉 "공표와 통역과 설명과 해석의 기술이며, 그리고 물론 이 모든 과정의 근거에 놓인 이해의 기술을 포함한다"(II / 92, vgl. auch 294 u. VIII / 4). 그리스 신화에서 이러한 과제가 바로 "신들의 메시지를 인간에게 전달해주던 신의 사자(使者)"(II / 92, vgl. VIII / 4), 헤르메스에게 주어졌었다는 사실은 현대의 존재론적 해석학의 문제 제기에 대해 의미하는 바가 많다. 왜 하필이면 헤르메스가 이러한 중개자(Mittler)의 임무를 떠맡았는지의 물음은 일단은 그의 태생적 중간성과 관련하여 답변해볼 수 있을 것이다. 헤르메스는 그의 출생 조건상 두 대립적인 것의 혼합물이다. 즉, 그는 "부권주의적 빛의 신과 모권주의적 밤의 여신 간의"12) 아들이다. 그가 일면 빛의 신 제우스의 아들이지만, 그의 어머니인 요정 마야가 그를 동굴 속에서 낳았다는13) 신화는 대립적인 것의 혼재로서의 그의 지위를 엿보게 한다. "빛의 신 제우스"14)의 아들이며, 동시에 동굴과 구멍 속을 떠돌아다니는 요정의 아들로서, 그는 일면 "올림포스의 빛의 신성을"15) 지니지만, 타면 요정들에게 특징적인 "혼돈과 밤의 사악한 힘"16)을 지니기도 한다. 헤르메스는 본성상 — 태생적으로 — 빛과 어둠 간의, "하늘과 땅 간의"17) 교차점, 간단히 말해 신적 세계와 인간적 세계라는 "두

---

12) F. K. Mayr, *Der Gott Hermes und die Hermeneutik*, in : *Tijdschrift voor Filosofie*, Bd. 30. 1968, S. 581.
13) Vgl. J. Greisch, *Hermeneutik und Metaphysik. Eine Problemgeschichte*, München 1993, S. 30.
14) F. K. Mayr, a.a.O., S. 569.
15) Ebd.
16) A.a.O., S. 570.

세계간의 중개체"18)다. 바로 이와 같은 중간적 지위로 인하여 헤르메스는 모든 대립적인 것들과 동시에 교섭할 수 있고, "이종적인 것들이 부딪치는 모든 곳에서"19) 매개자로서의 역할을 수행하게 된다20).

그러나 이것으로 헤르메스의 해석학적 의미의 전모에 대한 설명이 이루어진 것은 아니다. 오히려 그의 중간적 지위와 매개자적 역할의 철학적 의미를 더욱 명백하게 보여주는 신화는 그가 언어의 신이며, 표현과 설득, 이해와 합의의 영역을 — 이러한 영역은 물론 현대의 철학적 해석학의 대상 규정이다 — 관장하는 신이라는 사실이다. 플라톤에 의하면 헤르메스란 '말하다'는 뜻의 herein과 '창안하다'는 뜻의 maesasthai라는 두 단어의 합성어며, 이는 곧 헤르메스가 언어를 창조한 신이라는 사실을 의미한다.21) 바로 이러한 이유로 고대 후기의 그리스인들

17) A.a.O., S. 574.
18) A.a.O., S. 575.
19) J. Greisch, a.a.O., S. 32.
20) "생소한 것과 친숙한 것들이 만나는 곳"(J. Greisch, a.a.O., S. 30 u. 32)이라면 어디서나, 예를 들어 남성적인 것과 여성적인 것이 조우하는 곳에서 (vgl. F.K. Mayr, a.a.O., S. 566-583), 그리고 심지어 상행위의 갈등이 생겨나는 곳에서조차 (vgl. J. Greisch, a.a.O., S. 32) 그는 매개자로서 활동한다. 이런 의미에서 헤르메스는 가장 넓은 의미에서의 매개자 일반의 형식이라고 할 수 있다. 그러나 이러한 여러 매개의 형식들은 궁극적으로 그의 본래적인 과제, '신과 인간의 매개」로 환원되는 것으로 간주되어야 할 것이다(vgl. ebd.).
21) Platon, *Kratylos*, 407e-408a 참조 ; vgl. auch G. Ebeling, Art. "Hermeneutik", in : *Religion in Geschichte und Gegenwart. Handwörterbuch für Theologie und Religionswissenschaft*, hrsg. K. Galling, Tübingen 1959, Bd. III, Sp. 243 ; R. E. Palmer, *Hermeneutics. Interpretation Theory in Schleiermacher, Dilthey, Heidegger, and Gadamer*, Northwesten univ. press, 51980, p.13 ; E. Coreth, *Grundfragen der Hermeneutik*, S. 8 ; F. K. Mayr, *Der Gott Hermes und die Hermeneutik*, S. 591.

은 헤르메스를 logos, 즉 '말을 창조한 헤르메스(Hermes logios)'
라 불렀던 것이다.[22] 가능한 이해의 수단의 창시자, 그리고 이
수단의 능란한 사용자로서 그는 신들에게 위임받은 과제, 즉 "신
들의 명령을 인간의 언어로, …… 이해 가능한 매체로 번역하고
",[23] 인간의 바람을 신들에게 전해야 한다는 자신의 과제를[24]
충실히 수행해낼 수 있었던 것이다. 이런 점에서 볼 때 헤르메스
는 단지 중간적인 것(ein Mittleres)이 아니라 중개자(Mittler)며,
더욱이 **"언어를 통한 중개자**(Mittler durch Sprache)"[25]다.

중요한 것은 헤르메스의 중간자적 지위가 고대 "그리스인들

---

22) F. K. Mayr, a.a.O., S. 590f. 참조.
23) H.-G. Gadamer, Art. "Hermeneutik", in : *Historisches Wörterbuch der Philosophie*, hrsg. v. J. Ritter u.a., Darmstadt 1974, Bd. III, Sp. 1061.
24) 이것은 원래 플라톤이 그의 대화편 *Symposion*에서 해명하고 있는 에로스의 과제다. 그러나 에로스와 헤르메스가 고대 그리스인들이 daimonion이라 불렀던, 신과 인간의 중간에 놓인 매개적 존재자의 두 전형이라는 의미에서 나는 이 둘이 서로 다른 것이 아니라고 생각한다. 즉, 두 대립적인 것의 결합의 산물이라는 태생적 조건으로 보나, 대립적인 두 세계를 매개한다는 기능으로 보나 에로스와 헤르메스는 본질상 같은 것이다. 에로스의 과제에 대한 디오티마의 다음의 설명은 이러한 사실을 확인해준다 : 에로스란 "위대한 다이모니온이지요. 모든 다이모니온은 신과 인간의 중개자이고요. …… 그는 통역자와 심부름꾼의 역할을 합니다. 그래서 인간의 기도와 번제를 신들에게 전달해주고, 또 신들로부터 신의 명령과 번제에 대한 보답을 인간에게 전해주지요. 두 세계를 오가며 그는 모든 세계가 하나의 꽉 짜여진 전체가 될 수 있도록 하는, 즉 통일을 보장하는 연결 고리 노릇을 하지요. …… 신들은 결코 인간과 직접 교제하지 않아요. 신이 인간에게 던지는 말, 그리고 신과 인간의 모든 교통은 바로 이 다이모니온들의 매개에 의해서 가능하지요" (*Symposion*, 202e-203a). 에로스와 헤르메스에 관한 그리스인들의 신화적 세계상을 주도하고 있는 근본 생각은 신과 인간의 매개의 사상이다. 그리고 이것은 곧 신적 지혜를 추구하는 학문으로서의 철학(philo-sophia)과 존재와 존재자의 매개를 추구하는 학문으로서의 해석학의 공통 과제이기도 하다.
25) F. K. Mayr, a.a.O., S. 591 (강조는 필자에 의함).

에게는 언어 자체의 이중성"26) 이상 다른 것이 아니었다는 사
실이다. 왜냐 하면 헤르메스가 일면 '정신적 신성과 관련하면서
도 타면 육체적 존재자로서의 인간의 모습을 갖는다는 이중성'
은27) 바로 '정신적 의미와 감성적 음성을 자신의 두 구조 계기
로 갖는 언어의 이중성'과28) 근본적으로 동일한 것이기 때문이
다. 헤르메스 로기오스가 창조한 언어의 이중성은 물론 "신들
과 인간 간의 이해에서의 매개"29)라는 그의 과제의 이중성을
반영한다. 따라서 이 언어는 일면 신들의 메시지를 표현해야만
하기 때문에, 신적이고 무한한 존재자의 정신을 지시해야만 한
다. 그러나 타면 이렇게 신의 정신을 지시하는 기호가 동시에
바로 인간적이고 유한한 존재자에게 이해되어야 한다는 사실
때문에 그것은 감성적인, 즉 인간에게도 접근 가능한 형상(들
을 수 있는 음성이나 가시적 문자 기호)을 취하지 않으면 안 된
다. 현대적 술어를 사용해 표현한다면 본성상 의미와 음성으로
구성된 언어는 그 자신 이미 하나의 이중적 본질이며, 이 이중
적 본질의 기의(signifie)는 신적이자 정신적인 반면, 그의 기표

---

26) A.a.O., S. 592.
27) 신의 사자로 취임한 헤르메스에게 올림포스의 신들이 최초로 부여한, 공
무를 위한 도구가 바로 날개 달린 신발이었다는 사실은 (J. Greisch, a.a.O.,
31 참조) 매우 흥미롭다. 이는 신적 의미의 영역과 인간적 음성의 영역의 한
개체 내에서의 동시 존재를, 따라서 두 이질적 영역의 매개 가능성을 상징하
는 것으로 석의될 수 있을 것이다.
28) 명시적으로는 아니지만 이미 고대 그리스인들에게 언어의 이중성은 기지
의 사실이었던 것으로 보인다. 플라톤의 대화편 *Kratylos*의 중심 문제, 말의
타당성(orthotes ton onomaton)에 관한 물음이 근본적으로 음성과 의미의 필연
적 귀속의 가능성에 대한 물음 이상 다른 것이 아니라는 사실 (vgl. *Kratylos*,
384b u. d ; vgl. auch, K. Gaiser, *Name und Sache in Platons Kratylos*,
Heidelberg 1974, S. 34), 그리고 아리스토텔레스가 말을 무엇인가를 의미하
는 음성으로 규정하고 있다는 사실 등은 (*De interpretatione*, 16a 참조) 이를
뒷받침하는 훌륭한 예들이다.
29) G. Ebeling, a.a.O., Sp. 243.

(sifnifiant)는 인간적이고 육체적이다. F. K. 마이어의 개념사적 분석에 의하면 이와 같은 "헤르메스 로기오스의 모순은" 이후의 그리스철학에서 "언어와 사고의 갈등과 차이"[30]라는 문제로 전개된다고 한다. '내적이고 지성적인 사고'와 '외적이고 음성적으로 분절된 말' 간의 모순과 갈등의 화신으로서의 헤르메스의 언어는 이미 그리스 존재론의 핵심적 부분을 건드리고 있다. 왜냐 하면 이 갈등이야말로 플라톤이 후에 구분(chorismos)이라고 칭했던 문제 이상 다른 것이 아니기 때문이다.[31] 그러나 바로 이 구분의 기원으로서의 이중성에서 언어의 철학적 생산성이 발견된다는 점은 매우 아이러니하다. 이데아적 의미와 그의 가시적 현상 간의 교차점으로서 언어는 곧 현상의 이데아로의 참여(methexis)의 근거인 것이다.[32] 그리스 존재론에서

---

30) F. K. Mayr, a.a.O., S. 605.
31) 플라톤은 그의 대화편 *Kratylos*의 종결부에서 사물에 대한 순수 사유를 통한 변증법적 지식과 음성화된 말을 통해 얻어지는 지식을 구분하고 (vgl. *Kratylos*, 439a), 전자가 아름다움 자체, 좋음 자체를 대상으로 하는 반면, 후자는 이들의 불완전한 모방으로서의 이 또는 저 아름다운, 좋은 개물만을 대상으로 한다고, 그리고 — 이에 따른 당연한 결과이지만 — 전자의 인식이 모든 변화와 운동을 넘어서 그 지속성과 견고함에서의 사물 자체를 향하고 있는 반면, 후자는 지속적으로 변화하는, 따라서 결코 인식될 수 없는 사물의 허상(ikon)만을 지향한다고 말한다 (vgl. *Kratylos*, 439b-440b). 이렇게 특징지워진 두 인식이 플라톤에게서의 에피스테메와 독사에 (vgl. *Politeia*, 476c-d; *Menon*, 98a; *Timaios*, 29b-c u. 51e 참조), 그리고 그의 구분된 두 세계에 대응한다는 사실을 이해하는 것은 어려운 일이 아니다(자세한 점은 이하를 참조: J. Derbolav, *Platons Sprachphilosophie im Kratylos und in den späteren Schriften*, Darmstadt 1972, S. 110; T. Borsche, *Was etwas ist. Fragen nach der Wahrheit der Bedeutung bei Platon, Augustin, Nikolaus von Kues und Nietzsche*, München 1990, S. 59).
32) 바로 이런 맥락에서 언어에 관한 플라톤의 규정 또한 이중적이다. 일단 언어는 결코 진리로의 길이 아니라 의견(doxa)으로의 길일 뿐이며, 언어적 표현(음성화)은 정신적 의미의 감성적 현상으로의 추락 내지 부식을 의미한다(I / 411, 422, III / 325f. 참조). 따라서 진리를 추구하려는 자는 언어에 비추

헤르메스 로기오스는 두 세계, 예지계와 감성계 간의 매개자로 구상화되고 있으며, 헤르메스의 이러한 규정이 곧 존재와 존재자의 매개자로서의 언어라는 현대 해석학의 기본적 구상에 작용한 정신사적 근원인 것이다.[33] 지금껏 살펴보았듯이 고대 그리스의 신화적 세계상과 고전적 그리스 존재론에서 뿐 아니라, 현대의 존재론적 해석학에서도 언어는 그의 중간적 지위로 인하여 "있을 수 있는 존재론적으로 가장 중요한 기능, 이른바 이데아와 현상 간의 매개"(I / 475), 존재와 존재자 간의 매개라는 기능을 수행한다. 언어의 도움 하에 이루어지는 존재와 존재자의 매개, — 해석학적으로 표현한다면 존재의 언어적 표현과 언어적으로 수행되는 존재자의 이해의 매개 — 바로 이것이야말로 가다머가 '언어를 단서로 한 해석학의 존재론적 전향'으로서 의미했던 바며, 현대 해석학의 존재론적 문제 제기에 대해 언

어본 사물이 아니라 사물을 사물 자체로 인식하지 않으면 안 된다 (*Kratylos*, 439b ; *Der siebente Brief*, 343a-b 참조). 그러나 동시에 언어는 사물의 근거 (aitia)를 추구하던 소크라테스가 도주해 들어가지 않을 수 없었던 (*Phaido*, 99e 참조), 이른바 진리로의 "차선의"(*Phaido*, 99c) 통로이기도 하다. 중요한 것은 이 차선책이 우리 유한한 인간에게는 현실적으로 가능한 최선의 방안이라는 점이다. 왜냐 하면 육체성에 결부된 존재자가 정신적 실재를 직접 — 즉, 로고이의 매개 없이 — 바라보았다가는 그의 눈이 멀어버릴지도 모를 일이기 때문이다 (vgl. *Phaido*, 99e). 즉, 언어는 우리 유한한 — 언어적으로만 사유하는 — 존재자에게 유일하게 접근 가능한 진리로의 통로다. 이처럼 전 언어적 (vorsprachlich) 사물 자체를 추구하면서도 또한 언어라는 통로를 거치지 않을 수 없다는 애지자(eros philosophos)의 모순된 상황을 나는 비교적 자세히 분석한 바 있다 (졸저, *Sprache als Vermittlerin von Sein und Seiendem. Die Logik des Darstellens bei Hans-Georg Gadamer*, S. 111-123 참조).
33) 바로 여기에 언어를 단서로 하여 존재론으로 전향하여야 하는 해석학이 왜 우선 — 보편적 해석술로서의 해석학(슐라이어마허)과 정신과학의 방법론으로서의 해석학(딜타이)을 넘어 — 헤르메노에인에 관한 고대 그리스인의 문제 의식으로 전향하여야 하는지의 이유가 있다. 이것이 곧 철학적 해석학의 근원이기 때문이다.

어가 갖는 의미이기도 하다. 즉, 언어는 '존재와 존재자의 매개자(Sprache als Vermittlerin von Sein und Seiendem)'다.

3. 하이데거의 두 의미의 해석학과 언어

전통적으로 해석학은 "역전된 수사학(umgekehrte Rhetorik)"으로, 그리고 수사학은 "역전된 해석학(umgekehrte Hermeneutik)"[34]으로 간주되어 왔다. 왜냐 하면 수사학이란 말하는 기술이고,[35] 해석학은 말을 이해하는 기술이라고[36] 단적으로 여겨져 왔기 때문이다. 이 전통적 구분에 따라 두 학문의 주된 탐구 대상인 표현과 이해 역시 대칭적 대립에 의해 특징지어져 왔다. 즉, 표현이 내적, 정신적 의미 내용의 외면화, 감성화를 뜻한다면, 이의 "역전(Umkehrung)"[37]으로서의 이해는 주어진 외적, 감성적 표현으로부터 내적, 정신적 의미 내용으로 되돌아가는 과정을 뜻한다.[38] 해석학의 초기의 주된 전통은 주어진 감성적 표현으로부터 출발하여 그것이 지시하는 정신적 의미 내용을 재구성하는 이해의 기술에만 관심을 집중시키고 있었다. 이는 슐

---

34) U. Japp, *Hermeneutik. Der theoretische Diskurs, die Literatur und die Konstruktion ihres Zusammenhangs in den philologischen Wissenschaften*, München 1977, S. 40.

35) Platon, *Gorgias*, 451d, 452a-453a, 454e-455a, 458e-459e, 462b-c u. 465a 참조.

36) Vgl. F. D. E. Schleiermacher, *Hermeneutik und Kritik*, hrsg. v. M. Frank, Frankfurt a.M. 1977, S. 71 u. 75 : W. Dilthey, *Gesammelte Schriften*, Bd. V, hrsg. v. G. Misch, Göttingen [7]1981, 332f. u. Bd. VII, hrsg. v. B. Groethuysen, Göttingen 71979, S. 217.

37) F. D. E. Schleiermacher, *Hermeneutik und Kritik*, S. 76.

38) Vgl. W. Dilthey, *Gesammelte Schriften*, Bd. VII, S. 82ff., 85 u. 212f.

라이어마허와 딜타이로 대표되는 초기의 철학으로서의 해석학이 표현의 문제를 자신의 탐구 영역에서 배제하고 있었다는 사실을 의미한다. 그러나 표현으로부터 독립적인 이해, 그리고 이해됨과 무관한 순수한 표현은 무엇을 의미하는가? 해석학의 현대적 입장에 의하면 이 둘은 모두 추상이다. 왜냐 하면 모든 표현은 이해됨을 목표로 하고, 모든 이해 또한 표현에 대한 이해이기 때문이다. 즉, 실제의 상호 주관적 관계에서 나타나는 것은 이해와 구분된 표현이나 표현에 대립된 이해가 아니라 표현하고 이해하는 과정, 말하고 듣는 과정, 즉 상호적인 대화다. 그리고 이것은 곧 현대의 철학적 해석학의 대상 규정이다. 다시 말해 표현의 "역조작(inverse Operation)"[39]으로서의 이해가 아니라 표현과 좁은 의미의 이해가 함께 구성하는 대화(Dialog)가 넓은 의미에서의 이해며, 철학적 해석학의 탐구 대상인 것이다. 따라서 해석학 역시 말하는 기술로서의 수사학과, 말을 이해하는 기술로서의 (좁은 의미의) 해석학을 모두 포괄하는, '인간적 현존재의 상호적 대화에 관한 일반 이론'인 것이다. 그러나 이러한 보편적인 의미의 해석학이 가능하기 위해 서구의 해석학사는 필요한 몇 가지의 전 단계를 거쳐야만 했다. 우선은 "주어진 생소한 개성적 삶의 표출"[40]에 관한 **이해**의 이론으로서의 해석학(딜타이), 인간적 현존재의 존재 **이해**의 분석을 통해 존재 물음의 완수를 위한 예비적 지평을 마련하기 위한 실존의 실존성 분석으로서의 해석학(초기의 하이데거), 존재의 **표현**에 관한 이론으로서의 해석학(후기의 하이데거) 등이 그것이다. 여기서는 이 중 뒤의 두 가지만을 살피고자 한다.[41]

---

39) W. Dilthey, a.a.O., S. 214.
40) W. Dilthey, a.a.O., Bd. V, S. 334.
41) 나는 딜타이에게서 추체험으로서의 이해와 이의 기술론으로서의 해석학의 문제를 이미 상세히 다룬 바 있으므로 여기서는 상론을 피하도록 하겠다

하이데거는 해석학이라는 용어를 이의적으로 사용한다. 이 이의성은 이른바 전회(Kehre)라는 사건으로 구분되는 두 하이데거, 즉 『존재와 시간』으로 대표되는 전기와 존재 사유에 관한 완숙기의 저작들로 대표되는 후기의 하이데거의 구분에 대응하는 것이다. 오랜 논란을 거쳤음에도 불구하고 이러한 구분법의 정당성은 물론, 그 부당성조차 아직 결정적으로 증시된 바 없다. 『존재와 시간』에서의 하이데거는 인간적 현존재의 분석을 통해 존재의 의미에 대한 물음을 완수할 수 있다고 믿었던 반면, 이러한 상승적 탐구의 불가능성을 깨달은 후기의 하이데거는 존재자를 통하지 않고 직접 존재 자체의 말 걸음에 귀를 기울이는, 이른바 존재 사유의 태도를 견지했다. 이러한 맥락에서 '존재의 의미로의 통로를 현존재의 분석에서 발견하려는 시도'와 '존재의 의미를 존재 자체로부터 간취하려는 시도' 간의 심각한 이론적 괴리를 통찰한 리차드슨이 '하이데거 I'과 '하이데거 II'를 구분하였다는 사실은 잘 알려진 것이다. 그러나 정작 하이데거 자신은 이러한 두 하이데거의 구분에 반대하고 있다.42) 가다머 역시 이렇게 묻는다 : "전회 이전의 하이데거는 누구이고, 전회 이후의 하이데거는 누구인가?"(III / 422) 하나의 하이데거를 둘로 가르는 시도에 반대하는 많은 하이데거 연구가들은 전기든 후기든 하이데거의 사유를 초지일관 관통하는 물음은 존재에 관한 물음이었음을 지적한다. 이 물음이 어떤 방법적 절차를 거쳐 대답되어야 하는지, 즉 '현존재 분석

(자세한 점은 졸고, 「해석학적 문제로서의 표현. 현대 해석학의 탈정신주의적 경향에 관하여」, 190-196쪽 참조). 다만 한 가지 언급할 것은, 이 해석학이 언어적 표현의 문제를 해석학의 변방에 위치시키고 있다는 점, 따라서 존재의 표현이라는 문제에는 아직도 전혀 접근하지 못하고 있다는 사실이다.
42) M. Heidegger, Vorwort zum W. J. Richardson, *Heidegger through Phaenomenology to Thought*, The Hague 1963, p.XXIII 참조.

론을 통해서? 또는 존재 자체의 표현을 청취함으로서?'라는 문제에 관한 한, 전기와 후기 간에 미묘한 차이가 있을지언정, 하이데거의 평생을 통한 사유의 과정은 근본적으로 존재자가 아닌, 존재와의 대결이라는 문제의 일관성으로부터 이해되어야 하며, 그런 한에서 전기와 후기의 구분은 미묘한 방법적 차이를 확대 해석한 것에 지나지 않는다는 것이다. 물론 이 입장은 원칙적으로는 타당하다. 그러나 하이데거의 철학 속에서 '해석학'과 '언어'가 차지하는 지위와 관련하여 고려한다면 문제는 그다지 간단치가 않다. 여기서는 전기와 후기의 하이데거에게서 각기 **달리** 규정되고 있는 해석학과 언어의 문제를 살피고자 한다.43)

1)『존재와 시간』에 나타난 해석학과 언어

『존재와 시간』의 주도적 물음은 존재의 의미에 대한 물음(die Frage nach dem Sinn von Sein)이다. 이 물음을 완수하려는 시도가 존재론(Ontologie)이며, 그리고 이는 곧 철학의 본래적 의미다.『존재와 시간』의 특징적인 면은 이 물음이 하나의 조회자(das Befragte)를 가진다는 사실이다. 즉, 존재의 의미에 관한 존재론적 해명의 실마리는 어떤 존재자의 존재 방식을 분석하는 중에만 주어지는데, 이러한 존재자를 하이데거는 술어적으로 현존재(Dasein)라 부른다. 현존재란 자신의 존재의 근거로서의 "존재가" 도대체 하나의 "문제로 되는"44) — 즉, 존재

---

43) 나는 이러한 논구를 통해 두 하이데거를 구분해야 할 필연성을 증명할 생각은 없다. 오히려 정반대로 나는 구분된 두 하이데거를 다시 하나로 합치는 작업의 필연성을 보여줄 생각이다. 그러나 이는 명백히 하이데거 자신의 문제 상황은 아니며, 오히려 가다머의 철학적 과제다.
44) M. Heidegger, *Sein und Zeit*, Tübingen ¹²1972, S. 12 (이하 SZ라 약하고

라는 것을 하나의 문제로 인식할 수 있는 유일한 — 존재자며, 이는 곧 그가 "평균적이고 애매하나마 존재 이해를 갖고 있다"(SZ. 5)는 사실을 뜻한다. 존재 물음이 궁극적으로 지향하고 있는 것(das Erfragte)은 물론 어떤 존재자가 아니라 존재 자체의 의미이지만, 이 물음에 대답하기 위해 우리가 조회하여야 할 곳, 즉 먼저 들여다보아야 할 것은 존재 자체가 아니라 존재가 무엇인지를 "이미 항상" 이해하고 있는 존재자, 즉 현존재다. 왜냐 하면 거기서, 그리고 오로지 거기에서만 존재 물음의 대답을 위한 실마리가 발견되기 때문이다. "존재 물음이란 그러므로 현존재 자체에 속해 있는 ⋯⋯ 전 존재론적(vorontologisch) 존재 이해 내용의 철저화 이상 다른 것이 아니며"(SZ. 15), 이 물음의 완수를 위해 "한 존재자(현존재)의 해명, 그것도 그의 존재와의 관계에 입각하여 진행된 ⋯⋯ 해명이 우선적으로"(SZ. 7) 요구된다. 이러한 해명이 곧 — 현존재의 존재 방식에 대한 분석이란 의미에서, 그리고 현존재의 존재 방식이 실존이라는(SZ. 13 참조) 의미에서 — 하이데거가 "현존재 분석론(Daseinsanalytik)" 또는 "실존의 실존성 분석론(Analytik der Existenzialität der Existenz)"(SZ. 38)이라 칭하는 것이며, 이것이 바로 『존재와 시간』에서의 해석학의 정의인 것이다. 해석학은 그러므로 '그 자체 존재는 아니되, 존재가 무엇인지를 어렴풋이나마 이해하고 있는 존재자'에 대한 탐구며, 이 탐구의 체계적 의미는 이를 통해 비로소 본격적인 존재론적 탐구의 기초(Fundament)가 마련된다는 점에서 찾아질 수 있을 것이다. 이러한 이유로 하이데거는 해석학을 존재론과 구별하여 **기초존재론**(*Fundamental*ontologie)이라 부른다. 중요한 것은 기초존재론으로서의 해석학이 존재론의 기초를 이루는 것이지만 그 자체 존재론은 아니라는 사실이다.

면 수만 표시함).

물론 현존재에 대한 분석을 통해 존재론으로의 통로가 열린다는 의미에서 현존재는 일단 "존재론적"이다. "그러나" 하이데거가 명백히 쓰고 있듯이 "여기서 존재론적이다(Ontologisch-sein)함은 아직 존재론을 형성한다는 의미는 아니며"(SZ. 12), 단지 "모든 존재론적 탐구의 가능성의 조건만을 [즉, 그 기초만을] 완수한다는"(SZ. 37) 사실을 뜻한다.

"이렇게 파악된 현존재 분석론은 물론 전적으로 존재 물음의 완수라는 주도적인 과제에 입각하여서만 자신의 방향을 정할 수 있다. 그리고 바로 여기에 이 학문의 한계가 놓여 있다. 즉, 분석론은 현존재에 대한 완벽한 존재론을 제공할 수 있는 것은 아니다. …… 현존재의 분석론은 우선은 잠정적인 (vorläufig) 성격만을 갖는다. 분석론은 [존재 일반이 아니라] 이 존재자의 [현존재의] 존재만을 따로 떼어내 다룬다. 그러나 이를 통해 그것의 [이 존재자의 존재의] 의미에 대한 해석이 주어지는 것은 아니다. 분석론은 오히려 가장 근원적인 존재 해석을 위한 지평의 마련을 예비하여야 한다" (SZ. 17).

하이데거는『존재와 시간』의 제1부 제1장 '현존재의 예비적 기초 분석'을 마치고 제1부 제2장 '현존재와 시간성'을 시작하면서 다음과 같은 물음을 던진다 : "지금까지의 현존재에 대한 예비적 분석을 통해 얻어진 것은 무엇이고, [계속] 추구되어야 할 것은 무엇인가?" 이 물음에 대한 하이데거의 대답은 기초존재론으로서의 해석학과 존재론의 관계에 대해 훌륭한 설명을 제시한다 : "얻어진 것은 주제적 존재자의 [현존재의] 존재 구조, 즉 세계-내-존재다. …… [계속] 추구되어야 할 것은 존재 일반의 의미에 대한 물음의 답변이다"(SZ. 231). 여기서 드러나는『존재와 시간』이라는 기획의 기본 구도는 다음과 같다 : 우선 기초존재론으로서의 해석학이 현존재의 존재 구조를 밝히면, 이 기초 위에서 존재의 의미에 대한 존재론적 탐구가 본격적으로 시작된다. 존재론은 해석학을 전제로 하지만, 해석학 또한 궁극적으로 존재론으로 완성되지 않으면 안 된다. 즉, '존재와 존재자', '존재의 의미와 존재자의 존재 이해', 그리고 '존재론과 해석학' 간에는 이른바 해석학적 순환(hermeneutischer Zirkel)이 성립하며, 이 순환적 인식 과정 자체가 해석학으로부터 출발해 존재론으로 완성되는 철학(Philosophie)이라는 근원적 인식의 과정인 것이다.

"철학은 보편적 현상학적 존재론이다. 그리고 이 존재론은 현존재의 해석학으로부터 출발한다. 실존의 분석론으로서의 해석학은 모든 철학적 물음의 실마리의 끝을 [현존재의 존재 이해를] 모든 철학적 물음이 기원한 곳, 그리고 되돌아가야 할 곳에 [존재 물음에] 고정시키고 있다"(SZ. 38 u. 436).

분명한 것은 기초존재론으로서의 해석학은 존재론의 출발이며, 해석학의 대상은 존재 자체가 아니라 존재를 전존재론적으로 이해하고 있는 존재자의 존재 구조(Seinsverfassung), 즉 세계-내-존재(In-der-Welt-sein)라는 것이다. 바로 여기서 『존재와 시간』에서 언어가 차지하는 체계적 위치가 발견된다. 세계-내-존재의 구조에 대한 하이데거의 상세한 논의는 ─ 단순화의 우를 범함이 허용된다면 ─ 다음과 같이 요약될 수 있을 것이다 : 세계-내-존재의 본질적 구조는 그의 개시성(Erschlossenheit)이며, 이 개시성은 현(Da)의 실존론적 구조를 이루는데, 이 구조의 세 가지 구성적 계기는 정황성(Befindlichkeit), 이해(Verstehen) 그리고 말(Rede)이다.45) 이 세 가지는 "동근원적(gleichursprünglich)"(SZ. 161)이며, 내적으로 관련된 통일을 이룬다. 그리고 이 통일이 바로 세계-내-존재인 것이다. 정황성과 이해 간의 근원적 동근원성은 이른바 "피투된 기투(geworfener Entwurf)"(SZ. 148)라는 하이데거의 빠롤에 잘 드러나 있다. 여기에 하이데거는 다음과 같은 문장을 추가한다 : "말이란 세계-내-존재의 정황적 이해가능성(befindliche Verständlichkeit)이 의미 관련적으로 분절된 것"(SZ. 162)이다. 말은 이미 항상 존재를 무엇으로(als etwas) 해석하고 있고, 이러한 해석은 정황성에 근거한 이해의 완성을 의미한다. 이러한 분절과 해석이 곧 우리 현존재가 존재의 의미를 이해하는 방식이며, 이 방식 속에 존재론적 탐구를 위한 단서가 발견된다. 바로 여기에 『존재와 시간』에서 해석학과 언어가 차지하는 존재론적 의의가 드러난다 : 해석학은 존재 자체에 대한 학문이 아니라 인간적 존재자의 존재 방식에 대한 학이고, 언어 또한 존재 자체의 계기가 아니라 특정 **존재자**의 존재 구조의 구성적 계기일 뿐이다. 그러나 이들 속에, 그리고 오로지 이들 속에서만 존재론과 존재 자체로의 "적절한"(SZ. 7) 통로가 발견될 수 있다. 이는 『존재와 시간』의 집필기의 하이데거가 **존재자로부터 존재에 이르는 길**이 열려 있음을 확신하고 있었다는 사실을 의미한다.

2) 후기 하이데거에게서의 해석학과 언어

전회라는 사건은 존재자의 실존 분석을 통해 존재의 의미에 도달하는 길, 즉 기초존재론으로서의 해석학을 통해 존재론을 완수하려는 길로부터 존재 자체의, 존재론 자체의 길로 되돌아감을 의미한다. 이제 하이데거는 기초존재론의 예비적 도움 없

---

45) 정확히는 정황성과 이해가 두 구성적 계기이고, 그 근거에 '피투된 기투가 분절되는 방식으로서의 말'이 놓여 있다고 해야 할 것이다(SZ. 161 참조).

이도 존재 자체를 그것 자체로부터 사유하는 일이 가능하다고 생각한다. 바로 이런 이유에서 후기의 하이데거가 해석학이라는 타이틀을 내버렸다는 지적이 제기되곤 하는데, 정작 하이데거 자신은 이를 부인하고 있다(US. 122 참조). 오히려 그는 해석학을 새롭게 정의함으로서 자신의 후기의 시도 또한 — 실은 이것이야말로 참으로 — 해석학적인 것이라 주장하는데, 이때의 해석학의 주제는 더 이상 존재자의 이해와 해석이 아니라 **존재의 표현**이다. 그러나 이와 같은 해석학의 개념 변경이 결코 작위적인 것이 아니라는 사실은 주목할 만하다. 오히려 하이데거는 기존의 해석학이 (존재자의) 이해에만 정위해왔다는 일방성을 비판하고, 해석학의 보다 근원적인 의미, 고대 그리스에서의 헤르메노에인의 원래적 의미로 되돌아가고(轉回) 있는 것이다. 하이데거의 출발점은 플라톤이 그의 대화편 『이온』에서 밝히고 있는 시인의 과제에 대한 해명이다.

"…… 신은 시인을 자신의 종으로 부린다. …… 그렇다고 이 귀중한 계시를 시인들이 공표하는 것은 아니다. 오히려 신 자신이 공표자인 것이고, 신이 시인을 통해 우리에게 말하고 있는 것이다. 아마도 신은 이 아름다운 시들이 인간적인 것도 아니요, 인간의 작품도 아니고, 신적이며 신의 작품이라는 사실, 그리고 시인이란 신들의 **통역자**(*Hermenes*)에 불과하다는 사실을 우리에게 보이고자 하였을 것이다. 신은 이를 알리고자 하였으며 그런 연유로 — 의도적으로 — 이 아름다운 노래를 바로 무가치한 시인의 **입**을 통해 불렀던 것이다."46)

흥미로운 것은 여기서 플라톤이 시인을 헤르메네스라는 이름으로 표기하고 있으며, 그의 과제를 신들의 메시지를 인간의

---

46) Plato, *Ion*, 534d-e(강조는 필자에 의함).

문자와 음성으로 번역하는 일에 국한하고 있다는 점이다. 즉, 시인은 "다른 이가 [신이] 말한 것을 전달할 뿐이지",47) 거기에 어떤 주관적이고 자발적 변경(존재자의 적용, 즉 다른 이해와 해석 : Andersverstehen)도 꾀해서는 안 된다. 따라서 그의 과제는 ─ 일차적으로는 ─ 스스로 생각하는 것이 아니라, 이미 타인에 의해 생각된 것을 여타의 변경 없이 제3자에게 전달하는 일일 뿐이다.48) 플라톤의 이러한 헤르메스 해석은 하이데거에게 '해석학은 우선적으로 **존재의 표현**의 문제이지 주어진 표현에 대한 **존재자의 이해**의 문제가 아니라'는 사실을 의미한다.

> "헤르메스는 …… 운명의 메시지를 전달한다. 헤르메노에인은 [일단은] 소식의 표현(Darlegen)이며, 그리고 이 표현이 [존재의] 메시지를 들을 수 있게 한다. 이러한 표현은 [뒤늦게서야 비로소] 이미 시인[헤르메스]에 의해 말해진 것에 대한 해석(Auslegen)으로 된다. 해석학적인 것은 우선적으로 해석을 의미하는 것이 아니라, 그에 앞서 [존재의] 메시지와 소식(Kunde)의 전달인 것이다" (US. 122).49)

이 관계는 논리적으로도 자명해보인다. 일단 표현이 주어져야만 비로소 표현에 대한 이해가 문제시될 수 있기 때문이다. 즉, 표현은 이해를 논리적으로 우선하여야 하는 것처럼 보인다.

---

47) M. Heidegger, *Ontologie : Hermeneutik der Faktizität*, S. 9.
48) Vgl. Plato, *Politikos*, 260d : "그는 단지 오라켈이 말한 것을 알 뿐이다. 그것이 참인지 아닌지는 그가 말할 수 있는 것 이상의 것이다"(*Epinomis*, 975c ; vgl. auch *Kratylos*, 408c). 따라서 헤르메스는 신의 말을 해석해주는 자이기에 앞서 "신들의 대변자(Sprecher der Götter)"(M. Heidegger, *Ontologie : Hermeneutik der Faktizität*, 9)며, 비로소 해석되어야 할 말의 전달자다. 이 말이 전달된 이후에 비로소 차후적으로 이해와 해석의 기술론(해석학)을 개발해야 할 필요성이 감지된다.
49) Vgl. auch F. K. Mayr, a.a.O., 549 ; J. Greisch, a.a.O., 31f.

그러나 하이데거에게 — 즉, 존재자의 분석으로부터 존재 자체에 대한 사유로 전회한 하이데거에게 — 이 관계는 단순한 논리적 우선의 문제가 아니라 (이해하는) 존재자에 대한 (스스로를 표현하는) 존재의 존재론적 우선성의 해석학적 기술(記述)인 것이다.

여기서 전회의 해석학적 의미가 밝혀진다 : 전회란 존재자의 (존재) **이해**로부터 존재 자체의 **표현**으로 되돌아가는 것이다. 그리고 이 전회의 경험으로부터 규정된 해석학, 즉 그 근원적 의미(존재의 표현)로 되돌아가 살펴본 해석학은 단순한 이해의 기술이 아니라 "존재자의 존재를 존재에서 (그리고 나에 대해) 고지"[50]하는 기술이다. 이러한 새로운 해석학 규정에 따라 하이데거는 헤르메스 로기오스의 과제, 즉 언어의 과제를 "존재자의 존재를 전면으로 이끌어오되, 존재 자신이 스스로 현현할 수 있도록 이끌어오는 것"(US. 122)이라고 규정한다. 그러므로 해석학의 우선적이고 본래적인 과제는 **존재자의 존재 이해를 단서로 한 존재자의 언어적 존재 해석**(*die sprachliche Seinsauslegung des Seienden am Leitfaden seines Seinsverständnisses*)인 것이 아니라, 언어에서의 존재 자신의 자기 해석(Selbstauslegung des Seins in der Sprache)이다. 바로 여기에 후기 하이데거에게서 언어가 차지하는 체계적 의미가 자리매김한다. 즉, 언어는 존재자의 이해가 수행되는 장소이기에 앞서 존재가 표현되는 장소다. 다시 말해 언어는 "**존재**의 집"[51]인 것이다. 하이데거에 의하면 본질적으로 "해석학적 관련을 규정"하는 것은 이렇게 전적으로 존재론적으로 — 즉, 기초존재론적으로가 아니라 —

---

50) M. Heidegger, *Ontologie : Hermeneutik der Faktizität*, S. 10.
51) M. Heidegger, *Über den Humanismus*, S. 22 (강조는 필자에 의함).

해석된 "언어"(US. 122)일 뿐이다. 그러나 여기서의 해석학적 관련이란 더 이상 ─ 즉,『존재와 시간』에서와는 달리 ─ 존재와 존재자 간의 상호적 관련을 의미하는 것이 아니라 말하는 존재의, 이를 다만 청취할 뿐인[52] 존재자로의 **일방적** 고지의 관계라는 사실이 중요하다. 즉, 존재자가 아니라 존재가 스스로를 해석한다(Sein legt sich selbst aus). 후기 하이데거에게는 오로지 이와 같은 존재의 자기 해석만이 해석학의 유일하게 유의미한 테마이고, 이해하는 존재자는 다만 이를 들으며 이에 다가갈 뿐이지, 그에게 어떤 자의적인 이해와 해석의 여지도 남아있지 않다. 즉, 여기에는 존재가 보여주는 것과 상이한 어떤 것을 찾아내는 '다른 이해(Andersverstehen)'의 가능성이 배제되어 있다. 이러한 배제는 동시에 철학으로부터의 존재자의 배제를 의미한다. 이해하는 존재자는 스스로를 존재의 표현에 적응시켜야지, 이해되는 존재의 의미를 자신의 현재성과 미래성에 적용(applizieren)하는 기투를 수행해서는 안 된다. 이제 해석학은 더 이상 **기초존재론**이 아니라 존재론 자체로 되어버렸고, 그런 의미에서 해석학의 실마리는 존재자의 존재 이해에서가 아니라 존재 자신**의** 자신에 대한 사유(Denken *des* Seins)에서 발견되어야 한다. 그리고 이때의 소유격은 물론 목적격적 소유격이 아니라 "주격적 소유격(genitivus subiectivus)"[53]으로 간주되어야 할 것이다. 즉, 존재자가 존재를 사유하는 것이 아니라 존재가 스스로를 사유한다. 그리고 이 사유가 진행되는 곳이 곧 언어다. 그러나 이 언어는 우리 존재자가 말하는 언어가 아니라 스스로 말하는 언어며,[54] 존재자의 집이 아니라 존

---

52) Vgl. a.a.O., S. 7.

53) M. Heidegger, *Identität und Differenz*, Pfullingen [4]1957, S. 53 ; *Über den Humanismus*, S. 7 참조.

54) Vgl. : "Die Sprache spricht" (US. 12, 16, 19f. u. 33).

재의 집일 뿐이다. 아직 이 집에 거주히지 못하고, 다만 이 집에로의 **도상에** 서 있는(*unterwegs* zur Sprache) 존재자로서의 인간적 현존재는 오로지 "자신의 존재 방식을 넘어서면서만(ek-sistierend)",55) 즉 지속적인 자기 망각을 통해서만 이 집에 도달할 수 있고 거주할 수 있다. 이러한 맥락에서 나는 이른바 전회, 존재자로부터 존재로의 총체적인 회귀를 "존재자 망각"56)의 징후로 간주하는 일이 정당화될 수 있다고 생각한다. 일단 기초존재론의 탐구 대상이었던, 그러나 후기의 존재 사유의 해석학에서 느닷없이 망각되어버린 **존재자**를 다시 복권하고, 두 가지의 해석학(기초존재론과 존재의 표현의 해석학)을 포괄적인 하나의 해석학의 두 측면으로, 그리고 (존재자의) 이해와 (존재의) 표현을 존재와 존재자의 매개라는 하나의 사건의 두 계기로 설명하는 일은 가다머의 과제이자, 그의 해석학에서 언어가 지니는 존재론적 의의이기도 하다.

4. H.-G. 가다머에게서 표현과 이해의 상호귀속성

후기의 하이데거가 포기한 '해석학'이라는 명칭에57) 끝내 집착하는(vgl. II / 446, IV / 477, 481 u. X / 69) 가다머에 의하면, 이해하는 존재자는 존재의 표현을 다만 청취할 뿐이 아니라 도리어 자신의 입장에서 되묻는다(eine Gegen-Frage stellen). 즉, 존재가 던지는 말을 그의 "내적인 귀(inneres Ohr)"(II / 205, 351, 360 u. VIII / 134)58)로 청취하는 존재자의 존재 방식은 침묵

---

55) M. Heidegger, *Über den Humanismus*, S. 22 u. 45 ; US. 90.
56) E. Coreth, *Grundfragen der Hermeneutik*, S. 169.
57) 하이데거 자신의 부인에도 불구하고 가다머는 후기의 하이데거가 "해석학의 개념을 완전히 내버렸다"(II / 332)고 생각한다.

하는 수용성이 아니라 이른바 **"다른** 이해(*Anders*verstehen)"
다.59) 그는 존재의 표현을 매번 자신의 "구체적 상황에 …… 적
용"하고 있으며, 이를 통해 존재의 의미를 그때 그때마다 "새롭
게 그리고 달리"(I / 314, vgl. 401) 해석하는 "새로운 창조"(I /
477, vgl. 151f., u. II / 183)를 수행한다. 존재의 자기 해석, 즉 **밖
으로** 내보인(*aus-gelegt* : 감성적 음성으로 표현된) 존재의 의
미는 필연적으로 존재자의 다른 해석에 의해 **"함께** 규정
(*mit*bestimmt)"(I / 301. 강조는 필자에 의함)되며, 그런 한에서
존재자는 존재의 자립적인 대화 상대자로 간주되어야만 한다.
넓은 의미의 이해, 즉 이해되는 존재와 이해하는 존재자 간의
대화로서의 이해는 이렇게 물음과 되물음의 구조를 가지고 있
다. 중요한 것은 이러한 상호적 대화가 수행되는 지평이 곧 언
어라는 사실이다. 하이데거에 의하면 우리 존재자는 다만 언어
로의 **도상에**(*unterwegs* zur Sprache) 서 있을 뿐이고, 따라서
언어란 우리 존재자의 집이 아니라 본질상 '존재자가 아닌 존
재'의 집이다. 반면 가다머에 의하면 우리 언어적으로만 사유하
는 존재자는 언어로의 길이 아니라 존재로의 **언어적** 길 위에
서 있는 것이고(auf einem *sprachlichen* Weg zum Sein), 따라

---

58) 그의 후기에 새롭게 사용된 '내적인 귀'라는 개념으로서 가다머는 말해진
것의 단순한 소극적 수용이 아니라, 내면적 적용과 자기화의 계기를 강조하
고 있다. 즉, (존재에 의해) 말해진 것을 "단순히 듣는 것이 아니라, 내면적으
로 함께 말함으로서"(II / 351, vgl. auch 205), 이것이 생소한 타자의 말에 머
무는 것이 아니라, 동시에 나의 (이해하는 존재자의) 것이 될 수 있도록 하는
내면화, 자기화의 과정이다. 이 개념에 대한 상세한 분석은 J. 그롱당이 제공
하고 있다 (vgl. J. Grondin, "Das innere Ohr. Distanz und Selbstreflexion
in der Hermeneutik", in : *Denken der Individualität. Festschrift für Josef
Simon zum 65. Geburtstag*, hrsg. v. Th. S. Hoffmann u. S. Majetschak,
Berlin / N.Y. 1995, S. 331ff.).
59) 이 문제에 대해서는 다음을 참조 : I / 302, II / 7f., 314, X / 129 u. 141f. u.ö.

서 언어는 "단지 존재의 집에 멈추는 것이 아니라 동시에 인간의 [존재자의] 집이기도 하다."[60) 여기서 후기의 하이데거와는 사뭇 다른 가다머의 언어 규정, 그리고 해석학 규정이 보인다 : 언어는 다만 **존재의 표현**을 위한 장소일 뿐 아니라 **존재자의 이해**가 수행되는 장소이기도 하다. 따라서 언어철학적으로 정위된 해석학 역시 '존재자의 존재 이해 내용을 분석의 대상으로 삼는 기초존재론으로서의 해석학'과 '존재의 표현의 해석학' 모두를 자신의 구조 계기로 포괄한다. 왜냐 하면 여기서는 존재의 표현과 존재자의 이해라는 두 개의 분리된 사건이 문제인 것이 아니라, '스스로를 언어적으로 **표현**하는 존재'와 '이 표현을 또한 언어적으로 **이해**하는 존재자' 간의 **매개**라는 하나의 사건만이 — 물론 이 하나의 사건의 두 계기가 바로 표현과 이해다 — 문제이기 때문이다. 따라서 가다머의 출발점은 존재와 존재자의, 그리고 표현과 이해의 상호귀속성(Zusammengehörigkeit von Darstellen und Verstehen)이다. 즉 모든 이해는 표현에 대한 이해며, 모든 표현 또한 이해되는 데 그 해석학적 의의가 있다는 사실이다.

근본적으로 그의 언어성에 의해 규정된 유한한 존재자로서의 인간에게 '존재자의 존재가 아닌 존재 자체(das Sein an sich, das nicht das Sein des Seienden ist)'[61)를 직관적으로 파악한

---

60) H.-G. Gadamer, "Die Aufgabe der Philosophie", in : *Das Erbe Europas*, 1989, 172f.
61) 이를테면 하이데거가 그의 『형이상학이란 무엇인가?』의 제4판 후기에 쓰고 있는 다음과 같은 존재를 의미한다 : "존재자는 결코 존재 없이 현존할 수 없으나, 존재는 존재자 없이도 거뜬히 현존한다 (Daß das Sein *wohl* west ohne das Seiende, daß niemals ein Seiendes ist ohne das Sein)" (M. Heidegger, *Wegmarken*, GA. 9, Frankfurt a.M. 1976, Anm. 2, S. 306 : 강조는 필자에 의함). 이 문장이 제5판의 후기에서는 다음과 같이 바뀌었다 : "존

다는 것은 가능한 일이 아니다. 왜냐 하면 인간의 "유한한 오성
은 근원적으로 디스쿠어수스적 특성(Diskursivität)에"[62] (I /
426f.) 결부되어 있고, 따라서 인간은 "범주를 필요로 하지 않는
신적 직관"[63]과는 달리 사유 형식(Kategorien)의 분절을 통해
서만 최초로 대상(Gegenstand, und nicht das Ding an sich)의
성립에, 그리고 대상의 경험에 이를 수 있기 때문이다. 우리의
존재 경험은 "직접적(unmittelbar) [즉, 아무런 매개도 필요로
하지 않는]"(IV / 478. 강조는 필자에 의함) "직관(Intuition)"(I /
427)에 의한 것이 아니라, "필연적으로"(I / 384) 언어의 **매개**에
의한(mittels einer Sprache) 사고의 분절, 즉 디스쿠어수스의
결과다.

  "인간적 사고는 근원적이고도 무한한, 직관하는 정신의 구조를
  가진 것이 아니다. 인간의 정신은 존재하는 것을 항상 그리고 단지
  그의 사유의 디스쿠어수스적 전개를 통해서만 파악한다"(III / 69,
  vgl. VI / 150 u. VII / 433).[64]

재자는 결코 존재 없이 현존할 수 없으며, 존재 [또한] 존재자 없이 결코 현존
할 수 없다 (Daß das Sein *nie* west ohne das Seiende, daß niemals ein
Seiendes ist ohne das Sein)" (M. Heidegger, *Was ist Metaphysik?*, S. 46 : 강조
는 필자에 의함). 아마 하이데거는 존재와 존재자를 상호 귀속적인 것으로 간
주해야 할 필요성을 다시 감지했을 것이다. 그러나 이러한 일은 하이데거 자
신에 의해서가 아니라 그의 탁월한, 그러나 비판적인 후계자 가다머에 의해
수행되었다.
62) 나는 여기서 discursus라는 개념을 번역하지 않고 사용할 것이다. 왜냐
하면 이 개념과 오늘날 흔히 '담론'이라고 번역되고 있는 J. 하버마스의
Diskurs라는 특수 개념과의 혼동을 피하기 위해서다(정확히는 하버마스가
이 개념을 본래적인 개념사로부터 일탈되게 사용하고 있다고 말해야 할 것이
다).
63) I. Kant, *Kritik der reinen Vernunft*, B 145.
64) 전통적으로 디스쿠어수스(discursus)는 직접적, 일회적으로 모든 것을 개
관하는 인식 양식으로서의 직관(intuitio)에 대립되어 사용되어온 개념이다.

여기서 가다머는 인간의 사고, 즉 존재 경험을 디스쿠어수스
로부터, 그리고 디스쿠어수스를 언어적 대화의 구조로부터 파
악하고 있다. 즉, 존재란 우리에게 있는 그대로 직관되는 것이
아니라 단지 "언어의 대화적 구조를 통해 …… 점진적으로 드
러나 보이게 된다"(IV / 477). 물론 이렇게 보인 존재는 존재 자
체가 아니라 그때 그때마다 언어적으로 분절된 존재일 뿐이다.
그러나 이것이 우리의 존재 이해의 근원적 허위성을 의미하는
것은 물론 아니다. 오히려 가다머는 여기서 우리의 존재 이해
의 "절대적"(I / 453) 언어구속성을65) 지적하고, 존재에 대한 해
석학적 논의를 언어적으로 표현된 존재에 제한해야 할 필연성

즉, "철학하지 않는" (Plato, *Symposion*, 203e), "일순간에 모든 것을 직관하
는" (A. Augustinus, *De trinitate, Die Dreieinigkeit*, ü.setzt v. M. Schmaus,
München 1935, XV, 7, 13), 또는 사고하지 않고 다만 직관할 뿐인 (vgl. I.
Kant, a.a.O., B 135, vgl. B 138f. u. 311f.) 신적 정신과는 달리, "인간의 정신
은 하나의 생각에서 다른 생각으로 움직이고, 이리저리 궁리해보는 운동" (I
/ 429, vgl. II / 131), 그리고 이 운동을 통해 "하나의 생각을 다른 것과 연관해
보는 …… 디스쿠어수스적 순서(diskursives Nacheinander)"(I / 427)를 통해
서만 자신의 사고를 진행시킬 수 있다. 이렇게 부단히 움직이는 정신의 운동
을 플라톤은 디아노이아(dianoia), 즉 "영혼이 소리 없이 자신과 나누는 대화
로" (vgl. Plato, *Sophistes*, 263e u. *Theätet*, 189e-190a), 아우구스티누스는 내
적인 말 또는 정신의 말(verbum interius bzw. mentis), 즉 정신의 소리 없는
내적 대화로 (vgl. A. Augustin, a.a.O., XV, 10, 17ff., 11, 20 u. 23, 43), 그리고
칸트 또한 사고(Denken), 즉 "자기 자신과 내적으로 말하고 …… 듣는" (I.
Kant, *Anthropologie in pragmatischer Hinsicht*, 192) 과정으로 규정하였다.
이 모든 규정에 공통된 것은 인간의 사고는 디스쿠어수스며, 이는 다시 내적
인, 그러나 언어적인 대화의 구조를 갖고 있다는 것이다. 바로 이것이 가다머
가 인간의 사고란 언어적 과정, 즉 내적 대화라고 말할 때 (vgl. I / 426, II /
110, 184, 502, IV / 477, VII / 107, 263 u. 333) 의미했던 바다(자세한 점은 졸
고, *Sprache als Vermittlerin von Sein und Seiendem. Die Logik des
Darstellens bei Hans-Georg Gadamer*, 104-109 참조).
65) 인간적 사고의 근원적 언어 구속성에 관해서는 다음을 참조 : I / 401f.,
405ff., 425, 450-454, II / 148ff., 199, 228f., III / 101, IV / 20, V / 27 u. VI / 7f.
u.ö.

을 보여주고 있는 것이다. 즉, 우리의 "세계-내-존재가 언어적 구조 틀을 갖는 한"(III / 101, vgl. I / 477 u. II / 219),[66] 그리고 존재가 "오로지" 이 "언어적 구조 틀 속에서만 보일 수 있는"(I / 460) 한, 언어적으로 표현된 존재는 우리가 이해할 수 있는 유일한 존재다. 왜냐 하면 — 가다머가 명백히 쓰고 있듯이 — 존재 자체는 "결코 완전히 이해되지 않으며(nie ganz)", 항상 "무엇으로(als etwas)", 즉 "언어적으로 표현된 [바로] 그것으로만 (als das, was zur Sprache kommt)"(II / 334) 이해되기 때문이다. 따라서 우리**의** 또는 **우리에 대한** 존재(das Sein *des Seienden* bzw. das Sein *für uns*)가 아닌, 언어의 한계의 외부에 그 자체로 존립한다고 추정된 존재 **자체**(das Sein *an sich*)란 우리 언어적으로만 사유하는(nur sprachlich, d.h. nur diskursiv denkend) 존재자에게는 애당초 "인식 불가능하며"(I / 348, vgl. IV / 341), 따라서 — 적어도 우리에게는 — 존재하지도 않는 것이다(vgl. VIII / 83, vgl. 50).[67] 즉, 그것은 이른바 실체 형이상학적 "가상(Schein)"(II / 73)에 불과할 뿐이고, 오로지 "말을 통해" 우리에게 "드러나보인 존재만이 존재라는 표현에 걸맞는 존재다"(I / 414). 물론 이렇게 언어적으로 보여진 존재는 전언어적 존재 자체와 같은 것은 아니다. 그럼에도 불구하고 우리가 전자를 후자로 간주하는 것 또한 이유 없는 일은 아니다. 왜냐 하면 존재의 표현(Repräsentation) 속에 존재는 항상 "현존(präsent)하고 있으며"(I / 429), 그런 한에서 표현은 존재의 권리를 대행(repräsentierert)하는, "참된 존재를 대신하는 말(das wahre Sein vertretendes Wort)"(I / 409, vgl. II / 73)이

---

66) 이에 관해서는 F. Laurelle, "Anti-Hermes", in : *Text und Interpretation*, hrsg. v. P. Forget, München 1984, S. 89f. 참조.
67) Vgl. "인간의 이해에 대해 뭔가를 의미할 수 없는 것은 존재하지도 않는 것이다" (VIII / 8).

기 때문이다.[68] 그러므로 "말(Logos)을 통해 분절되고 …… 해석된 존재"(I / 416)[69]는 이미 "존재의 완전한, 그리고 제한되지 않은 진리"(II / 237, vgl. 73 u. VI / 7)를, 다시 말해 존재에 관해 우리 "인간이 도달할 수 있는 최대한의 진리"(II / 43)를 제공하고 있는 것이다. 따라서 인간이 이해하는 존재는 언어적 분절 이전의 존재 자체(Sein an sich vor der Sprache)가 아니라, 스스로를 표현하기에 "이해될 수 있는 존재, [즉] 언어"일 뿐이다. 그러므로 적어도 언어적으로 사고하는 인간적 현존재에게 존재의 언어적 표현에 대한 이해가 아닌, 존재 자체에 대한 직접적 이해, 즉 언어적 표현의 우회를 거치지 않은 또는 헤르메스 로기오스의 매개를 필요로 하지 않는 존재 이해란 가능한 일이 아니다. 이런 점에서 보면 모든 (존재)이해는 존재 자체에 대한 이해가 아니라 존재의 언어적 **표현에 대한 이해**다.[70]

---

68) 가다머는 그의 『진리와 방법』의 한 곳에서 (vgl. I / 139-149) 언어와 존재의 관계를 표현(Repräsentation)과 피표현체(repräsentiertem Sein) 간의 대표 관계로 분석하고 있다. 즉, 표현과 피표현체가 동일한 것은 물론 아니지만, 표현되는 존재가 아니라 늘 그의 표현만을 접할 수 있는 우리 유한한 존재자에게는 양자를 동일시하는 것 또한 불가피한 일이다. 이는 물론 다음과 같은 전제 하에서다 : 표현 속에 피표현체가 현존(präsent)하는 한에서, 전자는 후자의 표현(Re-präsentation)으로 간주되며, 또 그런 한에서만 후자의 권리 있는 대행자(stellvertretender Repräsentant)로 작용할 수 있다. 나는 이 문제를 언어철학적 관점에서, 그리고 기독교적 '말의 화육(incarnatio)'이라는 사건과 관련하여 상세히 분석한 바 있다(졸고, *Sprache als Vermittlerin von Sein und Seiendem. Die Logik des Darstellens bei Hans-Georg Gadamer*, Kap. II 참조).

69) Vgl. auch M. Riedel. *Hören auf die Sprache. Die akroamatische Dimension der Hermeneutik*, Frankfurt a.M. 1990, S. 370.

70) 여기서 가다머는 하이데거와는 또 "다른 하나의 전회"(M. Riedel, "Gadamers dialektische Hermeneutik und der 》Schritt zurück《 zum Ethos der Dialektik", in : *Allgemeine Zeitschrift für Philosophie*, Jg. 15, Hf. 2, 1990, S. 45)를 수행하고 있다. 즉, 하이데거가 존재자의 존재로부터 존재자의 존재가 아닌 존재 자체로 전회를 했다면, 반대로 가다머는 하이데거가 존

그러나 또 다른 면에서 볼 때 스스로를 표현하는 존재 또한
─ 그가 그의 메시지를 유한한 존재자에게 전달하기를 원하는
한 ─ 자신을 "우리 유한한 존재자에게 적절한 [이해될 수 있
는] 방식으로"(II / 76), 즉 "언어에서"(I / 480) 표현하지 않으면
안 된다. 왜냐 하면 모든 표현은 ─ 그것이 표현인 한 ─ 존재
자신의 자기 충족적 행위가 아니라 항상 그리고 필연적으로 이
해하는 "누군가를 위한 표현(Darstellen für jemanden)"(I / 114
u. 116)이기 때문이다.

"존재는 물론 스스로를 자기 자신으로부터 표현한다. 그러나 이
러한 표현은 늘 이해를 향하고 있다. …… 언어적으로 표현됨은 제
2의 현존재를 얻는다는 뜻이 아니다. [즉, 일차적으로 스스로 존립
하는 존재가 자신의 이차적 현상으로의 표현을 부가적으로 얻는다
는 뜻이 아니다.] 이렇게 무엇으로 자신을 표현한다는 것은 오히려
그의 고유한 존재에 속하는 것이다"(I / 479).

존재 자체는 표현에 지시되어 있고, 이 표현은 다시 이해됨을
지향하고 있다. 이를 가다머는 존재의 "존재론적 구조 계기,
…… 존재 자신의 보편적 구조"(I / 485), 또는 "존재론적 근본
구조"(I / 490) 등으로 규정하고 있다. 이미 여기에 잘 드러난 바
이지만 존재가 '스스로를 이해 가능하게끔 표현한다'는 것은 단
지 하나의 우연적 사태인 것이 아니라 존재의 본질 규정이다.
따라서 다음과 같은 명제가 가능해진다 : "존재는 **언어, 즉 자**

재 사유를 위해 "은폐시켜버린"(a.a.O., S. 48 ; vgl. ders., *Hören auf die
Sprache*, S. 120), 존재자의 존재로, 즉 우리의 언어 속에 스스로를 보여주는
존재로 전회하고 있는 것이다. 그러나 이는 ─ 이미 앞서 암시된 바 ─ 하이데
거의 존재 사유를 역전시키기 위함이 아니고, 일방향적 존재 사유를 다른 방
향으로부터 보충하기 위함이다. 따라서 예견되는 결론은 당연히 존재와 존재
자의 상호 귀속성이다.

기 표현이다(Sein ist *Sprache, d.h. Sichdarstellen*)"(I / 490, vgl. 461, 479, 484f., 488 u. 491). 이러한 공식화로서 가다머는 존재(paradigma)와 존재의 표현(ikon)의 관계에 대한 "실체 형이상학적", 원상주의적 도식을 근본적으로 "넘어서고 있다"(I / 488). 이 도식에 의하면 존재가 먼저 (언어적 표현에 앞서서) 거기에 있고, 그리고 나서 차후적으로 언어적 가시적 형상(음성이나 문자 기호)이 부가되어 비로소 현상으로 주어지게 된다 ; 그리고 정신적 존재의 이 같은 현상화는 곧 존재의 이념성의 부식을 의미할 것이다. 반면 가다머는 이렇게 생각한다 : 언어적 표현은 "이미 존재하고 있는 것을 다시 한 번 현존하게 하는 것이 아니다"(VIII / 302) ; 오히려 존재는 표현되면서 "분할되지 않고 온전히(ungeteilt und ganz)"(I / 485), "최초로 완전히(erst ganz)"(I / 148), 오히려 "더 본래적으로(eigentlicher)"(I / 120, vgl. VIII / 83), "그 어느 때보다도 더 본질적으로(wesenhafter denn je)"(VIII / 54) 존재하며, 한층 더 "고양된 존재 지위를 얻게 된다"(VIII / 384 u. 54). 여기서 존재의 가시적 표현은 존재의 "상실(Verlust)"(I / 145, 158f., II / 383f. u. IV / 304) 또는 "감축(Minderung)"(I / 424, IV / 304, vgl. I / 145)이기는커녕 오히려 존재의 "증가(Zuwachs)"(I / 145, 158f., II / 19, 383f., IV / 304), "완성(Perfektion)"(II / 73) 내지 "완수(Vollendung)"(I / 142, 423 u. VIII / 83)로 간주되고 있다. 이것은 우리는 "스스로를 이해시키는 것만을 이해하고자 하며"(II / 242), 스스로를 은폐시키는 것, 스스로를 표현하지 않기에 이해될 수 없는 존재 자체는 우리에게 아무것도 아니라는 앞서의 통찰에 의거하는 것이다. 즉, 그 자체로서 존재한다고 추정된 존재 자체는 가시적으로 표현되고, 이해됨을 통해 자신의 추상적 몰아성, 맹목적 정신성에서 "해방"(I / 423)되어 비로소 이해될 수 있는 존재, 우리 유한한 존재자에게도 "현실적인"(I / 423, IX / 228 u. X / 270) 존재로 되는 것이다.[71]

"존재는 더 이상 빛나는 현재, …… 즉, 이데아, 본질, 실체 등으로 표현되는 현재가 아니다. 존재는 도대체가 그의 외면화 속에서만 현현하는 은밀한 힘이다"(VII / 415).

이제 존재를 특징짓는 것은 실체로서의 자기 자신 안에 머묾(Insichbleiben)이 아니라 지속적인 타자화(Anderswerden)다. 즉, 이해 가능한 현상으로의 "유출(Ausfließen)"(I / 145 u. VII / 415)이자 "말로의 충동(Drang zum Wort)"(X / 273)이다. 즉, 존재는 자기 자신으로부터가 아니라 오히려 "그의 가능한 외면화(Äußerung)에 관련된 것이고, …… 음성화(Verlautbarung)에 관련하여 질서지워진 존재다"(I / 426). 즉, 존재는 표현에서, 그리고 이해됨에서 완성된다. 왜냐 하면 이러한 존재만이 "우리와 함께(mit uns)"(II / 243) 있는 것이고, 또 그런 의미에서 이해될 수 있는 현실적 존재이기 때문이다. 이렇게 보자면 존재는 스스로가 아니라(nicht an sich) 존재자에 대해(für das Seiende) 존재하며, (존재의) 모든 표현 또한 존재자의 **이해를 위한 표현**이다.

모든 이해는 피표현체로서의 존재 자체에 대한 것이 아니라 표현에 대한 이해라는 의미에서 표현은 이해의 존재론적 전제다. 그러나 모든 표현은 이해될 때 비로소 자신의 존재 이유를 충족시킨다는 의미에서 이해됨은 표현의 완성이다. 바로 여기에 가다머에게서의 표현과 이해의 상호귀속성의 테제가 성립

---

71) 이상의 내용은 졸고, 「해석학적 문제로서의 표현」, 199-200 참조.

한다 :

   "자기 표현과 이해됨 — 이들은 서로에게 귀속한다(Sichdarstellen, Verstandenwerden, das gehört …… zusammen)"(Ⅰ/480).

   그러나 이 두 가지의 사건이 다만 서로 귀속하는 것뿐만 아니라 **언어에서** 그리고 언어에서만 서로에게 귀속한다는 사실이 중요하다. 왜냐 하면 가다머가 일면 "언어에서만 존재가 스스로를 이해 가능한 방식으로 표현한다"고, 그리고 타면 "존재자 또한 오로지 언어에서만 그의 존재를 이해한다"고 말하고 있지만, 실은 이로써 그가 말하고 있는 것은 "표현하는 존재와 이해하는 존재자 간의 매개는 오로지 언어에서만 가능하다"는 하나의 사실이기 때문이다. 존재는 언어 속에서 스스로를 표현하고, 이를 통해 비로소 이해될 수 있는 존재(언어)로 되는 것이지만, 동시에 이 언어는 "어떤 무한한 지성의 자기 직관 속에 스스로를 완성하는 실체의 언어(logos ousias)가 아니라, 우리의 유한하고도 역사적인 본성이 이해하고 있는 언어"(Ⅰ/480), 즉 존재자의 이해가 수행되는 지평이다. 『존재와 시간』이 현존재의 세계-내-존재의 구성적 계기로 파악했던 언어와 후기의 존재 사유가 존재의 표현의 장소로 지목했던 언어는 가다머에게서 하나의 언어로 파악된다. 마찬가지로 해석학 또한 『존재와 시간』이 규정했던 것처럼 현존재의 실존 방식으로서의 이해의 분석론인 것만도 아니고, 후기의 하이데거가 생각했던 것처럼 존재의 표현에 관한 사유인 것만도 아니다. 해석학은 오히려 표현과 이해가 함께 형성하는 어떤 "존재론적 구조를, …… [즉] 존재는 스스로를 표현하되, 직접적으로 이해될 수 있게끔" (Ⅰ/485), 언어적으로 표현한다는 사실을 자신의 대상 규정으로 갖는다. 표현과 이해 ─ 이 양자는 상호 귀속적이며, 함께 넓은 의미의 이해로서의 해석학의 대상, 즉 "**표현하는 존재와 이해하는 존재자 간의 상호적 대화**"를 형성하는 것이다. 가다머에 게서 해석학은 존재와 존재자의 대화와 매개에 관한 학이며, 이 대화와 매개의 가능 조건은 언어가 제공한다. 왜냐 하면 언어란 존재의 집이며 동시에 존재자의 집이기 때문이다.

5. 맺음말 : 존재와 존재자 간의 매개자로서의 언어

가다머는 누누이 자신이 근본에서 플라톤주의자임을 강조해 왔다(vgl. II / 227 u. 501).[72] 이는 그의 철학적 출발점이 플라톤적 분리(chorismos)며, 그의 철학적 목표가 플라톤적 매개(methexis) 라는 사실을 의미한다. 즉, '존재와 존재자 간의 존재론적 차이' 에서 자신의 철학적 출발점을 발견하면서도, 동시에 이 차이를 극복하고자 하는 것이 가다머의 문제 상황이다. 모든 존재자에 게 현존성을 부여하는 존재 자체는 존재자의 존립의 근거 (aitia)로서 그 자신 다시 제약된 존재자일 수가 없다.[73] 그리고 자신의 존립을 단지 존재로의 참여에서만 얻어오는 존재자는 그 자신 제약된 것으로서 모든 제약의 근거인 존재일 수가 없 다.[74] 양자는 서로 상이한 존재 질서에 속하고, 따라서 원칙적 으로 공존 불가능하다. 그러나 이러한 차이에도 불구하고, 정확 히는 바로 이러한 차이 **때문에** 차이의 지양과 양자의 매개가

---

72) H.-G. Gadamer, "》 Die Griechen, unsere Lehrer 《. Ein Gespräch mit Glenn W. Most", hrsg. v. G. W. Most, in : *Internationale Zeitschrift für Philosophie*, Hf. 1, 1994, S. 143 참조.
73) Vgl. Plato, *Politeia*, 509b ; *Phaido*, 98b-c.
74) Vgl. Plato, *Timaios*, 52c.

논의의 대상이 되는 것이다. 근본적으로 '구분에도 불구한 매개'라는 플라톤적 관점에 정위하고 있는 가다머에게서 철학의 최후의 문제, "있을 수 있는 존재론적으로 가장 중요한 기능은 이른바 이데아와 현상 간의 매개"(I / 475) 또는 '존재와 존재자 간의 매개' 이상 다른 것이 아니다. 그러나 초감성적인(noetisch) 존재와 감성적인(aisthetisch) 존재자 간에는 근원적인 차이와 심연이 가로놓여 있기 때문에, 둘간의 **직접적인** 만남은 불가능하다. 즉, 양자는 서로 매개되기 위해 야누스적으로 두(초감성적, 감성적) 측면 모두를 소지하고 있고, 따라서 둘 모두에 관계할 수 있는 어떤 이중적 또는 중간적 연결 마디를 요한다. 이 연결 마디가 가다머에게서는 곧 언어(Sprache)다. 가다머의 존재론에서 언어란 — 마치 헤르메스 로기오스가 그러하듯이 — 정신적 의미와 감성적 음성의 동시태(Zugleich von geistiger Bedeutung und sinnlicher Lautgestalt)이기 때문이다.

> "말은 단순히 음성의 복합이 아니라 의미의 형상이다. …… 즉, 음성과 의미의 통일체다"(VIII / 21, vgl. I / 414).

가다머에게서 언어란 들리고 이내 사라져가는(verklingen : 즉, 의미를 남기지 않는) 자연적 소리가 아닐 뿐더러, 감성적 현상의 배면에 숨어 있는, 순수하게 이념적인 의미 형상도 아니다. 언어란 의미하는 음성(bedeutender Laut)이며, 동시에 음성화된 의미(verlautbarte Bedeutung)다. 감성화된 음성으로만 규정된 언어는 우리 육체성에 결부된 인간적 존재자의 이해가 수행될 수 있는 장소이겠지만, 존재의 정신적 의미의 표현에는 적합지 않을 것이다. 정신적 의미로만 이해된 언어는 존재의 의미를 담지할 수는 있겠지만, 감성적 존재자에게는 이해되지 않을 것이다. 최초로 그리고 유일하게 '존재의 정신적 의미를 지시하는 감성적 음성'으로서의 **언어**에서 **존재**가 자신의 의미를 **표현**할 수 있고, 이에 대한 유한한 존재자의 **이해**가 가능해진다.

"언어 속에, 우리의 세계 경험의 언어성 속에 유한자와 무한자의 [존재자와 존재의] 매개가 놓여 있다"(II / 76).

언어에서 인간의 존재 이해가 수행된다는 점에서 언어는 "유한성의 흔적"(I / 476 u. II / 150)이며, 곧 "**우리 자신**[유한한 존재자]"(II / 230. 강조는 필자에 의함)이다. 그러나 동시에 이 언어에서 존재의 자기 표현이 수행된다는 점에서 그것은 무한성의 흔적이며, '이해될 수 있는 **존재**'이기도 하다. 우리는 존재를 이해하기 위해 존재 자체가 아니라 항상 그리고 필연적으로 존재의 표현, 즉 언어로 향한다. 이것이 존재로의 적절한 길일 수 있는 것은 존재는 "그때 그때마다 언어 속에 현존하고"(III / 69) 있기 때문이다. 반대로 존재 또한 자신의 전 언어적 피안에 숨어 있는 것이 아니라, 이해되기 위해 끊임없이 스스로를 **언어**로 드러낸다(vgl. I / 491, VII / 193 u. 202). 왜냐 하면 바로 이 언어 안에 이해하는 존재자가 "거주하고 있으며(zu Hause sein)"(II / 149, 198, III / 329 u. X / 28), 이 존재자는 오로지 "언어의 길 (Weg der Sprache)"을 통해서만 — 언어로의 길이 아니라 — "존재 전체에 다가갈 수 있기"(II / 506. 강조는 필자에 의함) 때문이다. 그러나 존재가 존재자에게 "내려오는 길(Weg hinab)"로서의 언어와 존재자가 존재로 "올라가는 길(Weg hinauf)"[75]로서의 언어는 실은 하나의 길이고,[76] 또 하나의 언어일 뿐이

---

75) M. Riedel, *Hören auf die Sprache*, S. 174.

다. 바로 여기서 존재자가 존재의 운동에 "참여"(I / 114, 158 u. 388)할 수 있는 것이고, 존재 또한 존재자에게 이해됨을 통해 자신의 추상적 몰아성을 극복할 수 있는 것이다. 즉, 이 언어에서 존재와 존재자의 상호적 "매개"(I / 383, 401 u. IV / 71)와 "동시 존재(das Miteinander)"(VIII / 416, 433f. u. X / 274f.)가 최초로 가능해진다. 왜냐 하면 정신적 의미와 감성적 음성의 교차점으로서 언어는 존재의 자기 표현과 존재자의 존재 이해의 교차점인 것이고, 그리고 이런 의미에서 '**존재와 존재자의 매개자**(Sprache als Vermittlerin von Sein und Seiendem)'이기 때문이다.

---

76) 일찍이 헤라클레이토스는 오르막길과 내리막길의 근원적 동일성을 통찰한 바 있는데 (vgl. *Die Fragmente der Vorsokratiker*, hrsg. H. Diels, Berlin 1922, Heraklit, Frag., Nr. 60), 후에 플라톤은 이를 모음(synopsis)과 나눔(dihairesis)의 동일성으로 파악하였다 (vgl. Plato, *Sophistes*, 253e ; vgl. auch Einleitung zu *Plato. Texte zur Ideenlehre*, hrsg. u. eingeleitet v. H.-G. Gadamer, Frankfurt a.M. 1978, S. 80f.). 그리고 바로 이것이 가다머에게서의 존재자의 이해와 존재의 표현 간의 상호 귀속성의 문제로 전개되었음을 추정하는 것은 어려운 일이 아니다.

기표의 힘과 실재의 귀환
― 라캉과 데리다 사이에서

김 상 환

20세기를 지나면서 전통적 언어관을 깨트리는 새로운 이론들이 여기저기 자리를 잡았다. 사방에서 자리잡고 활보하는 이론들, 그 중에서 가장 활력적이고 생기 있는 발걸음은 소쉬르에게서부터 시작되었을 것이다. 소쉬르를 따라가고 따라잡는 발걸음들, 다시 앞서가는 줄달음질, 이 지칠 줄 모르는 듯했던 경주에서 구조주의와 후기 구조주의라는 거대한 무리의 행렬이 이루어졌다. 그 행렬을 끌고 가던 원동력은 새로운 기호 개념에서 나왔다. 광야의 유대인들을 인도했던 불기둥처럼, 후기 구조주의에 이르는 사상사적 모험을 유인했던 것은 새로운 기호 개념이다. 불타는 기호, 그러나 거기서 재로 남는 것은 무엇인가?

그것은 무엇보다 '언어 이전'에 있었던 것들이다. 전통적 언어관은 언어 이전의 것을 중심으로 언어를 설명해왔다. 플라톤적 구도에서 말하자면, 언어 이전에는 형상 혹은 본질이 있다. 언어는 언어보다 먼저 존재하는 실재의 모방과 재현이다. 도구에 불과한 언어, 모상에 불과한 언어, 그것은 저 홀로 무관심하게 있는 실재로부터 정당화되거나 통제되어야 한다. 언어는 감시의 대상이다. 아리스토텔레스-스토아적 전통의 구도에서 말하자면, 기호 이전에는 관념이, 관념 이전에는 현실적 대상이 있다. 기호는 대상을 지시하는 관념을 재현한다. 관념이 실재의 모사라면 기호는 모사의 모사다. 기호 이전에는 사물과 인간이 있다.

구조주의 이래 하늘로 솟은 기호의 불기둥에서는 이런 재현 모델과 그것을 구성하던 요소들이 재로 변하고 있다. 이 화재에서 일어나는 사건에서 다시 두 가지를 꼽을 수 있다. 첫째, 어떤 전도가 일어나고 있다. 언어 이전의 것들로 간주되던 것들이 언어 이후의 것으로 자리매김된다. 의미, 실재, 나아가서 주체 등과 같이 언어의 기원이자 근거에 해당하던 것들이 언어의 효과로서 파악된다. 둘째, 기호의 개념 자체에 변화가 일어나고 있다. 처음에 기호는 기의와 기표의 상보적 균형 관계를 바탕으로 정의되었다. 그러나 후기 구조주의로 갈수록 그 관계는 다시 불쏘시개처럼 타버리고 만다. 그 결과 기호는 '기의 없는 기표'가 되었다. 전통적 언어관이 기의중심주의라면, 후기 구조주의적 언어관은 기표중심주의라 할 수 있다. 기표가 기의로부터 분리되고 독자적 의미화(signifiance) 능력을 획득하게 되었기 때문이다. [의미화는 기의 없이 일어난다는 점에서, 기의와 더불어 일어나는 의미 작용(signification)과 구별된다.] 하지만 이런 기표의 자율화가 실현되기 위해서는 또 하나의 분리가 먼저 일어나야 했다. 그것은 주체로부터의 분리다. 이 이중적 분리 이후, 기의와 주체는 기표의 연쇄가 낳는 산물이자 효과에 불과하다.

이런 기표 개념의 과격화를 주도했던 인물들, 그들 역시 한

무리를 이룬다. 라캉, 데리다, 바르트, 보드리야르 등이 그들이다. 이들은 나란히 달린다기보다 앞서거니 뒤서거니 하면서, 서로의 위치를 물으면서 달린다. 특히 라캉과 데리다가 그렇다. 이들 사이의 경쟁 그리고 논쟁. 이 불꽃 튀는 싸움을 통해서 언어와 관련된 가장 중요한 주제들이 한자리에 얽혀들어 가고 있다. 그 논쟁의 상황은 말에 대한 말, 말의 말, 말의 말의 말이 다시 말을 낳는 복잡한 매듭을 이루고 있다. 기호의 개념은 그 매듭 속에 얽힌 여러 가지 가닥들 중의 하나에 불과하다. 가령 거기에는 인간, 구조, 해석, (정신)분석 등의 주제가 언어학적 주제와 함께 얽혀 있다. 이 복잡한 매듭을 하나씩 풀어가보자. 그것은 이 시대의 가장 과격하면서도 영향력이 커다란 언어 사상을 흥미 있게 풀어내는 방법일 수 있다.

그러나 그 매듭이 풀리는 마지막 순간에 장면화되는 것은 단순히 특정한 언어 사상의 모양새만이 아니다. 그것은 어떤 실재, 상상 불가능하고 언표 불가능한 실재의 귀환이다. 그 실재는 어떤 물음을 유도하면서 복귀하고 있다. 그것은 언어에 대한 언어의 위치, 언어를 규정하고 해석하는 이론의 위치, 가령 정신분석의 위치, 마지막으로는 철학의 장소를 묻는다. 라캉과 데리다 사이의 논쟁 상황은 언어가 도화선이 되었지만, 거기서 불붙는 것은 정신분석과 철학이 있던 자리 자체다. 정신분석은, 철학은 어디에 있는가? 어디에 있어야 하는가? 정신분석 혹은 철학은 어떻게 있어야 하는가?

1. 기표와 기록

구조주의 언어학은 언어를 그 자체로는 무의미한 요소들의 형식적 조합과 분리의 관계로부터 설명한다. 언어를 음성적 기표들 사이의 상호 변별적이고 대립적인 관계, 상관적 차이의 관계로 번역한 것이다. 이런 번역을 통해서 모든 실체적인 것이 어떤 가치, 오로지 관계의 구조에서 차지하는 기능적 위치로서의 가치로 환원된다. 실체는 없고 가치만 있는 것이다. 라캉은 이런 언어관에서 출발하였다가 서서히 그로부터 빠져나오는 과정을 보여준다. 여기서는 우선 구조주의자로서의 라캉이 지녔던 면모에 초점을 맞추자.

"무의식은 언어처럼 구조화되어 있다." 이 유명한 라캉의 명제는 다음과 같은 여러 가지 내용을 담고 있다. 무의식은 언어 때문에 생긴다. 인간은 '말하는 존재(parlêtre)'이기 때문에 어쩔 수 없이 무의식을 갖는다. 말로 인하여 생기는 무의식은 초개인적인 문법을 지닌다. 개인의 범위를 뛰어넘는 이 문법이 주체의 본성과 주체들 사이의 상호 주관적 관계를 규정한다. 따라서 무의식에 대한 탐구에서 절대적으로 필요한 것은 언어학이다. 라캉은 다시 말한다. 프로이트는 이미 무의식적 현상이 언어적 현상이라는 것을 지속적으로 강조했다. 우리는 이 위대한 발견을 계승해야 한다. 그러나 프로이트는 무의식적 현상을 마지막까지 파헤칠 수 있는 이론적 도구와 장치를 결여하고 있었다. 소쉬르 이래의 현대 언어학은 프로이트가 찾던 도구와 장치를 제공해주고 있다. 정신분석은 언어학과 결합될 때 완성된다.[1]

이런 신념에서부터 구조주의자로서의 라캉이 태어났다. 이 라캉의 이론적 작업에서 가장 중요한 초석은 상상계, 상징계, 실재의 구분이다. (상상계는 언어로 편입되거나 매개되기 이전의 주관적 착각과 오인의 질서이고, 상징계는 객관적 언어 혹

---

1) J. Lacan, *Ecrit* (Paris : Seuil, 1966), 509면 이하 참조. 본문 내 약칭, E.

은 법칙의 질서며, 실재는 언어적 기록 뒤에 남은 잉여다. 1930년대의 라캉이 거울 단계로 지칭되는 상상계의 발견자라면, 1950~1960년대의 라캉에게는 상징계가, 1970년대의 라캉에게는 실재가 이론 구성의 중심을 이룬다.) 이 구분법이 두드러지게 뒷받침하고 있는 것처럼, 라캉은 언어나 기호라는 말보다 상징이라는 말을 더 자주 사용한다. 라캉의 이 상징은 데리다의 글쓰기(기록)와 더불어 (후기) 구조주의적 기호 개념을 대변하고 있다.

일반적으로 상징은 언어보다 넓은 개념으로 사용된다. 인간이 사용하는 언어는 동물의 소리를 비롯한 보다 광범위한 기호군의 일부다. 그러므로 라캉은 인간의 언어 이외의 상징적 질서를 염두에 두는 것일까? 주석자들 사이의 논쟁을 보면 이것은 대단히 복잡한 문제인 듯하다. 그러나 적어도 라캉적 의미의 상징계는 언어적 질서를 근간으로 하고 있음이 분명하다.

칸트는 상징을 사례와 도식에 대비하여 정의한 바 있다. 즉, 경험적 개념을 직관하기 위해서 필요한 것이 사례이고, 지성적 개념을 적용하기 위해서 요구되는 것이 도식인 반면, 이성의 이념을 직관하기 위해서 있어야 하는 것이 상징이다(『판단력비판』 59절). 그러므로 상징은 개념적 표상이나 객관적 인식을 넘어서는 것, 대상화할 수 없는 것과 관계한다. 카시러의 상징철학이나 리쾨르의 해석학은 이런 상징 개념에 뿌리내리고 있다. 전통적 의미의 상징은 논리적 언어로 잡히지 않는 다의적 의미 현상, 신비한 것, 시적이거나 종교적인 것과 결부되어 있다. 때문에 그것은 가장 탁월한 해석학적 대상일 수 있다.[2]

하지만 라캉의 상징계는 투명한 질서를 이루고 있다. 주지하

---

2) P. Ricoeur, *De l'interprétation : essai sur Freud* (Paris : Seuil, 1965), 16-28면 참조.

는 바와 같이 구조주의는 어떤 극단적 합리주의다. 라캉을 포함한 구조주의자들은 문화적 공간에 속하는 모든 것이 언어로 매개되어 있고, 그런 한에서 객관화할 수 있는 구조적 필연성을 띠고 있다고 생각한다. 라캉을 읽으면 명확하다. 무의식, 욕망, 신체 등 모든 사적인 것은 언어를 매개로, 언어를 통하여 형성되고 구조화된다. 사적인 것뿐만 아니라 시적인 것마저 단순히 주관적이고 개인적인 현상, 우연한 현상이 아니다. 그것은 모두 수적인 질서의 표현이거나 효과일 수 있다. 사적이고 시적인 것은 수적인 것 못지 않게 과학적일 수 있다. 인문과학은 자연과학 못지 않게 엄밀할 수 있다. 이런 구조주의적 신념을 공유하는 라캉은 정신분석을 과학의 반열에 올려놓으려 했던 프로이트의 노력을 높이 평가한다. "프로이트는 과학의 한계를 표시하는 것처럼 보이던 대상과 존재 사이의 경계선을, [무의식에 대한] 자신의 발견을 통하여 과학의 범위 안쪽으로 끌어들였다"(E, 527). 그러므로 그의 계승자에게 남은 일은 두 가지다. 하나는 그렇게 과학적 면모를 갖추기 시작한 정신분석을 더욱 엄밀한 학문으로 완성하는 것이고, 다른 하나는 이런 엄밀함을 통하여 기존의 과학의 개념을 변모시키고 확장하는 것이다. 왜냐 하면 기존의 과학의 개념은 아직 정신분석을 포용할 수 있는 수준에 이르지 못했기 때문이다.

이렇게 말하는 라캉에게 전통적 의미의 상징은 설자리를 잃을 수밖에 없다. 그 말이 원래 가졌던 함축이 협소해지고 빈곤화된다고까지 평가할 수 있다.[3] 왜냐 하면 라캉적 의미의 상징은 차라리 수학적인 것에 가깝기 때문이다. 그것은 사적인 것,

---

3) N. Avtonomova, "Lacan avec Kant", *Lacan avec les philosophes*, Bibliothèque du collège international de philosophie (Paris : Albin Michel, 1991) 참조.

시적인 것, 수적인 것을 동시에 가리킨다. 요컨대 라캉적 상징은 대수적(algébrique) 상징이다. 라캉은 평생 무의식적 현상을 압축적으로 기술하는 연산식(algorithme)이나 수학소(mathème)를 고안하는 데 몰두했다. 이는 그의 상징 개념의 연장선상에서 이루어지는 작업이다. 특히 기호와 그것의 작동을 표시하는 그 유명한 연산식은 이런 독특한 상징 개념을 스스로 설명하는 자기 지시적 상징이다. 게다가 이 연산식은 소쉬르의 기호학을 프로이트의 유산과 접목하는 동시에 소쉬르적 기호 개념을 변용하는 의지를 담고 있다는 점에서 주목을 끌고 있다. 「무의식에서의 문자의 힘」(1957)에 나오는 그 연산식은 다음과 같다(E, 515 이하).

$$\frac{S}{s} \qquad f(S\cdots S')S \cong S(-)s \qquad f(\frac{S'}{S})S \cong S(+)s$$

1) 첫 번째 연산식에서 대문자 S는 기표를, 소문자 s는 기의를, 그리고 중간의 막대는 양자 사이의 접촉을 가로막는 저항선을 각각 표시한다. 이 연산식이 말하는 것은 두 가지다. 첫째, 기의보다 기표가 상위에 있고 더 중요하다. 기의는 기표의 효과에 불과하다. 기표는 기의 없이도 의미화 작용을 낳는다. 둘째, 기표와 기의는 서로 다른 차원에 속한다. 양자가 만나는 접점은 어디에도 없다. 기표와 기의는 만나되 서로 미끄러져버린다. 양자 사이의 이런 안타까운 관계를 표시하는 것이 막대 모양의 저항선이다.

라캉은 이 연산식을 '소쉬르적 연산식'이라 부른다. 그러나 그 내용을 가만히 들여다보면, 순수하게 소쉬르적인 것은 없다.[4] 소쉬르의 도식에서는 기의가 위에, 기표가 아래에 위치하며, 양자는 동전의 양면처럼 서로 분리 불가능한 관계에 있는 것으로 표시되었다. 기표와 기의 사이의 저항선을 생각한 라캉은 후기 소쉬르적 기호 개념의 선구다.

2) 두 번째 연산식은 기표의 의미화 연쇄, 수평적 연쇄를 나타낸다. 라캉은 이를 '환유의 구조'라 부른다. 반면 세 번째 연산식은 기표의 수직적 교체와 의미의 발생을 지시한다. 라캉은 이를 '은유의 구조'라 부른다. 기표들 사이의 관계를 형식화한 이 두 연산식은 한편으로는 프로이트의 꿈의 작업에 대한 설명(압축과 전치)을, 다른 한편으로는 구조주의 언어학자들의 구분, 즉 통사적(syntagmatique) 차원(결합축)과 범열적(paradigmatique) 차원(대체축)의 구분을 동시에 포괄한다. 그래서 환유의 구조는 프로이트적 의미의 압축(Verdichtung)과 언어학적 의미의 통사적 결합을, 은유의 구조는 프로이트적 의미의 전치 혹은 자리바꿈(Verschiebung)과 언어학적 의미의 범열적 대체를 함축한다. 이 두 구조의 출발점 혹은 중심에는 팔루스(phallus)라는 기표가 있다.

환유의 구조는 인접성에 의하여 이어져가는 기표들 간의 수평적 연쇄를 가리키는데, 라캉은 이를 다시 '욕망의 구조'라 부른다. 환유의 구조 안에서 기표는 결코 대상을 완전히 재현하거나 대신할 수 없기 때문이다. 기표는 그 대상과 언제나 불일치 관계에 있다. 메울 수 없는 '존재의 결핍', 그 결핍을 메우려는 부질없는 경향이 욕망이다. 욕망은 욕망할수록 기표의 연쇄만을 가속화한다. 욕망은 끊임없이 이어지는 환유적 운동의 노예다. 욕망의 전차는 브레이크, 종착지가 없다. 욕망이 올라탄

---

4) Ph. Lacoue-Labarthe, J.-L. Nancy, *Le titre de la lettre : une lecture de Lacan*, 1973년 초판의 재판 (Paris : Galilée, 1990) 1부 참조. 소쉬르와 라캉의 기호 개념을 자세하게 분석하는 이 책의 저자들에 따르면, 라캉에 의한 소쉬르적 기호 개념의 변용에서 가장 중요한 것은 저항선의 고안에 있다.

기표는 결코 기의에 이르지 못한다. 이것을 표시하는 것이 환유의 구조 오른쪽에 나오는 막대 모양의 부호다.

환유적인 것이 욕망이라면 은유적인 것은 증상이다. 은유의 구조에서는 억압된 기표가 저항선 아래로 내려가 기의의 구실을 하고, 그것이 원래 있던 자리를 다른 기표가 대신 차지하고 있다. 억압된 기표는 이 대체를 통하여 저항선을 건너 어떤 기의에 이른다. 어떤 도약을 통해서 의미화에 필요한 고정점에 도달하는 것이다. 그것이 은유의 구조 오른쪽에 나오는 +의 의미다. 환유가 인접성에 의한 기표들의 관계라면, 은유는 유사성에 따르는 관계다. 그렇다면 이 환유적 관계와 은유적 관계는 어떤 관계에 있는가? 어떤 것이 먼저 일어나는가? 어느 것이 다른 것의 조건인가? 이점은 여전히 논쟁거리로 남아 있다.5)

라캉이 이런 연산식을 통하여 말하고자 하는 것은 어렵지 않게 이해할 수 있다. 그것은 무의식적인 것, 비합리적인 것, 광기 자체를 낳고 움직이게 하는 것은 어떤 구조적 합리성이라는 것이다. 무의식은 말 혹은 로고스의 작동으로부터, 그리고 그 작동의 기계적 법칙에 따라서 생겨난 침전물이다. 그러므로 "광기여, 당신은 더 이상 현자가 자신의 두려움을 숨기는 난공불락의 터널을 장식할 때의 애매 모호한 찬양의 대상이 아니다. 어쨌거나 이 현자가 그 굴 안에서 그토록 잘 안주했다면, 이는 그 굴의 갱도와 미로를 파고 있는 최고의 행위자는 처음부터 언제나 이성 자체였기 때문이며, 그가 봉사하는 동일한 로고스이기 때문이다"(E, 526). 무의식의 미로는 로고스, 이성, 말이 파고 있는 땅굴이다. 그 미로는 언어처럼 구조화되어 있다. 무

---

5) 해체론자, 가령 앞에서 인용된 낭시나 라쿠라바르트, 그리고 앞으로 인용될 웨버 등은 환유를, 반면 라캉주의자임을 자처하는 지젝과 그의 동료들은 은유를 더 중시한다.

의식의 세계는 상징계와 더불어 상징계에 의해서 성립한다. 이 상징계와 함께 확장되는 무의식은 연산식으로 표현할 수 있는 논리적 성격의 세계다. 무의식은 초개인적이고 법칙적이다. 여기서 라캉적 상징 개념의 환원적 성격을 다시 강조해야 할 것이다. 즉, 사적이고 시적인 것은 수적일 수 있다. 그러므로 인문학은 엄밀한 학문일 수 있다.

라캉의 정신분석에 대한 데리다의 논평은 이런 환원적 상징 개념과 그에 기초한 구조주의적 학문관을 문제삼고자 했다. 물론 그것은 전통적 상징 개념을 편들거나 다시 복권시키기 위한 개입은 아니었다. 문제는 궁극적으로 라캉의 정신분석이 서양의 전통적 형이상학과 맺고 있는 소속 관계며('정신분석은 어디에 있는가?'), 그 소속 관계가 드러나는 방식이다. (우리는 아래의 두 절에서 이런 논쟁적 상황을 재구성해볼 것이다.) 그럼에도 불구하고 라캉의 상징(기표)과 데리다의 기록(글쓰기) 사이에는 어떤 유사성이 있음을 인정하지 않을 수 없다. 때문에 라캉은 데리다의 '그라마톨로지론'이 자신의 '문자의 힘'에 관한 강연에 빚지고 있다고 생각했다. 데리다는 라캉이 말한 것을 다시 말하는 것이 아닐까? 데리다는 라캉의 아들이 아닌가?

결론부터 말하자면, 라캉의 상징과 데리다의 기록 사이에는 어떤 결정적인 유사성이 있지만, 또한 거기에는 어떤 결정적인 차이가 함께 있다. 이 두 가지 사실을 확인하기 위해 가장 먼저 들여다보아야 할 문헌은 데리다의 「프로이트와 글쓰기의 장면」(1966)[6]이다. 이 글은 기호의 연산식이 나오는 라캉의 글 「무의식에서의 문자의 힘」과 비교해서 읽어볼 만하다. 왜냐 하면 양자는 다같이 프로이트로부터 출발하여 서로 다른 언어론을 끌

---

6) J. Derrida, *L'écritur et la différence* (Paris : Seuil, 1967), 293-340면. 본문 내 약칭, ED.

어내기 때문이다.

  라캉은 프로이트의 저작에서 무의식의 분석이 언어 분석의 형태를 띠고 있음을 환기시키고, 또 이 언어 분석이 내용 위주의 분석이 아니라는 사실을 강조한다(E, 509-510). 이런 지적을 뒷받침하는 사례는 무수히 많겠지만,[7] 여기서는 프로이트가 꿈을 분석하기 전에 자기 이전의 여러 가지 꿈 이론들을 점검하는 대목을 들추는 것으로 만족하자.[8] 이 대목을 읽으면 서양에도 우리나라의 해몽법과 유사한 꿈풀이가 있었음을 알게 된다. 우리나라에서는 꿈에 돼지나 용이 나오면 어떤 횡재나 대길(大吉)의 징조로 풀이한다. 서양에서는 용이 어떤 충성을, 뱀은 어떤 질환이나 병을 상징한다. 당연히 꿈에 등장하는 각각의 기호를 풀이하는 체계적 상징 사전이 있어왔다. 그러나 프로이트는 꿈의 내용에 들어 있는 어떤 전체적이고 단일한 의미를 찾는다든가 각각의 기호에 상응하는 확고 부동한 의미가 있다는 견해에 이러저러한 의문점을 제기한다. 그리고 꿈에 나오는 기호들을 이미 확립된 코드나 문법을 통해서 번역하는 작업을 비판한다. 꿈의 기호는 그 밖의 어떠한 언어로도 환원되지 않는 원초적 언어며, 그에 대한 해석은 기호들 각각의 내용보다는 그 기호들간의 상관적 관계에 초점을 두어야 한다는 것이다. 라캉적으로 표현하자면 꿈의 기호들은 순수한 기표, 기의 없는 기표다. 이 기표는 그보다 먼저 존재하는 기의의 담지자가 아니다. 오히려 그에 고유한 결합과 분리의 논리(압축, 전치, 중층결정, 은유, 환유)에 따라 특이한 의미화 연쇄를 형성한다.

---

7) S. Weber, *Return to Freud* (Cambridge : Cambridge University Press, 1991) 참조.
8) G. Freud, *Die Traumdeutung*, 전집판 II / III권 (Frankfurt am Main : S. Fischer, 1942) ; 조대경 옮김, 『꿈의 해석』(서울 : 서울대학교 출판부, 1993) 1장 참조.

데리다 또한 이 대목을 읽으면서, 그러나 심리적 기록과 흔적을 주제로 한 프로이트의 저작들을 연대기적 순서에 따라 체계적으로 읽어가는 가운데, 라캉보다 과격한 결론에 도달한다. "이것은 다음과 같은 것을 말한다. 즉, 심리적 기록 — 이것은 그래서 기록 일반 전체의 의미를 대변한다 — 안에서 기표와 기의의 차이는 결코 근본적이지 못하다. 무의식적 체험은 기표를 빌려오는 것이 아니라 자신의 고유한 기표를 생산한다. 그리고 기표를 자신의 신체 속에 창조하는 것이 아니라 오히려 그것을 가지고 의미화(signifiance) 작용을 산출한다"(ED, 311). 다시 말해서, 꿈에서 각각의 기호는 그 어떤 선행의 의미나 코드에 종속되지 않는 기표다. 꿈은 자신만의 의미화 연쇄를 낳는 어떤 글쓰기 과정이다. 이 글쓰기 과정을 해석하기 위해서는 소쉬르적 구분법을 넘어서야 한다. "소쉬르를 따라 기표와 기의를 종이의 양면처럼 생각하고 그런 수준에서만 구분한다면, 어떤 변화도 없을 것이다. 원초적 글쓰기(écriture originaire)는, 만일 그런 것이 있다면, 종이 자체의 넓이와 신체를 스스로 생산해야만 할 것이다"(같은 곳).

프로이트를 읽으면서 라캉은 '기의 없는 기표' 혹은 기표 운동의 구조(환유와 은유)에 도달했다. 데리다는 '원초적 기록' 혹은 원초적 흔적(archi-trace)에 도달한다.9) 양자는 기의 혹은 그 밖의 언어 이전에 존재한다고 간주되던 것들 없이 단지 기표만으로 의미화 작용이 일어날 수 있다는 것을 말한다. 적어도 이 점에서, 그리고 소쉬르의 균형 잡힌 기호 개념을 과격화한다는 점에서 라캉과 데리다는 일치한다. 그러나 차이도 있다. 라캉은 기표들의 관계를 형식적 관계로 보았지만, 데리다는 흔

---

9) J. Derrida, *De la grammatologie* (Paris : Minuit, 1967), 68면 이하에서 흔적에 대한 보다 자세한 서술을 읽을 수 있다.

적들의 관계를 힘의 관계로 본다. 흔적은 다른 흔적과 싸우면서 새로운 흔적을 산출한다. 기록은 힘의 교환과 파열을 수반하면서 기입된다. 흔적은 흔적들 사이의 상호 간섭에서 그어지는 획(trace qui trace), 길내기다.

그러므로 문제는 기표의 자동적 움직임이 어떻게 일어나는가다. 프로이트는 꿈의 작업이 전치와 응축(그리고 중층 결정)으로 이루어진다고 보았다. 앞에서 확인한 것처럼, 라캉은 기표의 운동이 환유와 은유의 법칙을 따른다고 보았다. 반면 데리다는 기록의 움직임을 근본적으로 공식화하거나 법칙화할 수 없는 것, 어떤 방식으로도 번역할 수 없는 것으로 보았다. 라캉의 기표와 데리다의 기록 사이의 차이, 그 밖에 정신분석 일반에 대한 데리다의 문제 제기는 여기에 뿌리를 내리고 있다.

데리다는 프로이트의 입을 빌려서 계속 말한다. 기표의 운동, 흔적의 운동은 어떠한 고정된 법칙을 모른다. 그것은 어떤 차연적(différantiel) 운동일 뿐이다. 원초적 기록은 따라서 번역 불가능하다. 그 어떤 언어, 문법, 코드를 통하여 옮길 수 없다(ED, 312). 이런 수평적 번역이 불가능한 것처럼 수직적 번역도 불가능하다(ED, 313). 의식, 전의식, 무의식의 층위 사이에서 일어나는 이동은 '번역'으로 옮길 수 없다. 번역이란 원본의 재현을 의미한다. 그러나 이런 재현으로서의 번역은 심리적 기록에서는 일어나지 않는다. 여기서는 원본을 전제하는 번역은 없다. 모든 심리적 기록은, 나아가서 모든 기록은 그 자체로 환원 불가능한 기록, 원초적 기록이다. 거기서 어떤 것을 원본이라 하는 것은 무의미하다. 모든 텍스트는 새로 기록되고 있는 중이다. 텍스트는 현전적으로 존재하지 않는다.

그러나 왜 그런가? 이는 심리적 기록이 사후성(Nachträglichkeit)에 의해서 지배되기 때문이다. 처음의 기록은 언제나 나중의 것과 만날 때 현상하거나 의미를 지닌다. 기원에 있는 것은 언제나 그런 사후적 기록, 후기(後記)에 의하여 (재)기록된다. 후기가 모든 기록, 처음 이루어지는 기록의 조건이다. (프로이트적 의미의 '원초적 장면'과 외상은 이런 사후성의 논리에서 성립한다. 원초적 장면은 사후적 회상의 창조물이고 외상 또한 사후적 경험으로부터 고안된 것이다. ED, 303 / 314.) 이런 사후성 개념은 서양 형이상학의 역사 전체를 그 근본에서부터 뒤흔들고 있다. 프로이트의 글에서부터 추출할 수 있는 기록과 텍스트 개념은 탈형이상학적이다. 그럼에도 불구하고 그의 직관과 그가 동원하는 개념들 사이에는 괴리가 있다. 한마디로 정신분석의 거의 모든 개념은 예외 없이 전통 형이상학의 울타리를 한치도 벗어나지 못한다(ED, 294). 프로이트는 자신의 직관에 일치하는 이론을 펼치지 못했다. 그러나 이것이 그의 무능력 때문일까?

이렇게 물으면서 데리다는 계속 말한다. 라캉의 경우는 더 심하다. 프로이트의 직관에 충실하자면, 우리는 기원에 대한 형이상학적 믿음, 현전성에 대한 서양적 신화, 원본과 모사를 구분하는 재현주의, 나아가서 음성 언어 위주의 언어관을 뛰어넘을 방법을 고심해야 한다. 왜냐 하면 프로이트는 이미 그의 초기 저작에서부터 심리적 기록을 음성 언어의 범위 안에서 파악하지 않았기 때문이다. 오히려 음성 언어를 하부 영역으로 하는 광범위한 상징 체계 혹은 기록 체계로 바라보고 있다. 우리는 이런 프로이트적 직관에 근거해서 후설의 기호 개념을 비판할 수 있는 것처럼10) 라캉의 기호 개념을 비판할 수 있다. 먼저

10) J. Derrida, *La voix et le phénomène* (Paris : P.U.F., 1967). 이 데리다의 후설론 배후에는 그의 프로이트에 대한 연구 성과가 지속적으로 간여하고 있다. 이를 설득력 있게 서술하는 글, R. Bernet, "Derrida-Husserl-Freud. Die Spur der Uebertragung", H-D Gondek과 B. Waldenfels 공편, *Einsätze des*

라캉의 기표란 음성적 기표다. 그의 기호 개념은 아무리 혁신적이라 해도 여전히 음성 언어 위주의 언어관에 종속되어 있다. 라캉의 이런 음성중심주의적 언어관은 그가 하이데거의 본래성 개념에 의지하여 '빈 말'(무위식이 드러나지 않는 말, 부드럽게 작동하는 말)과 '꽉 찬 말'(무의식이 드러나는 말, 실언, 말더듬, 말실수)을 구분할 때 가장 잘 드러난다. 게다가 라캉은 기표의 운동이 어떤 번역 가능한 사태, 어떤 한정된 규칙에 따르는 사태, 따라서 어떤 도달점이나 목적지가 있는 운동으로 간주했다. 요컨대 전통적 형이상학의 존재 이해, 현전적 존재 이해, 로고스중심주의를 한치도 벗어나지 못하고 있다. 내가 그의 포우론 「도둑맞은 편지에 대한 강연」(1956)을 분석하면서 상세히 드러내고자 한 것이 바로 이 점이다. 프로이트를 읽으면서 말하고자 하는 것은 흔적이나 기록은 음성적 알파벳으로 환원되지 않는다. 그것은 인간의 자연적 언어보다 넓은 외연을 가질 뿐만 아니라 형이상학의 시대에 속하는 모든 언어, 모든 개념을 초과한다.

2. 구조와 기조

여기서 잠깐 숨을 돌리기 위해서 라캉과 데리다가 공유하는 직관을 다시 기억하자. 움직이는 기표, 자리를 바꾸고 대체와 겹침의 운동 속에 있는 기표, 기표는 제자리에 머물러 있지 않는다. 언제나 이동중이다. '문자의 힘'에 대한 강연에 이어서 라캉의 포우론은 이런 기표의 자동적 운동을 다시 강조한다. 앞의 글에서

Denkens : zur Philosophie von Jaques Derrida (Frankfurt am Main : Suhrkamp, 1997) 참조.

기표의 운동은 환유와 은유의 법칙을 따른다면, 여기서 그 운동은 두 개의 삼각형을 남기는 고정된 궤적을 따른다.

라캉의 포우론(E, 11-41)은 이렇게 말한다. 기표는 항상 움직인다. 그러나 이 운동은 인간 혹은 주체에 의한 것이 아니다. 기표는 주체에 의해서 소유되거나 전달되는 것이 아니다. 오히려 기표가 주체를 소유한다(E, 28). 주체는 기표에 대한 예속을 통해서, 그 예속을 조건으로 주체로서 태어나고 형성된다. 주체의 주체성은 언제나 특정한 기표에 대한 위치에 따라 결정된다. ("주체는 한 기표에 의하여, 오로지 다른 기표를 위하여 대표된다." E, 835.) 기표가 움직임에 따라 주체가 그 뒤를 따른다. 기표의 장소 이동에 따라 서로 다른 주체들 간의 관계, 상호 주관적 관계가 형성된다. 기표가 앞에 가고 그 뒤를 주체가, 복수의 주체들이 뒤쫓는다. 자율적 주체란 상상적 착각이자 오인이다. 그러나 주체를 끌고 가는 그 기표의 운동은 아무렇게나 이루어지는 것이 아니다. 그 운동은 시작이 있고 끝이 있다. 그리고 끝은 언제나 시작으로의 복귀다. 우리는 이것을 포우의 단편 「잃어버린 편지」를 예로 하여 설명할 수 있다. 이 문학적 허구가 정신분석의 진리, 기표의 진리를 담고 있다. 이 소설의 주인공 뒤팽, 이 명탐정은 탁월한 정신분석자다.

라캉은 계속 말한다. 이 단편 소설의 핵심적 내용은 두 개의 삼각형으로 정리될 수 있다. 이 소설에서 편지(문자)는 여왕에서부터 그것을 훔친 장관으로, 그리고 다시 그것을 훔친 형사 뒤팽으로 이동한다. 그러나 속지 말자. 편지는 이 인물들에 상관없이, 그리고 그 내용과도 무관하게 원래 떠다니도록 운명지어졌다. 프로이트를 놀라게 했던 반복 강박(Wiederholungszwang), 그 반복의 자동성이 문자의 운명이다. 주체는 그리고 상호 주관적 질서는 이 문자의 자동성 안에서 형성된다. 냉혹한 필연성에 의해서 강요된 이 운동은 포우의 소설에서 두 개의 장면을 연출한다. 하나의 상황에서 장관이 여왕으로부터 편지를 훔친다. 다른 상황에서는 장관이 뒤팽으로부터 편지를 절도당한다. 여왕과 장관은 눈뜬 채, 자신의 코앞에서 편지를 잃어버린다. 구조적으로 동일한 이 두 장면에서는 다시 제3의 인물이 각각 등장한다. 첫 장면에 나오는 왕, 두 번째 장면에 나오는 경찰청장이 그들이다.

이들은 상황 자체를 모른다. 편지가 어디에 있는지 모른다는 점에서 그들은 구조적으로 동일한 위치, 맹목의 위치에 있다. 이는 편지를 잃어버리는 위치를 여왕과 장관이, 편지를 훔치는 위치를 장관과 뒤팽이 공유하는 것과 같다. 세 개의 위치가 있고, 이 위치에 의해서 결정되는 상황, 구조적으로 동일한 상황이 두 번 반복된다. 얼마나 냉혹한 반복인가? 편지, 즉 문자의 운동은 그토록 자동적이며 강박적이다. 주체는 그 강박적 자동성의 노예다. 편지, 문자는 주체의 주인이다. 보라, 편지를 훔친 자들, 장관과 뒤팽이 어떻게 닮아가는가를. 이들이 편지의 원래 소유자였던 여왕과 어떻게 닮아가는가를. 포우의 소설은 주체에 대한 '문자의 지배권(suprématie du signifiant)'(E, 20)를 말하고 있다.

그러나 또한 보라, 편지는 다시 여왕 자리로, 그것이 처음 떠났던 자리로 되돌아가고 있지 않는가. 편지는 움직인다. 그것은 자신이 있어야 할 자리에 없기 때문이다. 편지는 자신의 원래 자리로 복귀하기 위해서 그렇게 돌아다녔다. 편지는 이동한다. 주체를 규정하고 형성하면서, 주체를 이끌고 다니면서, 주체를 다른 주체와 관계하도록 조종하면서 앞으로 간다. 주체들이 그 뒤를 쫓아간다. 편지가 움직인다. 삼각형의 구조를 만들면서, 그 구조를 반복하면서 자리를 바꾼다. 이 필연적 이동과 반복이 그 편지의 동일성, 파괴 불가능한 정체성을 형성한다. 그러므로 우리는 이렇게 말해야 한다. 편지는 그 누구에 의해서도 소유될 수 없는 것처럼, 그 무엇에 의해서도 찢어지거나 훼손될 수 없다. 편지는 찢어져도 움직이고, 움직이는 한에서 언제나 동일한 편지다. 편지는 이미 그것의 내용, 기의와 무관하게 존재한다. 편지는 자신의 고유한 장소로 복귀하는 원환적 운동, 그 회귀적 궤적이 파괴되는 한에서만 훼손되었다고 할 수 있다. 그 이전에는 어떠한 경험적 사건도 그 편지의 동일성을 파괴할 수 없다. 나는 그것을 문자 혹은 기표의 '질료성(matérialité)'이라 부르고 싶다. 기표의 분할 불가능성, 다시 말해서 기표의 운동을 관장하는 구조적 및 원환적 질서의 파괴 불가능성을 그렇게 요약하고자 한다. 기표의 본성, 그 기능적 속성과 능력은 기표 자체에 있는 것이 아니다. 다만 그 기표를 통해서 행사되는 구조적 질서에 있다.

여기서 구조주의적 의미의 질서를 다시 생각하자. 가령 레비스트로스의 시각에서 하나의 구조 안에 놓인 항은 그 안에 놓인 다른 항과 맺고 있는 관계에 의하여 규정된다. 그 항의 본성이나 기능은 그 항의 내재적 속성이나 내용에 있는 것이 아니다. 다만 그 항이 차지하는 변별적 위치에 있다. 항들 사이의 상관적 차이, 그 차이 관계 안의 위치가 개체의 동일성을 떠받친다. 그러므로 모든 항은 저마다 고유한 위치, 장소를 지닌다. 그 고유한 위치를 떠났을 때, 각각의 항은 다시 그리 돌아가는 어떤 우회적 여정에 놓인다. 라캉은 포우의 소설을 통해서 이런 구조주의적 진리를 설명하고자 했다. 구조주의적 진리, 그것은 복귀이자 재전유, 재일치다. 이 진리 안에서 문자는 파괴 불가능하며 또한 언제나 자신의 목적지에 도착한다.

그러나 과연 그럴까? 편지는 오히려 자신의 목적지를 언제나 벗어날 수 있는 것이 아닐까? 편지는 언제나 하나의 여정, 자신에 고유한 궤도를 따라서만 이동하는 것일까? 왜 정신분석은 기표의 이동이 그토록 정연한 질서를 따른다고 생각하는 것일까? 그것은 진리에 대한 조급성, 진리를 구해야 한다는 강박, 그 강박이 빚어내는 단순화 아닐까? 정신분석에 과학의 칭호를 붙이고자 하는 의도가 오히려 무의식적 체험과 언어의 본성을 왜곡하는 것이 아닐까? 과학에 대한 집착, 진리에 대한 강박적 애착 때문에 라캉은, 스스로 읽고 있는 텍스트를 왜곡하는 것이 아닐까? 텍스트 일반의 본성을 단순화하고 추상하는 것이 아닐까?

이것이 라캉의 포우론에 대하여 데리다가 제기하는 물음이다. 문제는 결국 단순화, 환원, 제한, 배제 등으로 귀착한다. 라캉은 포우의 소설 안에서 펼쳐지는 복잡한 글쓰기의 장면과 텍스트의 짜임을 단순화했다. 거기서 일어나는 의미 산종을 협소한 틀 안에 가두었다. 심연을 감추고 있는 구조를 표면에서만 관찰했고, 텍스트의 운동을 이론적 필연성의 질서로 환원했다. 데리다는 포우의 소설을 자신의 방식대로 면밀하게 분석하면서 이런 결론에 이른다.[11] 여기서 그 분석의 한 두 가지 중요한 대목만을 되살려보자.

첫째, 정신분석이 추구하는 이론적 담론 또는 이론적 담론으로서의 정신분석은 소설과 같은 허구적 담론과 어떤 관계에 있는가? 정신분석의 진리를 설명하고 예시하기 위해서 프로이트는 다양한 문학 작품을 끌어들이고 분석의 소재로 삼았다. 라캉의 포우론도 그런 분석의 연장선상에 있다. 그러나 허구적 담론이 이미 자신 안에 진리를, 진리에 대한 욕망을, 또는 진리

---

11) J. Derrida, "La facteur de la vérité", *La carte postale* (Paris : Aubier-Flammarion, 1980) 439~524면. 본문 내 약칭, CP.

의 담론 자체의 본성을 기록하고 있다면, 어떤 일이 벌어질 것인가? 만일 문학 텍스트가 정신분석을 분석하고 있다면 정신분석의 본성과 그것이 찾는 진리를 이미 장면화하고 있다면 어쩔 것인가? 분석되는 텍스트가 분석하는 자의 이론을 이미 분석하고 상대화하고 있다면, 다시 말해서 분석자의 관점을 보다 포괄적이고 복잡한 문맥 속에서 연출하고 있다면?

당연히 분석자는 부처님 손바닥 안의 손오공일 수밖에 없다. 라캉, 당신은 손오공이에요, 아직 포우의 손바닥 안에 있어요. 데리다는 라캉론의 전반부에서 이런 말을 하고 있는 듯이 보인다. 이는 결국 정신분석이 서 있는 위치 또는 정신분석이 그대로 답습하거나 열렬히 추구하는 이론적 담론 일반이 놓인 장소에 대한 지적이다. 정신분석이 허구적 담론을 통하여 자신의 비허구적 진리를 예시할 때, 비유적인 언어에 숨어 있는 알몸의 진리를 끄집어내고자 할 때 분석자는 어디에 있는가? 정신분석은, 그것이 추출하거나 재확인하고자 하는 질서정연한 구조는 어디에 있는가? 이론적 진리는 어디에, 그리고 어떻게 있는가?

데리다는 이렇게 말한다. 정신분석은 문학 텍스트 혹은 텍스트 일반이 자신의 손안에 있다고 생각한다. 그러나 정신분석은 텍스트를 자기 뜻에 따라 주무르고 분석하기 위해서 주변을 도려낸다. 질서정연한 구조로 들어오지 않는 부분을 절단해버린다. 그 절단이 정신분석의 조건이다. 정신분석은 구조 외적인 것의 절단, 오리기(circanalyse)다.[12] 정신분석은, 그리고 (구조주의)인문학은, 나아가서 이론적 담론 일반은 텍스트를 오려놓고 해석한다. 반면 텍스트는 이론적 질서나 구조의 틀로 제한

---

12) G. Bennington, "Circanalyse(la chose même)", *Depuis Lacan*, Colloque de Cerisy (Paris : Aubier, 2000) 참조.

되지 않는 복잡한 짜임, 역동적 직물이다.

둘째, 이는 라캉이 단순하게 재구성한 포우의 소설을 자세히 들여다보면 읽을 수 있다. 가령 라캉은 포우의 단편에서 화자(narrateur)와 주인공 뒤팽의 관계, 본문과 거기에 끼어드는 해설(narration)의 관계를 무시했다. 이야기를 소개하고 서술하는 화자를 이야기의 내용에 어떠한 영향도 미치지 않는 중성적 전달자, 투명한 매개자, 수동적 재현자로 간주한다. 그러나 이 단편과 3부작을 이루는 다른 단편과 함께 읽으면, 이 소설의 화자는 이야기의 전개 과정에 깊이 관여하고 있다. 잘 읽어보라. 그는 뒤팽에 한없이 매혹된 자, 뒤팽의 재정 후원자, 그리고 무엇보다 뒤팽과 닮은 제2의 뒤팽, 쌍둥이다. 그렇다면 라캉이 그린 삼각형은 사각형이 되어야 한다. 또는 그 이상으로 복잡한 것인지 모른다. 왜냐 하면 편지는 화자=뒤팽의 변덕과 욕심 때문에 이미 표류하는 듯한 순간에 도달해 있기 때문이다.

이것은 포우의 텍스트, 또는 텍스트 일반의 심연적 구조(structure abyssale)를 보여주는 한 가지 사례에 불과하다. 라캉론에서 나는 포우의 텍스트에서 라캉이 놓친 역동적 운동과 산발적 효과를 자세히 기술하고자 했다. 이런 미시적 독서를 통해서 내가 강조하고자 하는 것은 한 가지다. 그것은 어떤 역설적인 보충항, 그러나 이론적 시선에 보이지 않는 보충항이 이론적 구조에 기숙하고 있다는 사실이다. 그렇게 이론적 구조에 기숙하면서 그 구조를 열어놓는 이 보충항을 나는 다른 곳에서 유령이라 불렀다. 모든 이론적 구조물, 건축물, 집에는 프로이트-하이데거적 의미의 불안한 것(das Unheimliche)이 있다. 모든 이론적 고향, 집으로 비유되는 것(das Heimliche)에는 그런 불안, 억압되고 은폐된 불안, 유령적 불안이 숨쉬고 있다. 모든 기원, 중심, 토대, 지하에서는 구조적 안정성을 훼손하는 미동이 지속되고 있다. 나는 이 미동을 차연(différance)이라 불러왔고, 이 차연적 미동이 기원, 시작, 처음보다 먼저 있어왔음을 역설해왔다. 기원 혹은 중심은 이미 차이나고 대립하는 힘들 사이의 계약, 타협, 보류, 착종이다. 고정된 것처럼 보이는 점은 얼마든지 표류 가능한 힘의 교환에 대한 묶기, 방기되는 운동의 매듭이다. 그 매듭이 모든 안정된 구조의 탄생 내력, 탯줄 자국, 배꼽이다.

그러므로 구조라는 말은 불충분하다. 그것은 환원적 질서, 환원적 개념이다. 구조는 그 배꼽을 통해서 그 탄생과 죽음의 유래와 교통하고 있다. 이런 관점에서 보았을 때, 구조는 해산적(解散的) 풀림의 경향을 억누르는 구성의 운동, 이완하는 힘에 저항하는 조임의 운동, 그래서 풀기와 묶기가 교차되는 힘의 경제로서 파악되어야 한다. 구조주의적 균형을 낳으면서 또한 그 안에 불균형을 초래하기도 하는 이 힘의 경제를 나는 기조(氣造, stricture)라는 말로 부르고 싶다. 구조는 언제나 기조 안에서 생성하고 소멸한다. 구조는 기조 안에 있다. 기조 안에서 구조는 삶이면서 죽음이다. 생은 죽음에 대한 저항이자 미루기다.[13] 정신분석(라캉의 포우론)이 그것이 분석하는 문헌(포우의 단편) 속에 이미 장면화되고 연출되고 있는 것을 지적할 때, 따라서 후자가 전자로서는 통제할 수 없는 범위를 가진다는 것을 보여주면서 내가 말하고자 한 것이 이점이다. 정신분석, 구조주의, 이론적 사유는 무엇인가? 어디에 있고 어떻게 있는가? 그것은 자신을 포괄하고 상대화하는 보다 포괄적인 문맥 속에 있다. 정신분석을 포함한 이론적 사유는 이 문맥을 단순화하고

---

13) J. Derrida, *La carte postale* (Paris : Aubier-Flammarion, 1980), 275-437면에 실린 글 "Speculr-sur Freud"는 프로이트의 『쾌락의 원칙을 넘어서』를 분석하고 있는데, 여기서 이 점이 상세히 기술되고 있다. 특히 기조에 관해서는 428면 이하 참조.

절단하면서, 그 문맥이 가져오는 충격과 파괴의 위험을 바깥으로 돌리면서, 기조를 구조로 구획하고 좁히면서 있다. 그렇게 단순화된 구조에서 편지, 문자, 기표는 언제나 자신의 목적지로 돌아가는지 모른다. 그러나 기조 안에서는 그렇지 않다.

라캉에게서 그런 절단의 작업은 거세(castration)의 장소에서 시작된다. 모든 기표의 환유적 연쇄와 은유적 대체, 그리고 편지의 삼각형 운동은 어머니의 두 다리 사이에 없는 것, 페니스가 있어야 할 장소에서 시작한다. (뒤팽은 나신의 여체가 다리를 벌리고 누워 있는 듯한 벽난로의 구멍에서, 거기에 콜리스톨처럼 생긴 단추 밑에서 장관이 감춘 편지를 발견한다.) 그것이 편지의 고유한 장소, 기표 운동이 출발점이자 회귀의 지점이다. 그곳이 진리가 일어나는 장소, 따라서 분석이 끝나는 지점이다. 정신분석이 완성되는 지점, 편지와 그것의 순환 회로가 고유한 의미를 회복하는 지점은 거세의 자리다. 그 거세의 자리로 돌아올 때 편지는 자신이 잃어버렸던 의미, 팔루스로서의 자격을 회복한다. 편지는 남근을 상징하는 기표, '결여로서의 존재'를 지시하는 기표다. 있어야 할 것이면서 없는 것에 대한 기표, 존재자성을 결한 한 기표, 적극적 실재성이 없는 이 물건의 기표는 다만 자신의 고유한 장소만을 지닌다. 그러나 이 장소는 경험적 차원의 장소가 아니다. 그것은 어떤 선험적 성격을 띠고 있다. 편지, 팔루스는 이 선험적 장소 안에서 파괴 불가능한 어떤 것이 된다. 찢어지지 않는 편지, 절단되지 않는 팔루스, '관념적' 물건이 되는 것이다.

라캉에 따르면, 뒤팽, 이 탁월한 분석자는 그 물건을 여왕에게 돌려준다. (그러나 그는 분석자일까? 분석자의 분석자가 아닐까?) 물건은 여자의 것, 여자의 욕망의 대상이다. 거꾸로 이 물건을 소유한 자는 여성의 위치에 놓이고, 여성적 욕망의 주체가 된다. 여왕의 편지를 훔친 장관도, 다시 그 편지를 훔친 뒤 팽도 음성이 변한다. 그러나 이 물건이 되돌아가고자 하는 곳은 따로 있다. 그곳은 거세의 장소, 아무것도 없는 곳, 빈 곳, 구멍이다. 팔루스의 의미, 그것이 끝내 지시하려는 것은 그 구멍이다. 그것은 여왕의 자리에, 그의 다리에, 그 사이에 있다. 이것이 라캉의 이야기다.

구멍중심주의, 아마 라캉적 분석의 여정을 그렇게 불러서는 안 될 것이다. 구멍은 팔루스를 대상으로 하는 욕망이 샘솟는 장소일 뿐이다. 진리는 그곳에 팔루스가 들어갈 때 완성된다. 그러나 그 삽입은 팔루스가 빠져나올 때 약속되거나 예정된 것이다. 진리, 정신분석의 진리는 팔루스가 나가고 들어가는 운동, 없다가 다시 있게 되는 이중의 운동에 있다. 진리는 숨다가 다시 나타나는 사건, 나타나면서 숨는 사건이다. 라캉은 하이데거의 진리관을 믿는다. 진리는 동시적 은폐와 탈은폐, 부재와 재현전, 채무와 탕감 혹은 그 사이의 약속과 계약으로서 일어난다. 이 진리의 사건은 팔루스의 운동 자체다. 따라서 남근중심주의라는 말이 더 적절할 것이다.

남근과 구멍(대타자, 즉 언어의 결여와 욕망)의 관계는 기표와 기의의 관계에 있다. 남근은 결여이자 부재로서의 구멍을 자신의 선험적 기의인 양 지시한다. 자석보다 더 강한 힘이 남근을 그리로 끌고 간다. 아무도 말리지 못하는 힘. 장관도, 하물며 형사도 그럴 수 없다. 말려보아야 이야기만 길어질 뿐 결과는 항상 같다. 남근과 구멍의 재결합은 기표의 연쇄 운동이 완성된다는 것, 자신의 끝, 목적지에 이른다는 것을 뜻한다. 편지는 항상 자신의 목적지에 도착한다. 이것이 라캉의 포우론을 맺는 결론이다. 기표의 연쇄 운동은 언제나 어떤 귀착지에 이르고, 때문에 그것의 운동은 어떤 원환적 구조, '고리 모양의 기조'를 이룬다.

이 기조를 원환적이고 닫힌 구조로 만드는 것은 팔루스, 정확히 말해서 자신의 선험적 장소인 거세의 자리, 구멍으로 돌아오는 남근이다. 그러나 거세된 것, 없어진 것, 따라서 다시 있어야 할 것으로 욕망되는 대상으로서의 남근은 언제나 자신의 자리로 돌아오는 것일까? 욕망의 지향성이 설정한 목적지로 다시 돌아오는 것일까? 오히려 끝없는 방황과 산종이 그 부재하는 대상의 장소 아닌가? 진리의 장소를 구멍에서 찾는 것, 다시 말해서 여성성이라고 보는 것은 남근중심주의, 로고스중심주의 때문이 아닌가?

하지만 여기서 데리다의 말을 다시 멈추게 하자. 다소 야하게 흘러서가 아니라, 라캉도 아직 할 말이 많기 때문이다. 그의 말은 아직 끝나지 않았다. 이것은 적어도 두 가지 의미에서 그렇다. 첫째, 데리다는 라캉의 편지를 팔루스로만 간주하고 있다. 그러나 그 편지는 다른 것일 수 있다. 가령 욕망, 실재적 대상(*objet a*)일 수 있다. 둘째, 데리다의 라캉론 이후의 라캉, 1970년대의 라캉은 과거의 라캉이 아니다. 이런 전환이 데리다의 그라마톨로지론이나 프로이트론에 빚지고 있을 수 있는 가능성을 배제할 수는 없지만,[14] 어쨌든 라캉은 끊임없이 당대의 지적 성과를 흡수하면서 자신의 이론을 정교화하고 변형해왔다. 이런 이론적 변형 과정에서 그 중심에 있는 것이 실재적 대상이라는 개념이다.

이 개념이 허락하는 답변의 기회를 얻는다면, 라캉은 아마 이렇게 이어갈 것이다. 중요한 것은 대타자(상징계)의 결여를 대

---

14) 앞에서 인용된 *Lacan avec les philosophes*에 실린 두 글, R. Major, "Depuis Lacan"과 S. Melville, "Depuis Lacan?" 참조. 이 책에 실린 데리다의 새로운 라캉론에서도 그는 1970년대의 라캉의 전회가 자신에 빚지고 있음을 암시한다. 이 글은 잠시 후 별도로 다루어질 것이다.

신하는 기표(팔루스)와 욕망의 원인(대상)을 구분하는 것이다. 하지만 먼저 기표의 질료성에 대해서 이야기하자. 내가 말했던 기표의 질료성은 기표가 지닌 유사 대상적 성격을 뜻한다. 나는 편지의 내용이 아니라 이것의 유사 사물적 성격이 서로 다른 위치의 등장 인물들에 영향을 미친다는 것을 강조하였다. 이 유사 대상적 성격을 나는 실재(le réel)라 부른다. 실재는 두 단계로 이해해야 한다. 먼저 그것은 상징적 기호로 기록되기 이전에 있다고 전제되는 것, 칸트의 물 자체와 같은 것이다. 이런 의미의 실재는 정신분석이 말하는 외상(trauma)과 고착화를 설명할 때 전제하는 가설적 원인이다. 즉, 언어, 대화로 편입되지 않는 것, 언어 이전의 어떤 것이 실재다. 그러나 실재는 단순히 언어 이전의 것이 아닌, 오히려 언어 때문에 생기는 것일 수 있다. 그리고 이런 의미의 실재가 정신분석에서 더 중요하다.

나는 포우론에서 분명히 언어가 사물, 실재의 '살해자'라고 했다. 그러나 언어는 결코 실재를 완전히 죽이지 못한다. 실재의 생명은 완전히 꺼지지 않는다. 그 잔여가 남는 것이다. 상징적 기록의 잔여인 제2의 실재, 바로 그것이 문제다. 내가 포우론 「후기」(E, 41-610)에서 상세히 기술한 것처럼, 이 잔여로서의 실재는 기표의 자동적 연쇄가 진행됨에 따라 부수적으로, 그것도 법칙화할 수 있는 방식으로 형성된다.[15] 하지만 그렇게 형성된 실재는 결코 상징계의 법칙에 종속되지 않는다. 오히려 그 법칙에 저항하고 그 법칙의 작동에 탈을 낸다. 구조적 질서의 흐름에 이상 기류를 가져오는 것이다. 이 이상 기류를 일으키는 잔여, 이 잔여로서의 실재가 무의식적 경험으로 들어가는

---

15) B. Fink, *The Lacanian Subject* (Princeton : Princeton University Press, 1995), 부록 논문 참조. 이 저서는 지젝의 저서와 더불어 후기 라캉을 기술하는 본 논문에 많은 시사점을 제공했다.

입구다. 무의식적 욕망은 그 실재 때문에 성립한다. 내가 질료성이라 부른 것은 이런 실재적 대상과 유사한 성격을 지칭하기 위한 것이다. 어떤 기호 작용도 하지 않는다는 것, 다시 말해서 어떤 다른 기표와 교환되거나 대체되지 않는 것, 그러나 다른 기표를 끊임없이 움직이게 하는 중력을 지닌 것이 포우의 편지다. 이 질료적 편지, 그리고 그것이 지시하는 실재는 상징계의 중심으로 끊임없이 다시 돌아온다. 상징계의 중력은 그 실재의 귀환점에 집중되어 있고, 상징계의 모든 기표는 그 지점 주위를 끊임없이 회전하도록 되어 있다. 끊임없이 그 실재를 번역하고 대체하려고 하지만 그 모든 운동이 주위에 그치는 것이다. 물론 여기에는 역설이 있을 수 있다. 실재는 상징적 기록이 진행되는 과정에서 부수적으로 남는 잔여이지만, 그 잔여가 다시 상징계를 움직이게 하는 원동력이 된다. 그러나 무의식적 현상은 언제나 역설적이다. 문제는 이 역설적 구조를 표시하는 것이다.

내가 '보로메오의 매듭'을 끌어들이고 'RIS' 도식을 고안한 것은 이런 역설적 구조를 그려보고자 한 노력의 일환이다. 그밖에도 나는 여러 가지 그림이나 연산식을 통해서 이 역설적 구조를 번역하고자 했다. 일단 여러분이 이 구조를 생각할 때는 그것이 언제나 결여와 손실 혹은 빈곳을 포함한다는 사실에 주목하기 바란다. 보라, 언어는 끊임없이 움직인다. 기표는 쉽없이 교환되고 대체된다. 이 운동을 낳고 유지하는 것이 그 빈자리다. 아무것도 아닌 것, 존재하지 않는 것 때문에 그런 부단한 운동이 지속된다. 이 역설이 구조의 일차적 특징이다.

여기서 거세와 남근에 대해서 말하자. 거세는 곧 구조 내적 운동이 성립하기 위해서 요구되는 빈자리, 결여가 발생하는 최초의 사건이다. 그리고 그 결여 자체를 표시하는 기표가 남근이다(E, 715, 722). 그러므로 거세란 어떤 원초적 박탈의 사선이 사 (헤겔-마르크스적 의미의) 소외다. 무엇을 박탈당하는가? 주체에 대하여 그것은 쾌락의 원칙을 넘어선 신체적 향락의 박탈 혹은 포기를 의미한다(E, 827). 나는 그것을 '분리'라는 말로 표현한다. 그러므로 남성의 성기가 거세의 대상이 아니다. 남자 든 여자든 인간은 신체적 향락을 포기할 때만 상징계의 주체가 될 수 있다. 그러면 박탈된 향락은 어디로 가는가? 그것은 대타 자, 언어, 상징계로 간다. 대타자는 착취자다. 박탈된 향락은 상 징계 안을 돌아다닌다. 주체의 바깥, 저기 언어의 세계를 타고 도는 쾌락, 향락은 말속에 있다. 주체가 향락을 누리기 위해서 는 입을 벌려 말을 하거나 남의 말을 들어야 한다. 말에 이미 착취당하고 봉사했지만 다시 봉사해야만 한다. 그래야 그 잉여 가치를 배당 받을 수 있다. 그러나 말을 할수록 이득을 보는 것 은 언어다. 여전히 잉여 향락은 말의 것이다. 노동은 주체가 하 지만 결실을 따나가는 것은 언어다.

여기서 마르크스의 잉여가치론을 생각하라. 마르크스가 자본 주의를 두고 무어라 했는지 기억하라. 노동을 상품화하는 자본 주의적 생산 양식 하에서 노동자는 자신의 노동의 대가로부터 소외되어 있다. 그 대가를 착취하는 것은 자본가다. 자본가에 의해서 노동자는 자신이 생산한 잉여 가치로부터 분리된다. 그 와 마찬가지로 주체는 자신이 생산한 잉여 향락(plus-de-jouir) 으로부터 분리된다. 언어는 자본가처럼 주체가 생산하는 잉여 향락을 빨아먹는다. 자본주의는 노동자의 손실, 잉여 가치에 대 한 손실을 통해서 확대 재생산된다. 마찬가지로 언어의 교환과 순환은 주체의 손실, 잉여 향락의 포기를 통해서 확대 재생산 된다. 언어는 냉혹한 자본가다.

거세는 그런 자본주의적 언어 질서가 생기고 유지되기 위해서 필요한 최초의 손실, 결여가 일어나는 사건이다. 이미 말한 것처럼, 남근이란 그 손실과 결여를 지시하는 기표다. 구조 내적 운동, 모든 기표적 교환과 순환은 이 결여의 기표에서 시작한다(E, 722). 데리다는 이 결여를 페니스의 결여, 그래서 여성성이라 했다. 그러나 기표로서의 남근이 표시하는 결여는 여성성을 초래하는 것이 아니라 욕망을 초래한다. 누구의 욕망인가? 대타자(언어)의 욕망이다. 남근은 대타자의 결여, 그 결여와 짝을 이루는 대타자의 욕망을 표시한다. [발생론적 관점에서 볼 때 주체(어린아이)는 대타자(말을 가르치는 사람, 어머니)의 욕망을 통해서 대타자의 결여를 경험한다.] 주체는 이 대타자의 결여와 욕망을 동시에 표시하는 팔루스적 기표를 중심으로 상징계 전체를 표상한다.

주체의 욕망은 이 대타자의 욕망에 대한 욕망이다. 헤겔의 주노(主奴) 변증법에서 읽을 수 있는 것처럼, 인간의 욕망은 타자의 욕망을 소유하려는 욕망, 타자의 욕망의 대상이 되려는 욕망이다. 주체의 무의식적 욕망은 그가 대타자의 욕망 앞에서, 그 욕망이 던지는 듯한 물음 앞에서 생성한다. 주체는 대타자의 욕망 앞에서 다시 묻는다. 내가 어떻게 해주길 원하는 거지(che vuoi)?

이 대타자의 결여와 욕망, 그리고 그것이 주체에게 던지는 물음, 바로 여기서 무의식적 차원이 펼쳐진다. 주체는 그 대답에 답하기 위해서 팔루스적 기표를 찾고, 이를 통해서 대타자와 합일하고자 한다. 그러나 그 결여와 욕망은 메워지지 않는다. 기표는 결코 욕망을 멈추게 할 수 없다. 그러므로 여기서 주의하자. 욕망의 기표는 욕망의 대상이나 원인이 아니라는 것을, 그리고 욕망의 대상 혹은 원인은 존재하지 않는다는 것을. 욕망의 원인은 상상하거나 언표할 수 없는 것이다.

반면 팔루스는 다른 기표와 교환 가능한 기표다. 그러나 팔루스가 어느 자리에 오건 욕망은 꺼지지 않는다. 욕망의 발생 원인 혹은 대상은 언제나 '다른 것'이기 때문이다. 나는 그것을 실재적 대상(objet a)이라 부른다. 이것은 언제나 말할 수 없는 것, 상징적으로 기록되지 않는 것, 기록의 잔여, 그러므로 실재적인 것이다. 이 언표 불가능한 잔여로서의 실재적 대상이 욕망을 생산하는 원인이다. 나는 포우론에서 '편지는 언제나 자신의 목적지에 도착한다'는 말로 결론을 맺었다. 그러나 언제나 자신의 목적지로 되돌아오는 것은 기표로서의 팔루스가 아니다. 그것은 기표화되지 않는 실재적 대상이다.

엄밀히 말해서 이 대상은 대상이 아니다. 존재하지 않는 것, 현존을 결여하는 것이기 때문이다. 그러나 어느 대상 못지 않게 그 실재적 대상은 속성을 가지고 있다. 마치 존재하는 것처럼 어떤 작용과 효과를 미친다. 욕망은 존재하지 않는 그 대상 때문에 발생하고 그 대상으로 해서 끝없이 움직인다. 왜냐 하면 어떠한 기표도 그 대상을 번역할 수 없기 때문이다. 온갖 기표적 연쇄와 집적을 통해서 그것에 도달했다고 생각하는 순간, 그 대상은 다시 힘을 행사한다. 온갖 기표의 회집을 통해서 그 대상을 사라지게 만들었다고 생각하는 순간, 그 기표는 다시 나타난다. 번역하고 옮겼다고 생각하자마자 다시 자신의 자리로 돌아온다. 실재적 대상은 언제나 자신의 자리로 되돌아온다. 언제나 자신의 목적지에 도착하는 것이다.16)

언제나 그 자리로 돌아오는 대상, 언제나 그 자리를 다시 지키는 실재적 대상은 상징적 주체에 의해서, 상징계 혹은 사

---

16) B. Johnson, "The Frame of Reference : Poe, Lacan, Derrida," J. Richardson 편, *The Purloined Poe* (Baltimore : Johns Hopkins University Press, 1988) ; S. Zizek, *Enjoy Your Symptom!* (London : Routledge, 1997), 주은우 옮김, 『당신의 징후를 즐겨라』(서울 : 한나래, 1997), 1장 등 참조.

회·문화적 현실에 대하여 외상적 충격을 준다. 여기에서 프로이트가 반복 강박과 그것의 배후에 있는 것으로 짐작하던 죽음의 충동을 기억하자. 무의식적 주체는 쾌락의 원칙을 넘어서 기꺼이 자기 파괴적인 것에 관계하는 경향이 있다. 그것이 욕망의 적나라한 본성이다. 자기 파괴적인 것에 관계하고자 하는 욕동, 그 욕동을 몰고 오는 어떤 것, 그러나 현실적으로 현존하지 않는 어떤 것이 실재적 대상이다. 이 대상에 직접 노출될 때 일어나는 충격은 치명적일 수 있다. 그러므로 무의식적 욕망의 주체는 그것에 관계하되 직접적으로 관계하지 않는다. 직접적 관계를 미루고 지연시키면서 관계한다. 데리다적 용어로 말하자면, 욕망은 실재적 대상에 차연적으로 관계한다. 차연적으로 관계한다는 것은 대리적 보충을 통해서 관계한다는 것이다. 나는 이런 차연적 관계를 환상(fantasme)이라고 부르고 $◇a로 표기한다.

이 공식은 주체가 욕망의 원인에 가까이 가면서 동시에 그 직접적 접촉을 미룬다는 것을 말한다. 왜 미루는가? 그 직접적 접촉이 주체를 파괴하기 때문이다. 주체는 살기 위해서 미룬다. 그러나 욕망의 주체는 쾌락의 원칙을 초과하는 쾌락(향락)을 위해서 끝없이 대상에 관계한다. 물론 데리다도 이런 차연적 관계를 분석한 적이 있다. 프로이트의 『쾌락의 원칙을 넘어서』를 그처럼 자세하게 읽고 감동적으로 분석한 경우는 아직 없다. 거기서 데리다는 죽음의 충동과 생의 충동 사이의 차연적 관계를 쾌락 원칙의 풀림(죽음의 충동)과 조임(생의 충동)의 역동적 리듬, 리듬에 찬 기조 안에서 설명했다. 그러나 나는 데리다가 수십 페이지에 걸쳐서 온갖 상세한 미로를 통과해가며 묘사한 것을 최대한 경제적으로, 가장 단순하게 표시했다. 어느 것이 더 감동적인가? 판단은 자유다. 그 기조라는 것, 그것도 그렇다.

내가 그리는 구조도 군이 따지자면 기조다. 가령 나의 욕망의
그래프(E, 805 이하), 그 명료한 그림은 얼마나 기조적인가.

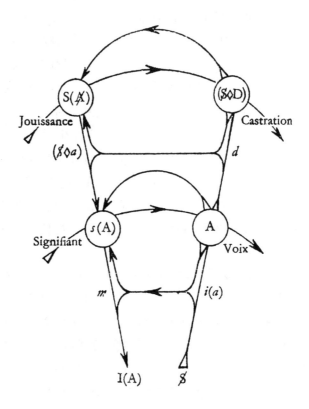

이 그래프는 얼마나 많은 내용을 담고 있는지! 그리고 그 내
용에 비할 때, 이 그림은 얼마나 경제적인지! 하지만 여기서는
왜 이것이 닫힌 구조가 아니라 열린 구조, 리듬에 찬 기조인지
만을 말해주겠다.17) 그러므로 이 그래프의 왼쪽 축을 보시기
바란다. 이 왼쪽 축은 대타자의 결여와 욕망(S(A̸))에서 시작해

---

17) S. Zizek, *The Sublime Object of Ideology* (London : Verso, 1989), 3장 참
조.

서 의미화 작용이 일어나는 고정점(point de capiton, s(A))을 지나 주체의 상징적 (자기)동일시(I(A))에 이른다. 도달점은 상징적 질서에 편안하게 안주한 자아상, '자아 이상(idéal du moi)' 혹은 명확한 자기정체성을 획득한 주체다. 이런 자기동일시가 성립하려면 먼저 의미화 연쇄가 어떤 기의에 의해서 고정되는 지점이 있어야 한다. 그러나 이 고정점, 안정된 기호 체계가 성립하는 이 지점에 지속적으로 힘을 미치는 것이 있다. 그것은 대타자의 욕망과 그것이 던지는 물음이다. 충격적이고 외상적일 수 있는 물음, 따라서 주체는 그 물음의 충격을 없는 것처럼 무시할 수 있다. 그러나 억압된 것은 반드시 회귀한다.

여러분은 여기서 금방 깨닫게 되었을 것이다. 이 욕망의 그래프에 나오는 상하 두 개의 횡선이 대충 무엇을 의미하는지를. 아래의 횡선은 상징적 질서, 정상적 현실의 질서를 나타낸다. 반면 위의 횡선은 무의식적 욕망의 차원 혹은 향락의 질서를 표시한다. 상징적 질서가 쾌락의 원칙에 종속되어 있다면, 향락의 질서는 쾌락의 원칙을 넘어선다. 그 향락의 차원으로부터 내려오는 압력은 환상의 지점을 거쳐 의미화의 고정점에 미친다. 여기에서 환상은 두 가지 배타적 역할을 동시에 수행한다. 환상은 먼저 주체로 하여금 대타자의 욕망과 질문 또는 실재적 대상에 관계하도록 허락한다. 환상은 외상적 충격에 관계하는 욕망, 쾌락의 원칙을 넘어선 욕망의 형식이자 틀이다. 리비도 에너지가 집중된 표상 안에서 사물들은 이 틀을 통해서 일관성을 획득한다. 반면 환상은 그 외상적 충격으로부터 주체를 보호해주는 거리, 영사막에 해당한다. 이 보호막에 힘입어 주체는 대상에 의하여 파괴되지 않는 채 그것에 지속적으로 관계할 수 있다.

그러나 환상 속에 욕망의 원인으로 귀환하는 실재적 대상은 허상, 시뮬라크르다. 그것은 현존하지 않는 것, 다만 효과를 미치는 속성으로만 '있는' 것이다. 그것은 상상 불가능하고 기록 불가능한 것이지만 여전히 허구적이고 사후적으로 성립하는 허구물이다. (이 허구의 구성은 최초의 만족에 대한 재기억, 최초의 만족 대상에 대한 사후적 구성에서 시작한다. 실재적 대상은 이 사후적 구성이 여전히 충족할 수 없는 것으로 남기는 잔여, 재구성 불가능한 것으로 멀어지는 원초적 대상, 그러나 환원 불가능하고 해체 불가능한 어떤 것이다.)

그러므로 욕망의 그래프의 왼쪽 축이 말하는 것은 결국 이것이다. 안정되고 닫혀진 기표의 질서를 봉합하는 고정점은 시뮬라크르의 귀환에 의하여 지탱되는 동시에 위협받고 있다. 기록 불가능한 환상적 허구, 해체 불가능한 부재자와 관계하는 환상이 안정된 기표적 질서의 토대다. 그러나 이 토대는 바닥이 없다. 그것은 비존재다. 상징적 구조는 그 고정점 자체를 통해서 어떤 무, 결여, 허상 그리고 그것이 거느리는 카오스의 가능성에 이어져 있다. 구조의 배꼽은 카오스의 가능성, 바닥 없는 심연으로 이어져 있다. 하지면 상징계의 주체는 그 탯줄을 끊을 수 없다. 왜냐 하면 그 탯줄이 상징적 질서, 정상적 질서에 리비도적 에너지, 잉여 향락, 잉여 가치를 공급해주는 공급선이기 때문이다. 생명과 죽음, 구성과 파괴는 한 줄을 통해서, 차연적 리듬을 통해서 주체에게 온다. 그 차연적 리듬이 하위의 소구조를 지배한다. 그 소구조의 배꼽은 상위 구조의 구멍, 잔여물을 배설하는 똥구멍에 이어져 있다. 항문 운동을 하는 구조, 오므렸다 열었다 하면서 배설하는 상위 구조, 그리고 그 아래에서 그 잔여물을 흡수하는 하위 구조, 이 상하 복합 구조는 기조가 아니라면 무엇이겠는가?

3. 해석과 해체

이 정도에서 라캉의 말을 가로막자. 적어도 전회 이후의 라캉은 단순한 구조주의자가 아니라는 것, 그의 구조가 기조에 가깝다는 것은 분명해졌을 것이기 때문이다. 물론 욕망의 그래프를 통해서 라캉이 하고 싶은 말은 아직도 많을 것이다. 특히 목소리에 대해서, 자신이 음성중심주의에 빠져 있다는 데리다의 시비에 대해서 꼭 덧붙이고 싶을 것이다. 사실 이 그래프에 나오는 목소리는 어떤 사물화된 음성, 모든 의미화 작용의 테두리 바깥으로 떨어져 나온 빈 껍질 같은 잔여다. [그것은 마치 최면술에 걸린 사람이 듣는 주문(呪文)과 같이 공허한 목소리다.] 데리다의 그라마톨로지론이나 후설론은 음성 위주의 언어관이 현전적 존재 이해나 로고스중심주의와 동근원적임을 밝혔지만, 이런 공허한 목소리는 의미의 현전(로고스의 자기 현전)과 공모 관계에 있지 않다. 오히려 의미의 현전, 더 나아가 의식의 자기 현전을 방해하고 교란할 수 있다.18) 당신은 목소리 혹은 다른 소리 때문에 스스로 통제할 수 없는 격정이나 혼돈의 상태에 빠져본 적이 없는가? 소리가 안정된 의미론적 질서에 충격을 주는 전복적 힘으로서 현상한다는 것을 경험한 적이 있는가? 니체는 소크라테스에게 외치듯 주문했다. 소크라테스, 음악을 들어요! 춤을 춰요! 소크라테스적 합리성과 디오니소스적 음악성을 마주놓았던 니체의 음성을 기억하자면, 목소리는 로고스에 봉사한다기보다 파토스에 봉사한다. 음성은 반-로고스중심주의적일 수 있다. 플라톤 이래 합리적 이성의 수호자들은 음악을 감시하고 통제할 수밖에 없는 처지에 있지 않았

---

18) M. Dolar, "The Object Voice", R. Salecle과 S. Zizek 공편, *Gaze and Voice as Love Objects* (Durham : Duke University Press, 1996) 참조.

던가. 음악의 마술적인 힘에 저항하려 하지 않았던가. 라캉이 말하는 목소리(그리고 응시)는 많은 경우 이런 문맥에서 읽어야 한다. 그것은 쾌락의 원칙에 종속된 합리적 질서를 급작스럽게 뒤집거나 재편하면서 출현하는 현상, 정확히 말해서 향락의 대상으로 둔갑하는 현상이다.

그러나 하여간 라캉의 말은 일단 여기서 그치게 하자. 그리고 다른 주제를 중심으로 라캉과 데리다의 논쟁적 상황을 구성해보자. 아마 여기서 중심에 두어야 할 마지막 주제, 그러나 어쩌면 가장 큰 주제는 해석의 문제일 것이다. 사실 라캉의 상징 개념, 그리고 포우의 소설에 대한 라캉과 데리다의 서로 다른 분석은 이미 해석학적 문제 틀 안에 들어와 있다. 그러므로 정신분석과 해체론은 전통적 해석학에 대하여 각기 어떻게 관계하는가? 양자는 해석학의 역사에서 각각 어떤 자리를 차지하는가? 정신분석과 해체론은 어디에 있는가?

이런 물음을 위해서 먼저 고전적 해석학의 전통을 수호하는 위치에 있는 리쾨르의 말부터 들어보도록 하자.[19) 리쾨르는 구조주의를 "선험적 주체만 없는 칸트주의"로 평가했다. 이것은 구조주의의 형식주의적 성격을 강조하는 말이다. 형식주의, 이것이 구조주의의 특징이자 또한 그 한계일 수 있다. 여기서 다시 앞에서 정식화된 라캉적 상징 개념을 다시 기억하자(사적이고 시적인 것마저 수적이다). 구조주의는 무의식적인 것, 문학적인 것, 사회적인 것 등을 어떤 중립적 요소들의 상관적 차이 관계, 형식적 조합과 분리의 관계로 환원한다. 신비하고 주관적이고 정서적인 현상을 그 자체로 무의미한 요소들간의 형식적 질서로 환원하는 구조주의는 극단적 과학주의, 탈신비화의 전

---

19) P. Ricoeur, *Le conflit des interprétations : essais d'herméneutique* (Paris : Seuil, 1969) ; 양명수 옮김, 『해석의 갈등』(서울 : 아카넷, 2001), 1 · 2장 참조.

략일 수 있다. 리쾨르는 이런 탈신비화의 전략에 저항하고자 한다. 그 탈신비화의 전략을 탈신비화하자는 것이다.

이 재신비화의 전략은 표면상 언어의 환원 불가능한 모호성에 대한 옹호인 것처럼 보인다. 구조주의적 분석에 저항하는 이 언어 내재적 모호성에 관계하는 것, 그것이 리쾨르가 말하는 반성적(변증법적) 해석학이다. 이 반성적 해석학은 두 가지 해석학의 매개와 지양이다. 하나의 해석학은 새로운 상징의 출연에 눈을 돌리는 해석학, 의식과 역사의 차원으로 나아가는 해석학, '앞으로 가는 해석학'이다. 반면 다른 하나의 해석학은 원초적 상징에 눈을 돌리는 해석학, 무의식과 기원으로 소급하는 해석학, '뒤로 가는 해석학'이다. 앞으로 가는 해석학의 사례로서 리쾨르는 헤겔적 정신현상학을, 반면 뒤로 가는 해석학의 사례로서는 니체·프로이트·마르크스를 든다.

이런 구도에서 정신분석은 해석학의 역사에 위치한다. 니체의 철학, 마르크스의 정치경제학과 더불어 프로이트의 정신분석은 현대적 해석학의 출발에 서 있되 다른 방향의 해석학과 더불어 반성적 해석학 속에서 변증법적으로 통합되어야 하는 위치를 점한다. 앞으로 가는 해석학, 그것은 목적론적이며 이념적이다. 뒤로 가는 해석학, 그것은 고고학적이다. 텔로스로 가는 해석학과 아르케로 가는 해석학, 양자는 다시 종교적 종말론으로, 그리고 그곳을 장식하는 '거룩한 상징'으로 가는 징검다리다. 그 징검다리를 하나하나 건너는 것이 리쾨르적 의미의 반성이다. 이런 반성철학의 시각에서 정신분석은 불충분한 해석학이다. 뒤로, 아르케로, 밑으로만 파고드는 정신분석은 주체의 고고학, 고고학적 해석학이다. 하지만 정신분석은 구조주의 못지 않은 탈신비화의 전략이며, 이 탈신비화의 전략 자체가 탈신비화되어야 한다. 극복되어야 하는 것이다.

우리가 여기서 이런 리쾨르의 시각을 끌어들인 것은 정신분석을 해석학의 역사 안에서 또는 다양한 유형의 해석학적 활동의 한 유형으로서 간주할 수 있다는 사실을 두드러지게 하기 위해서다. 그러나 리쾨르를 끌어들이지 않더라도 정신분석은 일종의 해석학으로 간주할 수 있다. 정신분석이라는 말, 분석이라는 말 자체, 그리고 프로이트의 『꿈의 해석』의 제목, 그리고 이 책에서 흔치 않게 사용되는 해석(Deutung), 분해(Auflösung), 해결(Lösung)이라는 말들이 이미 특정한 해석학적 함축을 띠고 있다. 프로이트는 무의식적 현상이 어떤 '감추어진 의미'를 지니고 있으며 그 감추어진 의미의 발견에 정신분석의 과제가 있다는 신념을 결코 버린 적이 없다.

그런데 데리다는 정신분석을 해석학보다 포괄적이고 더 오래된 역사, 분석의 역사 안에서 바라보아야 한다는 점을 지적한 적이 있다.[20] 이때 분석의 역사란 가령 플라톤적 의미의 나눔(diarresis), 아리스토텔레스적 의미의 분석론, 칸트적 의미의 분석론, 그리고 그 밖에 아나(ana)와 뤼시스(lysis)와 관련된 모든 형태의 방법론적 전략들을 포괄하는 개념이다. 그리고 이 분석의 역사 안에는 정신분석뿐만 아니라 해체론도 자리하고 있다. 사실 분석에도 여러 가지 종류가 있다. 철학적 분석이 있는가 하면 과학적 분석이 있고, 논리 분석이 있는가 하면 정신 분석이 있다. 이 모든 분석을 어떻게 유형화할 수 있는가?

데리다의 분류는 리쾨르의 분류와 겹치는 대목이 있다. 리쾨르는 앞으로 가는 해석과 뒤로 가는 해석, 목적론적 해석과 고고학적 해석 — 그리고 종말론적 장소로 가는 해석 — 을 나누었다. 데리다 역시 분석의 방향을 중시한다. 그 방향은 둘이다.

---

20) J. Derrida, *Résistances de la psychanalyse* (Paris : Galilée, 1996), 32면 이하. 본문 내 약칭, R.

하나는 '아나'로 표시되는 소급과 회귀, 즉 원리적이고 기원에 있는 것, 가장 단순하고 요소적인 것, 나눌 수 없는 것으로의 회귀의 운동이다. 이는 분석의 '고고학적' 운동에 해당한다. 다른 하나는 '종말론적' 운동이고, 이것은 '뤼시스'로 표기된다. 이 말이 함축하는 것은 분해, 풀기, 펼치기, 용해, 해소, 해산이다.

이렇게 볼 때, 고고학적 운동은 탄생의 지점, 기원으로, 반면 종말론적 운동은 완성과 죽음의 지점으로 이동한다. 프로이트의 『쾌락의 원칙을 넘어서』에 나오는 충동 이론으로 정식화하자면, 아나-뤼시스로서의 분석은 생의 충동에 따르는 동시에 죽음의 충동을 따른다. 생의 충동과 죽음의 충동이 한 생명체 안에 얽혀 있다면, 모든 분석에는 기원으로의 회귀와 종말로의 회귀가 얽혀 있다. 분석은 아나와 뤼시스, 에로스와 타나토스, 고고학적 회귀와 종말론적 회집의 매듭, 복잡하게 얽힌 실타래다. 매듭, 실타래로서의 아나뤼시스는 그 자체가 매듭을 풀고 엮는 작업, 양탄자를 짰다가 풀었다 하는 페넬로페(율리시즈의 아내)의 노동이다. (여기서 프로이트의 범례적 꿈 분석 「이르마의 주사」에 나오는 매듭과 배꼽의 비유를 기억하자.)

이런 포괄적 의미의 분석의 역사에서 정신분석은 어떤 위치에 있는가? 정신분석은 가령 과학적 분석이나 논리적 분석 혹은 철학적 분석에 비추어 어떤 특징을 지니는가? 무의식에 대한 탐구를 정당한 학문의 반열에 올려놓으려 했던 노력 속에서 프로이트는 정신분석을 과학적 분석 혹은 철학적 분석의 전통에 종속시키는 결과를 초래했다. 정신분석에 대한 데리다의 평가, 프로이트와 라캉에 대한 그의 평가는 그런 자발적 종속의 노력을 주시한다. 프로이트 속에 살아 있는 계몽주의적 학문관, 라캉의 구조주의적 경향이 해체론적 분석의 표적이다. 정신분석에 대한 이 분석은 "정신분석(학)은 정신분석이 아니다"라는 명제로 귀결된다. 즉, 정신분석은 정신분석(학)이 생각하는 정신분석이 아니다. 정신분석은 통일된 정체성이 없다. 분열되어 있는 것이다. 왜냐 하면 정신분석은 학문, 철학, 형이상학의 전통에 속하는 동시에 그 전통의 울타리를 벗어나기 때문이다.

이미 말한 것처럼, 데리다가 기술하는 정신분석은 자기 모순적인 두 측면을 지닌다. 정신분석의 주요 개념들(무의식, 억압 등)은 거의 대부분 형이상학의 역사에 속한다. 거기에 형이상학의 울타리를 이탈하는 것이 있다면, 그것은 사후성 개념이다. 이후의 것이 접촉하고 보충하는 한에서 이전의 것이 현상하거나 의미를 지닐 수 있다는 사후성 이론은 순수한 현전성, 자족적 자기 현전성 개념을 파괴한다. 기원은 파생을 통해서, 내면은 외면의 사후적 영향을 통해서 왜곡됨으로 '처음' 성립하고 현상한다. 기원은 이미 어떤 사후적 보충의 효과에 불과하다. 따라서 처음에 있는 것보다 보충이, 그 보충에 의한 충돌과 차이 짓기가 먼저 있었다. 그러나 정신분석이 도달한 이런 탈형이상학적(탈현전적) 돌파구는 프로이트나 라캉의 과학주의에 의하여 다시 닫히는 것은 아닐까?

이렇게 묻는 데리다는 자신의 독자들에게 다음과 같이 말한다. 해체론은 정신분석이 아니다. 해체론은 철학에 대한 정신분석이 아니며, 철학적 정신분석도 아니다(ED, 219). 이는 단순히 정신분석이 두 방향의 운동, 즉 자발적으로 형이상학의 역사에 종속되는 운동과 자기도 모르게 그 역사를 이탈하는 운동으로 분열되기 때문만이 아니다. 정신분석은 과학적 정합성을 얻으려는 곳에서마저 분열되고 있다. 사실 정신분석의 이론적 정체성, 정신분석이 스스로 정의하는 정체성은 저항 개념에 의해서 확립된다. 정신분석은 언제나 저항에 대한 분석이자 극복이다. 따라서 저항에 대한 일관된 위치에 정신분석의 정체성이 있을 수 있다. 그러나 정신분석이 말하는 저항 개념은 일관성을 결여하고 있다. 여러 가지 저항의 개념, 이드와 자아 그리고 초자아의 수준에서 성립하는 다양한 저항 개념들은 하나로 수렴되지 않는다. 따라서 하나의 단일한 저항이 없다면, 단일한 정신분석(학)도 없다. 정신분석은 하나의 개념, 이론, 과제로 모이지 않는다(R, 33-35). 이런 자기 분열적 분석을 해체론과 동일시하지 말아야 한다. 이는 해체론이 분열되지 않은 자기 정체성을 지니기 때문이 아니다. 다만 해체론은 정신분석과 다른 분석을 추구하기 때문이다. 해체론은 분석의 전통에 속하면서도 철학적 분석과 다른 종류의 분석을 추구하며, 그에 못지 않게 정신분석적 분석을 비켜간다.

이 해체론적 분석의 특이성을 말하기 전에 정신분석이 갖는 변별적 특징을 잠깐 언급하고 지나가자. 철학적 분석은 재현과 표상의 수준에 머문다. 하지만 정신분석이 저항의 해소라면, 이 해소는 전이(tranfert)를 통과하는 지점에서 끝난다. 이 저항과 전이의 해소는 정념과 정서의 지반 위에 있다. 분석자와 피분석자 사이의 정서적 상호 작용 없이 정신분석은 성립하지 않는다. 실천적 효과를 의도하지 않는 분석은 정신분석이 아니다. 따라서 정신분석은 철학적 분석과는 다른 질서에 속하는 것이 아닐까? 철학적 분석과 다른 종류의 분석의 길을 가고 있는 것이 아닐까? 하지만 이미 말한 것처럼 정신분석은 정신분석이 아니다. 정신분석은 자신이 생각하는 정신분석이 아니다. 정신분석은 자신을 모른다. 정신분석이 자신을 알려면 또 다른 분석자, 해체론적 분석자를 찾아가야 한다. 해체론이 일종의 정신분석이 아니라면, 그 이유는 여기에 있다. (그렇지만 오해는 하지 말았으면 좋겠다. 해체론은 어떤 메타 담론이 아니다. 메타 담론이 없다는 것이 해체론의 주장이다. 나는 존재론자가 아닌 것처럼 메타 존재론자도 메타 분석자도 아니다.)

물론 해체론이 정신분석과 공유하는 것이 아주 없다고는 말할 수 없다. 해체론은 끊임없이 정신분석의 주위를, 특히 프로이트의 문헌을 맴돌아왔다. 이는 양자 사이에 공유하는 물음이 있기 때문이다. 그러나 공유라는 말은 적절치 않은 것 같다. 오히려 경쟁이나 투쟁이라는 말이 좋을 것이다. 분명히 해체론은 정신분석과 어떤 주제를 놓고 다투고 있다. 그리고 "'정신분석'과 '해체론' 사이에서 벌어지는 가장 결정적이고 난해한 경쟁은 반복 강박이 제기하는 물음의 주위에서 비교적 체계를 갖춘 형태를 취하고 있는 듯하다"(R, 46-47). 쾌락의 원칙 혹은 원칙의 구속력 일반을 넘어서서 일어나는 반복, 따라서 언제나 차이와 일탈을 수반하는 반복(itérabilité)을 어떻게 설명할 것인가? 라캉처럼 그것을 '반복의 자동화(automatisme de répétition)' 정도로만 옮겨야 하는가?

주지하는 바와 같이 프로이트는 쾌락의 원칙을 넘어서는 반복 강박, 따라서 합리적 설명이 불가능한 이 자기 파괴적 반복을 설명하기 위해서 죽음의 충동을 마지막 가설로 끌어들였다. 프로이트가 검증 불가능한 것으로 끌어들인 이 가설, 다만 '악마의 변호사'라는 위치에 설 때만 언급할 수 있는 것으로 간주한 이 가설은 라캉적 무의식 이론의 출발점이다. 그의 포우론 또한 편지의 자율적 운동을 반복 강박의 자동성과 결부시키면서 시작하고 있다. 그런데 라캉의 포우론은 이 반복 강박의 반복성을 어떤 합리적 규칙을 통하여 번역하거나 정리할 수 있다고 주장한다. 이것이 문제다. 라캉의 포우론에 대해서 내가 물은 것은 그런 낙관주의다. 반복 강박적 반복, 죽음 충동의 반복은 합리적 설명이 불가능하되 해체 불가능한 현상이다. 왜 해체 불가능한가? 그것은 반복 강박이 저항하기 때문이다. 반복 강박은 모든 종류의 분석, 그래서 정신분석적 분석이나 해체론적 분석 자체에 저항한다. 그것은 저항 중의 저항, 가장 탁월하고 신비한 저항, 악마적 저항이다. 그러나 이 악마적 저항은 적극적 저항이 아니다. 소극적 저항, 저항하지 않는 저항, 무저항의 저항이다. 때문에 "무저항의 형식을 띤 이 과장법적(hyperbolique) 저항으로서의 반복 강박은 그 자체가 '분석적'이고 아나뤼시스적이다"(R, 38). 그 자체가 원점 회귀적인 동시에 종말론적 극단화의 운동, '아나'와 '뤼시스'의 운동이다. 그런 의미에서 반복 강박은 구조적으로 분석적이다. 그리고 그런 의미에서 자기 해소적이며, 그런 의미에서 무저항적이다. 반복 강박, 그 뒤의 죽음의 충동은 오로지 스스로 나누어지고 분해될 뿐이다. 끝내 스스로 침묵하는 운동, 자기를 숨기고 말소하는 운동. 정신분석의 담론은 스스로를 분해하는 이 무저항의 저항 앞에 있다. 모든 정신분석의 담론은 그 분석 불가능한 것의 둘레를 회전하고 있다. 그러나 그 회전이 정신분석이 태어나고 확장되는 운동 자체다.

정신분석을 있게 한 이 분석 불가능자, 그 반복 강박의 반복성 앞에 여전히 해체론이 있다. 그 반복성은 '아나'와 '뤼시스'로 이루어진 어떤 종합, 어떤 분해 불가능한 매듭, 따라서 어떤 선험적 종합이다. 그 이중 물림의 매듭 앞에서 해체론은 "한술 더 뜨는 분석, 한술 더 뜨는 선험주의"로 치닫는다. 과장법적 분석의 포즈에 이르는 것이다. "이런 의미에서 해체론은 끝나지 않는 분석의 드라마다"(R, 43). 해체론의 모든 드라마는 이 분석되지 않은 아나-뤼시스에 관계하는 분석, 극단적 분석으로서 펼쳐진다. 실패하고 좌초할 수밖에 없는 분석, 한계에 부딪치는 분석, 그럼에도 불구하고 다시 시작하는 분석이 해체론적 분석이다. 따라서 해체론의 최고 원리는, 만일 그런 것이 있다면, '풀기 취미(philolythique)'의 원리, 고고학적 원리, 나누기와 분할의 원리다(R ,48). 해체론에 대하여 나누고 풀고 용해하는 것보다 더 중요한 것은 없다. 해체론은 극단적이고 과장법적인 분석이다. 나의 라캉론이 '편지의 분할 불가능성'을 문제삼았던 것은 이런 문맥에서 읽어주기 바란다. 해체론이 해체론인 것은 해체 불가능한 것의 앞에 위치하기 때문이며, 그러나 또한 풀어헤침에 대한 열정, 과도할 정도의 열정 때문이다. 라캉의 용어를 빌리자면, 해체론은 향락적 분석의 취미다.

그러면 이 정도에서 데리다를 쉬게 하고 발언권을 다시 라캉에게 돌려주자. 왜냐 하면 라캉의 실재적 대상, 그 기록 불가능한 잉여로서의 대상이 데리다의 해체 불가능자와 어떻게 비교될 수 있는지 물을 수 있는 상황이 되었기 때문이다. 데리다는 조금 전 해체론과 정신분석, 해체론과 분석의 전통 일반의 관계에 대해서 말했다. 이런 언급이 아니더라도 해체론이 전통적 형이상학에 대하여 유지하는 관계는 주지된 사실이다. 해체론은 로고스중심주의로 규정되는 서양 형이상학을 엄밀하게 읽는 과정을 통하여 이 전통의 한계에 도달하려는 전략이다. 이 때 한계는 단순한 끝, 부정적 의미의 제한만을 의미하지 않는다. 그것은 오히려 서양적 사유에 대하여 외상이 일어나는 지점, 그 외상의 충격으로부터 자신을 보호하기 위해서 어떤 반동적 제스처가 일어나는 지점이다. 서양 사상사는 니체가 간파했던 것처럼 그런 반동의 산물인지 모른다. 라캉적 언어로 옮기자면, 그 반동이 일어나는 한계는 실재적 대상과 마주치는 지점, 그 실재적 대상에 의해서 환상($\lozenge$a)이나 증상이 일어나는 지점이다.

서양적 사유가 어떤 말할 수 없는 것에 대한 특정한 반동적 환상이자 증상임을 받아들일 때, 우리는 다음과 같은 중요한 결론을 승인해야 한다. 이성적 담론, 과학이나 철학의 담론은 여러 가지 가능한 담론들 중의 하나에 불과하다. 이론적 합리성은 있을 수 있는 여러 가지 가능한 합리성들 중의 하나에 불과하다. 이러한 결론은 물론 데리다로부터만 끌어낼 수 있는 것이 아니다. 니체와 하이데거, 비트겐슈타인, 로티적 의미의 실용주의가 모두 그러한 결론을 함의하고 있다. 이른바 포스트모더니즘 혹은 탈근대론은 이 동일한 결론에서 출발하고 있음을 다시 강조할 필요는 없을 것이다.

우리는 후기 라캉으로부터도 동일한 결론을 끌어낼 수 있다. 1960년대 초반까지 라캉은 정신분석을 과학의 위상에 올려놓으려 했던 프로이트의 노력을 이어가고자 했다. 그러나 라캉은 점점 더 정신분석을 이론적 사유나 과학적 담론의 저편에 위치시키기 시작했고, 정신분석의 진리와 과학적 진리, 정신분석적 인과성과 과학적 인과성을 구분하기 시작했다.21) 이는 라캉의 후기 이론으로 갈수록 점점 더 중요성을 더해가는 실재적 대상 (*objet a*)의 초보적 의미로부터 충분히 예상되는 귀결이다. 이 실재적 대상은 욕망의 원인이다. 그러나 욕망이 향하는 현실적 대상이나 기표가 아니다. 이 원인은 합리적 체계 밖에 있고, 정확히 말하면 그 안에 있는 바깥, 외심(外心) 혹은 외내성 (extérmité)을 이루는 어떤 것이다. 과학적 인과성은 구조적 체계의 질서 자체이거나 그 질서의 근간이다. 여기서 원인과 결과는 그것이 단수적이든 복수적이든 분명한 상응 관계에 있다. 그러나 외내적 원인으로서의 실재적 대상은 이미 체계 안에서는 현실적으로 존재하지 않는다. 그것은 없는 것이지만 효과를 산출한다. 그리고 그 효과는 체계 내적 인과의 질서를 교란하고 방해한다.

정신분석이 찾는 진실은 체계 밖에 있으면서 체계 안의 인과

---

21) J. Lacan, *Le séminaire XX* (Paris : Seuil, 1975), 8장 참조.

적 질서에 탈을 내는 이 외내적 원인에 있다. 진실은 실새적 대상과 마주치는 데 있는 것이다. 반면 과학적 진리는 체계 안에 있다. 체계 안에 있다는 것은 그것이 어떤 기능적 가치에 불과하다는 것을 말한다. 마치 +와 -, 혹은 0과 1처럼, 과학적 담론에서 진리는 여러 가지 이항 대립 중의 하나에 불과하다. 반면 정신분석이 찾는 대상, 그것이 구하는 진리는 체계 내적 이항 대립의 저편에 있다. 또한 저편에 있으면서 그 대립적 질서를 가능하게 하는 동시에 불가능하게 하는 잉여의 에너지를 생산한다. 이중 물림, 더블 바인드의 논리.

데리다의 해체론이 서양 사상사의 고전을 읽으면서 찾고 있는 것은 그런 의미의 실재적 대상이다. 해체론적 의미의 해석 혹은 분석은 이 라캉적 의미의 실재에서부터 출발하거나 그 실재에 이른다. 앞에서 본 것처럼, 데리다는 이런 해체론적 분석의 이중적 운동을 아나-뤼시스(ana-lysis)라는 말의 이중적 의미에 견주어 해설했다. '아나', 그것은 쾌락의 원칙의 저편에 있는 원인으로 가는 분석, 고고학적 분석이다. '뤼시스', 그것은 그 원인을 쾌락의 원칙 이 편에 있는 질서로 풀어내는 분석, 종말론적 분석이다. 해체론적 분석은 체계의 외심적 원인의 처음과 끝 사이의 엉킴, 양자의 복잡한 매듭에 대한 담론이다.

우리가 라캉의 목소리에 더 귀를 기울여야 하는 것은 바로 이 지점, 즉 해체론이 다른 종류의 담론에 대해서 자신의 담론이 갖는 차별적 관계를 말하는 대목이다. 라캉 또한 정신분석이 다른 종류의 담론에 대해서 갖는 관계를 고심해왔고, 그로부터 거둔 성과가 그의 '네 가지 담론'이다. 이 담론 이론은 철학에 대해서 심각한 의미를 지닌다. 왜냐 하면 그것은 철학을 초과하고 포괄하는 문맥 안에 철학을 위치시키고 장면화하는 이론이기 때문이다. (아마 철학이 만학의 여왕이라고 믿는 사람, 철학적 담론이 모든 진리 담론의 마지막 법정이라고 믿는 사람일수록 이 이론이 가져오는 충격은 클 것이다.) 라캉과 데리다 사이의 논쟁적 상황에서는 더 그렇다. 데리다의 라캉론이 제기한 궁극적 문제는 위치의 문제다. 정신분석은, 라캉의 담론은 어디에 있는가? 그것은 스스로 인식하거나 통제할 수 없는 틀, 여백, 파에르곤, 텍스트 운동 안에 있지 않은가? 그것은 스스로 보지 못하는 로고스중심주의의 울타리 안에, 그것도 자발적으로 안주하고 있지 않은가? 그러나 라캉의 담론 이론에는 이런 물음이 울려 퍼지고 있다. 철학은 어디에 있는가? 해체론은 어디에 있는가? (라캉의 담론 이론이 출발하는 기본적 발상은, 정신병의 여러 가지 구조 못지 않게 무의식이 드러나는 비정신병적 구조는 담론의 형식을 띠고 있다는 것, 이 담론의 형식은 주체들간의 사회적 연대의 형식이라는 것 등이다.)

이 담론의 형식은 네 가지로 수렴된다.[22] 이 네 가지 유형은 각각 주인의 담론, 대학의 담론, 히스테리 담론, 분석자 담론으로 불린다. 이 네 가지 담론을 구성하는 요소들은 언제나 동일하다. 다만 이 요소들이 서로 다른 위치와 상호 관계 속으로 들어가면서 각각의 담론 형식이 결정된다. 이 요소들은 네 가지인데, 그것은 주인 혹은 남근의 기표(S_1), 여타의 기표 혹은 지식(S_2), 잉여 향락 혹은 욕망의 원인(a), 그리고 분열된 주체($\$$)다. 이 요소들이 배치되는 위치는 다음과 같다.

---

22) 이 담론 이론이 형성되는 과정에 대하여, J. Lacan, *Le séminaire XVII* (Paris : Seuil, 1991)과 앞에서 인용된 *Le séminaire XX*, 2장 참조. 이하의 논의에 가장 중요했던 참고 문헌은 A. Juranville, *Lacan et la philosophie* (Paris : P.U.F., 1984)다. 이 저서는 라캉의 담론 이론을 다양한 각도에서 반복적으로 접근하고 있으며, 무엇보다 이 이론을 통하여 철학과 정신분석의 관계를 새롭게 설정하고 있다. 저자는 결론에서 현대의 사상사적 특징이 정신분석과 철학 사이의 이중적 관계, 경쟁과 해소 불능한 상호 의존성의 관계에 있음을 설득력 있게 말하고 있다.

$$행위자 \rightarrow 대상$$
$$진 \quad 리 \leftarrow 생산$$

요소를 분배하는 출발점은 행위자의 위치다. 분배는 시계 방향으로 주인의 기표, 지식, 잉여 향락, 주체의 순서로 이루어진다. 첫 번째 분배에서 가장 기본적인 주인의 담론이 나온다. 그리고 이 주인의 담론을 기준으로 네 요소가 시계 반대 방향으로 한 단계씩 자리를 이동함에 따라 대학의 담론, 분석자의 담론, 히스테리 담론이 나온다. 이 네 담론을 다시 시계 방향으로 나열하면 다음과 같다.

$$S_1 \rightarrow S_2 \qquad\qquad S_2 \rightarrow a$$
$$\$ \leftarrow a \qquad\qquad S_1 \leftarrow \$$$

주인의 담론   대학의 담론

$$\$ \rightarrow S_1 \qquad\qquad a \rightarrow \$$$
$$a \leftarrow S_2 \qquad\qquad S_2 \leftarrow S_1$$

히스테리 담론   분석자 담론

일견 단순해보이는 이 네 가지 도식은 마치 주역의 궤상들처럼 해석자에 따라 무궁무진한 내용을 길어올릴 수 있는 깊이를 형성하고 있다. 여기서는 욕심을 자제하고 다만 이 담론이 철학에 던지는 물음, 장소에 관한 물음에 귀를 기울이도록 하자. 먼저 각각의 담론이 담고 있는 초보적 내용을 다시 기억하자면,

주인의 담론과 대학의 담론은 앞쪽으로 가는 담론, 개척하고 일구고 펼치고 확장해가는 담론이다. 반면 히스테리 담론과 분석자 담론은 뒤로 가는 담론, 뒤집는 담론, 처음을 묻는 담론이다.

주인의 담론은 행위자의 자리에 주인(아버지, 지배자, 카리스마, 권위)의 기표가 있고 대상의 자리에 지식, 기표 체계가 있다. 이는 하나의 중심에서부터 새로운 질서, 지식, 구조가 성립하는 운동으로 읽을 수 있다. 그러나 그 중심의 기표 배후에 있는 진리는 분열된 주체이고, 지식이 생산하는 것은 불가능한 대상(욕망의 원인)과 그로 인한 잉여 향락이다. 즉, 주인에 종속된 질서는 잉여 향락을 생산하지만, 그것을 착취하는 주인은 그 향락의 대상을 통하여 분열된 주체가 된다. 환상($\lozenge$a)에 빠져드는 것이다. 그러므로 주인의 담론은 욕망의 그래프와 구조적으로 유사하다. 왜냐 하면 중심화된 기표의 질서가 표면이라면, 이 표면적 질서의 배후에는 향락과 환상의 질서, 무의식적 욕망과 일탈의 질서가 숨어 있다는 것을 양자가 공통적으로 지시하기 때문이다.

주인의 담론이 어떤 창시자의 담론 혹은 1세대 담론이라면, 대학의 담론은 수호자의 담론, 계승자의 담론, 2세대의 담론이다. 주인의 담론이 어떤 전환기를 마무리하고 새로운 패러다임을 열어놓는 담론이라면, 대학의 담론은 그 패러다임이 안정화된 상태에서 계속 확장되고 정교화되는 과정, 완성되는 과정을 암시한다. 사회학적 상상력을 끌어들이자면, 대학의 담론은 자율화되고 제도적으로 정비된 사회의 담론 형식이다. 여기서는 적어도 표면적으로는 영웅, 카리스마는 없다. 중앙 집권화된 권력도 없다. 기능적으로 분화된 민주적 사회인 것이다. 여기서 행위자는 지식과 기술을 소유한 자다. 반면 그 행위의 대상은 아직 체제 밖에 남아 있는 잔여, 기존의 질서로 편입되기를 거부하는 잉여 지대다. 대학의 담론이 계몽의 담론 혹은 전문가 담론이라고 불리는 이유는 여기에 있다. 이 담론은 그 체제 밖의 잉여가 체제 안으로 편입되고 동화되는 과정을 그린다. 이런 확장과 지배의 선두에 선 행위자(관료, 목사, 전문가, 교육자 등)는 이미 사라진 주인(통치자, 교주, 이론의 창시자 등)을 등에 업고 있다. 행위자는 현실적 질서의 기원에 있는, 그러나 배후에 머물러 있는 중심 인물의 권위에 근거하여 자신의 행위를 정당화한다. 여기에는 반드시 그 주인에 대한 애도와 회상이 따른다. 그런데 대학의 담론이 생산하는 것이 주체라면, 이 주체는 체제 순응적이지만은 않다. 이 주체는 분열되어 있다. 담론적으로 생산되고 고안 된 주체는 — 여기서 근대의 지식 담론에 대한 푸코의 분석을 기억하자 — 사회의 지배적 규범이나 표준에 불만을 느끼고 주도적 행위자가 될 수 없는 자신의 위치를 재발견한다.

이런 불만족 속에서 분열된 주체가 기존 질서의 기원과 바탕을 되묻는 경우를 생각할 수 있다. 그런 질문과 회의의 상황을 그리는 것이 히스테리 담론이다. 여기에서는 분열된 주체가 행위자의 위치에서 중심 기표를 대상으로 접근하고 있다. 이런 물음에 부딪쳐 중심 기표는 답(지식, 설명, 진단)을 생산한다. 그러나 이 답은 분열된 주체의 중심에 있는 욕망과 환상 앞에서 무력하다. 지식, 기술, 언어 자체가 무의미해지거나 환멸을 낳는다. 따라서 질문은 계속된다. 주체는 어떤 비합리적이고 외상적인 효과를 일으키는 원인을 다시 발견하고 끊임없는 회의의 나락에 떨어진다. 그러나 이런 환멸과 회의는 주인 혹은 팔루스에 대한 사랑과 열망이 그만큼 크다는 것을 말한다. 분열된 주체는 어쩌면 주인의 욕망의 대상이 되려고 하고 있다. 이런 내용을 담고 있는 히스테리 담론에서 행위자의 물음은 어떤 역설적인 것, 합리적 질서의 잔여, 어떤 불가능자에 토대를 두고 있다. 행위자는 자신에게 고통을 주는 그 역설을 호소하고, 역리를 수용할 수 있는 보다 유연한 질서의 추구를 촉구한다.

마지막으로 분석자의 담론을 보면, 여기서 분석자는 자신이 마주한 분열된 주체로 하여금 중심적 기표를 생산하도록 유도하고 있다. 이 중심적 기표는 그 분열된 주체에게는 아직 자각되지 않았던 기표, 그의 무의식에 숨어 있던 기표 혹은 그의 무의식에 가장 영향력이 컸던 기표다. 대상의 위치에 있는 주체는 분석자 앞에서 자신의 사유의 가장 중요한 비밀을 깨닫게 되는 셈이다. 그리고 불충분하게나마 그 비밀을 언어로 표현할 수 있기에 이른다. 분열된 주체를 지배하는 비밀과 그에 대한 언어적 표현의 가능성을 유도하는 것이 분석자의 역할이다. 분석자 담론은 분석자가 그런 역할을 할 수 있기 위해서 갖추어야 할 두 가지 조건을 표시하고 있다. 첫째, 분석자는 분열된 주체에 대하여 욕망의 대상이 될 수 있어야 하고, 이를 통하여 그 주체가 자신의 욕망의 원인이 무엇인지 자각할 수 있도록 인도해야 한다. 다시 말해서 분석자는 타자(피분석자)가 자신의 욕망이 투영될 수 있는 화면, 타자가 자신의 욕망의 진실을 객관화해서 볼 수 있는 계기를 제공해야 한다. 둘째, 그런 유혹과 깨달음을 촉발할 수 있기 위해서 분석자는 타자가 욕망하는 것이 무엇인지 먼저 간파할 수 있는 지적 능력(S_2)을 갖추고 있어야 한다. 그리고 (도착증 환자처럼) 스스로를 타자가 향유할 수 있는 대상으로 처신하는 용기가 있어야 한다.

앞에서 언급한 것처럼, 주인의 담론과 대학의 담론은 앞으로 향한다. 주인의 담론은 중심적 기표에서 출발하고 대학의 담론은 이 중심적 기표의 권위를 무한히 확장한다. 반면 히스테리 담론과 분석자 담론은 뒤로 간다. 히스테리 담론은 중심적 기표로 소급하고 분석자 담론은 중심적 기표를 사유하도록 유도한다. 앞으로 가는 담론과 뒤로 가는 담론, 아나(ana)로 가는 고고학적 담론과 뤼시스(lysis)로 가는 종말론적 담론, 이 두 종류의 담론은 성(性) 차이를 지닌다. 앞으로 가는 담론은 남성적이고 뒤로 가는 담론은 여성적이다.23) 이 성 차이는 이미 형태적 차이로 표시되고 있다. 주인의 담론과 분석자의 담론, 대학의 담론과 히스테리 담론은 완벽한 대칭을 이룬다. 주인의 담론은 잉여의 실재를 생산의 위치에서 가질 때, 분석자의 담론은 그 실재를 행위자의 자리에 놓는다. 대학의 담론은 잉여의 실재를 대상화하고 환원하려 하지만, 히스테리 담론에서 그 실재가 사유의 숨은 원동력이다.

칸트는 철학적 담론을 독단적 담론과 회의론적 담론, 그리고 비판적 담론으로 구분했다. 라캉은 독단적 형이상학을 주인의 담론의 사례로, 모순과 불일치를 중시하는 개방적 형태의 이론적 담론(헤겔)을 히스테리 담론의 사례로 들었다. 칸트와 라캉의 시사점에 기대어 우리는 위의 네 가지 담론을 철학이 취할 수 있는 여러 가지 담론의 형식으로 읽을 수 있다.

독단적 형이상학이 주인의 담론에 해당한다면, 대학의 담론에 해당하는 철학은 고전적 형태의 해석학일 것이다. 모든 의미들이 수렴되는 어떤 최후의 의미, 숨겨진 목적을 전제하기 때문이다. 목적론적 성격의 모든 이론적 담론은 대학의 담론에 속한다. 반면 히스테리 담론은 그런 숨겨진 목적이나 전제에 도전한다는 점에서 대학의 담론과 반대의 위치에 있다. 대학의

23) S. Zizek, "Four Discourses, Four Subjects", S. Zizek 편, *Cogito and the Unconscious* (Durham : Duke University Press, 1998) 참조. 그 밖에 지젝은 주인의 담론과 분석자 담론을 극단적이고 과도한(exessive) 담론으로, 대학의 담론과 히스테리 담론을 정상적이고 범상한(ordinary) 담론으로 분류한다.

담론이 변칙적이고 기준 일탈적 현상을 기존 패러다임의 기본 규칙으로 환원하려는 경형을 보여준다면, 히스테리 담론은 그 비정상적인 현상을 근거로 그 기본 규칙 자체에 물음을 던진다. 회의론적 절차 안에서 다시 태어나는 철학이 히스테리 담론에 속할 것이다. 그렇다면 분석자 담론에 대응하는 철학으로는 어떤 것이 있을 수 있는가? 그것은 라캉이 생각한 것처럼 오로지 정신분석만이 독점할 수 있는 담론의 형식인가? 그러나 경우에 따라서 정신분석도 여러 가지 형식을 취할 수 있을 것이다. 데리다는 프로이트의 『쾌락의 원칙을 넘어서』를 분석하면서, 또는 푸코와 프로이트의 관계를 파헤치면서, 정신분석이 주인의 담론의 형식을 취할 수 있음을 강력히 시사하고 있다. 정신분석 창시자에게서 볼 수 있는 주인 의식, 거기서 비롯되는 이론적 부채(가령 쇼펜하우어나 니체에 진 빛)에 대한 부인, '이단자'에 대한 가혹한 징벌, 정신분석의 제도적 기반과 권위에 대한 염려, 계승자에 대한 고민 등에서 나타나는 어떤 일관된 담론적 제스처에 주목하는 것이다. (라캉 또한 어떤 새로운 패러다임의 창시자라는 의식이 강했고, 그것은 종종 주인의 담론과 같은 형태로 표출된다. 그의 권위적 태도는 유명한 것이지만, 데리다는 이 점을 특히 『에크리』에 나오는 진리에 대한 언급에서 암시한다. 라캉은 때때로 자신이 발견한 것이 어떤 절대적 진리임을 주장한다.) 그 밖에 정신분석은 대학의 담론이나 히스테리 담론의 형식을 취할 때가 있다. 가령 정신분석의 교육과 분석자 양성이 문제일 때는 대학의 담론을, 반면 이론적 수정이나 보완이 요구되는 곳에서는 히스테리 담론의 형식을 취해야 한다.

　라캉은 자신의 담론 이론을 통하여 철학이나 여타 이론적 담론과 구별되는 정신분석의 독특한 위치를 표시하고 싶었는지 모른다. 이 담론 이론은 철학에 대하여 이렇게 말하고 있는 것처럼 보인다. 철학이 잘 나가던 시절, 만학의 왕이라고 인정받던 시절이 있었다. 그때 철학은 주인의 담론일 수 있었다. 그렇지만 그것은 호랑이 담배 먹던 시절, 계몽기 이전의 이야기다. 적어도 현대 서구 민주주의 사회에서는 그런 형태의 철학적 담론은 통하지 않는다. 그런 담론 때문에 일어나는 착각과 착취는 주인의 담론에서 생산의 위치에 있는 잉여의 대상(a)이 말해주고 있다. 오늘날의 철학은 어떠한가? 잘 해봐야 히스테리 담론이고, 따라서 분석자 담론을 통한 치료 대상이다. 과거의 철학이나 현재의 철학은 모두 치료되어야 한다. 철학은 어떤 증상이다. 그 증상을 진단하고 처방하는 위치에 있는 것은 분석자 담론으로서의 정신분석이다. 철학의 시대는 가고 정신분석의 시대가 왔다.

주지하는 바와 같이 비트겐슈타인은 철학을 어떤 치료(theraphy)의 활동으로 보았다. 왜 철학이 치료인가? 그것은 철학이 문제를 해결한다기보다 해소하기 때문이다. 철학의 문제는 언어의 본성에 대한 오인 때문에 잘못 제기된 사이비 문제다. 이렇게 말하는 비트겐슈타인이 아니더라도 허무주의의 분석자로서의 니체, 서양 형이상학의 극복을 과제로 설정하는 하이데거 등은 치료자의 위치에 서 있다. 그들은 고전적 형태의 철학을 치료 대상의 위치에 놓는 사례들이다. 전통 사상의 치료자들, 그들의 담론은 라캉이 암시하는 어떤 역사적 전환을 뒷받침하고 있는 것처럼 보인다.

그러면 데리다, 그의 해체론은 어디에 있는가? 그것은 히스테리 담론인가 분석자 담론인가? 하지만 이런 라캉적 물음 앞에서 해체론은 저항하는 것처럼 보인다. 무저항의 저항, 침묵하는 저항, 아나-뤼시스적 저항. 긍정도 부정도 하지 않는 저항.

그러나 이 침묵은 아무것도 말하지 않는 것은 아니다. 오히려 이렇게 말하는 것처럼 들린다. 치료자의 위치에 선다는 것, 그것보다 권위적인 것이 또 있을 수 있을까? 치료자는 어쩌면 계몽의 시대를 통과해서 그 겉모습을 바꾼 지배자이거나 주인인지 모른다. 치료의 이념은 세속적 형태의 계시주의인지 모른다. 분석자의 담론, 그것은 그야말로 물구나무 선 주인의 담론 아닌가? 정신분석은 어떤 반복 아닌가? 역사적으로 반복되어온 어떤 징후, 그러나 이 시대의 고유한 특징들을 집약하는 가장 탁월한 반복적 징후, 실재의 귀환 아닌가?

□ 참고 문헌

N. Avtonomova, "Lacan avec Kant", *Lacan avec les philosophes*, Bibliothèque du collège international de philosophie, Paris : Albin Michel, 1991.

G. Bennington, "Circanalyse(la chose même)", *Depuis Lacan*, Colloque de Cerisy, Paris : Aubier, 2000.

R. Bernet, "Derrida-Husserl-Freud. Die Spur der Uebertragung", H-D Gondek과 B. Waldenfels 공편, *Einsätze des Denkens : zur Philosophie von Jaques Derrida*, Frankfurt am Main : Suhrkamp, 1997.

J. Derrida, *L'écritur et la différence*, Paris : Seuil, 1967. 약칭, ED.

_____, *La voix et le phénomène*, Paris : P.U.F., 1967.

_____, *De la grammatologie*, Paris : Minuit, 1967.

_____, *La carte postale*, Paris : Aubier-Flammarion, 1980.

약칭, CP.

_____, *Résistances de la psychanalyse*, Paris : Galilée, 1996. 약칭, R.

M. Dolar, "The Object Voice," R. Salecle과 S. Zizek 공편, *Gaze and Voice as Love Objects*, Durham : Duke University Press, 1996.

B. Fink, *The Lacanian Subject*, Princeton : Princeton University Press, 1995.

G. Freud, *Die Traumdeutung*, 전집판 II / III권, Frankfurt am Main : S. Fischer, 1942. 조대경 옮김, 『꿈의 해석』, 서울 : 서울대학교 출판부, 1993.

_____, *Jenseits des Lustprinzips*, 전집판 XIII권, Frankfurt am Main : S. Fischer, 1940. 박찬부 옮김, 『쾌락의 원칙을 넘어서』, 서울 : 열린책들, 1997.

B. Johnson, "The Frame of Reference : Poe, Lacan, Derrida", J. Richardson 편, *The Purloined Poe*, Baltimore : Johns Hopkins University Press, 1988.

A. Juranville, *Lacan et la philosophie*, Paris : P.U.F., 1984.

I. Kant, *Kritik der Urteilskraft*, Frankfurt am Main : Suhrkamp, 1958.

J. Lacan, *Ecrit*, Paris : Seuil, 1966. 약칭, E.

_____, *Le séminaire XVII*, Paris : Seuil, 1991.

_____, *Le séminaire XX*, Paris : Seuil, 1975.

Ph. Lacoue-Labarthe, J.-L. Nancy, *Le titre de la lettre : une lecture de Lacan*, 1973년 초판의 재판, Paris : Galilée, 1990.

Cl. Levi-Strauss, *Anthropologie structurale*, Paris : Plon, 1958.

R. Major, "Depuis Lacan", *Lacan avec les philosophes*, 앞의
책.

S. Melville, "Depuis Lacan?" *Lacan avec les philosophes*, 앞의
책.

P. Ricoeur, *De l'interprétation : essai sur Freud*, Paris : Seuil,
1965.

_____, *Le conflit des interprétations : essais d'herméneutique*,
Paris : Seuil, 1969. 양명수 옮김, 『해석의 갈등』, 서울 : 아
카넷, 2001.

S. Weber, *Return to Freud*, Cambridge : Cambridge University
Press, 1991.

S. Zizek, *The Sublime Object of Ideology*, London : Verso,
1989.

_____, *Enjoy Your Symptom!* London : Routledge, 1997. 주
은우 옮김, 『당신의 징후를 즐겨라』, 서울 : 한나래, 1997.

_____, "Four Discourses, Four Subjects", S. Zizek 편,
Cogito and the Unconscious, Durham : Duke University
Press, 1998.

홍준기, 「라캉의 성적 주체 개념」, 『현대비평과 이론』 제19호
(2000년 봄·여름).

이성의 '발굴'
― 비판 이론에서 '언어적 전환'의 명암

정 호 근

1. 들어가는 말

　"150년 전의 철학에서 사유의 개념 또는 스스로를 사유하는 사유가 차지하던 위치와 유사한 중심적인 지위를 요즈음의 철학적 논의들에서 언어의 문제가 차지하게 된 이유는 무엇인가?"라는 물음과 함께 가다머는 자신의 해석학의 보편성 문제에 대한 논구를 시작하고 있다.[1] 지난 세기는 가히 '언어적 전환'의 시대라고 하여도 과언이 아닐 만큼 철학 분야에서 언어의 문제는 관심의 초점에 놓이게 되었다. 이것은 언어에 대한 이론적 관심이 증가한 것, 즉 언어가 철학적 관심의 주요 대상이 되었다는 소극적 의미에서가 아니라, '언어'에 의한 '철학의 변형'이라는 적극적 의미에서 일종의 패러다임 전환이다. 진리, 정당성, 행위 그리고 이성 등의 전통 철학적 개념들이 언어 패

---

1) H.-G., Gadamer, "Die Universalität des hermeneutischen Problems", *Wahrheit und Methode*, 전집 제2권, Tübingen 1986, 219쪽.

러다임에 의해서 변형되고 있는 것이다. '패러다임'이 세계를 관찰하는 틀이라고 할 때, 철학 일반에서도 그렇지만 비판적 사회 이론의 전통에서도 언어적 전환은 패러다임 전환이라고 할 만한 이유가 충분하다.

지난 세기 서구 사회철학에 큰 영향력을 행사했고 지금도 그 영향력을 상실하지 않은 "비판 이론" 내에서도 언어적 전환은 아무 자취 없이 지나가지 않았다. 비판 이론의 제1세대와 본질적인 면에서, 즉 이론 틀의 측면이나 시대 진단적인 내용에서 적지 않은 차이를 보이지만 비판 이론의 전통을 계승한 것으로 인정되는 하버마스에 의해서 비판적 사회 이론의 영역에도 언어적 전환이 수행되었다. 하버마스는 언어철학적 논의를 광범하게 수용하여 '거대 이론'을 자임하는 "의사 소통 행위 이론"을 구축함으로써 비판적 사회 이론에 새 장을 열었다.

하버마스의 의사 소통 행위 이론은 마르크스 이후의 비판적 사회 이론 전통에 대하여 대체로 다음과 같은 점에서 자신의 기여를 주장할 것으로 생각된다. 언어적 패러다임으로의 전환은 (1) 사회적 노동의 패러다임에 가해진 환원론적 혐의를 벗어난 사회 진화의 일반 이론을 구축하기 위한 더 적절한 개념 틀을 제공하며, (2) 초기 비판 이론이 전제하고 있었지만 이제는 더 이상 의지할 수 없게 된 역사철학적 담보에 의존하지 않고 사회에 대한 비판을 가능하게 하는 척도를 제공한다. (3) 베버를 위시하여 호르크하이머와 아도르노는 기본적으로 서구의 합리화 과정을 목적 합리성 또는 도구적 이성의 상하에서 파악함으로써 역사에 대한 '비관적' 전망에 빠졌지만, 하버마스는 의사 소통적 합리성이라는 '희망의 땅'을 개척함으로써 그가 보기에 실천적 접촉점을 상실한 비판적 사회 이론에 다시 실천적 의미를 제공할 수 있다고 주장한다. 이렇게 비판적 사회 이론에서 언어적 패러다임과 더불어 제기된 기대는 물론 마르크스 및 제1세대 비판 이론에 대한 하버마스 자신의 해석과 평가에 근거한 것이다.

위의 각 문제 영역에는 합리성의 개념이 근저에 있고 합리성 이론은 그것들을 엮어주는 구심점이다. 그렇지만 합리성 이론을 중심으로 저 문제 영역들을 취급하는 것은 의사 소통 행위 이론 전반에 대한 논의가 될 것이기 때문에, 이 자리에서는 그보다는 비판적 사회 이론 내에서 언어적 전환의 동기와 그 기대 효과에 초점을 맞추어 논의하고자 한다. 아울러 하버마스의 언어적 패러다임으로의 전환이 가져온 성과도 중요하지만 그 한계도 비판적으로 논의되어야 할 것이다. 하버마스의 언어적 패러다임이 설파하는 웅대한 기도와 정교한 작업 못지 않게 결함도 많다는 것이 필자의 생각이다. 그가 주장하듯이 주체철학과 의식철학으로부터의 전환이 관건이라면, 결정적인 문제는 '언어'로의 전환이 아니라 비판된 기존 철학의 사고 논리와는 다른 '사고 논리'로의 전환이라고 생각되기 때문이다. 사고의 중심적 개념은 달라졌으나 그것을 기존의 사고 논리로 계속 사고한다면 이것은 진정한 의미의 패러다임 전환으로 볼 수 없기 때문이다.

칸트 식으로 표현하면 사회 구성 이론의 물음은 '사회는 어떻게 가능한가?'라고 할 수 있으며, 바꾸어 말하면 '사회적 질서는 어떻게 가능한가?'라고 할 수도 있다. 19세기 이래 사회 이론은 인간의 생활 세계를 사회화된 주체들에 의한 행위의 결과로서 파악한다. 사회적 세계를 행위에 의해 구성된 것으로 보는 것은 행위 이론적인 틀인데, 중요한 점은 이때 행위에 이성과의 연관이 설정된다는 것이다. 이성의 담지자가 절대적인 정신이든 인간의 정신이든 행위가 이성의 발현이라는 점에서는 차이가 없다. 이 틀에 따르면 세계는 이성의 산물이고 그런 한에서 세계는 또 이성에 의해 이해될 수 있는 것이다. 그런데 기존의 행위 이론적 사회 구성 이론이 이성과 행위를 도구적 이성과 도구적 행위로 '편협하게' 파악함으로써 사회의 정당한 규범적 질서의 구성을 파악하는 데 실패할 수밖에 없다는 것이 하버마스의 진단이며, 그의 의사 소통 행위 이론은 이 '막다른 길'로부터 탈출하려는 한 시도로 이해될 수 있겠다. 언어적 전환은 이를 위한 단초가 된다.

비판 이론의 언어적 전환은 이성이 사는 언어라는 '거처'를 찾아내고 이로부터 이성을 '발굴'하는 작업이다. '발굴'이란 지금까지 없던 것을 새로이 만들어내는 것이 아니라, 이미 현실적으로 있었던 어떤 것, 지금도 어떤 식으로든 있지만 파편적이고 불완전하거나 감추어져 있어서 드러나지 않는 것을 구호해내는 것, 즉 이 작업이 없었다면 감추어진 채로 소실될 수도 있었을 흔적을 찾아 이로부터 선명한 윤곽을 그려내는 작업이다. 그런 의미에서 언어 행위에 내재된 의사 소통적 이성은 발명한 것이 아니라 발굴한 것이다. 하버마스의 의사 소통적 이성은 사람이 언어를 구사하기 시작한 때부터 단지 의식되지는 않은 채로 이미 작동하기 때문이다. 의사 소통의 이론은 작동하고 있었지만 드러나지 않은 이 이성을 명명함으로써 존재를 부여한 것이라고도 할 수 있다. 언어적 전환은 하버마스의 철학이 이론적으로나 실천적으로 큰 기대를 걸고 있는 기획이다. 이 기획과 연결된 기대와 좌절을 추적하는 것이 이 글의 목적이다.

2. 언어적 전환의 기대 효과

1) 유적 역사의 수로(水路)로서의 언어

　마르크스의 인간학은 주지하듯이 인간화의 문턱을 생산이 시작되는 지점으로 표시한다. "인간들은 자신의 생활 수단을 생산하기 시작하자마자 동물들과 구별되기 시작했는데, 이것은 인간의 육체적 조직에 제약된 한 걸음이다."[2] 생산과 함께 사회와 역사, 즉 특수하게 인간적인 조직 형식들이 구성된다. 인간학 문헌들에서는 흔히 직립 보행, 짧은 안면, 자유로운 손, 가동할 수 있는 도구들의 소지 등 "인류의 기본적 징표들"을 기술적(記述的)으로 열거한다. 여기에 물론 언어도 추가되어야 할 것이다. 이 징표들은 서로 연관되어 있다. 예를 들면 큰 의미가 부여되는 직립 보행은 자유롭게 손을 쓸 수 있는 데 영향을 주었고, 이것은 다음에 도구 사용과 연결될 수 있는 것이다. 눈에 띄는 것은 이 징표들이 주로 노동 능력의 관점에서 선택되었다는 점이다.

　『독일의 이데올로기』에서 마르크스와 엥겔스는 역사적 관계의 "근본 조건들"로 기본 욕구를 충족하는 수단인 생산, 새로운 욕구의 지속적 산출, 사회적 조직(가족 관계), 특정한 생산 양식 그리고 의식을 확인하고 있다.[3] 물질론적 역사 이해의 제1차적인 전제는 인간과 자연이 관계 맺는 방식이다.

　　"인간의 모든 역사의 제1전제는 당연히, 살아 있는 인간 개인들의 생존이다. 그러므로 최초로 확인되어야 할 사실은 이 개인들의

---

2) K. Marx / F. Engels, *Die deutsche Ideologie*, MEW, 제3권, 1983, 21쪽.
3) 위 책, 28쪽 이하.

신체적 조직과 이 신체적 조직에 의해서 주어진 그 밖의 자연과의
관계다."4)

하버마스는 사회 구성인자로서의 사회적 노동에 대한 마르
크스의 개념에 비판을 가한다. 이 연관에서 그의 논증은 인간
이 아니라 원인(原人)이 사회적 노동에 의한 재생산으로 전환
했다는 테제를 입증하려는 데로 나아간다. 이에 따르면 사회적
노동은 인류에게 고유한 재생산 형식이 아니라 유인원에 대해
원인의 생활 방식을 경계짓는 데 적절하다는 것이다.

원인들에게서 발견되는 역할 분할의 기능적 특수성을 이미
크게 전개된 노동 분업과 같이 놓음으로서 사회적 노동은 특수
하게 인간적인 조직 형식으로서의 자격을 상실한다. 그렇다면
이제 특수하게 '인간적'이라고 표시될 수 있는 더 복잡한 조직
형식이 도입되어야 한다. 그리고 이것은 이미 잘 발달된 언어
를 전제한다. 하버마스는 인류의 특수한 조직 형식으로서 가족
구조를 드는데, 특수하게 인간적인 삶의 재생산 단계로 진입한
것은 사회 통합을 위한 새로운 형식으로서의 가족 구조가 설립
됨으로써 달성된다는 것이다.

하버마스에 따르면 노동은 도구적 행위로서 주관/객관 관계
내에서 대상의 조작에 국한된 행위로 파악된다. 노동이 이처럼
협동 관계가 배제된, 의사 소통이 없는, 따라서 모든 사회적 연
관이 제거된 '비사회적인' 범주로 규정됨으로써 노동은 인류의
형성에 선행하여 존재한 것으로 원인의 단계에 소급해서 배치
된다. 이렇게 되면 최초의 동물적이고 본능적인 원인의 노동
형태를, 인간이 유로서 발전한 과정의 최종 지점에서 사회적으
로 형태가 규정된 노동으로 나타나는 것과 같이 놓는 셈이다.5)

---

4) 위 책, 20쪽 이하.

하버마스는 이러한 숙고로부터 "노동과 언어의 구조 안에 특수하게 인간적인 삶의 형식 그리고 사회 진화의 출발 상태로 이끈 발달이 수행되었다"는 가설을 세운다.[6] 이 테제는 하버마스가 마르크스와의 비판적 대결을 통해 작업해낸 바 있는, 인간적 사회화 형식의 두 구성 인자인 노동과 상호 작용의 이원론에 상응한다. "언어는 의식만큼 오래되었다"고 한 마르크스와 호응하여 하버마스는 "노동과 언어는 인간과 사회보다 더 오래되었다"는 첨예한 테제를 제시한다. 발생 순서상으로 보면 공동 생활 형식의 진화를 위한 주요 기제는 사회적 노동으로부터 언어적 의사 소통을 거쳐 사회적 역할 체계로 전개된다는 것이다.

마르크스의 관심사는 "근본 조건"으로써 인류의 형성 과정에 대한 발생적 설명을 시도하는 데 있는 것은 아니다. 이 조건들은 시간의 연속에서 발달의 단계로 이해되기보다는 "역사의 시초부터 그리고 최초의 인간 이후 동시에 존재했고 오늘날에도 역사에서 실효성을 가지는" "계기들"로 이해되고 있다.[7] 그렇지만 사회의 구성적 "계기들"을 마치 동시적으로 성립된 것처럼 단적으로 주어진 것으로 가정하지 않기 위해서는 발생적 설명이 불가피하다. 인간은 "자연으로부터", 즉 "본래" 문화적 존재라고 하는 것도 마찬가지로 만족스럽지 않은 것이다. 이것이야말로 어떤 것을 그 기원에 이미 정립된 것으로, 싹에 이미 현존하는 것으로 간주하는 저 잘 알려진 '기원 논리적' 사고 습성에 불과할 뿐이다.[8] 이렇게 함으로써 어떤 것이 겉보기에 다른

---

5) H. Holzer, *Kommunikation oder gesellschaftliche Arbeit*, Berlin 1987, 71쪽.
6) J. Habermas, *Zur Rekonstruktion des Historischen Materialismus*, Frankfurt / M. 1976, 151쪽 (「역사유물론의 재구성을 위하여」, J. Habermas, 『의사소통의 사회이론』, 장은주 편역, 관악사, 1995, 26쪽).
7) K. Marx / F. Engels, 위 책, 29쪽.
8) 이것은 단순히 사태 확인의 불충분성의 문제가 아니라 '기원의 논리'에 근

어떤 것과 관계를 맺게 되고 따라서 사고할 수 있게 되었지만 이로써 그에 대한 설명이 아직 수행된 것은 아니다.

이 유보적 고려가 옳다면 "계기들" 사이에 논리적으로 재구성될 수 있는 순서에 따라서 뿐만 아니라 경험적으로 따라갈 수 있는 시간적 계기에 따른 조건 관계가 성립할 수 있을 것이다. 따라서 한 "계기"가 다른 "계기들"의 구성적 인자가 될 수도 있는 것이다. 이런 시도는 마르크스의 고유한 의도와 동떨어진 것도 아니거니와 전(全) 유적 역사의 재구성이 역사의 비밀을 풀려는 목적을 추구하는 것이라면 더욱 요구되는 것이다. 이런 한에서 유적 역사를 처음부터 새로운 개념 틀로 고찰하려는 하버마스의 물음 설정은 정당하다.

하버마스의 역사 물질론의 재구성은 마르크스의 노동의 개념에 미분화된 채로 통합되어 있던 사회 구성의 두 구성 인자를 분석적으로 분리해내는 것이다. 유적 역사는 물질적 활동과 이데올로기의 비판적 지양, 즉 노동과 반성으로 파악되어야 한다.[9] 즉, 사회진화는 인식적·기술적 차원과 실천적·도덕적 차원의 이중적인 학습 과정을 통해 추동되며, 이때 노동과 언어는 인간의 사회적 삶이 재생산되는 서로 환원될 수 없는 매체다. 외적 자연에 대한 대상적 인식과 인간의 상호 관계를 규제하는 규범적 인식을 상호 매개함으로써 사회 진화의 일반 이론이 구축된다. 하버마스의 역사물질론 논의가 그가 생각하듯이 역사물질론의 "재구성"인지 아니면 "해체"인지 하는 물음보다도 이제 사회 구성의 주(主) 수로로 파악된 의사 소통 행위가

거한 설명 논리의 문제점이다. 아래 5. 참조.
9) 이 문제에 관해 특히 전기 하버마스를 중심으로 김재현, 「하버마스의『인식과 관심』에 나타난 '해방'의 문제」,『사회철학대계 3』, 민음사, 1993. 그리고 장은주, 「하버마스의 생산패러다임 비판과 비판사회이론의 새로운 정초」, 위 책, 참조.

부분적으로는 마르크스의 노동 개념이 연루되어 있는 사회 구성의 기원 논리로부터 자유로운가 하는 물음이 중요하다. 노동이라는 구성 인자가 언어로 대체되거나 혹은 노동과 언어의 두 구성 인자로 확대된다고 하여도 이를 통해 기원 논리적인 설명 논리 자체가 지양되지는 않기 때문이다.

2) 합리성의 '거처'로서의 언어 — '언어의 힘'

일상에서 아마 어렵지 않게 경험할 수 있듯이 상충하는 행위 의도가 충돌했을 때는 행위 조정이 요구된다. 크게 긴급하지 않은 경우부터 폭력의 위협이 임박한 상황까지 정도 차는 있을 것이나, 행위 조정을 요하는 상황에서 실제적으로 가능한 선택 지는 대체로 다음과 같을 것이다. (1) 의사 소통을 중단하고 물리적이거나 폭력적인 방법에 의거하거나, (2) 중단된 의사 소통을 한 차원 높은 의사 소통 형식, 즉 담론을 통해 속행하는 것이다. 의사 소통에 의한 행위 조정이 폭력적 방식보다 낫다는 전제를 받아들이면 결과적으로 (2)가 선호되어야 할 근거는 충분하다. 의사 소통을 통해 충돌하는 행위 계획을 조정해야 한다는 생각은 오늘날의 일상적 직관에는 지극히 당연해보인다.

행위자가 자신의 행위 계획을 상호 작용적으로, 즉 다른 행위 자와 함께 수행하고자 한다면 여러 행위자들 사이의 상호 작용에 관한 행위 조정의 문제, 즉 타자의 행위 계획과 자신의 행위 계획이 연계되는 방식은 중요하다. 행위자들의 행위가 상호 이해를 통해서 조정되느냐 또는 영향력 행사를 통해 조정되는가 하는 행위 조정의 메커니즘에 따라 의사 소통 행위와 전략적 행위가 구별된다. 여기서 의사 소통적 행위는 까다로운 조건과 결부되어 있는데, 그것은 다음과 같은 "협동의 조건" 및 "상호

이해의 조건"을 충족시켜야 한다.10)

(a) 참여한 행위자들은 협동적으로 행동하고, 자신들의 계획을 공동의 상황 해석을 토대로 조정하려고 시도한다(협동의 조건).

(b) 참여자들은 행위 조정을 상호 이해의 과정을 통해, 즉 발화 내적(illocutionary) 목표들을 유보 없이 또는 숨김없이 추구함으로써 성취할 준비가 되어 있다(상호 이해의 조건).

■ "그들은 상호적으로 제기된 비판 가능한 타당성 주장들을 지향할 것을 요구하는 수행적 태도에서 언어 행위들의 도움으로 자신들의 발화 내적 목표를 추구한다."

■ "이 과정에서 그들이 이용하는 언어 행위 제공들의 구속력은 화자가 타당성 주장을 통해 발언의 타당성을 신빙성 있게 보증함으로써 이루어진다."

■ "여기서 수용된 이해 가능한 언어 행위의 구속력은 언어 행위의 의미론적 내용으로부터, 그것이 청자 또는 화자에 대해 비대칭적이든 아니면 양자에 대해 대칭적이든, 생겨난다."

하버마스는 상호 이해 지향성과 성공지향성, 그리고 발화 내적 행위(illocutionary act)와 발화 효과적 행위(perlocutionary act)의 구별을 도입한다. 후자는 의미론적 구별이고 전자는 행위 유형과 관련된 것이다. 이 구별들로부터 다음의 테제가 설정되는데, 이것은 의사 소통 행위 개념의 규범적 토대를 정당화하는 핵심적 내용에 관련된다.11)

---

10) J. Habermas, 『탈형이상학적 사유』, 이진우 옮김, 문예출판사, 2000, 141쪽 이하.
11) 이하의 논의는 J. Habermas, *Theorie des kommunikativen Handelns*, 제1권, Frankfurt / M. 1981, 388쪽 이하 참조.

(1) 상호 이해 지향적 언어 사용이 언어의 "원본적 양상"이며, 그 밖의 다른 "결과 지향적인 언어 사용"은 이 양상에 "기생적"으로 관계한다.

(2) 발화 내적 언어 행위는 발화 효과적 언어 행위에 대해서 우위성을 가진다.

(1)의 주장은 발화 내적 행위 수행(illocution)과 발화 효과적 행위 수행(perlocution)의 구별로써 정초된다. 발화 내적 효과는 청자가 화자의 언어 행위를 이해하고 수용할 때 달성된다면, 발화 효과적 행위 수행은 화자가 전략적으로 행동하는 한편, 청자는 화자의 결과 지향적 의향을 눈치채지 못하는 상태에서, 즉 화자가 발화 내적 목적을 좇고 있는 것으로 기만당하는 한에서 달성된다. 발화 효과적 행위 수행은 발화 내적 행위 수행을 전략적 목적을 달성하기 위한 목적론적 행위 연관에서 사용하지만 역으로 발화 내적 행위 수행은 발화 효과적 행위 수행에 의존적이 아니다. 따라서 발화 내적 언어 행위는 발화 효과적 행위에 대해 우위를 가진다는 (2)의 주장에 이르게 된다. 이 의미에서는 (2)의 주장은 수용할 수 있을 것이나 (1)의 주장은 여러 난점을 제기해서 받아들이기 힘들다는 것이 밝혀질 것이다.

하버마스는 가능한 의사 소통의 보편적 조건들을 재구성하는 것을 "형식적 화용론"이라고 부르는데,[12] 하버마스의 이론

---

12) 형식적 화용론에 관한 간략한 개관은 이진우,『탈현대의 사회철학』, 문예출판사, 1993, 230쪽 이하 ; 선우현,『사회비판과 정치적 실천』, 백의, 1999, 133쪽 이하 참조 ; 해석학적 배경과 관련해서 홍기수,『하버마스와 현대철학』, 울산대 출판부, 1999, 87쪽 이하를 참조. 상세한 논의는 J. B. Thomson, "Universal Pragmatics", J. B. Thomson / D. Held (엮음), *Habermas. Critical Debate*, London and Basingstoke 1982 ; 홍윤기, 「하버마스의 언어철학」, 장춘익 외,『하버마스의 사상』, 나남출판, 1996 참조.

에서 특징적인 것은 의미와 타당성의 본래적 연관에 관한 강한 주장이다. 언어 행위를 이해할 수 있는 조건은 타당성 주장을 수용할 수 있는 조건이며, 이것은 언어 행위가 상호 작용에서 구속적인 관계를 유발하는 "발화 내적 역할"의 의미에 관련된다. 이와 같이 형식적 화용론은 이해와 합의 그리고 행위를 해야 하는 의무가 결합되는 의사 소통의 구조적 특징을 보여주고자 한다. 하나의 언어 행위가 승인받을 때 그것의 "발화 내적인 힘"은, 언어 행위에 전형적인 의무를 화자가 떠맡는다는 것을 청자가 신뢰하게끔 이끌 수 있다는 데 성립하는 것이다. 언어 행위에서 발화 내적 행위의 합의를 끌어내는 "힘"이 입증되기 위해서는, 따라서 하버마스의 형식화용론적 분석이 의사 소통적 합리성의 핵심을 제시할 수 있기 위해서는 (a) 언어 행위와 결부되는 맥락의존성 혹은 우연성이 배제될 수 있어야 하며, (b) 언어 행위와 권력의 연계가 차단되어야 할 것이다. 이 조건의 충족 여부는 형식화용론의 분석을 통해 추출되는 의사 소통적 합리성의 특성을 확인하는 데에서 결정적인 의미를 갖는다.

앞 (1), (2) 주장의 타당성을 검토하고자 할 때 '명령'은 좋은 단서가 된다. 명령은 발화 내적 행위의 기준을 충족시키면서도 상호간의 합의를 목표로 하는 것이 아니라 발화자가 자신의 의지를 관철하고자 하는 성공지향성을 좇고 있기 때문에 타당성 요구를 제기하는 것이 아니라 권력의 요구를 제기하고 있기 때문이다. 이런 명령의 성격이 그대로 유지된다면 (1), (2)의 주장은 견지되기 곤란한데, 이 경우 그 이유는 (a)나 (b)의 조건이 충족되지 않기 때문일 것이다.[13]

"요청"은 우연적 의지의 표명이기 때문에 청자가 제기된 권

---

13) 이하의 논의는 J. Habermas, *Theorie des kommunikativen Handelns*, 제1권, 410쪽 이하 참조.

력의 요구에 따르는 것은 언어 행위의 발화 내적 의미에 있지 않고 언어 행위의 외부에 있는 제재 역량에 있는 것이 되며, 이 경우 언어 행위의 승인 조건을 완전하게 하기 위해서는 해당 요청을 수행하기 위한 충족 조건이 제재 조건에 의해 보완되어야 한다. 이런 요청은 "명시적으로 전략적인 행위"며, 화자가 발화 내적 목적을 공개적으로 표명하면서 좇기 때문에 동시에 발화 내적 행위다. 따라서 "본래적 명령"이나 "규범화되지 않은 요청"의 경우에는 발화 내적 목적을 유보 없이 추종하면서도 전략적으로 행위할 수 있다는 것이 된다. 그렇다면 발화 내적 행위는 상호 이해 지향적 행위와 일치하지 않는다.

 "규범적으로 인가된 명령"은 "단순한 요청"에 규범적인 타당성 요청을 통해 의무를 부과하는 경우다. 이런 명령은 승인된 규범에 관련되어 있기 때문에, 화자는 자신의 지시와 더불어 타당성 주장을 제기하는 것이며, 청자는 이에 대해 '그렇다 / 아니다'라는 태도 표명을 취하게 된다. 이 같은 주장을 승인하는 조건은 언어 행위의 발화 내적 조건이며 이 경우 외면적인 제재 조건은 필요하지 않다.

 여기서 화자의 발언에 청자가 자신의 행위를 접속하는 동기에 관한 구별을 관련시켜보자. 일반적으로 명령의 형태로 의지가 표명되는 경우 청자가 이에 따르는 것은 우연적인 "경험적 동기 부여"에 의한 것이다. 그에 반해 발언과 더불어 제기된 타당성 주장에 대해서 필요한 경우 청자가 설득력 있는 근거 제시를 요구하거나 그것에 대한 비판 등을 통하여 그 언어 행위가 제안하는 것에 따르게 되는 것은 "합리적 동기 부여"에 의한 것이다. 그러나 명령에 관한 논의의 결과 밝혀진 것은 상호 이해 지향적 언어 사용을 언어의 "원본적 양상"으로 규정하기 위해서는 발화 내적 행위 수행만으로는 어렵다는 사실과 "본래적 명령"의 경우에는 합리적 동기 부여는 가동되지 않는다는 사실이다. 반면 "본래적 명령"이 발화 효과 행위로 취급되어야 한다면, 이 경우 화자는 상호 이해 지향적으로 행위하고 동시에 성공 지향적으로 행위할 수 있다는 것이 된다. 명령의 분석은 언어 행위를 중심으로 한 하버마스의 기본적 개념 틀과 관련해서 이와 같이 여러 난점들을 제기한다.[14]

---

14) 언어 행위 개념을 중심으로 상호 이해 지향성 / 성공 지향성, 발화 내적 행위 / 발화 효과적 행위의 구별을 놓고 진행된 여러 비판과 이에 대한 하버마스의 수정 시도들은 제기된 문제점들을 해소하기보다는 오히려 새로운 난점들을 추가한 듯하며, 하버마스 개념 틀의 기본을 견지하기가 어렵다는 쪽으로 수렴되는 듯하다. 지금까지 진행된 논의는 다음과 같은 귀결이 개연적임을 보여준다 (G. Kneer, *Rationalisierung, Diszipinierung und Differenzierung*, Opladen 1996, 84쪽).

(1) 명시적으로 전략적인 언어 사용만이 경험적 효과에 의해서 보완되어야 하는 것이 아니라, 1980년대 중반 이후 하버마스가 더 이상 전략적 행위가 아니라 의사 소통적 행위로 분류한 "본래적 명령"이나 "단순한 명령"도 그러하다.

(2) 순전히 "제재에 밑받침된 명령"이라는 한계 경우뿐만 아니라 "단순한 명령"을 통해 의지를 표명하는 보통의 경우도 경험적 제재 수단에 의해 보완되어야 한다면, 발화 내적 행위와 발화 효과적 행위, 상호 이해 지향적 행위와 성공 지향적 행위의 구별 자체도 문제시된다.

(3) 이와 아울러 언어 행위와 관련하여 발화 내적인 힘이 제공하는 행위 조정 역할도 기대할 수 없다.

이 문제에 관한 복잡한 논의 현황의 개관을 위해서는 H. Wenzel / U. Hochmut, "Die Kontingenz von Kommunikation", *Kölner Zeitschrift für Soziologie und Sozialpsychologie*, Jg. 41, 1989 ; G. Kneer, 위 책, I, 2 참조.

홍윤기 교수는 하버마스의 언어철학에 관한 논문에서 보편적 화용론을 여러 긴 단계를 거쳐 체계화한 후에, 발언이 타당성 요구와 결부되어 있다는 것을 인정한다 하더라도 언어 행위와 결부된 구속력이 "일체의 제도적 매개 없이 오직 말하는 이의 발언이라는 매체를 통해서 언어 내적으로 완결될 수 있다"는 믿음에 대해 회의를 표명하고 있다. 그러나 홍 교수의 평가는 자신의 말대로 "최종 결론을 유보한 중간 평가"라고 하여도, 그것이 단지 "인상"에 그치지 않기 위해서 보편적 화용론의 체계 어디에 문제가 있는지 논의했으면 하는 아쉬움을 남긴다. 홍윤기, 「하버마스의 언어철학」, 장춘익 외, 『하버마스

만약, 이 문제에 관한 하버마스의 논의가 일관되고 성공적이었다면, 즉 언어 행위와 관련해서 위 (a), (b) 조건을 충족시킬 수 있음을 입증했다면, 의사 소통 행위와 결부된 강한 규범적 요구들은 지지받을 수 있을 것이다. 그렇다면 타당성 주장은 자의적인 것이 아니며, 의사 소통 행위는 "발화 내적 결합 효과"를 통해서 다른 사회적 행위들로부터 구별되며, 언어 행위의 "원본적 양상"은 상호 이해 지향적인 언어 사용이며, 언어 행위의 형식화용론적 재구성은 상호 이해 지향적 행위가 모든 사회적 행위의 근저에 있는 것을 보여준 것이 된다. 결과적으로 의사 소통 행위는 합리적으로 동기가 부여된 상호 이해에 의해 행위의 의도들을 조정하는 기제며, 합리적으로 동기가 부여된 합의로서의 상호 이해는 언어 행위에 내재한 준(準)선험적 구조로 나타나는 것이다. 이 점들이 보편적 화용론의 분석을 통해 입증된다면, 사회가 행위를 통해 구성된다고 할 때 의사 소통 행위는 그 토대가 되며, 사회적 질서는 상호 이해에 기반한 의사 소통 행위를 통해 구성된다는 강한 주장을 밑받침할 수가 있을 것이다.

하버마스는 의미와 타당성의 본래적 연관을 주장하고 있다. 그러나 명령의 경우 잇달아 제기된 여러 문제점들은 결과적으로 의미론적 구별(발화 내적 행위 수행 / 발화 효과적 행위 수행)과 행위 유형의 분류(상호 이해 지향적 행위 / 성공 지향적 행위)를 결합하는 데서 야기된 것으로 보이기 때문에, 이 시도는 포기되어야 할 것으로 생각된다. 이 비판들이 옳다면 언어적 전환을 통해 비판적 사회 이론의 규범적 토대를 마련하려는

의 사상』, 나남출판, 1996, 115쪽 이하 참조 ; 윤평중 교수는 「담론 이론의 사회철학」(『철학』 제46집, 1996년 봄)에서 담론의 물질성의 맥락에서 하버마스를 비판하고 있다.

하버마스의 이론적 기획의 핵심적 부분은 심각한 타격을 받지 않을 수 없는 것이다.

지금까지의 논의 상황을 종합해볼 때, 하버마스의 언어 및 의사 소통 그리고 그것과 결부된 합리성 및 사회 구성의 이해가 제기하는 여러 문제점들은 언어 및 의사 소통과 권력의 관계에 대한 그의 '신념'에 기인하므로 이것과 단절하는 것이 문제에 접근하는 바른 길로 보인다. 인간 상호간의 작용에서 이익 관심이 작용하게 될 때, 그리고 다른 사람들이 그것을 감안할지가 불투명할 때, 이 이익 관심은 무엇에 대한 기대를 표현하는 요청의 형태로 그 유효성을 주장한다. 그런 한에서 요청은 사회적 상호 작용의 기본 구조며 따라서 요청의 이해는 사회적 세계의 구성을 이해하는 데 중요하다. 말하자면 요청은 규범의 전(前) 형태이므로 요청의 성격을 이해하는 것은 규범의 이해에도 중요한 것이다.

하버마스 식의 의사 소통 행위 이론에서는 언어 사용의 한 측면인 언어와 권력의 결합이 언어 행위의 "원본적 양상"에 대한 "기생적" 관계로 변환된다. 요청은 일종의 발화 효과적 결과를 지향한다. 발화 내적 행위가 하나의 발언이 이해되고자 하는 데 국한되어 있다면, 발화 효과적 행위의 의향은 이해되는 데 그치는 것이 아니라 발언을 통해 특정한 효과, 즉 요청의 경우 청자를 그의 요구에 따르게 만드는 것이 그 지향점이다. 그렇기 때문에 요청으로서 의도된 발화 효과적 행위 수행은 그것의 효력 주장에 대한 청자의 비판을 유발하고 그에 따라 토론 상황에 접어드는 데 있는 것이 아니다. 요청의 목표가 화자의 의도에 적합한 접속 행위가 청자 측으로부터 뒤따라 나오는 데 있다고 할 때, 이렇게 토론 상황에 진입하게 되는 경우는 오히려 요청의 본래적 기도가 사실상 달성되지 못하고 실패한 것이 된다. 요청은 화자가 청자로 하여금 요청된 행위를 수행하거나 중지하도록 하는 것이며, 청자가 그것에 어떤 식으로 반응한다면 그것은 그 자신의 이익 관심에 따라서 행위하는 것이다. 물론 앞에서 예로 든 요청하는 언어 행위에 대해서 청자가 반박할 수 있을 것이나, 이 경우에 요청의 목적은 달성된 것이 아니다. 화자가 원한 것은 청자가 관건이 되는 행위를 수행하거나 중지하는 것이다. 따라서 요청 자체에는 영향력을 행사하려는 의향이 근저에 있는 것이다. 이 경우에 발화 내적 행위가 발화 효과적 행위보다 근원적이라고 단정할 근거는 불확실하다. 의사 소통 행위라도 그것이 행위인 한 자기 이익 관심으로부터 벗어날 수 없으며, 언어 행위에는 보통의 경우 이익 관심과 권력의 행사가 결부되어 있다. '이것을 하고 저것을 하지 말라'는 요청은 동시에 규범의 기본 구조를 형성하며, 나아가 언어 작용으로서의 요청을 넘어서 사회 관계를 형성한다.15)

"본래적 명령"이나 "단순한 명령"을 포함하여 일반적으로 "명령"은 정당한 규범적 타당성에 의거해서 효력을 가지는 것이 아니라 권력의 주장을 제기하는 것이며, 이 권력 주장은 한편, 규범적 타당성에 근거하는 경우도 있으며, 다른 한편, 필요시 바로 동원할 수 있는 제재 조건에 의존하는 경우도 있다. 그러나 일견 현저한 이 차이도 다음 단계에서 곧바로 완화될 수 있다. 규범은 상대에 대한 행위 기대와 기대의 어긋남을 제재 조건을 통해 통제하는 것이라고 할 때, 일부의 규범은 여전히 제재 조건에 의거해서 실효성을 가질 수 있지만, 어떤 규범은 그렇지 않은 것 같다. 그러나 후자의 경우의 규범은 행위 주체들이 제재 조건을 내면화하거나, 같은 말이지만 인륜적 공동성

---

15) G. Dux, *Die Spur der Macht im Verhältnis der Geschlechter*, Frankfurt / M. 1992, 83쪽 이하.

에 '녹아 들어가서' 권력 주장과 또 이에 따른 제재 조건의 발생적 '기억'이 불투명하게 되었을 뿐, 규범과 권력에 대한 최후의 보루는 필요시 동원할 수 있는 제재 조건이라는 것이 부인되는 것은 아니다.

　"발화 내적인 힘"도 근본적으로는 언어에 내재한 것이 아니라 관습이나 제도에 근거하는 것이며, 이것들의 구속력은 마찬가지로 규범에 근거하고 있다. 특히 관습의 경우 현실적으로 규범 구속성이 더 이상 표면적으로 나타나지 않는다 하더라도, 경우에 따라 심리적인 안정이나 위안까지 수반한 관습의 효력은 원천적으로는 규범이 수반하는 제재 조건에 기인한다. '언어의 힘'도 사실은 인륜성의 위력인 것이다. 하버마스는 이 사실 앞에서 눈을 감는다. 그는 이 뒷받침된 효력을 언어 자체에 내장된 것으로 오인한다. 언어의 구조에 그런 힘이 있는 것처럼 보인다면 그것은 "침전된 지향성"일 뿐이다. "힘"의 기원으로 소급하는 발생적 설명을 생략한 채 하버마스는 그것을 언어에 투영하여, 타당성 주장에 대한 '합리적' 인정에서 유래하는 결합력이 언어에 내재하는 것처럼 그리고 있다. 그러나 이 합리적 결합력의 원천은 원칙적으로 언어 내재적이라기보다는 개인들의 인지적·도덕적 판단 능력이고 또 제도에 구현된 사회적 합리성이다. 이 양자는 물론 상호적으로 영향을 주고받는다. 사회적 합리성을 구현한 제도적 틀은 개인들의 인지적·실천적 능력의 발달을 위한 조건을 제공하고, 개인들의 인지적·실천적 능력의 발달은 제도의 형성을 통해 사회적 합리성으로 구현된다. 개인들의 인지적·도덕적 판단 능력의 발달은 사회적 합리성의 구현에 우호적이며 사회적 합리성은 개인들의 인지적·도덕적 판단 능력의 발달을 조장한다.

　의사 소통과 결부된 합리적 동기 부여를 유발하는 언어의 힘은 이 개인적 합리성과 사회적 합리성의 산물이다. 이 합리적 핵심을 언어에 투영한 분석은 언어적 의사 소통, 상호 이해를 규범화하고 이상화하게 된다. 거꾸로 이렇게 함으로써만 발화 내적인 힘의 행위 조정력과 결합력을 주장할 수 있는 것이다. 이러한 설명 방식에서 동일성 논리가 작동하고 있음을 다시 한 번 감지할 수 있다.

3. 규범적 토대로서의 언어

1) 의사 소통과 권력

하버마스의 의사 소통 행위 이론이 소홀히 한 문제는 그가 '재구성'해낸 언어적 상호 작용의 메커니즘을 통해서 지배 관계도 구축된다는 사실이다. 의사 소통 행위 이론은 구별의 한쪽, 즉 긍정치만을 선호하여 관찰하는 이론이다. 이상화의 외피를 벗어버린 의사 소통은 합의와 결렬, 이해와 오해, 해방과 지배에 각각 대등한 관계를 맺고 있다. 정확히 표현하자면 이미 저 구별의 양 항이 독립된 것으로서 있는 것이 아니라 다름아닌 의사 소통에 의해서 저 구별은 지속적으로 재생산된다. 의사 소통은 상호간에 의견 교환을 통해 합의에 이른다고 하여 완결되는 것이 아니라, 그것에 접속되는 지속적인 의사 소통을 산출한다. 그리고 의사 소통의 두 양상, 즉 구별의 양 항인 긍정치와 부정치 가운데 구별의 한쪽에 권리상 우선성을 인정하여 그것을 "원본적 양상"으로 정립하고 다른 쪽을 '파생적'이나 '기생적'인 것으로 보아야 하는 합리적 근거는 찾기 어렵다. 상호 이해와 합의를 결합시키는 것은 의사 소통 행위 이론이 비판의 척도를 확보해야 한다는, 자신에게 부과한 과제의 압력에 의해서 의사 소통 자체를 규범화하고 이상화한 데 기인한다.

그러나 의사 소통과 권력의 연계에 대한 지적이 권력과 지배의 원칙을 사회 구성의 단일한 원칙이나 준(準)선험적 원칙으로 보는 것으로 오해되어서는 안 된다. 왜냐 하면 인간 개체들이 상호 작용 그리고 의사 소통에 의해서만 주체로서의 인지적 · 실천적 능력을 확보하고 개체로서의 삶을 유지할 수 있는 것은 사실이지만, 개체의 자기 유지가 반드시 타자에 대한 지배를 의미하는 것은 아니기 때문이다. 자기 유지와 타자 지배는 동일한 현상이 아니다. 개체 발생적으로 인간 종의 개체가 자기를 유지를 할 수 있는 것은 — 특히 그 발생의 초기에 잘 알수 있듯이 — '1차적으로 관계 맺는 사람[보호자]'과의 상호 작용에 의존하는 것을 보거나, 또 국가적으로 조직화된 사회 이전, 즉 국가 발생 이전의 '평등 사회' 내의 상호 관계에서도 드러나듯이 권력과 지배를 사회 구성의 단일한 원칙으로 볼 수없기 때문에 그것에 준선험적 위상을 부여하는 것은 말할 것도 없고 그 사실적인 타당성도 부인된다.

의사 소통 행위 이론은 사회 구성의 이론으로 이해할 수 있다.16) 사회 구성 이론의 물음을 "사회 질서는 어떻게 가능한가?"라고 정식화할 수 있다면, 이에 대해 사회 질서는 일차적으로는 사회적 행위를 통해서 구성되는 것으로 이해하는 한 의사 소통 행위 이론은 행위 이론이고, 의사 소통 행위를 통해서 구성되는 것으로 이해하는 한 정확히는 의사 소통 행위 이론이다. 그러나 의사 소통 행위 이론은 의사 소통 행위 개념을 통한 사회 구성을 '정초의 논리'에 의해 파악함으로써 그것이 제공하는 설명력을 약화시킬 뿐 아니라 역사적 '현실'에도 부합하지 않는

---

16) A. Bora, *Die Konstitution sozialer Ordnung*, Pfaffenweiler 1991 참조.

약점을 가진다. 의사 소통 행위 이론적으로 보면 의사 소통 행위야말로 사회 구성과 사회화의 기제에서 그리고 사회 진화의 과정에서 드러나는 발달 논리의 전개에서 선도적 역할을 떠맡는다. 생산의 패러다임에서 사회 구성이 설명되는 것과 유사하게 의사 소통 행위 이론은 합리성을 통한 보편적인 의미 설립을 사회 구성의 시초 단계까지 소급시킨다. 하버마스 식으로 보면, 인간의 종적 역사의 시발점은 언어 사용을 전제하고, 상호 이해는 인간의 언어에 목적으로서 내재하고, 상호 이해는 합의를 목적으로 하며, 상호 이해에 의한 사회 질서의 성립은 계통 발생의 '시원'까지 소급될 수 있으므로, 언어적 합리성은 사회 구성의 목적이고 동시에 근거다. 의사 소통적 합리성에서 시원과 목적이 '동일성 논리적'으로 연결되는 것이다.

이런 의사 소통 행위에 대한 설명 논리적 비판에 타당한 면이 있다면, 행위의 유형론도 재고될 필요가 있다. 하버마스의 구분에 따르면 사회적 행위에는 의사 소통 행위와 전략적 행위가 있으며 이것들은 서로 배제적이다. 이 행위들은 행위 지향성에 따라 각각 상호 이해 지향적이거나 성공 지향적이다. 전략적 행위가 자의(自意) 관철적이고 상대 조작적이라면 의사 소통적 행위는 상호 이해 지향적이며 합의에 이르고자 한다. 그러나 문제는 이 행위 유형이 사회적 행위의 전형적 형태를 기술하는 데는 부적절하다는 것이다. 이런 비판을 피할 수 있는 가능한 대안은 의사 소통 행위 이론의 틀을 포기하지 않는 한에서 의사 소통 행위 개념을 상호 이해 지향성이나 발화 내적 결합 효과와 결부된 규범화와 이상화로부터 벗어나게 하거나 사회적으로 유의미한 의사 소통에 접근하기 위해 더 적절한 다른 종류의 의사 소통 개념을 도입하는 방식이 되어야 할 것이다.

하나의 제안으로, 사회적으로 유의미하면서 이상화되지 않은 의사 소통을 진동과 동조(同調)의 개념으로 기술해볼 수 있을 듯하다. 다수의 대화 참여자들의 모임에서 한 화자는 언어 행위를 통해 말하자면 자신의 주파수로 진동을 일으켜 다른 청자들에게 파장을 야기한다. 다음에는 다른 화자가 자신의 주파수로 또 다른 청자들에게 역시 파장을 일으킨다. 이런 주파수 방사와 파장의 유발은 일차적으로 의사 소통에 대한 형식적 기술이다. 여기서 주파수와 파장의 관계는 항상 일의적으로 규정된 것은 아니다. 너무 약한 파장은 수취인에 이르지 못하고 사라질 수도 있고, 수취인에 도달해서도 반향을 일으키지 못할 수도 있다. 물론 수취인과 만나서 상호 이해에 도달할 수도 있고 또 가장 이상적인 주파수 동조를 생산해서 합의에 이를 수도 있다. 이렇듯 동조는 개연적인 사건이다. 이렇게 생산된 동조도 지속적인 것은 아니고 연못의 파문이 그렇듯이 시간의 흐름 속에서 약화되기도 한다. 또는 그렇지 않더라도 동조에 새로운 이질적인 파장이 간섭해서 성립된 상호 이해를 다시 동요하게 할 수도 있는 것이다. 이러한 과정은 부단히 지속된다. 의사 소통 행위와 결부된 강한 규범적 함축을 잠시 옆으로 치워둔다면 현실의 의사 소통은 이런 것이 아닐까? 의사 소통이란 이런 상이한 파장들의 간섭 현상과 유사한 것이다. 파장의 만남이 강화된 이해로 귀결될 수도 있고, 혹은 상쇄해서 이해를 저지할 수도 있다. 이해의 성립은 말하자면 잘 조율된 주파수의 동조와 같은 것이다. 사회적 의사 소통에 참여하는 것은 일의적인 '합의'를 구하기보다는 불안정적인 동조를 구하는 것으로 보아야 한다.

2) 규범적 척도로서의 의사 소통적 합리성

언어적 전환을 통해 이성을 확인하고자 한 시도는 무엇보다도 비판의 준거를 이론적으로 제시할 수 있는 비판적 사회 이론을 구축하려는 의도와 관련이 깊다. 하버마스가 비판 이론 1세대의 결함으로 규범적 정초, 진리 개념과 과학에 대한 관계, 민주적-법적 전통에 대한 과소평가를 들고 있는 것은 우리의 문제에 대해 시사적이다.[17] 하버마스는 호르크하이머와 아도르노에게서 이성은 자기 보존으로, 인식과 타당성은 권력으로 동화됨으로써 비판의 준거가 사라졌다고 비판한다.

"이성은 도구적인 것으로서 권력에 동화되었고 자신의 비판적 힘을 포기하였다. 이것이 자기 자신에 적용한 이데올로기 비판의 마지막 폭로다. 그러나 이 비판은 비판적 능력의 자기 파괴를 역설적인 방식으로 기술하고 있다. 왜냐 하면 그것은 기술의 순간에 죽었다고 선언한 비판을 또 사용하지 않을 수 없기 때문이다."[18]

총체화하는 비판은 이론적으로 불가피하게 자기 관련성의 문제에 말려든다. 비판의 자기 관련성 문제는 논리적으로 모든 총체화하는 비판에 대해 제기될 수 있는 논거라고도 하겠다. 하버마스는 언어 행위를 통한 의사 소통적 합리성의 논의에서 본 것처럼 권력의 요구와 타당성 요구 그리고 인식과 권력을 준별한다. 비판적 사회 이론은 규범적 내용을 간접적인 방식으로, 즉 이데올로기 비판적으로 확인할 필요도 없고, 지배에 저

---

17) J. Habermas, *Die neue Unübersichtlichkeit*, Frankfurt / M. 1985, 171 이하.
18) J. Habermas, 『현대성의 철학적 담론』, 이진우 옮김, 문예출판사, 1994, 150쪽(필자에 의해 가볍게 자구 수정되었음).

항하는 내적 자연의 한계치에서 구할 필요도 없으며, 상호 이해 지향적인 언어 사용에 내재된 이성, 즉 의사 소통적 이성에서 찾아야 한다는 것이다. 이렇게 언어로 비판의 준거점을 전환한 결과 풍부한 이론적 성과를 가져온 것은 사실이지만, 그러나 혹시 하버마스는 아도르노가 거부한 "긍정적 인간학"을 재건한 것은 아닌가? 하버마스의 철학은 일종의 '말함의 인간학'이다. 이미 1960년대에 그는 다음과 같이 쓰고 있다.

"성숙에 대한 관심은 그저 눈앞에 아른거리는 것이 아니라 그것은 선천적으로 통찰될 수 있는 것이다. 우리를 자연으로부터 부각시키는 것은 우리가 본성상 알 수 있는 유일한 사태, 곧 언어다. 언어의 구조와 더불어 성숙함은 우리에게 정립되었다. 최초의 문장과 더불어 보편적이고 강제되지 않은 합의의 의향은 오해의 여지없이 천명되었다."[19]

이것은 대단히 강력한 주장으로 공격받을 여지도 그만큼 많을 수밖에 없다. 하버마스적 '비판 이론'은 비판적 규범의 정당화를 의사 소통 행위 개념에서 구하고, 이 이론적 기도를 궁극적으로 정초하는 작업은 형식적 화용론에 귀착했었다. 그러나 의사 소통적 이성은 의사 소통 행위 나아가 의사 소통 및 언어에 대한 하버마스의 선(先)이해에 의해 그 내용적 특성이 미리 결정된 것이나 마찬가지다. 이러한 유보가 근대 이후 의사 소통이 사회적 의지 형성과 갈등 조정에서 수행하는 역할을 인정하지 않는 것으로 오해되어서는 안 되겠다. 다만 의사 소통의 기제에 내포된 '합리적 계기'의 역할에 대한 하버마스의 이상화하는 정당화 논변이 철학적으로는 문제가 된다는 것이고, 앞에

19) J. Habermas, *Technik und Wissenschaft als 'Ideologie'*, Frankfurt / M. 1969, 163쪽.

서 지적한 것과 같이 의사 소통에 대한 선택적 개념화가 문제라는 것이다.

우리가 잠정적으로 확인해두어야 할 사실은 의사 소통에서 합의에 우선권을 인정해야 할 근거는 없으며, 즉 합의와 차이가 의사 소통에 함께 구성적이라는 것이다. 오히려 의사 소통에서 차이가 더 근원적이라고 보아야 한다. 왜냐 하면 의사 소통이란 자기 고정적인 의미의 통일체에 관련된 것이 아니라, 다양성의 지평으로부터 선택되는 의미의 생기(生起)이기 때문이다. 의사 소통은 매번 불가피하게 자신을 초월하는 지평을 암묵적으로 함께 지시하기 때문에 의사 소통은 단절될 수 없는, 계기적(繼起的)으로 일어나는 '자기 생산적' 사건이다. 하나의 의미를 산출하는 행위는 바로 그 의미 행위에 의해서 또 다른 의미의 지평을 지시하며, 의미의 동일성은 차이를 산출하고 그것은 또 다른 의미 작용의 접속을 부른다.

4. 언어적 전환의 이면적 동기 — 객관주의의 유혹

1) '언어의 객관성'

비판적 사회 이론에서 언어적 전환이 의도한 표면적 동기는 지금까지 살펴본 바 있으며, 그 내용과 성취에 대해서 필자는 몇 가지 비판적 의문을 제기하였다. 그렇지만 언어적 전환에는 이런 비판적 사회 이론의 정초와 관련된 특수한 동기 외에도 더 큰 맥락의 철학사적인 배경도 있는 것으로 보인다. 지난 세기 전반기 유럽의 여러 상이한 철학들의 공통적 경향은 어떤 의미에서 객관주의에 대한 비판이라고 해도 크게 틀리지 않을 것이다. 이 반객관주의적 태도는 후설을 시발로 하이데거 등 현상학적·존재론적인 철학들 그리고 특히 가다머의 철학적 해석학, 또 루카치로부터 비판 이론까지의 변증법 계열의 철학들에서 공히 확인할 수 있는 '정신'이다. 호르크하이머와 아도르노 그리고 마르쿠제를 포함하여 『인식과 관심』으로 대표되는 하버마스의 전기 연구에 이르기까지 1960년대까지의 비판 이론이 설정한 대립 전선도 이른바 "실증주의 논쟁"에서도 표면화되듯이 실증주의였다. 실증주의는 '동일화하는 사유'의 구가 속에 반대가 사라진 "일차원적 사회"의 철학적 표현으로 단죄되었다. 『인식과 관심』은 과학이 하나의 가능한 인식 형식이 아니라 인식 자체라고 보는 과학주의에 의해서 인식론이 해체되는 것을 비판한다. 인식론은 경험과학적 인식의 해명에 국한되는 과학 이론에 해소되지 않는다. 방법론적 논의에 의해 인식 비판의 차원이 사라지는 것에 대해 다시 인식론적 물음을 환기하고, 자연 인식뿐만 아니라 인간 및 역사적 삶의 자기 이해 그리고 비판적 인식의 가능성을 물질론적 전통에서 정초한 것은 하버마스 전기 철학의 큰 의의다.

'객관적'이라는 것이 주관적이지 않다는 것이라면, 객관성은 '우연성'의 원천인 주관을 배제하는 데 성립하며, 이것은 방법이라는 절차에 따를 때 가능하다는 것이 방법주의의 이념이며, 방법주의가 거둔 '성공'의 근원이기도 하다. 객관성은 동일성의 확보에서 성립하며, 방법은 동일성의 '학교'이고, 방법 적용의 전형은 자연과학이다. 그러나 방법이 주관에 의한 하나의 기획인 한 객관주의는 역설적으로 주관주의다. 따라서 방법주의가 제기하는 객관주의의 절대적 요구는 소박하며 관철될 수도 없다.

객관주의에 저항하는 철학의 '대동맹'은 역설적으로 현실에서 객관주의가 거둔 부인할 수 없는 큰 성과의 이면이라고 하겠다. 그렇지만 철학의 맹공 앞에 객관주의는 퇴패한 것이 아니라 생명을 강화하면서 철학을 포함한 학문 일반에도 여러 변양태들을 낳으면서 영향력을 확대하고 있다. 이 맥락에서 하버마스의 언어적 전환도 물론 실증주의는 아니더라도 어떤 형태의 객관주의의 '은밀한 유혹'에 호응하는 면이 있는 것은 아닌가 조심스럽게 물어볼 필요가 있다.

관념은 특히 서양의 근대 철학에서 철학 활동의 대표적 대상이었다. 관념들간의 관계는 심적 대화로 구성된다. 다만, 타당성의 근거를 추적해 '형체 없는' 의식으로 소급해 들어가는 방식은 현대의 '정신'이 추구하는 객관성의 요구에 비추어볼 때 극복할 수 없는 절망적 한계로 여겨질 것이다. 의식의 체험은 기본적으로는 사적인 것이며, 의식 안에서 일어나는 의미 작용에 대한 내성적 접근은 '객관주의'의 요구에 근본적으로는 부응할 수가 없는 것이다. 의식을 경험적이고 실험적인 방법으로 자연화하는 방향이 아니라면, 객관성의 요구는 의식철학의 틀을 유지하는 한에서는 순수 의식의 명증적 체험의 영역에서 그 지지대를 찾는다. 그리고 이 영역에서의 '객관성'은 경험적이고 우연적인 요소와 무관한 필연성의 영역으로 설정된다. 절대적 확실성을 추구하는 철학은 예외 없이 순수 의식의 영역, 자신만이 우선적인 접근권을 가진 '명증'의 영역으로 소급해 들어간다. 그러나 이 명증 체험의 가장 큰 약점은, 오류의 가능성은 우선 도외시하더라도, 그것이 오직 '나'의 의식에 대해서만 유효하다는 점이다.[20] 그런데 '나'에게 가장 '확실한' 것으로 나타나는 의식의 경험은 그것 자체만으로는 그를 제외한 타자들에게

---

20) 명증 이론과 관련된 유사한 사태를 김여수 교수는 "명증의 주관성과 진리의 객관성" 사이의 괴리로 정식화한다. 김여수, 「진리란 무엇인가」, 『언어와 문화』, 철학과현실사, 1997, 28쪽 이하 참조.

는 가장 불투명하고 폐쇄적인 영역이다. 여기에 확실성을 추구하는 의식철학의 역설이 있다. 저 '객관성'은 상호 주관적인 객관성은 아닌 것이다. 게다가 이렇게 확보된 '확실한' 의식은 고립된 의식의 섬에서 어떻게 다시 세계로 나갈 수 있는가라는 부가적 문제로 고통받는다. 주관적 객관성의 추구는 자신의 단초로는 더욱 극복하기 힘든 상호 주관적인 객관성의 난제를 낳는 것이다. 그러나 이런 문제야말로 사고의 패러다임이 낳은 문제, 그런 한에서 '만들어진' 문제가 아닌가?[21]

의식의 철학에서 언어의 철학으로의 전환은 인식론적으로 철학이 '명증'이라는 역설적으로 가장 '불투명한' 영역에서 더 이상 내성에만 의존하지 않을 수 있게 객관성의 광장으로 나가는 문을 열어준 것과 같다. 언어는 이미 객관화된 것이기 때문이다. 언어의 객관성은 이중적 차원을 가진다. 첫째, 언어는 공동적 의사 소통의 산물, 즉 확보된 사회적 동일성이고, 또 동일한 경험과 사고를 가능하게 하는 매체이기도 하다. 확실한 의식의 객관성은 원천적으로 보장될 수 없거나, 그렇지 않다면 (a) 의식 초월적인 담보, 예컨대 초월자를 필요로 하거나 아니면 적어도 (b) 신체적 기초의 공통성을 전제해야 한다. 객관성이 가능한 경우, 전자의 방식[(a)]은 확실성은 담보할 수 있을지 모르나 근대 이후 보편적 신뢰성을 상실했다면, 후자의 방식

---

21) 주체를 형성하는 개인화는 사회화를 통해서만 가능하다. 세계를 표상하고 세계를 변화시키는 주관은 그 자체 고립된, 자기 내에 존재 근거를 가진 존재가 아니라, 이미 개체 발생의 초기부터 사회화 과정을 통해 형성된 능력의 담지자다. 상호 주관성의 패러다임에서는 주체 철학에서 제기된 상호 주관성의 문제가 해결되는 것이 아니라 문제 자체가 대두되지 않는다고 보아야 할 것이다. 이것은 한 패러다임의 우월성을 의미한다기보다는 패러다임이 문제 자체를 구성하는 측면이 있다는 것을 지적하는 것이다. 다른 패러다임은 다른 문제를 산출하게 될 것이다. 모든 구별에 의한 관찰은 "맹점"을 가지는 것이다.

[(b)]은 어느 정도의 공통성은 기대할 수 있으나 나의 몸과 남의 몸의 원칙적인 비소통성 때문에 의미의 객관성은 담보되지 않는다. 이에 반해 사회적 산물로서의 언어는 공통성을 자체 내에 이미 담지하고 있으며, 공통성을 생산해내는 매체이기도 하기 때문에 객관성의 측면에서는 매혹적으로 보일 것이다. 둘째, 나아가서 사고도 언어적으로 구조화된 것이다. 비록 의식 안에서 혼란스럽게 일어나는 것처럼 보이는 사고일지라도 그것은 이미 언어의 안내를 받은 것이기 때문에 언어가 담보하는 한도 내에서의 객관성은 보장되어 있다고 할 수 있다. 이제 심적 대화의 자리를 외화된 대화가 대체하고, 이 외화된 대화의 구성 요소는 이제 의식 작용에서 "문장"으로 전환된다.[22] 말하자면 언어는 객관화된 의식이고 명제적으로 분절화된 문장은 객관화된 의식의 구조다. 하버마스도 다음과 같이 언어의 구조와 객관성의 연계를 보고 있다.

"만약 우리가 표상과 사상들을 표현하는 데 도움이 되는 문법적 구조물을 수단으로 이들을 분석한다면, 이와 유사한 객관화가 성공적인 것처럼 보인다. 문법적 구조물들은 공개적으로 접근할 수 있는 것이다. 그것에서 우리는 순전히 주관적인 것과 관계를 맺을 필요 없이 구조들을 읽어낼 수 있다."[23]

이러한 주관성을 사상하고 객관성을 추구하는 연구 관심은 언어와 관련해서도 자연스럽게 특정한 종류의 언어를 선호하게 한다. 하버마스는 이해를 상호 이해로 보고 상호 이해는 합의로 보는 점에서 기본적으로 "이해란 우선 서로간에 이해하는

---

22) I. Hacking, 『왜 언어가 철학에서 중요한가?』, 선혜영 / 황경식 옮김, 서광사, 1987, 190쪽.
23) J. Habermas, 『탈형이상학적 사유』, 63쪽.

것이다. 상호 이해는 우선 합의다"[24]라고 하는 가다머의 "이해" 개념을 그대로 수용한 것처럼 보인다. 그러나 그 지향점은 판이하다. 이 차이는 존재론적인 언어 이해를 사회·역사철학적인 이해와 대화 가능하도록 한 가다머의 언어적 존재론으로서의 철학적 해석학이 언어를 "세계내 존재의 근본적인 수행 방식"이라고 하면서 "모든 것을 포괄하는 세계 구성의 형식"으로 보는 것과 잘 대비된다.[25] 언어가 논의의 중심에 있더라도 하버마스에게서 언어는 세계 개시적인 '경험'의 언어로서가 아니라 객관화되고 표준화된 언어 행위의 형식이 분석의 단위가 된다. 언어로 관심을 전환했음에도 불구하고 하버마스의 언어적 전환은 예컨대 하이데거적인 존재론이나 철학적 해석학에서 이해된 언어적 전환과 전적으로 다른 영역에서 움직인다. 하이데거는 언어의 세계 개시 기능으로부터 언어 형식 자체에 내재한 기본 개념적 구조와 의미 연관들에 대한 의미론적 분석과 언어적 세계 개시의 사건들에 집중한다.[26] 화자는 언어의 집에 들어가 있으며 언어는 그들의 입을 통해 말한다. 본래적 언어는 오직 존재의 발설이며 그 때문에 듣기는 말함에 앞서 우위를 갖는다. 언어는 삶의 전반을 포괄하고 삶이 가능한 조건이며, 세계에 대한 경험의 가능 근거요, 아니 세계 자체의 생기다.

하버마스의 보편적 화용론은 한편, 언어가 맺는 세계 연관을 명제의 '객관적 세계'에 대한 서술 관계만이 아니라 언어 행위를 통해 '사회적 세계'와 '주관적 세계'까지 확대한 점에서는 '언어의 확장'이라고 할 수 있지만, 다른 한편 언어 행위가 산출하

---

24) H.-G. Gadamer, *Wahrheit und Methode*, 전집 제1권, Tübingen 1986, 183쪽.
25) 위 책, 146쪽.
26) J. Habermas, *Wahrheit und Rechtfertigung*, Frankfurt / M. 1999, 78쪽.

는 차이와 비동일성을 간과하는 점에서는 '언어의 축소'라고 할 수 있다.[27] 이 지점에서도 하버마스의 언이 이해에 드러나지 않은 객관주의적 경향을 읽을 수 있다고 본다. 하버마스의 입장에서 표현적으로 존재론적으로 강조된 언어 이해를 받아들일 수는 없고 또 그럴 필요도 없다고 하여도, 앞에서 지적한 언어적 의사 소통의 자기 생산적 특징에 의한 접속성은 의사 소통 행위 이론이 윤리학이 아니라 동시에 사회적 의사 소통을 포섭하려는 사회 이론이고자 한다면 고려되어야 하는 것이다.

2) 방법론적 요구

'새로운 합리성'의 확인도 의미가 없는 것은 아니지만 철학적으로 더욱 중요한 것은 그것을 정당화 방식이다. 정당화는 근대 이후의 사유가 요구하는 '설명의 논리'와 부합할 수 있어야 한다. 그렇지 않다면 예컨대『계몽의 변증법』에서 그 부정성이 폭로된 '도구적 이성'에 대립된 다른 유형의 이성을 제시하는 것은 그다지 어려운 일이 아닐 뿐만 아니라 이에 대한 대안도 다양할 수 있다. 만일 하버마스의 진단대로 비판 이론의 제1세대가 봉착한 "딜레마"의 기원이 포괄적인 이성 개념의 부재에 있고, 또 "포괄적인" 의사 소통적 이성이 "좌절한" 제1세대에 대한 대안이라는 그의 주장이 타당하다고 일단 가정하더라도,[28] 의사 소통적 이성을 구명해내는 하버마스의 고된 작업은

---

27) 한 극단적인 비판의 예로 G. Gamm의 "일차원적 의사 소통"이라는 표제화를 상기해보라. G. Gamm, *Eindimesionale Kommunikation*, Würzburg 1987.

28) 국내의 하버마스 연구들은 비판 이론 제1세대에 대한 평가에서 거의 예외 없이 하버마스의 해석을 따르고 있다(이런 해석의 대강은 장춘익, 「사회 철학의 위기, 위기의 사회철학」, 『사회철학대계 3』, 민음사, 1993, 247쪽 이하

그다지 효과적이거나 생산적이지 않은 것으로 보인다. 아도르노에게서 도구적 이성의 개념을 넘어서는 이성의 차원을 제시하는 것은 어려운 일이 아니거니와 이 개념은 아도르노에게서 "의사 소통" 개념으로, 물론 논증적이고 분석적인 방식으로는 아니지만, 의미상으로는 이미 개진되고 있기 때문이다.

아도르노의 의사 소통 개념에 비교할 때 방법론적인 조작 가능성의 측면에서 하버마스의 의사 소통적 이성 개념은 강점을 가진다. 의사 소통 능력을 '재구성'하는 보편적 화용론은 언어 철학 이론의 정치한 분석을 수용하고 표준 형태의 언어 행위를 분석의 단위로서 취급함으로써 반성철학에 비해 의심할 바 없이 더 '객관적인' 모습을 보여준다. 그러나 합리성의 내용적인 면이 고려되면 상황은 다르다. 하버마스가 베버를 위시하여, 루카치 그리고 비판 이론의 제1세대에 공통적인 결함으로서 그들이 설정한 행위 및 이성 개념이 목적 합리성이나 도구적 이성에 국한되어 있는 협소성을 지적하고 있지만, 이성 개념의 포괄성 면에서는 하버마스의 의사 소통적 이성의 개념이 아도르노의 의사 소통 개념에 암묵적으로 내포된 이성 개념에 비하면 내포적으로는 오히려 축소된 것으로도 보이기 때문이다. 이 내용적 함축의 협소성은 지배 관계에 대한 비판이라는 비판 이론의 과제를 감안할 때 주변적이지 않은 문제가 될 것이다. 아도르노에게서의 의사 소통은 "구별된 것들의 의사 소통"으로 묘사된다.[29] 이것은 서로의 다름을 인정하는 가운데 자기의 동일성을 고차적 동일성에 의해 혹은 고차적 동일성을 위해 방기해 버리지 않는 차이의 관계로서, 구별된 것들이 서로 관여하되

참조). 이와 대조적으로 아도르노 철학의 '가능한' 정치성에 대한 직접적 대결이나 혹시 가능할 수도 있을 발전적 전개를 위한 노력은 불균형적으로 미미하다.

29) Th. W. Adorno, *Stichworte*, Frankfurt / M. 1969, 153쪽.

서로 지배하지 않는 "화해된 상태"를 의미한다.[30]

그렇다면 이들의 의사 소통 개념의 차이에서 관건이 되는 것은 무엇일까? 그것은 이성을 발굴하는 방법, 이성이 활동하는 방식의 '논리'다. 개념으로써 개념을 넘어서려는 아도르노적인 '사유의 노동'은 하버마스에게는 과학성의 요구를 충족시키지 못하는 것으로 간주된다. 거의 포퍼를 연상시키는 투로 하버마스는 이론의 과학성을 강조한다.[31] 사실 제1세대 비판 이론의 역사철학적 전제들은 오류 가능성의 척도를 벗어나는 것이다. 비록 하버마스가 자연과학적인 객관성의 이념을 비판 이론의 전형으로 고수하는 것은 당연히 아닐지라도 내재적 비판에 의한 개념의 부단한 노동을 추구하는 아도르노적 사유는 그에게는 '절망적으로 비과학적인' 것으로 보일 뿐이다.

5. 언어적 전환의 '설명 논리'

의사 소통 행위 이론은 주체 · 의식철학을 극복하기 위하여 언어적 패러다임을 도입했지만, 필자는 이에 입각한 사회 이론에서도 정초의 논리는 극복되지 못하고 있음을 누차 지적했다. 여기서 '논리'란 대상을 사상한 형식 논리를 의미하는 것이 아니라 대상을 설명하는 체계적이고 논증적인 조직을 말한다. 논리는 대상에 관해 물음을 설정하고 그에 대답하는 방식과 관련된다. 정초의 논리는 현전하는 것의 근거를 설정하는 담론의

---

30) 이상의 논의는 정호근, 「비판적 이성의 기능 및 가능성」, 『철학』 제43집, 1995년 봄, 409쪽 이하 참조.
31) "어떤 것을 안다는 것은 그것이 비판될 수 있다는 것이다. 양자는 함께 한다." J. Habermas, "Entgegnung", A. Honneth / H. Joas (엮음), *Kommunikatives Handeln*, Frankfurt / M. 1986, 351쪽.

논리로서 기원의 논리에 입각한다. 기원의 논리는 현전하는 것을 그것의 기원으로 소급시키고, 그 기원의 전개로서 현전하는 것을 설명하는 방식이다. 이에 따르면 기원은 결과를 이미 맹아로서 간직하고 있으며, 결과는 기원으로부터 전개된 것으로서 이해되며, 이 논리는 기원과 결과간의 동일성을 설정하는 점에서 동일성의 논리이기도 하다. 결국 동일성 논리에 따른 설명이란 '설명되어야 할 것'을 더 이상 되돌아갈 수 없는 근거로 소급한 다음 이로부터 그것을 다시 완전히 복합적인 상태로 이끌어내는 방식인 것이다.[32]

의사 소통적 행위 이론이 안고 있는 정초 논리도 유사하게 전개된다. 언어의 보편적 구조에 내재한 의사 소통적 합리성은 — 적어도 잠재적으로 이미 있었고 — 서구의 근대에 접어들어 자기 자신에 도달한다. 사회 진화 과정에서 '시대의 병리학'이 있다면 그것은 필연적인 것이 아니라 — 이미 사유 논리에 의해 당연히 — 파생적인 것으로 이해된다. 이 동일성 논리는 하버마스가 의식하고 또 극복하고자 했던 것이나 그의 구체적 작업에서는 제거되지 않고 흔적을 남기고 있다. 하버마스가 시도하는 사회 질서의 재구성 논의가 보여주는 약점은 언어적 전환에도 불구하고 이 설명의 논리로부터 완전히 벗어나지 못한 데 기인한다. 그러나 이 설명의 논리와 단절하지 않고는 주체철학의 기본 개념을 무의식이든 구조든, 체계든 언어든지 간에 단순히 다른 어떤 것으로 대체함에 의해서는 '사회적인 것'을 새로운 것의 출현으로, 즉 자연의 조직화 양식과 구별되는 '인간적인' 조직화 양식의 구성으로 파악하는 것은 근본적으로 이루어질

---

32) K. Holz, *Historisierung der Gesellschaftstheorie*, Pfaffenweiler 1993, 22쪽 이하. 하버마스 이론의 사유 논리와 관련하여 조금 더 자세한 논의는 정호근, 「의사소통과 권력 그리고 사회구성」, 장춘익 외, 위 책, 142-145쪽 참조.

수 없을 것이다.

　의식 혹은 주체철학의 패러다임이 노후했다면 전환이 필요하다. 그러나 문제는 어떤 주체며 어떤 패러다임으로의 전환이어야 하는가 일 것이다. 어떤 의미의 주체는 포기될 수 없기 때문이다. 개별적 인격의 발생[개체 발생]의 과정에서 인식 및 행위 구조가 발생하는 '장소'로서 그리고 그 구조의 담지자로서의 주체는 ― 그것을 무엇이라고 부르든 ― 없을 수 없다. 인식과 사고의 구조는 외부로부터 주체로 이식될 수 있는 것이 아니라 외부 세계와의 교섭을 통해서 주체 내부의 조직화 능력으로부터 발생하는 것이기 때문이다.

　주체철학과 의식철학이 거부되어야 한다면, 이때 거부되어야 할 주체는 세계를 표상하거나 세계에 의미를 부여하는 것으로 생각된 세계 중심적 주체나, 세계에 대립해서 세계를 자신이 수행하는 가공적 작용의 소재로만 간주하는 전횡적 주체이지, 적어도 인식 구조나 행위 능력 발생의 담지자로서의 개별적 주체 자체는 아니다. 하버마스의 의사 소통적 패러다임도 말하고 행위하는 주체들 사이의 상호 교섭에 관한 모델이며, 이것이 가능하기 위해서는 말하고 행위 능력을 가진 주체들을 전제한다.

　주체철학·의식철학으로부터의 패러다임 전환의 진정 중요한 측면은 그 철학이 근거한 설명 논리로부터의 전환이다. 이 점에서 하버마스가 수행한 언어적 전환은 유망하지 않다는 것이 필자의 생각이다. 인류 역사의 시원적 발생은 특정한 조건 아래서만 가능하고, 이 조건들은 일정 부분 주체가 자의적으로 처치할 수 없는 자연의 조직화 양식이다. 인간의 사회적·문화적 조직 형식은 이 자연적 조직 형식에 접속해서 발생하는 조직화 양식이다. 종적 역사에서도 그러하지만 개체 발생의 과정에서도 언어는 시간적으로 추후적으로 발생되는 것으로, 언어적 조직화는 비언어적인 조직화 양식에 접속해서 생겨난다. 그렇기 때문에 언어적 구조에서 합리성과 보편성의 근원을 찾는 것도 문제가 있지만, 반대로 언어적 구별의 우연성이나 역사성, 즉 임의성 테제로부터 사실적인 것을 상대화하면서 타당성을 우연적인 것으로 만드는 유형의 담론의 구속력도 제한되어야 한다. 예를 들어 주어와 술어로 분절화된 명제 구조에서 주어는 언어 형성에 앞선 개체 발생 과정에서의 일상적인 생활 경험에서 이미 실질적 범주로서 형성된 '실체'와 구조적으로 상응하는 것이며, 이 실천적 차원으로부터 형성된 범주는 개체의 자기 보존을 고려할 때 우연적인 것이 아니다.

주체철학과 의식철학의 극복을 위해 진정 필요한 것은 설명 논리의 전환이다. 설명의 '논리'는 불변인 채 설명 '인자'만을 교체한다면 설명 논리에 의해 야기된 문제는 그대로 남는다. 하버마스가 수행한 언어적 전환에서 연명한 이 설명 논리가 감지된다.

□ 참고 문헌

김여수, 「진리란 무엇인가」, 『언어와 문화』, 철학과현실사, 1997.
김재현, 「하버마스의 『인식과 관심』에 나타난 '해방'의 문제」, 『사회철학대계 3』, 민음사, 1993.
선우현, 『사회비판과 정치적 실천』, 백의, 1999.
윤평중, 「담론이론의 사회철학」, 『철학』 제46집, 1996년 봄.
이진우, 「하버마스 — 비판적 사회이론과 담론적 실천」, 『탈현대의 사회철학』, 문예출판사, 1993.
장은주, 「하버마스의 생산패러다임 비판과 비판사회이론의 새로운 정초」, 『사회철학대계 3』, 민음사, 1993.

장춘익, 「사회철학의 위기, 위기의 사회철학」, 『사회철학대계 3』, 민음사, 1993.

정호근, 「비판적 이성의 기능 및 가능성」, 『철학』 제43집, 1995 년 봄.

_____, 「의사소통과 권력 그리고 사회구성」, 장춘익 외, 『하버 마스의 사상』, 나남출판, 1996.

홍기수, 『하버마스와 현대철학』, 울산대 출판부, 1999.

홍윤기, 「하버마스의 언어철학」, 장춘익 외, 『하버마스의 사상』, 나남출판, 1996.

Adorno, Th. W., *Stichworte*, Frankfurt / M. 1969.

Bora, A., *Die Konstitution sozialer Ordnung*, Pfaffenweiler 1991.

Dux, G., *Die Spur der Macht im Verhältnis der Geschlechter*, Frankfurt / M. 1992.

Gadamer, H.-G., *Wahrheit und Methode*, 전집 제1권, Tübingen 1986.

_____, "Die Universalität des hermeneutischen Problems", *Wahrheit und Methode*, 전집 제2권, Tübingen 1986.

Habermas, J., *Technik und Wissenschaft als 'Ideologie'*, Frankfurt / M. 1969.

_____, *Zur Rekonstruktion des Historischen Materialismus*, Frankfurt/M. 1976.

_____, *Theorie des kommunikativen Handelns*, 제1권, Frankfurt / M. 1981.

_____, *Vorträge und Ergängungen*, Frankfurt / M. 1984.

_____, *Die neue Unübersichtlichkeit*, Frankfurt / M. 1985.

_____, "Entgegnung", A. Honneth / H. Joas (엮음), *Kommunikatives Handeln*, Frankfurt / M. 1986.

_____, 『탈현대성의 철학적 담론』, 이진우 옮김, 문예출판사, 1994.

_____, 「역사유물론의 재구성을 위하여」, J. Habermas, 『의사소통의 사회이론』, 장은주(편역), 관악사, 1995.

_____, *Wahrheit und Rechtfertigung*, Frankfurt / M. 1999.

_____, 『탈형이상학적 사유』, 이진우 옮김, 문예출판사, 2000.

Hacking, I., 『왜 언어가 철학에서 중요한가?』, 선혜영 / 황경식 옮김, 서광사, 1987.

Holz, K., *Historisierung der Gesellschaftstheorie*, Pfaffenweiler 1993.

Holzer, H., *Kommunikation oder gesellschaftliche Arbeit*, Berlin 1987.

Kneer, G., *Rationalisierung, Diszipinierung und Differenzierung*, Opladen 1996.

Marx, K. / Engels, F., *Die deutsche Ideologie*, MEW, 제3권, Berlin 1983.

Thomson, J. B., "Universal Pragmatics", J. B. Thomson / D. Held (엮음), *Habermas. Critical Debate*, London and Basingstoke 1982.

Wenzel, H. / Hochmut, U., "Die Kontingenz von Kommunikation", *Kölner Zeitschrift für Soziologie und Sozialpsychologie*, Jg. 41, 1989.

◑『철학』별책 시리즈 논문 위촉 및 게재 원칙◑

1. 한국철학회 춘계 학술 대회의 발표문은 규정된 절차를 거쳐 『철학』 별책 시리즈로 발간한다.
2. 춘계 학술 대회의 발표 원고(초고)는 연구위원회에서 해당 주제에 관해 가장 정통한 전문가를 필자로 선정하여 위촉하도록 한다.
3. 발표자는 제출된 원고(초고)를 정기 학술 대회에서 발표하며 지정 토론과 자유 토론을 거친다.
4. 발표자는 학술 대회에서 토론된 내용을 바탕으로 논문을 수정·보완하여 최종 논문을 연구위원회에 제출한다.
5. 편집위원장과 연구위원회의 연석회의에서 최종 제출된 논문 가운데 게재 수준에 합당하다고 판정한 논문만이 『철학』 별책에 게재·출간된다.

■필자 소개(원고 게재순)

□남 기 창
서강대학교 철학과를 졸업하고 미시간 주립대학교에서 석사 및 박사 학위를 취득하였으며 현재는 재능대학교 교수로 있다. 주요 논문으로는 "A Defence of Wittgenstein's private language argument", 「비트겐슈타인은 데카르트적 의미로서 사적 감각의 존재를 인정하는가」, 「크립키의 심신동일론 비판에 대한 비판적 고찰」, 「크루소의 언어는 사적 언어인가」, 「다른 마음의 문제에 대한 비트겐슈타인의 입장」 등이 있다.

□이 좌 용
서울대학교 철학과 및 동 대학원을 졸업(철학 박사)하였으며 현재는 성균관대학교 철학과 교수로 있다. 주요 논문으로는 「자연적 필연」, 「인식적 정당화」, 「가능 세계의 존재론」 등이 있다.

□ 정 인 교

미국 미네소타대학교에서 철학 박사 학위를 받았으며, 한양대학교 철학과 교수를 지낸 뒤 현재는 고려대학교 철학과 교수로 있다. 주요 논문으로는 「역리와 증명」, 「조화와 보존적 확장」 등이 있다.

□ 김 동 식

육군사관학교와 연세대학교 대학원을 졸업한 뒤 미국 에모리대학교에서 철학 박사 학위를 받았으며, 현재는 육군사관학교 철학과 교수로 있다. 주요 저서로는 『로티의 신실용주의』, 『군대 윤리』(공저), 『전통 근대 탈근대의 철학적 조명』(공저), 편저로는 『로티와 철학과 과학』, 『로티와 사회와 문화』, 역서로는 『현대 과학 철학 논쟁』, 『실용주의의 결과』, 『우연성, 아이러니, 연대성』, 『프래그머티즘의 길잡이』 등이 있으며, 주요 논문으로는 「분석철학과 삶의 접점」, 「로티의 언어철학」 등이 있다.

□ 노 양 진

전남대학교 철학과 및 동 대학원을 졸업하고 미국 서던일리노이대학교(카본데일) 철학과에서 철학 박사 학위를 받았으며, 현재는 전남대학교 철학과 부교수로 있다. 역서로 『삶으로서의 은유』(공역), 『실용주의』(공역), 『마음속의 몸』, 『몸의 철학』(근간)이 있으며, 주요 논문으로 「퍼트남의 내재적 실재론과 상대주의의 문제」, 「체험주의의 철학적 전개」, 「로티의 듀이 해석」, 「번역은 비결정적인가?」, 「지칭에서 의미로」, 「실재론과 반실재론을 넘어서」, 「이성의 이름」 등이 있다.

□ 한 정 선

이화여자대학교 철학과를 졸업하고, 독일 함부르크대학교에서 후설(E. Husserl)에 대한 논문으로 석사 및 박사 학위를 받았으며, 현재는 감리교신학대학교 종교철학과 교수로 있다. 주요 저서로는 『에드문트 후설의 「논리 연구」에 있어서의 진리 체험의 구조와 진리관』, 『현대와 후기 현대의 철학적 논쟁』(공저)이 있으며, 후설 현상학의 영역에서는 진리 개념, 심리학주의, 언어 이론, 생활세계론, 윤리 이론에 대한 논문을 썼다. 포스트모더니즘의 영역에서는 리오타르의 포스트모던 윤리, 레비나스와 데리다의 흔적의 형이상학, 보드리야르의 시뮬라크르 문화 체제 이론, 레비나스의 신론(神論) 등에 대한 논문을 썼다. 최근에는 생명철학을 주제로 하여 그리스적 생명 이해, H. 요나스의 생명 이해, 기(氣)철학적 생명 이해에 대한 논문들을 썼다.

□ 배 학 수

서울대학교 철학과에서 석사 및 박사 학위를 받았으며, 현재는 경성대학교 철학과 교수로 있다. 주요 논문으로는 「무용 작품의 세계와 진리」, 「하이데거와 건축」, 「현대와 예술적 사유」 등이 있다.

□ 김 창 래

고려대학교 철학과 및 동 대학원을 졸업(문학 석사)하고 독일 본대학교에서 철학 박사 학위를 받았으며, 현재는 고려대학교 철학과 조교수로 있다. 주요 저서로는 *Sprache als Vermittlerin von Sein und Seiendem : Die Logik des Darstellens bei Hans-*

Georg Gadamer (Aachen 1999)가 있으며, 주요 논문으로는 「가다머의 철학적 해석학에서의 존재와 언어의 관계 : '이해될 수 있는 존재는 언어다'라는 문장에 관하여」, 「문화와 해석학」, 「해석학적 문제로서의 표현 ― 현대 해석학의 탈정신주의적 경향에 관하여」, 「언어철학적으로 살펴본 정신과학의 의미」, 「인문학과 해석학」, 「통일과 해체의 이율배반 ― 하이데거의 니체 해석에 관한 이른바 있을 법하지 않은 논쟁의 불가피성에 관하여」 등이 있다.

□ 김 상 환
연세대학교 철학과와 동 대학원을 졸업하고 프랑스 국립 파리 제4대학에서 철학 박사 학위를 받았으며, 현재는 서울대학교 철학과 조교수로 있다. 주요 논문으로는 「데카르트적 코기토와 비데카르트적 코기토」(학위 논문, 1991), 「데카르트의 '형이상학'」, 「쇠라의 점묘화 : 김수영 시에서 데카르트의 백색 존재론으로」, 「시와 현명한 관념론의 길 : 아리스토텔레스 시학 연구」 등이 있다.

□ 정 호 근
서울대학교 철학과 및 동 대학원을 졸업(석사 학위)하고 독일 프라이부르크대학교에서 철학 박사 학위를 받았으며, 현재는 서울대학교 철학과 교수로 있다. 주요 저서로는 『하버마스. 이성적 사회의 기획, 그 논리와 윤리』(공저), 『매체의 철학』(공저) 등이 있다.

『철학』 제69집의 별책
현대 철학과 언어

초판 1쇄 인쇄 / 2002년 2월 20일
초판 1쇄 발행 / 2002년 2월 25일
■

엮은이 / 한국철학회
펴낸이 / 전 춘 호
펴낸곳 / 철학과현실사
서울특별시 서초구 양재동 338의 10호
전화 579-5908~9
■

등록일자 / 1987년 12월 15일(등록번호 / 제1-583호)
■

ISBN 89-7775-381-3 03160
*엮은이와의 협의에 따라 인지를 생략합니다.
*잘못된 책은 바꾸어 드립니다.

값 12,000원